해방이후 재일한인 외교문서 해제집

▮제5권▮

(1970~1974)

동의대학교 동아시아연구소 편저

이경규 임상민 이수경 소명선 박희영

엄기권 이행화 이재훈 한정균 공저

박문사

머리말

　본 해제집은 동의대학교 동아시아연구소 인문사회연구소 지원사업(2020년 선정, 과제명「해방이후 재일조선인 관련 외교문서의 수집 해제 및 DB구축」)의 3차년도 성과물이며, 해방이후 재일한인에 관련된 대표적인 사건을 이해하는데 중요하다고 생각되는 외교문서를 선별하여 해제한 것이다. 본 해제집『재일한인 관련 외교문서 해제집』은 1970년부터 1974년까지 한국정부 생산 재일한인 관련 외교문서를 대상으로, 한국정부의 재일한인 정책을 비판적이고 상대적인 관점에서 통합적인 연구를 추진하는 것을 목적으로 간행된 것이다. 제5권에서는「재일동포 북한방문」,「한국인 원폭피해자 구호」,「일본의 출입국관리법 제/개정 따른 재일한인 문제」,「재일민단 확대 간부회의」등에 관련된 외교문서를 다루었다.

　현재, 재일한인 사회는 탈식민과 분단의 재일 70년을 지나면서 한일 관계사의 핵으로 남아 있으며, 그만큼 한일과 남북 관계에서 이들 재일한인 사회가 갖는 의미는 강력하다고 할 수 있다. 바꾸어 말하면, 재일한인 사회를 한국과 일본 사이에 낀 지점에서 정치적이고 민족적인 이데올로기를 주입하여 부정적인 이미지로 읽어온 관점은 더 이상 유효하지 않다. 재일한인 사회는 한국과 일본을 상대화시키며 복합적인 의미망을 만들어내고 있기 때문에 오히려 한국과 일본, 그리고 남북 분단의 문제를 새롭게 재조명할 수 있는 위치로 자리매김할 필요가 있다. 특히, 현재 동아시아의 지형도가 급속도로 변화하고 있다는 점에서 남북의 역사적 관계사를 통합적으로 상대화할 수 있는 이른바 중간자로서의 재일한인 연구는 반드시 필요하다. 이에 본 연구팀은 재일한인 사회와 문화가 갖는 차이와 공존의 역학이 한국과 일본, 그리고 북한을 둘러싼 역동적인 관계망 속에서 어떠한 기제로 작동하고 있는지, 한일 양국의 외교문서를 통해서 살펴보고자 하는 것이다.

지금까지 재일한인 관련 외교문서에 대한 선행연구는 한일회담 관련 외교문서를 연구하는 과정 속에서 일부 재일한인의 북한송환사업 및 법적지위협정 문제를 다루고 있을 뿐, 해방이후부터 현재까지의 전체상을 파악할 수 있는 연구는 전무한 상태이다. 특히, 한국인 연구자는 재일한인 연구를 통해 일본의 내셔널리즘을 점검·수정하는 것에 집중한 나머지, 재일한인 사회와 문화에 한국이 어떠한 형태로 개입해 왔는지에 대해서는 그다지 관심을 두지 않았다. 따라서 본 연구팀에서는 한국정부의 재일한인 정책을 비판적이고 상대적인 관점에서 통합적 연구를 추진하기 위해, 한국정부의 재일한인 관련 외교문서는 물론이고 민단을 비롯한 재일한인단체가 발행한 자료를 수집하여 심화연구의 기초적인 자료로 활용할 계획이다. 이를 통해, 재일한인을 연구하는 한국인 연구자의 중립적인 포지션을 비판적으로 사유하고, 한국인의 내셔널리즘까지 포괄적으로 점검·수정할 수 있는 획기적인 토대자료 구축 및 새로운 연구방법론을 모색·제시하고자 한다.

　　본 해제집 제5권에서 다루게 될 외교문서에 대해서 간략히 소개한다. 「재일동포 북한방문」 관련 문서에서는 1972년 이후 재일동포들이 북한을 왕래하기 시작하여 북한이 대(對)한국 공작 활동을 위한 거점으로 일본을 이용하게 되는데, 재일한인이나 북한에 대한 일본의 인도적인 조치들이 북한의 대남 간첩기지로 만드는 결과를 낳았다는 점에 대해서 구체적으로 살펴볼 수 있다. 그리고 「한국인 원폭피해자 구호」에 관련한 문서는 한국인원폭피해자원호협회의 적극적인 국내외 활동으로 인해 한국정부도 더 이상 방관만 하고 있을 수 없게 되는 과정과 이후 적극적으로 구호 활동이 전개되는 과정 등을 살필 수 있는 귀중한 자료라 할 수 있다.

　　「일본의 출입국관리법 제/개정에 따른 재일한인 문제」에 관련한 문서는 일본의 출입국관리법 제정에 대한 재일한인들의 반대투쟁과 이 법 제정이 그들에게 어떠한 문제들을 야기했는지 등에 대해 살펴볼 수 있는 자료이다. 특히, 이들 문서를 통해서 한국정부가 미온적인 대처로 일관해온 과정 속에서도 재일한인들의 처절한 투쟁과 노력이 결과적으로는 일본의 출입국관리법 제정의 변화를 촉진시켜 출입국관리법이 개정되는 일련의 과정을 이해할 수 있을 것이다.

　　그리고 「재일민단 확대 간부회의」에 관련한 문서는 1970년대 한국정부가 재일민단에 기대를 걸고 있는 사항이 어떠한 것이었는지를 파악할 수 있는 자료이다. 당시 조총련에 대한 대항 수단으로 재일민단을 적극적으로 활용하고 있다는 점을 통해서 한국정부가 재일민단에 대해 어떻게 인식하고 있었는지를 확인할 수 있는 자료가 될 것이다.

본 해제 작업은 1년이라는 짧은 기간 동안에 1970년 1월부터 1974년 12월 사이에 한국정부 생산 재일한인 외교문서를 수집·DB 구축해야 했고, 이 시기에는 상태가 양호하지 못한 문서들이 많았다는 점에서 해제 작업 수행에 어려움이 많았던 것도 사실이다. 그러나 동아시아연구소의 인문사회연구소 지원사업 연구팀 멤버들은 끊임없이 방대한 자료들을 조사·수집했고, 정기적인 회의 및 세미나를 통해서 서로의 분담 내용들을 공유·체크하면서 해제집 내용의 완성도를 높이는 데 힘을 보탰다.

마지막으로, 관련 자료 수집에 적극적으로 협조해주신 외교부 외교사료관 담당자 선생님들께 진심으로 감사드리며, 방대한 분량의 자료수집과 해제작업의 악전고투를 마다하지 않고 적극적으로 집필에 임해주신 인문사회연구소지원사업 연구팀 멤버들께도 이 자리를 빌려 다시 한번 깊이 감사드린다. 끝으로 이번 해제집 출판에 아낌없는 후원을 해주신 도서출판 박문사에 감사를 드리는 바이다.

2023년 6월
동의대학교 동아시아연구소
소장 이경규

목차

제3부

일본의 출입국관리법 제/개정에 따른 재일한인 문제

제4부

재일본 민단 확대 간부회의

해제집 이해를 위한 부가 설명

  본 해제집은 해방 이후인 1970년부터 1974년(일부 문서는 사안의 연속성으로 인해 범주를 넘어가기도 함)까지 생산된 대한민국 외교문서 중 공개된 재일코리안 관련 사안들을 모아 해제한 것이다. 외무부 파일은 시기와 주제에 따라 분류되어 있으므로 본 해제집에 수록 파일들도 그 기준에 의해 정리된 것이다. 본 해제집은 아래와 같은 기준에 의해 작성되었다.

1. 각 해제문은 제목, 해제 본문 이하 관련 문서를 수록하였다.

2. 관련 문서는 동일 내용의 중복, 재타자본, 문서상태 불량으로 인한 판독 불가, 여러 사안을 모은 문서철 안에서 상호 맥락이 연결되지 않거나 상대적으로 중요도가 덜한 부분은 채택하지 않았다.

3. 관련 문서는 생산 연도순으로 일련번호를 매겼고, 각 문서철의 기능명칭, 분류번호, 등록번호, 생산과, 생산 연도, 필름 번호, 파일 번호(사안에 따라서는 존재하지 않는 것도 있음), 프레임 번호 등 외교부의 분류 기준을 그대로 사용하였다.

4. 문서의 제목은 생산문서의 원문대로 인용하였으나 제목이 작성되지 않은 경우는 공란으로 두었다.

5. 문서번호는 전술한 이유로 인해 미채택 문서가 있으므로 편집진의 기준대로 일련번호를 부여하였다.

6. 발신처, 수신처, 작성자, 작성일은 편집부의 형식을 따라 재배치하였다.

7. 인쇄 번짐, 원본 필름의 촬영불량, 판독 불가의 경우 □의 형태로 처리하였으나, 원문에서 판독하기 어렵더라도 동일 사안에서 여러 차례 반복된 단체, 지명, 인명 등은 표기가 명백한 부분을 기준으로 통일성을 기하였고, 오타, 오기 등으로 각기 다르게 표기되었을 경우에는 각주로 이를 처리하였다.

8. 원문의 오기가 있더라도 표기를 그대로 따르는 것을 원칙으로 하였으나, 경우에 따라 임의로 띄어쓰기를 한 곳도 있다.

제1부
재일동포의 대북 활동

해방이후 재일한인 외교문서 해제집
┃제5권┃ (1970~1974)

본 문서철은 1972년 이후 재일동포들의 북한 방문과 그에 따른 일본으로의 재입국과 관련된 사항들을 다루고 있다.

일본에 재류중이던 조총련에서는 1972년 4월 15일 김일성의 60세 생일을 맞이하여 조총련 간부 13명을 축하단으로 파견하려고 동년 3월 일본 정부에 재입국 허가를 신청하였다. 이에 3월 18일 일본 법무성은 김일성의 생일 축하 목적의 재입국은 정치적이라 하여 인정하지 않았다. 그러나 종전부터 있었던 성묘, 친족 방문 등 인도적인 케이스의 재입국을 매년 1회에서 2회로 늘릴 방침을 세우고 재입국 허가를 신청한 조총련계 인사 13명 중 6명에게 재입국 허가를 발급하였고, 이들은 3월 26일 북한으로 출국하였다.

이미 1950년대 후반부터 만경봉호(萬景峰號)를 통해 재일 조선인들이 일본을 떠나 북한으로 가는 이른바 '북송 사업'이 계속해서 진행되었지만, 이는 재일 조선인들의 일본에서 북한으로 완전한 이민을 뜻하는 사업이었다. 그러나 1972년 조총련 간부들의 북한 방문은 이민이 아닌 일본으로의 귀국을 전제로 한 단순한 방문이었다. 그렇기에 이들의 북한 방문에 대하여 한국측에서 문제시하였고, 사건으로 비화되었다.

이에 대해 당시 일본 외무대신이었던 후쿠다 다케오(福田赳夫)는 '일본 국내 정치 형편상 부득이한 조치였으니 양해해 달라고 하면서 이미 허가 통고된 조치이니 취소할 수 없다고 하였'[1]다. 또한 마에오 시게사부로(前尾繁三郎) 법무 대신은 '조련계에 의한 소송 제기 우려 및 대국회 관계로 부득이 허가하였으며, 어디까지나 인도적 입장에서 친족 방문으로 허가하였다'[2]고 말하였다. 즉 재입국을 신청한 13명이 모두 조총련 간부였음에도 불구하고 이들에 대해서 친족 방문이라는 '인도적'인 틀 안에서 허가를 신청한 것이다.

일본 정부의 이러한 조치에 대해 한국 정부는 당시 주한일본 대사였던 우시로쿠 도라오(後宮虎郎)를 초치하여 조총련 간부들에 대한 재입국 허가를 취소하여 줄 것을 요청하였다. 또한 이호 주일 일본대사는 3월 22일 일본 외무성을 직접 방문하여 후쿠다 외무 대신에게 유감을 표시하였다. 그러나 후쿠다 외무 대신은 재입국 허가와 관련해 사전에 알지 못하였고, 일본 정부의 사정 때문에 이러한 결정이 내려졌다고 말하며 자신도 모르는 일이었다고 책임을 회피하는 발언을 하였다.

---

1) 후쿠다 외상의 발언(문서철『재일본동포 북한 방문』, p.66).
2) 마에오 외상의 발언(문서철『재일본동포 북한 방문』, p.66).

기존의 재일동포들의 북한 방문은 가족 방문이나 성묘 등의 극히 개인적인 사정을 이유로 이루어져 왔으며, 북한의 적십자사가 이를 진행시켜 왔었다. 1965년 6월 22일에 체결된 '한일기본조약(韓日基本條約)'에 의하면 일본은 북한과 어떠한 교류와 교역도 하지 말아야 하였고, 일본도 북한과 정식으로 수교를 맺고 있지 않았기 때문에 정부 차원이 아닌 적십자사를 통해 '인도적 차원'이라는 틀 안에서 재일동포들의 북한 방문이 이루어져 왔다. 즉, 기존의 재일동포들의 북한 방문은 어디까지나 '인도적 차원'이라는 큰 틀 안에서 이루어졌던 것이다.

　이러한 '인도적 차원'이라는 틀 안에서 이루어진 북한 방문에 대해서도 한국측에서는 줄곧 반대 의사를 표명해 왔다. 그러나 이 시기의 일본은 전후의 영향에서 벗어나지 못하던 시기였다. 따라서 휴머니즘에 위배되는 문제에 관해서는 극히 민감했던 시기였기 때문에 인도적 차원의 문제에 관해서는 한국 정부의 항의에도 불구하고 계속해서 진행시켜 왔던 것이다. 따라서 1972년의 북한 방문 또한 일본 정부 입장에서 보면 구체적으로 문제가 되는 이유가 드러나지 않는 한 이를 막을 이유가 없었다. 이러한 일본 정부의 상황을 이용하여 조총련계에서는 북한을 방문할 때, 가족 방문이나 성묘 등의 개인적인 이유를 들어서 재입국 허가를 받았었고, 방문자들은 모두 50세 이상으로 고령자였다. 그리고 이들은 조총련계이기는 하였으나 조총련 활동에 적극적이지 않은 사람들이었다.

　이러한 일본의 원칙에 따라 1969년 1월에 재입국 허가를 신청한 8명 중 남한 출신과 48세로 고령자가 아닌 두 사람이 제외되었다. 이처럼 일본 정부는 재일 조선인의 일본으로의 재입국 허가를 자신들이 정한 규정은 확실히 지키며 신중하게 진행시키고 있었다. 이에 따라 1972년 3월까지의 상황을 보면 일본에서 북한을 방문한 재일 교포 중 일본으로의 재입국을 신청한 사람은 3천 명이 넘었지만, 이 중에서 재입국이 허가된 사람은 41명에 불과했다. 따라서 '인도적 차원'이라고 하더라도 한국과의 관계를 생각하여 일본 정부는 그 수를 극히 한정하였던 것이다. 따라서 1972년 3월에 북한 방문을 신청한 13명중 6명과 '인도적' 방문이라는 틀 안에 있는 12명을 합쳐 총 18명의 재입국을 허가한 것은 극히 이례적인 일이라고 볼 수 있다.

　게다가 한국 정부의 반발이 강했던 이유는 재입국 허가를 받은 18명 중 한국 출신이 7명이며, 그 중 조총련 관계자가 5명이라는 점이었다. 이는 개인적 사정이 아닌 정치적 사정에 따라 북한을 방문하는 것이며, 특히 본적이 남한인 사람들이 성묘나 가족 방문을 위해 북한을 방문한다는 것은 일본의 기존 북한 방문자의 재입국 허가에 관한 원칙에 위배되는 일이었기 때문이다.

또한 13명의 방문자 중 '친족 방문' 신청을 낸 사람은 한 사람도 없었는데, 이들에게 재입국 허가가 먼저 나온 이후에 '친족 방문'을 이유로 재입국 신청을 한 사실이 밝혀지면서 일본이 내세우던 '인도적 차원'이라는 기존의 방침이 완전히 무너져버리게 되었다. 따라서 일본 정부가 정치적 역학 관계에 따라서 재입국 허가를 내줬다는 것을 방증하는 일이 된 것이다.

원칙적으로 일본 거주 외국인의 출입국에 관해서는 법무성에서 전담하는 게 전관 사항이었다. 그러나 북한으로의 출입국은 외교적 문제도 간과할 수 없기 때문에 외무성과 법무성이 협의하여 진행하는 방식을 취하고 있었다. 그러나 1972년에 이루어진 재입국 허가의 경우 3월 18일 마에오 법무대신이 긴급 지시를 내렸고, 기존의 전관 사항을 무시한 채 급하게 일이 처리된 것이다.

이러한 결정의 배경에는 사토 에이사쿠(佐藤栄作) 총리가 1972년 5월 15일에 미국의 오키나와(沖縄) 일본 반환 이후 내각을 해체하고 은퇴할 것이 기정사실화 되면서 내각의 정치적 영향력이 약화되었고, 이에 따라 야당이 재입국을 승인할 것을 민간단체들과 함께 강력히 주장한 것이 상당한 영향력을 끼친 것으로 보인다. 한국 측에서는 재입국 허가 자체에 대해 반대하였지만, 일본의 사회당과 조총련은 반대로 북한 방문을 신청한 13명 중 6명만이 재입국 허가를 받은 것에 항의하며 13명 전원에게 재입국 허가를 승인해 줄 것을 요청하는 등 일본 정부를 거세게 압박하였다.

결국 이들에 대한 재입국 허가는 6명만을 허가해 주는 것으로 마무리되었지만, 일본측은 철저히 일본측의 정치적 상황에 맞춰서 한국측에 대응하였다. 당시 여당이었던 사토 내각은 내각이 바뀔 시기에 약해지는 정치력이 약해진 여당의 약점을 노리고 야당이 정치적으로 여당을 공격할 만한 약점을 미리 제거한 것이 재입국 허가였던 것이다. 그러면서도 일본 정부는 재입국 허가에 관해 한국측의 강경한 반발이 오히려 북한이 노리는 정치적 공작이라고 변명하였다. 물론 한국측에서도 '마에오 법상의 발언은 단지 한국측의 강경한 항의에 대한 동정적 추어에 불과한 것으로 관측통은 보고 있다고 보고하였'[3]을 정도로 일본측의 의도를 알고 있었다. 그러나 결과적으로 이 일은 한국측의 우려대로 재일동포들의 북한 방문의 가능성을 연 선례로 남게 되었다.

이후 4월 10일 한덕수 조총련 의장을 비롯한 핵심 간부 6명이 북한 최고인민회의

---

3) 72.3.23. 요리우리 신문에 관한 주일대사의 공문(문서철『재일본동포 북한 방문』, p.89).

에 대의원으로 참가하기 위하여 재입국 신청을 하였지만 이는 명백한 정치적 목적을 가진 방문이었기에 일본 정부에서는 이를 거부하였다.

또한 동년 7월 13일 북한을 방문하려고 한 조총련계 학생 축구선수단 26명과 무용단원 25명의 재입국 허가 신청이 6월 13일에 이루어졌고, 처음에는 일본 정부에서 이를 불허하였다. 그러나 사토 내각 이후 들어선 제1차 다나카 가쿠에이(次田中角栄) 내각에서는 기존의 방침을 변경하여 이를 허가하였다. 이에 대해 일본 외무성에서는 '남북조선의 긴장완화에 따라 금후 이러한 종류의 재입국 신청에 대해서는 생각을 새롭게 할 필요가 있다'[4]고 말하며 조총련계 재일동포의 북한 방문에 관한 방침이 대폭 완화될 것을 시사하였다. 즉 앞의 재입국을 허가한 것이 바로 하나의 선례가 되어 곧바로 영향력을 발휘하게 된 것이다.

이러한 일본 정부의 대처에 대해 한국 정부에서는 7.4 남북공동성명을 근거로 남북한의 대화를 통한 관계 개선에 일본측과 북한의 관계 개선으로 인해 남북간의 대화의 균형이 깨질 수 있다고 우려를 표명하며 북일 간의 교류 확대를 삼가해 주기를 바란다고 요청하였다.

조총련에서는 앞선 세 건의 재입국 허가 관련 선례를 가지고 일본 정부에 재입국 허가가 어느 선까지 가능한가를 시험해 보기 시작한다. 7월에는 1973년 5월부터 열리는 남북적십자 본회의 취재를 위해 조선통신사 사장 외 5명의 기자에 관한 재입국 신청을 법무성에 제출하였다. 또한 자문위원으로 김병식 조총련 부의장의 참가에 대해 재입국 허가가 가능한지에 대해서도 타진하였다. 이에 대해 한국에서는 남북적십자 회담은 이산가족 상봉을 위한 것으로 민단에서 어떠한 형식으로도 참여할 생각이 없기 때문에 조총련 또한 마땅히 그래야 한다고 주장하며 재입국 허가를 불허할 것을 요청하였다.

그러나 일본측에서는 한국측에서 북한에 남북적십자 회담에 재외 교포와 관련된 사항을 명시하지 않는다면 조총련계 기자들의 재입국허가를 거부할 실질적인 근거가 없다고 답하며 한국측에 문제를 떠넘겼다.

게다가 김태지 동북아과장과 오카 주한 일본대사관 1등서기관과의 면담에서도 오카 서기관은 한국측의 무조건적인 재입국 불허 요청에 대하여 어떠한 문제가 있는지 제반 사항에 관하여 물었다. 그는 적십자 회담의 각국 수행기자단의 구성, 자문단의 구성, 조총련계의 기자단 및 자문단 지명에 대한 합의가 있는지 등에 대해

---

4) 호겐 외무차관의 발언(문서철 『재일본동포 북한 방문』, p.129).

구체적으로 물어보며 이 문제에 관해 한국측의 명확한 입장 제시를 요청하였다.

이에 대해 한국측에서는 '여하간 조련계에 대하여 재입국허가를 발급하지 않음이 아국으로서 바람직하다'[5]는 식으로 무조건적인 재입국 불허 방침을 유지해 줄 것을 요청하였다. 즉 일본측의 입장 변화에 대하여 전혀 대응하지 못하고 있었던 것이다. 결국 한국측에서는 일본측에 이 일에 관한 결정권을 넘기게 되었고, 일본 정부는 재입국 허가를 내리는 것으로 마무리되었다.

김병식의 재입국 허가와 관련하여 외무성에서는 '북한당국 또는 조총련 측에서 정치적인 목적으로 자문위원을 빈번히 교대함으로서 조총련 간부의 북한입국 기회를 확대시킬 가능성이 충분히 있다고 지적하면서 한국의 관계 당국이 이러한 일을 사전에 방지할 수 있도록 적절한 조치를 취하여 줄 것을 요청'[6]하였다. 즉, 일본측에서도 조총련 간부들이 북한을 방문하는 것이 어디까지나 '인도적' 목적이라는 틀 안에서 이루어진다고 보기에 거부할 수 있는 명분은 없으나, 이것이 정치적으로 이용될 가능성이 다분하다는 것을 인지하고 있던 것이다. 따라서 일본측에서는 한국측에서 확실한 방지책을 제시해 줄 것을 요청하였으나, 당시 한국 정부에서는 이에 대해 이렇다 할 해결책을 일본에 제시하지 못하였다. 한국측으로서는 일본측의 '인도적 차원'이라는 명제에 대해 반박한 만한 이유를 찾지 못했기 때문이다.

이러한 1972년의 재일동포 북한 방문에 대한 재입국 허가는 이후 재일동포들(특히 조총련계)의 북한 방문을 위한 크나큰 도약점이 되었다. 일본측의 '인도적 차원'이라는 틀 안에서 조총련계는 정치적 인물들의 재입국 허가를 신청하기 시작하였던 것이다.

대표적으로 1974년 10월 도쿄에서 개최되는 IPU(국제의원연맹, Inter-Parliamentary Union)의 참석을 위한 북한 대표 입국 문제를 협의하기 위하여 한덕수 조총련 대표가 재입국 허가를 신청한 것이다. 이에 대해 당시 법무 대신이었던 나카무라 우메키치(中村梅吉)는 '우리나라에서 IPU 총회가 개최된다는 특수성을 충분히 고려하겠다'[7]고 말하며 한덕수의 재입국을 허가할 의향을 넌지시 비추었다. 이는 '인도적' 틀에서 벗어나 '특수성'까지 고려하는 것으로 재입국 허가의 범위가 넓어지게 된 것이다.

또한 IPU 탁구대회에 관해서도 국회에서 미승인 국가의 대표단 입국도 인정해야

5) 강공사의 발언(문서철 『재일본동포 북한 방문』, p.148).
6) 외무성 당국자의 발언(문서철 『재일본동포 북한 방문』, p.171).
7) 나카무라 외상의 발언(문서철 『조총련계 인사 북한 방문(1974)』, p.5.

한다는 취지의 발언이 나오면서 북한, 팔레스타인, 라오스 등이 그 예시로 언급되었다. 이에 대해 법무성 측은 '순전히 스포츠 대회라고는 인정되지 않는다'[8]라고 반대하는 입장을 취하였지만, 확실히 입국을 불허한다고 못을 박지는 않았다.

그리고 법무성은 동년 4월 1일 '재일 조선 예술인 조국방문단' 147명의 재입국을 허가하였다. 이들은 약 3개월간 북한 내에서 공연을 하고 7월 귀국할 예정인데 이 안에 조총련 관계자도 포함된 것을 한국측에서 문제로 삼았다. 그러나 이미 앞선 선례들을 통해 이들의 재입국을 불허할 근거가 상실된 상태에서 한국측의 반발은 일본측에 받아들여지지 않았다.

이 재입국 허가가 큰 의미를 가지는 것은 먼저 그 숫자의 방대함에 있다. 147명이라 함은 그 전까지 약 6년간 41명의 재입국 허가밖에 내주지 않던 일본 정부가 인도적 차원이라고는 하나 다수의 인원에 관해서 한꺼번에 재입국 허가를 내준 것이다. 또 하나는 한국측에서 반발한 바와 같이 이 안에는 조총련에 관련된 인물도 있었다는 것이다. 재입국 허가를 받은 147명 안에는 인솔자를 위시한 일부 일반인이 포함되어 있으며, 이들이 조총련과 관계되어 있다는 점을 한국측에서는 문제 삼았다. 그러나 일본은 '정치적' 목적이 아닌 '인도적' 목적이라는 큰 틀 안에서 재입국 허가 문제를 다루었기 때문에 그 안에 들어가는 인물들의 상황에 대해서는 크게 신경쓰지 않았다. 이 또한 1972년의 선례가 크게 작용한 것이라고 볼 수 있다.

재입국 관련하여 일본측이 신경을 쓴 것은 귀일 후에 반일 활동을 할 것인가에 있었다. 즉 일본에서는 재일동포들의 북한 입국에 관해서는 휴머니즘적 차원에 입각하여 처리하였고, 단지 재일동포들이 일본에 반하는 활동을 하는 것에 관해서만 주목하고 있었다.

일본의 이러한 선택은 1975년 발생한 쇼세이마루 사건(松生丸事件)에서 일본측에 긍정적인 영향을 끼치는데, 1975년 9월 2일 황해쪽에서 어업중이던 일본 어선 쇼세이마루가 북한측에 납치되는 사건이 발생하였다. 이 사건으로 사망자 2명, 부상자 2명이 발생하였는데, 이러한 납치 사건이 당시 드문 것은 아니었으나, 동해가 아닌 황해쪽에서 일본 어선이 납치된 것은 극히 이례적인 사건이었다. 또한 북한측에서는 영해를 침범한 어선이 북한측 경비정의 경고에도 불구하고 도망쳤기에 이를 나포하였다고 주장하였다.

사건의 진실은 차치하고 이 문제의 해결에 한덕수 조총련 대표가 일본측에 긍정

---

8) 법무성 당국자의 발언(문서철 『조총련계 인사 북한 방문(1974)』, p.7.

적인 역할을 한 것은 사실이다. 당시 북한 창건 28주년 기념행사가 열리던 와중이었기 때문에 한덕수 대표가 북한에 체류하고 있었다. 김영남 북한노동당 국제부장은 쇼세이마루 사건의 **빠른** 해결에 대해서 한덕수 조총련 대표와 일본 사회당의 요청으로 **빠르게** 석방하였다고 직접 언급하였다.[9]

1972년의 재일동포의 북한 방문에 대하여 재입국 허가가 난 이후로 기존의 '인도적 차원'이라는 틀이 점점 넓어졌고, 일본 정부도 자신들에게 손해가 가지 않는 한도 내에서는 전후 일본 정부가 취하고 있던 통상적인 기조를 유지하면서 재일동포들의 북한 방문에 관하여 유하게 대처하고 있었다.

1972년이라는 시점은 일본에서는 미일안보조약을 둘러싼 안보투쟁과 관련한 정치적 폭풍이 마무리되어가고 있던 시기였다. 따라서 이 시기 일본 정부는 국외문제에 관한 이슈가 만들어지는 것을 꺼려했다. 게다가 재일동포의 북한 방문의 경우 북송 사업과는 다르게 재입국과 관련된 문제에 한정되어 있었고, 일본의 국익에 해가 되는 방향이 아니라면 재입국을 불허할 이유가 없었다. 국제적인 관점에서 보았을 때도 자신들이 일으킨 전쟁으로 인해 발생한 이민족 문제에 관해서 그들의 편에서 인도적인 측면에서 그들을 대한다는 것은 일본 정부 입장에서는 국제사회에 좋은 인상을 남기는 것이라고 생각했을 것이다. 이것이 한국 입장에서는 북일교류의 확장과 재일동포들의 북한 왕래를 통한 북한으로의 자금 유출, 조총련의 활동 강화와 같은 여러가지 문제를 내포하고 있었기 때문에 격렬히 반대하였지만, 한국이 일본에 직접적인 타격을 줄 수 있는 조치를 취할 수 있는 상황이 아니라서 일본 정부로서는 한국의 반발에 대해 크게 신경쓰지 않았다.

그러나 일본의 이러한 인도적 재입국 허가의 증가로 인해 북한은 일본을 적극적으로 이용하기 시작하였다. 1974년 5월에 한국 외무부에서 발행한 문서를 보면 북한이 7.4 남북공동성명에서 명시된 남북 간의 대화를 1973년 8월 28일에 일방적으로 중단한 이후 간첩의 한국 침투를 계속해서 시도해 왔다고 되어 있다. 그리고 이러한 남파 간첩 중 일본을 경유한 우회 간첩 사건이 계속해서 증가하여 1974년 기준 220건에 달하였다고 언급되어 있다.

이에 대해 외무성에서는 '대한민국의 우방인 인국 일본이 북한에 의하여 대한민국에 대한 간첩의 침투 기지로 이용되어 오고 있다는 사실을 대한민국 정부는 자신

---

9) 石田好数(1975)「松生丸事件と日朝漁業関係」『月刊社会党』日本社会党中央本部機関紙局 p.137.

의 안전보장상 중대시하지 아니할 수 없으며, 한·일 양국 간의 건전한 선린, 우호 관계를 발전시키기 위하여도 일본국 정부의 각별한 주의를 환기하는 바이다.'[10] 라고 말하며 일본의 대남 간첩기지화에 관해서 일본 정부에서 주의를 기울여 줄 것을 요청하였다.

실제로 1975년에 일본에서 북한 간첩과 관련해 두 건이 발생하였고, 이를 검거하였다고 일본 경찰당국이 발표한 바가 있다. 먼저 4월 17일에는 가나가와현(神奈川)에시 한국 파괴 공작의 총책격으로, 북한 고위간부 경험을 가지고 있는 김학만과 민단에서 지부 부단장까지 맡은 바 있는 다카시마(본명 고상직), 그리고 북한인들의 일본으로의 입국을 도와주던 장익훈 세 명이 검거되었다.

이들은 북한에서 밀입국한 김학만을 중심으로 약 네 가지 중점 목적을 가지고 일본에서 활동하려 했다. 일본 당국에 의하면 이들은 '(가) 대한국 파괴공작 기지 설치 (나) 공작원용, 인재 포섭과 대한국 파견 (다) 한국내 반정부 운동 지원, (라) 민간 파괴공작 지원'[11]이라는 목적을 가지고 있었다. 이처럼 북한에 대한 일본의 인도적 결정들을 역으로 이용하여 일본을 한국에 대한 간첩 기지로 사용하려는 의도가 있었던 것이다.

또한 동년 7월 12일에는 아오모리현(青森県) 경찰 당국에 의해 외국인 등록법 위반으로 이민철이 검거되었고, 이민철의 출국을 방조한 혐의로 김성구와 김세훈이 각각 7월 22일, 7월 28일에 체포되었다.

이민철은 본래 일본에서 중학교 교원으로 일하던 사람이었지만 외국인등록법 위반, 출입국관리령 위반, 공문서 위조로 체포되었다. 이민철은 동년 6월 일본을 탈출하여 북한으로 귀국할 예정이었으나 상황이 여의치 않아 귀국하지 못하였다. 이때 일본 경찰이 이민철이 사용하고 있던 아지트를 급습하였는데 당시 이들은 무전기, 암호문서, 공작자금(150만엔, 13,000달러)을 가지고 있었다.

이러한 일본 경찰의 간첩 단속에도 불구하고 일본 경찰청에서 간행하는 발행물인 『초첨(焦点)』에는 이러한 상황에 대해서 일본측에서 할 수 있는 조치에 한계가 명확한 점을 밝히고 있다. 『초점』에 의하면 '일본에는 간첩을 직접 취체할 법률이 없기 때문에 간첩 활동은 출입국 관리령, 외국인 등록법, 전파법 등에 저촉될 경우에만 검거되어 사건이 표면화될 뿐이므로 이러한 "간첩 천국"에서는 수많은 간첩이

---

10) 외무성 발행 구술서 안 진술(문서철 『북한의 일본을 통한 대남한 간첩활동』) p.6.
11) 가나가와현청의 발표(문서철 문서철 『일본 내에서의 북한 간첩 활동』) p.5.

자유롭게 활동하고 있다고 보아야 함. 최근 일본에서 검거된 북한 간첩에 대한 공소 사실에도 간첩 활동의 "간"자도 나오지 않고 있음.'12)이라고 밝히고 있다. 즉 당시 일본의 법령으로서는 북한의 대남 간첩 활동을 직접적으로 제지할 방법이 없던 것이다.

또한 간첩 활동을 위해 일본에 밀입국을 시도하다 체포되는 경우에도 해상에서 조난 당했다고 변명하며 북한 적십자 측에서 조난선원을 석방해 달라고 요청하면 해결되는 프로세스가 짜여 있었다. 즉, 일본의 인도적 조치로 인해 일본이 대남 간첩기지화 되어버린 것이다.

본 문서철은 1972년을 기점으로 재일동포 북한 방문의 재입국 허가가 이후의 북일 왕래에 관해 무시할 수 없는 선례를 남겼다는 점에서 의미가 깊은 문서철이다. 1972년 이후 재일동포들이 북한을 왕래하는 시작점을 알 수 있는 문서철이라는 점에서 이 문서철은 큰 의미를 가진다고 볼 수 있다. 또한 이를 통해 북한이 대(對)한국 공작 활동을 위한 거점 기지로 일본을 이용하게 된 기점이 되기도 하였다. 이러한 재일동포 및 북한에 대한 일본의 인도적 처사들이 북한에 의해 대남 간첩기지로서 이용된 점 또한 확인할 수 있는 문서철이다.

▌관련 문서 ▌

> ① 재일동포 북한방문, 1972
> ② 조청련계 인사 북한 방문
> ③ 일본 내에서의 북한 간첩 활동
> ④ 북한의 일본을 통한 대남한 간첩활동

---

12)『초첩』속「잠입하는 북조선 스파이」부분 발췌(문서철『일본 내에서의 북한 간첩 활동』) p.31.

① 재일동포 북한방문, 1972

○ ● ○

기능명칭: 재일동포 북한 방문, 1972

분류번호: 791.56, 1972

등록번호: 5639

생산과: 동북아과

생산연도: 1972

필름번호: p-0011

파일번호: 21

프레임 번호: 0001~0182

1. 신문보고

번호 주일-02180
일시 72.2.10

원본참고 북괴일본입국(726.1-1)
강희원(JAW-02185)

1. 금 2.9 NHK 7시 뉴스 보도에 의하면 미노베 동경도지사는 작년 가을 북괴를 방문한데 대한 답례로서 북괴 강양욱(대외문화 연락협회 위원장) 이상선(평양시 인민위원회 위원장) 등 3명의 북괴 요인을 금년중 적당한 시기에 일본을 방문토록 초청키로 하여 내일 또는 모레중으로 정식 초청장을 조총련을 통하여 보낼 예정이라 함.

동보도에 의하면 미노베 지사는 상기 초청문제에 간하여 정부측에 비공식적으로 타진한 결과, 입국 가능성이 있음을 알게되었다하며, 곧 사또 수상, 후꾸다 외상등을 맞나 상기 북괴요인 및 동행기자의 입국을 인정하여 주도록 요청할 것이라 함. 미노베 지사는 또한 금번 북괴요인 초청이 실현되면 이어서 중공의 요인도 초청할 생각이라함.

2. 금2.9 산께이 동경신문 석간 보도에 의하면, 일본의ㄴ 나가사끼항과 북괴 남도 구진남도) 항간에 정기화물 항로가 개설되어 금월말경 출항이 시작되고, 그후 20일에 1회의 비율로 왕복한다고 함.

동취항 화물선은 공립통상 소속 낭수이 마루호(150톤)로서 북괴에 대한 수출품, 섬유제품, 의료기기 잡화등과, 수입품은 연, 생사, 청어알(가즈노꼬) 마른홍삼, 마른조개 등을 수송한다 함.

상기 산께이 신문은 이로서 앞으로는 북괴 화물선의 취항도 예상된다고 보도하고 있음.

3. 금 2.9 마이니찌, 산께이 석간 보도에 의하면 조총련 부의장 이계백등은 사회당의 안따꾸의원과 함께 금일 오전 다께시다 관방장관을 만나, 4.15 김일성 탄생 60주년 축하단 13명이 오는 3.20 출국, 5.20 재입국할 수 있도록 재입국을 인정하여 달라고 요청하였다하며, 이에 대하여 다께다 관방장관은 관계성청과 상담해 보겠다고 신중한 답변을 하였다 함.

상기인들은 오후에 마에오 법상을 만나 동일한 요청하였다 함.(일정-아북. 정보)

2. 외무부 공문(착신전보)–김일성 탄생 축하단 방북 관련

외무부
번호 JAW-02186
일시 101334
수신시간 72.2.10. 14:47
발신 주일대사
수신 장관

　　연: JAW-02180
　　1. 연호 소위 김일성 탄생 축하단(조련계 교포 13명)의 북괴 방문을 위하여 조총련 이계백 등이 작9일 오후 마에오 법상을 만나, 재입국을 인정하여 주도록 요청한데 대하여, 마에오 법상은 검토해 줄 것이나 객관적 정세가 성숙되어 있지 않으므로, 재일 중국인의 경우와 같지는 않다고 말하므로서 소극적인 의향을 보였다고 함.
　　전기 이계백 등은 마에오 법상을 만나기에 앞서 사회당 가와사끼 깐지 국제국장(최근 북괴 방문을 마치고 돌아온 자임)과 함께, 다께시다 관방장관도 맞났다고 하며, 동 관방장관은 이에대하여 검토하겠다고만 말한 것으로 알려졌다 함.
　　2. 본건 법무성 입장에 관하여는 당관 관계관이 추후 확인 보고 위계임
　　3. 한편 2.10 각 신문 보도에 의하면 법무성은 중공계 화교학생 13명의 중공으로의 수학여행을 위한 재입국 신청에 관하여는 이를 허가할 방침으로 있다함.
　　(일정 - 아북. 정보)

3. 외무부 공문(착신전보)–신문보고

외무부
번호 JAW-03037
일시 031500
수신시간 72.3.4. 7:50
발신 주일대사
수신 장관

　　금 3.3.일 마이니찌 요미우리등 보도에 의하면 오는 4.15.일 김잉성을 축하하기
위한 조련계 교포 13명의 재입국 문제에 관하여 3.2.일 아수가다 요꼬하마 시
장을 중심으로 한 전국혁신시장회 대표등이 법무성을 방문 상기 조련계 교포
의 북괴방문 재입국을 허가하여 주도록 요청하는 마에오 앞 요망서를 전달하
였다고 함.
　　한편 일본 민주법율가협회 일본 국제법율가연락협회 자유법조단변호단등 5개
단체 대표는 3.2.일 오후 재일 외국인의 국외여행의 권리는 국내법상 및 국제
법상 당연히 보장되어 있고 재일 조선인만을 차별하는 것은 허용될 수 없다.
이는 일조 양국 친선의 여론에도 역행하는 것이다라는 성명을 발표하고 이를
마에오 법상에게도 전달하였다고 함. 또한 마이니찌 보도에 의하면 전국 혁신
시장회로서도 15명 정도의 대표단을 북괴에 파견하는 문제를 검토하고 있다함.
(일정, 아북, 정보)

4. 외무부 공문(착신전보)–신문보고

외무부
번호 JAW-03057
일시 041244
수신시간 72.3.6. 7:59
발신 주일대사

수신 장관

연: JAW-03037

금3.4 아사히는 4면 6단으로 연호 조련계의 북괴방문을 위한 재입국허가 신청과 관련하여 지난 2.9일 김일성 탄생축하 대표단(조련계 교포 13명)의 재입국허가 신청을 비롯하여 지금까지 조련계 교포의 재입국 신청자수는 3천이 넘지만 일본정부는 한국과의 관계를 고려하여 묘참등 인도적 경우에 한하여 41명만을 허가하였을 뿐이라고 보도하고 일조의련을 비롯한 국내 각계에서 북괴와의 우호 촉진을 촉구하는 움직임이 활발한 가운데 조련계의 북괴 자유왕래에 대한 일본정부의 태도가 일·북괴간 관계개선 및 교류확대에 영향을 줄 것으로 보인다고 보도하였음.

(아북 정보)

5. 외무부 공문(착신전보)—신문보도

외무부
번호 JAW-03073
일시 060900
수신시간 72.3.6. 13:28
발신 주일대사
수신 장관

연: JAW-03057

조련계 교포의 재입국 허가 문제와 관련하여 금 3.5일 아사히는 "재일 조선인의 재입국을 인정하라"는 제목으로 요지 아래와 같은 사설을 게재하였음.

"전쟁 전부터 일본에 살면서 육친 또는 지인이 살고 있는 북괴를 다녀오고 싶어하는 재일조선인의 소박한 원망이 정부의 정책 때문에 실현되고 있지 않은데 이는 부자연하고 부당할 뿐아니라 진정한 국가 이익에도 합치되지 않는 사례라고 생각한다.

일 정부는 굿래 2,3년간 아세아 미승인 공산국들과의 인사교류에 관하여 그 규제를 완화하는 제세를 보였고, 중공, 북괴, 월맹에 들어가는 일본인의 숫자도 해마다 증가하여 작년의 경우 중공에 5,716명 북괴에 285명에 이르렀고 재일 중국인의 중공왕래도 완화되어 정치색이 농후하다는 이유로 거부되어 오던 국경절 참가도 작년부터 허가되고 있다.

그러나 재일 조선인의 북괴왕래는 과거 6년간 인도적인 경우에 한정된 41명뿐이었다. 일정부는 북괴를 왕래하고저 재입국을 신청하는 재일조선인의 경우 일정부가 인정하는 여권을 갖고 있지 않다는 이유로 이를 거부하고 있으나, 이는 현행 출입국 관리령의 미비점에서 불가피하게 나오는 것임을 고려하여야 하며 또한 현행 출입국 관리령에서 재입국 허가에 관하여 법무대신의 재량의 여지를 많이 주고 있으므로 재일조선인의 북괴왕래를 확대허가하는 것이 가능하다고 생각된다.

현재 법무성에는 김일성 탄생 축하 대표단의 재입국 허가 신청이 들어왔는데 일정부는 이를 인정하지 않으면 안된다.

재일 조선인의 재입국허가는 금후 일북괴간 교류, 나아가 아세아의 긴장완화에 기여할 것임을 의심할 바 없다고 생각된다. (일정, 아북, 정보)

6. 외무부 공문(착신전보)—신문기사 보고

외무부
번호 JAW-03132
일시 081730
수신시간 72.3.9. 11:27
발신 주일대사
수신 장관

　　　연: JAW-03073
　　　조련계 교포의 북괴 왕래 문제와 관련하여 금3.8. 요미우리 신문은 "재일 조선인의 재입국 허가를"이란 제목으로 요지 아래와 같은 사설을 게재하였음.

"김일성 탄생 축하단 13명의 재입국 허가에 관하여 정부는 난색을 표시하고 있으나 이들이 재입국 허가 없이 일본을 출국하는 경우 다시 일본에 돌아올 수 없으며 조련계 교포 청년 남여 60명도 동 축하 행사에 참석하기 위해 일본에 다시 돌아오지 못할 각오 아래 일본 출국 준비를 진행하고 있는 바 생활의 기반을 버리고 가족과 우인을 영구히 이별하지 않으면 조국을 볼 수 없다는 것은 비인도적인 이야기이다. 지금까지 약 3천명이 넘는 재일교포가 재입국 신청을 내었으나 금주 41명만이 허가되었을 뿐이다. 1968년 북괴 창건 20주년을 계기로 소송이 있었으며 1심 2심에서 법무성 불허가 처분이 잘못이라는 판결이 나왔으나 최고심에서 축하행사가 끝났다는 이유로 소송자체가 각하된 경우도 있다.

정부의 미승인 공산국과의 인사교류는 인도적 케이스, 학술, 문화, 스포츠에 한정한다는 원칙으로 있기는 하지만 중공의 경우 국경절 참가도 승인하고 있는 것이다. 북괴 관계에만 특별히 엄격히 처리하는 것은 "대한민국 외교상의 견지(마에오 법상) 때문이라고 하지만 그러나 조국의 축하행사(북괴 김일성 탄생 축하행사등을 의미)에 참가하고저 하려는데에 한국으로부터 항의를 받는다는 것은 조리에 맞지 않는다." 일본이 평화에 투철하여 어떤 나라와도 사이좋게 지낸다(사또 수상)는 것은 일본의 존립조건에서 오는 지상 명령적인 것으로서 한반도의 정세가 아직 격화상태에 있기는 하나 한편만을 일방적으로 편드는 것은 긴장 격화를 촉진하는 것이 되는 것이다. 북괴에 대해서 봉쇄정책을 중지하고 일북괴간 교류를 보다 넓혀야 할 시기가 온 것이다.

2. 2.28. 니혼 게이자이 보도에 의하면 일본 종교인 평화협의회 이사장 및 불교, 기독교등 종교인 대표등은 3.7.오후 미하라 관방부장관을 방문 김일성 탄생 60주년 축가단의 재입국을 허가하여 줄것을 요청하였다 하며 이에 대하여 미하라 관방부장관은 그러한 인도적 문제에 관하여는 지금까지의 여러 가지 장해를 넘어서 전향적으로 취급하고 싶다고 말하였다 함.(일정, 아북, 정보)

7. 외무부 공문(발신전보)–북한에 송금할 금액의 유출 경위 조사 지시

외무부
번호 WJA-03160
일시 141040
발신 장관
수신 주일대사

    금 13일 외무위에서 발설된 바에 의하면, 조총련은 소위 김일성 생일 축하 선물로 프란트 3건을 포함한 40억원 상당의 일화를(조총련 중앙 20억, 기타 각 현 20억) 각출 송금한다는 바, 사실여부와 만일 이것이 사실이라면 이와 같은 다액의 재화가 일본 국외로 어떻게 유출이 이루어질 수 있는지 그 경위를 조사 보고 바람 (아북)

7. 외무부 공문(착신전보)–북한에 대한 플랜트 수출 진위 조사 보고

외무부
번호 JAW-03232
일시 141845
발신 주일대사
수신 장관

    대: WJAW-03160
대호에 관하여 외무성 북동아과는 금3.14 우문기 1등 서기관 질문에 대해 다음과 같이 답변하였음.
1. 프란트에 관하여
가. 본 건에 관하여는 섬유기계 냉동기계등을 무환 수출하려고 한다는 풍문을 들은 바 있으나 이의 사실여부 규모 금액 등에 관하여는 전혀 아는바 없다.
나. 프란트를 이른바 선물로 보내는 경우 무환수출의 형식을 취한다면 통산성

에 허가신청을 하게 되어 있는 바 이 경우 리스트에 해당되지 않는 한 대체로 무환 수출액수는 거의 아무런 제한이 없다.

다. 본 건 프란트 수출에 관하여 통산성에 허가신청이 있었는지의 여부는 아직 모르겠고 조회하여 통보하겠으나 통산성이 외무성에 대하여 이 문제를 합의하여 온 바는 없다.

2. 40억원 상당의 일화 송금설에 관하여

가. 상기한 바와 같이 무환 수출에 관하여는 풍설이나마 들은바 있으나 송금에 관하여는 소문조차 들은바 없다.

나. 72년 4.10일 이후는 일본으로 부터의 외국 송금은 1인 1회 미불 1,000불까지는 자유로히 송금할 수 있게 되는바 이와 같은 송금에 있어서는 정부기관의 허가를 요하지 않기 때문에 법규상으로 첵크할 수 있는 방법이 전무하다.

다. 일본 화폐는 아직 북괴에서 결재수단 등으로 사용되고 있지 않기 때문에 가령 본건 송금이 사실이라고 하더라도 실제 송금은 파운드화로 하게 될 것으로 본다.

3. 금번 문제에 관하여는 비록 풍설이라고 하더라도 탐문되는 즉시 계속 통보하여 주겠음.

(일정 - 아북)

9. 외무부 공문(착신전보)−조련계 인사의 북한 방문에 관한 마에오 법상의 의견(신문보도)

외무부
번호 JAW-03249
일시 151625
발신 주일대사
수신 장관

일북괴간 인사 교류:
　　1. 마에오 법상은 3.14 각의후 기자 회견에서 미노베 지사가 방일 초청한 〈북괴 강양숙등의 입국 문제〉에 관하여 "아직 신청이 없어서 무어라고 말할 수

는 없으나, 지금까지 북괴와의 인사교류는 인도적 케이스에 한정한다는 원칙이 있으므로 입국허가는 어렵다고 말하였음.

또한 〈김일성 환갑 축하단(조련계 교포)의 재입국 허가 신청〉에 관하여는 "국회심의 또는 진정에 대하여 부정적으로 답변한 바 있으나, 통산성이 정식 수속을 취하지 않은 면이 있어, 정식으로 회답할 것인가에 관하여는 사무적으로 검토해 보겠다"고 말하므로서, 동 재입국 신청을 허가하지 않는다는 태도를 밝혔음(3.14 요미우리 석간 보도)

2. 또한 마에오 법상은 동일(3.14) 중원 법무위원회에서 사회당 의원의 질문에 답변하는 가운데, 북괴와의 인적 교류에 관하여 "남북한간의 인사 교류가 성공되면 일본으로서는 거의 문제가 없을 것으로 생각하였으나, 동 교류(남북한간의 인사 교류)가 기대했던 대로 진정되지 않고 있어, 현 단계에서 신중을 기하지 않을 수 없다"고 말하고, 김일성 환갑 축하단의 재입국 신청에 관하여는 "솔직히 말해서 재입국 신청자 가운데 한국적을 갖고 있는 사람이 있어 이것이 한국을 자극하여 한국측이 강하게 반대하고 있다. 동대표단의 재입국을 인정하는 것은 일본이 북괴 김일성 수상을 인정하는 것과 연결되는 정치적 문제이므로 허가하기 어렵다"고 말하였음. 또한 미노베 지사가 요청한 북괴요인 입국에 관한 질문에 대하여도 "동입국 인정은 대한국 외교상 지장이 있다. 그러나 월맹 경제시찰단의 입국을 허가한 것은 아국과 외교적인 지장이 없다고 판단하였기 때문이다"라고 답변하였음.(3.15 마이니찌 신문보도)

3. "일조의련"의 구노, 안따꾸 의원등은 3.14 오후 다께시따 관방장관, 마에오 법상, 후꾸다 의상등을 방문, 김일성 환갑축하대표단(조련계 교포)의 재입국을 허가하도록 요청하였음.

한편, 동일(3.14) 전국변호사 유지 12명도 마에오 법상을 맞나 상기 요청을 하였음. (3.15 요미우리, 마이니찌 등 보도)

(일정- 아북, 정보)

10. 외무부 공문(발신전보)-신문 보도 진위 여부 확인 지시

외무부

종별 지급

번호 WJA-03211

일시 181310

발신 장관

수신 주일대사

금 3.18. 귀지 도꾜신문 조간은 조련계 13명의 김일성 생일 축하를 위한 북괴왕래 문제에 관하여 일본정부가 그들의 재입국을 허가할 것을 고려하고 있다는 취지의 보도를 하였다고 하는 바, 사실여부를 지급 확인하시고 만일 다소라도 그러한 움직임이 있다면 외무성 및 법무성 고위층에 대하여 김일성생일 축하를 위한 왕래가 정치성을 가장 두드러지게 내포하고 있는 문제로서 이를 허가함은 한국정부에 대하여 가장 비우호적인 처사가 될 것임을 강조하여 여하한 일이 있어도 허가하는 일이 없도록 저지에 최선을 다하고 결과 보고 바람. (아북)

11. 외무부공문(발신전보)−일본대사 초치 결과 통보

외무부

종별 지급

번호 WJA-03215

일시 182030

발신 외무부 장관

수신 주일대사

제목: 조총련의 북괴왕래

1. 일본정부가 김일성 생일축하차 북괴에 왕래하겠다던 조총련 간부 6명을 포함한 18명에 대하여 재입국 허가를 하였다는 보고에 관하여, 장차관보는 금 18일 하오 5시반경 주한 우시로구 일본 대사에게 동 보고에 한국 정부가 경악하고 있음을 지적하고 (1)한국정부는 재일 한국인의 여하한 북괴왕래에도

반대하고 있음을 일본정부에 지적하여 왔는데, 금번 일본정부가 18명의 재입국을 허가하면서 김일성 생일 축하차 평양에 가겠다던 자 6명을 포함시켜 행하였다는 것은 최근까지 재일 한국인의 정치적인 목적의 북괴왕래는 절대 허용하지 않겠다고 설명한 일본정부의 종래 입장으로 보아도 도저히 있을 수 없는 일이라는 점 (2)이와 같이 극히 정치적인 성격의 왕래를 인정하려는 일본정부의 처사는 한일간의 우호 관계를 심각하게 저해하는 것으로 한국정부로서 강력히 반대한다는 점을 밝히는 동시에 일본정부가 조속히 그와 같은 조치를 취소하도록 강력히 요구하였음.

2. 상기에 대하여 우시로구 대사는 아직 동경으로부터 연락을 받지 않았기 때문에 지금 알아보고 연락을 취하겠다고 한 다음 7시경 아래와 같은 내용을 장차관보에 알려왔음.

   가. 본국정부로 연락을 받았는데 장차관보가 알려준 내용이 대체적으로 사실이나

   나. 재입국허가 결정은 법무성에서 행하였으며 발표도 법무성이 했다. 외무성과는 사전에 충분한 협의가 없어서 외무성도 놀래고 있는 형편 같다.

   다. 법무성은 금번 인도적인 목적의 여행으로 허가하였다고 하고 있다.

   라. 장차관보가 설명한 한국정부의 입장은 본국정부에 정확하게 보고하였으며, 특히 한국정부가 동 조치의 시정을 강력히 요청하고 있으며 사태의 추이를 예의주시 하고 있음을 지적하고 동 허가의 취소(Cancellation)을 강력히 건의하였다.

   마. 부임일천의 자신의 입장으로서 이번 조치가 극히 embarassing한 것임을 설명하고 자신으로서도 시정을 바라고 있다.

3. 일본정부의 금번 조치는 "정치적인 목적의 왕래는 허용치 않겠다"고 하던 종래의 방침을 실질적으로 바꾸는 것이며, 특히 김일성의 생일축하와 같은 정치적인 성격을 가장 노골적으로 들어내는 왕래를 허용한다는 것은 전통적인 한일간 우호관계에 심각한 영향을 미치는 것임에 비추어 귀하는 일본정부 및 기타 관계 요로와 지금 접촉하여 금번 조치가 조속히 시정되도록 최선의 노력을 다하시기 바람 (아북)

12. 외무부 공문(착신전보)–방북허가자 중 조총련 간부 구성율 및 허가 상황 보고

외무부
종별 긴급
번호 JAW-03318
일시 18□□□□
수신시간 72.3.18. 15:45
발신 주일대사
수신 외무부 장관

　　연: JAW-03315.
　　1. 금 3.18. 오전중 마에오 법상은 사회당 안따꾸 및 요네다 의원을 불러 연호 13명 중 6명에 대하여 사토가에리 명목으로 허가하였다고 통보하였다 함.
　　2. 상기 소식통에 의하면 재입국허가되는 6명중 5명은 남한출신으로서 조총련 이계백 부의장이 포함되어 있고 나머지 5명도 전부 조총련 간부라고 함.
　　3. 이를 확인하기 위해 관계당국과 계속 접촉중에 있음. (일정 - 아북)

13. 외무부 공문(착신전보)–방북 허가자 중 조총련 간부 명단과 방북자들의 연령 분포

외무부
종별 지급
번호 JAW-03320
일시 181525
수신시간 72.3.18. 15.54
발신 주일대사
수신 장관

　　연: JAW-03315 및 03317
　　1. 15시 현재까지 파악된 바에 의하면 금번 사토가에리 명목으로 재입국 허가

를 받은 바 총 수는 18명으로서 김일성 생일 축하차 일시 귀국하겠다던 13명중의 조총련 간부 6명이 그 속에 포함되어 있음.

2. 조총련 간부 6명의 성명은, 이계백, 김만중, 이인제, 한익수, 엄정민, 주손영으로서 이들의 연령은 각각 51, 54, 58, 60, 63, 66세인 바 상기 6명의 성명별 연령은 아님.

3. 조총련 간부 이외 12명은 명단이 입수되는 대로 추보할 것인바 연령은 50대 2명 60대 4명 70대 4명(이상 10명은 북한 출신) 및 남한 출신 부부(67세와 70세) 1쌍임. (일정-아북)

14. 외무부 공문(착신전보)–관계성 접촉 상황 보고

외무부
종별 긴급
번호 JAW-03317
수신시간 72.3.18. 15:46
발신 주일대사
수신 외무부 장관

연: JAW-03315
연호의 신문보도에 관련하여 동 보도 내용의 진상을 알아보기 위하여 관계성에 접촉중에 있음을 우선 보고함. (일정-아북)

15. 외무부 공문(착신전보)–방북자 명단 보고

외무부
종별 지급
번호 JAW-03321

일시 181625
수신시간 72.3.18. 16:56
발신 주일대사
수신 외무부 장관

연: JAW-03315
외무성으로부터 입수한 연호 재입국 허가 취득자 명단은 다음과 같음 (축)이라
함은 김일성 생일축하차 방문하겠다던 자임.
1. 남한 출신자: 김만중 남 63세(축) 金萬重
　　　　　　　이계백 남 66세(축) 李季白
　　　　　　　한익수 〃 58세(축) 韓益洙
　　　　　　　엄정민 여 60세(축)
　　　　　　　주순영 남 54세(축)
　　　　　　　최덕호 남 67세
　　　　　　　유화이 여 70세.
2. 북한 출신자: 박달호 남 72세
　　　　　　　조병주 남 53세
　　　　　　　김관덕 남 65세
　　　　　　　최종식 남 76세
　　　　　　　이인제 남 51세(축)
　　　　　　　신용익 남 67세
　　　　　　　허일언 여 70세
　　　　　　　김혜란 여 69세
　　　　　　　김학기 남 62세
　　　　　　　손서화 여 71세
　　　　　　　한덕만 남 52세. (일정 - 아북)

16. 외무부 공문(착신전보)–법무상 비서관에게 항의 내용 전달 보고

외무부

종별 대외비
번호 JAW-03322
일시 181705
발신 주일대사
수신 장관

연: JAW-03315, 03321

금 3.18 연호로 보고한 내용을 확인코저 외무 및 법무 양성 간부와 접촉하였으나, 잘 이루어지고 있지 않던 중, 법무대신 비서관(검사)와 연락이 되어 법무대신 및 법무성 관계간부들에게 전하여 달라고 하면서, 강공사는 다음과 같이 말하였음을 보고함.

1. 김일성 생일 축하차 재입국 허가는 신청하여 놓고 있던 조총련계 13명중 6명이 친족 방문 명목으로 바뀌어 허가된데 대하여, 심히 유감스러운 일로서 한국에 대한 비우호적인 처사로서 생각하지 않을 수 없다.

2. 나머지 12명 중에는 북한 출신 아닌 자도 들어있으며, 이는 지금까지 일본 정부가 인도적인 입장을 빙자하여 허가하던 선마저도 넘고 있는 것임.

3. 특히 시기적으로 보아 김일성 생일 축하행사 시기에 마추어 이와 같은 허가가 나온 것은 명목만 바꾸어 18명 전부를 동 축하행사에의 참석을 허가를 한 것이라고 보지 않을 수 없으며, 이것은 분명히 그동안 국회 답변 및 아측에 대한 해명과 정반대의 조치를 취한 것이다.

4. 일본 정부는 특히 조총련의 간부인 6명의 허가를 즉시 취소하는 동시에 나머지 12명에 대하여도 이를 허가하여서는 안되며, 특히 이시기에 허가하는 것은 더욱 안되는 일이다.

5. 이상을 즉시 법무대신에게 전달하여 달라고 요청한데 대하여 동 비서관은 그렇게 하겠다고 말하였음.

6. 본건 계속하여 일본 정부에 아측 입장을 강력하게 REPRESENTATION하겠음.

(일정-아북)

17. 외무부 공문(착신전보)–신문보고(법상의 허가 사실과 축하단 포함 조총련 간부 명단)

외무부
번호 JAW-03323
일시 181715
수신시간 72.3.18. 18:38
발신 주일대사
수신 장관

3.18 당지 각 석간은 재일조총련계의 북괴 김일성 축하단에 대하여 일본정부가 재입국을 인정한 사실을 일면 톱기사로 취급하였는 바 아사히 신문이 보도한 내용은 아래와 같음.
표제: 김일성 축하단 정부 재입국 인정
부표제: 13명중 6명 조총련 부의장도 친족 방문의 명목 인사교류에 돌파구
기사내용: 정부는 북괴의 김일성 탄생 60주년을 축하하기 위하여 북괴에의 도항과 일본에 재입국을 신청하고 있는 재일 조선인 13명중 6명의 신청을 친족 방문의 명목으로 인정할 방침을 결정하였다 마에오 법상은 18일 오전 원내의 자민당 역원실에 재일 조총련 대표를 초치하고 이 방침을 전함과 아울러 사회 공명 민사 야당 3당에도 이 취지를 전하고 협력을 요청하였다 이번 정부결정에 의해 지금까지 정부가 강력히 폐쇄하고 있던 북괴와의 인사교류의 돌파구가 열리게 되는 것이 되며 특히 이번의 방조단 가운데는 조총련의 이계백 부의장 등 간부가 포함되어 있는 것으로서 그 정치적 의미는 크다고 본다……
축하단 멤바 6인중 이부단장 이외의 자는:
이인제 조총련 문화국장
한익수 조총련 동경도 본부위원장
김만중 조총련 상공연합회 부회장
엄정민 재일조선민주여성동맹 대판본부위원장
주순영 조총련 아마구찌 본부위원장 등이다.
그리고 동 신문은 조총련이 13명 축하단 신청 인원중 6명만이 허가된대 대한 바의 성명도 게재하고 있음 (일정-아북)

18. 조련계 북괴방문

조련계 북괴방문
동북아과 72.3.19

1. 금번 일본정부의 재입국 허가조치
   가. 조총련과 그를 지원하는 사회당 및 공산당 중심의 야당세력은 금년
      4.15. 김일성의 소위 60회 생일에 조총련 간부로 구성된 축하단을 파견
      하고저 13명을 선정하고 이들의 재입국허가를 얻기 위하여 2월초부터
      일본정부 및 여당에 맹렬히 공작하여 왔음.
   나. 일본법무성은 김일성 생일 축하목적의 재입국은 인정치 않으나, 종래
      매년 1회를 원칙으로 인정하여오던 성묘, 친족방문등 인도적 케이스의
      재입국을 이제부터는 봄, 가을의 2회 인정할 방침을 세우고 이에 따라
      친족방문을 목적으로 지금까지 재입국을 신청한 12명과 김일성 생일
      축하를 목적으로 재입국을 신청한 13명중 6명, 도합 18명에게 재입국
      허가를 발급하고 관계자에게 통고하였음.
   다. 금번 재입국 허가를 받은자 명단은 아래와 같음.
      1) 남한출신:

         이계백   남   66세   (축하단)   조총련부의장
         한인수   남   68세   (〃)   조총련동경도본부위원장
         주순영   남   54세   (〃)   조총련야마구찌본부위원장
         엄정민   여   60세   (〃)   재일조선민주여성동맹대판본부위원장
         김만중   남   63세   (〃)   조총련상공연합회부회장
         최덕호   남   67세
         유화이   여   70세

      2) 북한출신:

         이인제   남   51세   (축하단)   조총련문화국장
         박달호   남   72세
         조병주   남   53세

```
김관덕     남    65세
최종식     남    76세
신용익     남    67세
허일언     여    70세
김혜란     여    69세
김학기     남    62세
손서화     여    71세
한덕만     남    52세
```

2. 아국정부가 취한 조치

　가. 아국정부는 김일성 생일 축하단에 대한 재입국 문제는 그것이 내포하는 정치적인 의미의 중대성에 비추어 그러한 움직임이 보였을 때부터 그간 일본정부 고위당국자와 접촉코 그 저지에 최선을 다하여 왔음.

　　1) 2.16. 주일대사관 강공사는 일 외무성 요시다 아시아국장과 면담코, 김일성 생일 축하단의 재입국 허가 발급을 강력히 반대하는 아국정부의 입장을 표명한데 대하여, 오기다 국장은 재입국하가 문제는 법무성 소관인 바, 외무성으로서는 이에 반대하므로 법무성으로부터 의견조회가 있으면 반대의견을 밝히겠다고 하였음.

　　2) 2.22. 주일대사는 마에다 법상과 접촉한 자리에서 정치성을 띤 김일성 생일 축하단의 왕래를 허가치 않토록 요청한데 대하여, 마에다 법상은 인도적인 경우는 모르나 이와같은 왕래는 재입국을 허가하지 않는 방향으로 고려하고 있음을 시사하였음.

　　3) 2.22. 주일대사가 후까다 외상을 방문 면담코 아국 입장을 밝혔던 바, 후꾸다 외상은 이를 허가하지 않는 방향으로 법무성과 협의하고 있다고 말하였음.

　　4) 3.7. 주일 강공사는 쓰다 법무차관을 방문코 다시금 아측 입장을 강조한데 대하여 쓰다 법무차관은 한국측 입장을 잘 알고 있으므로 신중히 대처하겠다고 말하였음.

　　5) 3.7. 주일 강공사는 요시오까 법무성 입관국장에게도 같은 요청을 한데 대하여 오시오까 국장은 아측입장에 이해를 표시하였음.

6) 3.18. 일본 법무성이 김일성 생일 축하목적을 위하여 재입국을 신청하였든 6명을 포함한 18명에 대한 재입국 허가 결정을 내렸다는데 대하여 동일 하오 장상문 차관보는 우시로꾸 주한 일본대사에게,

ㄱ. 일본정부가 지금까지 한국정부의 강력한 반대에도 불구하고 사전에 아무런 연락도 없이 돌연히 결정을 내린데 대하여 한국정부는 경악을 금할 수 없다.

ㄴ. 한국정부로시는 여하한 목직의 여하한 재일 한국인의 북괴왕래도 반대한다는 것과 특히 김일성 생일 축하와 같은 □□의 재입국 허가는 중대한 문제로서 여하한 일이 있도라도 허가되는 일이 없어야 한다는 입장을 밝혀왔으며, 일본측도 김일성 생일축하와 같은 목적의 왕래는 허가하지 않을 것이라는 방침을 표시해 왔다.

ㄷ. 금번 허가된 18명중에 김일성 생일축하를 위하여 재입국을 신청하였던자 6명을 포함하고 있다는 것은 종래의 일본정부의 방침으로 보아도 있을 수 없는 일이며, 그와 같은 처사는 한·일 양국간의 우호관계를 심각하게 저해하는 것이라는 점을 밝히면서, 한국정부로서는 일본정부가 그와 같은 조치를 철회하여 줄 것을 강력히 요청함을 밝혔음. 이에대하여 우시로꾸 대사는,

ㄱ. 재입국허가는 법무성에서 결정하여 발표하였으며 사전에 외무성과 충분한 협의가 없어서 외무성도 놀라도 있는 것 같다.

ㄴ. 법무성은 18명에 대하여 친족방문의 목적으로 허가한 것으로 알고 있다.

ㄷ. 한국정부의 입장은 본국 정부에 정확하게 보고하겠으며 한국정부가 사태의 추이를 예의주시하고 있다는 것도 보고함과 동시에, 부임이 일천한 자신의 입장으로서 극히 당황하고 있다는 것을 설명하면서 취소조치를 본국 정부에 강력히 건의하겠다고 말하였음.

7) 윤석헌 외무차관은3.20. 17:30에 주한 우시로꾸 일본 대사를 초치코, 금번 일본정부의 처사는 한·일간 우호관계를 저해하는 유감된 처사인 것을 밝히면서, 이와같은 조치를 취소할 것을 요청하였던 바, 우시로꾸 대사는 본국정부의 처사에 대하여 놀라움을 표시하면

서, 본국정부에 한국정부의 입장과 요청을 정확히 전달함과 동시
자기도 금번조치를 취소하도록 강력히 건의하겠다고 하였음.

8) 또한 당부는 주일대사에게 일본정부 당국자 및 정계요로와 접촉하
여 아국의 입장을 밝히고 금번 일본정부 조치를 취소하도록 요구하
라고 지시하였음.

3. 분석

가. 금번의 일본정부의 허가조치를 분석하여 보면 다음과 같은 특징을 발견
할 수 있음.

1) 표면상이나마, 인도적인 목적의 왕래를 허용한다는 방침에 따라 "친
족방문"으로 허가한 점. (마에오 법상은 "김일성 생일축하" 목적의 재
입국 허가허용은 한국을 자극하며 일본정부가 김일성을 승인하는 것
으로 연결될 수 있으므로 곤란하다고 시사한 것으로 보도된 바 있음)

2) 종래에 비추어 다른 점으로서는,

ㄱ. 한국측에 전혀 사전통고 없이 불시에 허가조치를 한 점.

ㄴ. 남한출신자가 7명 포함되어 있으며, 그 중 5명이 김일성 생일축
하차 가려던 자라는 점을 지적할 수 있음.

3) 연령은 전원 50세이상으로 고령자를 원칙으로 한다는 점은 유지되어
있다고 보임.

나. 금번의 허가조치는 김일성의 생일축하를 위한 축하단 파견에 관한 야당
세력과 조총련의 압력에 대하여 일본정부 및 여당이 종래 취하여 온 방
침과 한국과의 관계를 고려하여 표면상이나마 정치적인 목적의 케이스
는 아니라는 점만은 유지하면서 타협한 결과의 소산이라고 볼 수 있음.
이와같은 조치를 취하게 된 배경을 보면, 1) 최근 일조의원 연맹등을 통
하여 친북괴 세력이 상당히 강력하여졌다는 점. 2) 닉슨 중공방문 이후
북괴의 평화공세가 강하여 졌으며 일본을 주대상으로 하고 있어서 대북
괴관계 개선을 주장하는 일본내 여론이 신문등을 포함하여 점점더 강하
게 되어 가고 있다는 점 등을 들 수 있겠으나, 이에 덧붙여 무엇보다도
사또내각이 말기에 이르러 사또수상 자신의 영향력이 극히 쇠퇴하여지
고 후기 수상을 둘러싸고 여당내가 혼란하여 야당세력의 압력에 지탱할
수 있는 힘이 없어졌다는데 있다고 할 수 있음.

19. 참고자료-현재까지의 전례

참고자료
현재까지의 전례

1. 조련계의 재입국허가 상황 전반

   조련계는 1963년초부터 소위 "조국 자유왕래 운동"을 전개하고 야당 세력의 힘을 입어 일본정부 및 여당에 압력을 가하여 왔는 바, 65.12.28. 2명이 허가된 이래 지금까지 5차에 걸쳐 41명이 재입국 허가를 받았음.

	일자	인원
제1차	1965.12.28.	2
제2차	1969.1.18.	6
제3차	1970.3.19.	6
제4차	1971.1.22.	9
제5차	1971.9.16.	18

2. 제1차의 경우: 성묘의 목적으로 노부부에 대하여 허가하였음.

3. 제2차의 경우: 1968년 7월 조총련 간부는 동년 9월의 소위 북괴정권수립 20주년 기념식에 참석키 위하여 일본정부에 재입국 허가신청을 하였으나, 일본정부가 정치적인 성격의 것은 한국과의 관계를 고려하여 인정하지 않는다고 거부하였으므로, 1968.8.20. 동경 지방재판소에 소송을 재기하였으며, 동 소송은 1968.10.11. 제1심. 1968.12.18. 제2심에서 정부가 모두 패소하였음.

   본건 제2차의 경우는 전기 소송에 정부가 패소하여 상고심에 계속되어있는 상황하에서 일본정부가 인도적인 케이스는 인정한다고 하여 허가한 것이며, 당초 일본정부는 1968년말 8명정도 허가할려고 계획한 것을 당시 최외무장관이 방미후 귀국 도상 사또수상관 면담한 일이 있어 1969년 1월로 조치가 연기되었다가 1월에 다시 움직임이 보여 아국정부가 장기영 특사를 파견하자 특사 도착일에 8명중 2명을 제외한 6명에 대하여 허가한 것임.

   6명은 모두 북한 출신으로 50세 이상이며 조련계 활동이 미약한 자였음. (제외된 2명 중 1명은 남한 출신, 다른 1명은 48세였기 때문에 제외던 것으로 보였음.)

　　당시 일본정부는 장기영 특사에 대하여 북괴왕래를 종전부터 구체적 안 건마다 제반사항을 고려하여 극히 신중히 다루어 왔으며 6명의 재입국 허가 를 선례로 하여 신중히 취급하는 방침을 변경하는 것이 아니라는 것을 문서 로 제시하였음.

4. 제3차의 경우: 정식결정에 앞서 일본정부는 주한 일본대사관을 통하여 3.7. 외무부에 알려왔으며, 아측이 강력한 반대를 표시한데 대하여 일측은 가) 조총련과 밀착하지 않는 북한 출신 고령자 6명에게 재입국을 허가할 방침이 다. 나) 이것은 최고심의 재판결과를 유리하게 하기 위한 것이다. 다) 국회 에서 야당의 강력한 압력을 받고 있어 부득이하다. 라) 북괴의 경우는 중공 의 경우와 비교하면 그 수요가 엄청나게 적다. 마)인도적인 케이스이외의 왕래는 인정치 않는다는 등의 해명을 하였음.

5. 제4차의 경우: 정식 결정에 앞서 1.8. 아측에 사전 통고하여 왔으며, 허가된 자 9명은 모두 북한 출신으로 51세 이상이며 극렬분자는 아닌 자들이었음. 아측은 전번의 6명이 이번에 9명으로 증가된 것을 지적하고 그 수를 줄일 것을 강력히 요청했으나 실현되지 않았음.

　　그간 70.10.16. 최고재판소는 계속중인 북괴 정권수립 경축단 사건에 관 하여 경축일이 경과하였으므로 심리의 가치가 없다는 이유로 원고의 제소를 각하하였음.

6. 제5차의 경우: 일본정부는 8.25. 아측에 인원수를 늘려 허가하지 않을 수 없 는 사정이라고 알리면서 시기도 종래와는 달리 너무 추운 때가 아닌 추석경 에 허가하고, 종래는 성묘나 고령자의 친족방문에 한정하였으나 앞으로는 북한에 있는 부모가 위독한다든지 하는 경우에는 전혀 정치성이 없음을 확 인하여 50세 미만의 자에게도 허가할 것임을 시사함. 따라서 허가된 자는 전원 북한 출신이었으나 45~49세의 자가 7명 포함 되었음.

20. 외무부 공문(발신전보)-일본대사 초치 결과 보고

외무부

번호 WSG-6330
일시 191740
발신 외무부 차관
수신 외무부 장관(주말레이시아 대사관 경유)

　　1. 3.18. 일본정부는 조총련계 18명에 대하여 북괴왕래를 위한 재입국 허가를 "친족 방문"이라는 명목으로 발급하였으며, 이중에는 김일성의 60회 생일축하를 위하여 신청하였던 자 13명중 6명이 포함되었습니다.

　　2. 그와같은 일본정부의 허가조치에 대하여, 본부로서는 동일 하오 즉각 우시로구 주한 일본대사에게 (1) 일본정부가 지금까지의 한국정부의 강력한 반대에도 불구하고 돌연히 결정을 내린데 한국정부는 경악하고 극히 유감스럽게 생각하며, (2) 특히 김일성의 생일축하를 위하여 가려던 조총련의 고위간부를 포함하여 허가한다는 것은 가장 두드러진 정치적인 성격의 왕래를 인정하는 것으로 정치적인 왕래는 인정하지 않는다는 일본정부의 종래 방침으로 보아도 있을 수 없는 것이며, (3) 그와같은 처사가 한일 양국간의 우호관계를 심각하게 저해하는 것이므로 조속히 철회하도록 강력히 요구하였으며, 이에 대하여 우시로구 대사는 부임이 일천한 자신이 극히 당황하고 있음을 본국 정부에 보고하는 동시에 한국정부의 입장을 정확하게 전달하면서 자신으로서도 취소조치를 강력히 건의하겠다고 하였습니다.

　　3. 본건에 관하여는 주일대사에게도 일본정부 및 정계요로와 접촉하여 허가가 취소되도록 최선을 다할 것을 긴급 지시하였습니다.

　　4. 중요 진전상황에 관하여 추보하겠습니다.

21. 외무부 공문(발신전보)-재입국허가 발급에 관한 조사 지시

외무부
종별 긴급
번호 WJA-03219
일시 201230

발신 장관
수신 주일대사

　　　대: JAW-03315, 03317, 03318, 03321, 03323
　　　연: WJA-03215
일본정부의 북괴방문 희망자에 대한 재입국 허가 발급에 관하여,
1. 일본정부가 금번 취한 조치의 구체적인 내용,
2. 금번 일본정부가 돌연히 그와같은 결정을 하게 된 경위 및 배경과 이의 분석,
3. 재입국 허가 결정 후 지금까지의 움직임과 앞으로 예상되는 움직임, 특히
　　해당자에게 이미 허가통고를 하였는지, 허가 방식이 어떠하였는지, 해당자
　　는 언제 출발하며 얼마 동안 북한에 체제할 것인지 등 종래의 경우와 비교
　　한 상세한 정보 등,
제반사항을 지급 조사보고 바람(아북)

22. 외무부 공문(착신전보)-재입국 허가에 대한 신문보도

외무부
번호 JAW-03329
일시 191330
수신시간 72.3.20. 9:46
발신 주일대사
수신 장관

조련계 교포 재입국 허가:
　　3.18 조총련 간부 이계백 등 조련계 교포 6명에 대한 재입국이 허가된 데
대하여 3.19 당지 각 신문은 요지 아래와 같은 논조로 이를 해석하는 보도를
게재하였으며, 특히 〈요미우리(2면 3단) 및 마이니찌(면 1단)〉신문은 동 허가
조치에 대하여 한국정부는 주일대사관을 통해 강력히 항의하였다고 보도하였
음. 지금까지 일본정부는 조련계 교포의 북괴 방문 재입국 허가를 다음 이유로

엄격히 제한하여 왔다.

    (1) 한국과 국교를 맺고 있는 일본으로서는 한국과의 우호관계를 희생하여서까지 북괴와의 관계를 깊이할 필요가 없다.

    (2) 약60만의 재일교포가 남북으로 대립하고 있어 북괴와의 교류 완화는 동 대립을 격화시킬 염려가 있고 치안상으로도 좋지 않다.

그러나 금번 허가는 가족방문의 명목으로 허가는 하였으나, 축하단으로서의 성격의 변함이 없으며, 허가된 자 중 5명이 한국 출신자로 되어 있어 금번 조치는 법무성이 정치적 색채가 짙은 것과 한국 출신자의 재입국을 인정한 것이며, 이는 미중공 회담 후 높아진 아세아 지역화평 무드와 일조의련의 북괴 방문 조일수출입 상사의 설립 등에 의한 일북괴간 교류완화 무드속에서 일본 정부가 다각외교의 일환(마이니찌)으로서 취한 조치이다.

외무성 당국자는 금번 허가조치가 어데까지나 인도적 케이스로서 확대된 것이며, 북괴요인이나 기술자의 입국은 아직 어렵고, 일본정부의 북괴에 대한 자세는 종래대로 변함이 없음을 강조하고 있다.

그러나 금번 허가 조치는 물론, 국회 운영에 있어서 야당측의 반발을 약화시키기 위한 것이기는 하지만 지난 3.6일 국회 답변에서 사또 수상과 후꾸다 외상이 북괴와의 기자 교류 등을 전향적으로 검토하겠다고 말한 바 있고, 미중공 회담 후 극동의 긴장완화 무드와 금번 가을 유엔총회에서 한국 문제가 클로스업될 것이라는 점 등을 고려하여 일정부로서도 조선 문제에 대하여 재검토하여야 한다는 필요성을 통감하고 있음을 나타낸 것으로 보인다. (니혼게이자이). (일정-아북, 정보)

23. 신문기사

경향신문① 1972.3.20 日, 朝総聯 再入國 허가에 政府, 某種 대책 講究

서울① 72.2.20 일본에 엄중 항의 조련계 재입국, 정부 사태주시, 대응 조처 강구

중앙① 1972.3.20 政府, 日本에 엄중 抗議

政府, 日本에 엄중抗議

駐日姜公使 朝聯系 再入國 허가에

效率的 沮止策 마련중

政治色彩짙어 先例될까 우려

外務部

日旅行 政治人들의 政爭發言 自制촉구

동아① 72.3.20 朝聯系18명에 再入國허가 日法相 6명은 最高患部級, 12명은省墓者

대한① 73.3.20 政府, 某種 對應策 강구, 日 朝聯系 간부 再入国허가 重視

政府, 某種 対応策 강구

日 朝聯系 간부 再入國허가 重視

對北傀政策 변경으로 간주

年2회 許可고려

親族訪問 명목 18명에

日法務省 金日成還甲 참석 6명포함

신아① 72.3.20 人道精神 어긋나,

24. 재일동포 북한왕래에 관한 한국정부의 의견

72.3.20. 17:30

1. 北傀는 最近의 國際的情勢의 變化에 便乘하여 僞裝된 平和宣傳攻勢를 恣行하고 있으나 北傀의 武力赤化統一政策의 目操나 基本戰略에는 何等變更이 없으며 이것은 最近에 밝혀진 非武裝地帶內의 陣地構築, 兵力 및 銃化器 導入으로 보아도 알 수 있다.

2. 韓半島의 安全保障에 關한 情勢(Security Situation)가 이와같이 繼續되는限 北傀에 對하여 政治的, 經濟的 또는 軍事的으로 도움이 되는 일을 日本과 같은 友邦이 하지 않을 것을 大韓民國은 願하는 것이며 이것은 우리에게 매우 重大한 問題이다.

3. 그동안 日本政府는 北傀와의 往來問題에 關하여 純全히 人道的인 경우에 限하여 北韓出身으로서 年老者에 對한 再入國許可를 極히 例外的으로 考慮하는데 그치고 特히 朝總聯系 幹部나 政治的目的의 北韓往來는 이를 繼續 許可하지 않겠다는 方針을 屢次 우리에게 通告하여 온 바 있다.

4. 이번에 朝總聯系 18名에 對한 北傀往來를 許可함에 있어서 南韓出身이 7名 包含되어 있으며 또한 朝總聯幹部 6名이 그 中에 包含되고 더구나 表面上으로는 "親族訪問"이라 하지만 金日成生日宴參加를 目的으로 하는 北傀往來希望者 6名에 對하여 이를 許可한 것은 日本政府의 從來의 方針에도 違背될 뿐만 아니라 屢次 表明된 大韓民國의 立場이 全然 考慮되지 않은 措置로서 極히 遺憾된 일이 아닐 수 없다.

5. 따라서 韓國政府는 本件에 對하여 日本政府가 最小限 從來의 方針에 立脚하여 純粹히 人道的인 性格의 北韓往來에만 局限하도록 하고 "親族訪問"이란 名目下에 事實上 金日成 生日祝賀宴 參席을 可能케 하는 措置를 取消하고 또한 南韓出身者의 今番 北傀往來許可를 無效化할 것을 强力히 要請한다.

25. 외무부 공문(착신전보)-외상 대화 내용 보고

외무부
번호 JAW-03337
일시 211005
수신시간 3.21 AM10:43
발신 주일대사
수신 장관

1. 본직은 18일 오후 6시 후꾸다 외상이 한일의원간친회 관계로 내일한 이병희

의원 외 12명의 국회의원을 위해 베푼 만찬회 석상에서 동 외상을 만나 동일 일본정부가 김일성 생일축하차 북괴에 왕래하겠다던 조련간부 6명을 포함한 18명에 대하여 재입국을 허가한 사실에 대해 아국입장을 전하고 특히 일본 정부가 북괴와 정치적인 교류는 하지 않겠다고 항상 우리에게 다짐해 준 약속을 어겨 금번 이와 같은 조치를 취한 것은 극히 유감된 처사라고 아니할 수 없다고 강조하면서 엄중 항의했음.

2. 후꾸다 외상은 마에오 법성과 자기는 이 문제에 관한한 한국의 입징을 고려하여 이들을 허가하지 않기로 방침을 세워 국회의 답변에서도 재입국허가를 하기가 어렵다는 뜻을 밝혀 왔으나 금번 국회에서 야당진영 전체가 이 문제를 들고나와 정치문제화하여 예산통과를 지연시킬 가능성을 보여주고 있기 때문에 내각(사또 수상의 뜻을 받들어 다께시다 관방장관이 말한 것으로 추측됨)에서 금년도 예산 통과를 위해 야당을 무마할 불가피한 이유때문에 부득이한 조치였으니 양해해 달라고 말하였음.

3. 본 내용은 지난 18일 밤 9시 윤외무차관과의 전화통화에서 이미 보고한 바와 같음.

(일정-아북)

26. 외무부 공문(발신전보)–방북 저지책 지시

외무부
종별 긴급
번호 WJA-03235
일시 210950
발신 장관
수신 주일대사

　　연 WJA-03234
　　1. 금번 일본정부가 취한 조치는 비록 명목상으로는 "친족방문" 목적으로 허가한다고 한 것이나, 일본정부가 북괴왕래는 순수히 인도적인 경우에만 국한

하겠다고 하던 자신들의 언명과 방침마저 위배하고, 무었보다도 김일성 생일 축하연 참석을 위하여 재입국을 신청했던 자 13명 중 조총련 부의장을 위시하여 고위간부 6명을 18명중에 포함시키고 또한 남한 출신자 6명을 포함시켜 허가하였다는데서 아국정부가 분격하고 극히 유감스럽게 생각하고 있는 것임. 따라서 정부는 18명중 소위 인도적인 케이스는 부득이하다고 하더라도 최소한 김일성 생일 축하목적의 조총련 고위간부의 북괴왕래는 저지하여야 한다는 입장임.

2. 귀하는 상기 입장을 목표에 두고 지급 일본정부 및 정계 요로와 접촉하여 1) 조총련 간부 6명의 허가를 취소하는 방법 2) 상기 6명중 5명은 남한 출신임에 비추어 남한출신자의 허가를 취소하는 방법 3) 김일성의 생일이 4.15.임에 비추어 시기를 늦추는 방법 등 일본정부가 18명에 대한 허가조치를 그대로는 시행하지 않는 방향으로 저지교섭에 최선을 다하고 결과 보고 바람.(아북)

27. 외무부 대통령 보고사항-조련계의 북괴 왕래

외무부 보고사항
번호 아북700-190
일시 1972.3.21.
발신 외무부 장관
수신 대통령 각하, 국무총리 각하
제목 조련계 북괴 왕래

다음과 같이 보고합니다.

일본 정부가 지난 3.18. 조총련계 재일 한국인 18명에게 북괴왕래를 허가한 데 대하여, 윤석헌 차관은 3.20. 17:30 주한 우시로꾸 도라오 일본대사를 당부에 초치하고 요지 아래와 같은 내용으로 동 허가 조치의 취소를 요구한 바 있으며 동시에 주일대사에게도 일본 정부 및 정계요로와 접촉하여 시정조치가 있도록 적극 교섭할 것을 지시하였아옵기 보고하오며, 아울러 일본정부가 취한 조치의 내용, 그의 분석 및 지금까지의 예 등에 관한 관련 자료를 참고로 첨부합니다.

　아래

　1. 북괴가 최근 위장된 평화선전공세를 강화하고 있으나 북괴의 무력적화통일 정책의 목표나 전략에는 하등 변경이 없으며 한국의 안보에 대한 위협이 계속되는 한 일본과 같은 한국의 우방의 북괴지원은 있을 수 없는 것임.

　2. 이와 같은 상황과 아국의 강력한 반대에도 불구하고, 금번 일본 정부가, 순진히 인도적인 경우에 한하여 북한 출신으로서 연로한자에 대한 재입국만을 극히 예외적으로 허가하는데 그치고 조총련 간부나 정치적 목적의 북한왕래는 허가하지 않겠다고 언명하여 오던 방침에 위배하여, 조총련계 18명에 대한 북괴왕래를 허가함에 있어서 남한 출신 7명이 포함되고, 표면상으로는 "친족 방문"이라고 하지만 김일성 생일 축하연 참가를 목적으로 신청한 자 중 조총련 고위 간부 6명을 허가한 것은 아국의 입장을 전혀 고려하지 않은 것으로 극히 유감된 처사임.

　2. 따라서 일본 정부는 최소한 종래의 방침에 입각하여 순수히 인도적인 성격의 왕래에만 국한하고, "친족 방문"이란 명목 하에 김일성 생일 축하연 참석을 가능케 하는 조치를 취소하고 더욱이 남한 출신자의 금번 북괴 왕래 허가를 무효화해 주기를 강력히 요청하는 바임.

첨부: 1. 윤차관과 우시로꾸 대사간의 면담록 1부
　　　2. 금번 조련계 북괴 왕래 허가 조치 내용과 분석 1부
　　　3. 종래 조련계 북괴 왕래 허가의 예 1부

외무부 장관

첨부 - 면담요록

면담요록

1. 일시: 1972년 3월 20일(월요일) 17:30시~17:50시
2. 장소: 외무부 차관실
3. 면담자: 외무부 윤석헌 차관, 주한일본대사관 우시로꾸 도라오 대사

4. 내용:

차관 - 일본의 공휴일인대도 이와 같이 오게하여 미안하게 생각한다.

우시로꾸 대사 - (북괴 왕래 문제 때문인지를 짐작하고) 관계없다. 오히려 이와
같이 하여야만 일본 정부를 Impress할 수 있을 것이다.

차관 - 오늘은 지난 토요일 일본 정부가 일본 조총련계 간부를 포함한 18명에 대
하여 북괴 왕래를 할 수 있도록 재입국 허가 조치를 취한 것과 관련하여 귀
하를 초치하였다.

 1) 북괴는 최근 국제적 정세의 변화에 편승하여 위장된 평화 선전 공세를
자행하고 있으나 북괴의 무력적화통일 정책의 목표나 기본 전략에는 하
등 변경이 없으며 이것은 최근에 밝혀진 비무장지대 내의 진지 구축, 병
력 및 중화기 도입으로 보아도 알 수 있다.

 2) 한반도의 안전 보장에 관한 정세(Security Situation)가 이와 같이 계속되
는 한 북괴에 대하여 정치적, 경제적 또는 군사적으로 도움이 되는 일을
일본과 같은 우방이 하지 않을 것을 대한민국은 원하는 것이며 이것은
우리에게 매우 중대한 문제이다.

 3) 그동안 일본 정부는 북괴와의 왕래 문제에 관하여 순전히 인도적인 경우
에 한하여 북한 출신으로서 연로자에 대한 재입국 허가를 극히 예외적
으로 고려하는데 그치고 특히 조총련계 간부나 정치적 목적의 북한 왕래
는 이를 계속 허가하지 않겠다는 방침을 누차 우리에게 통고하여 온 바
있다.

 4) 이번에 조총련계 18명에 대한 북괴 왕래를 허가함에 있어서 남한 출신이
7명 포함되어 있으며 또한 조총련 간부 6명이 그 중에 포함되고 더구나
표면상으로는 "친족 방문"이라 하지만 김일성 생일연 참가를 목적으로 하
는 북괴 왕래 희망자 6명에 대하여 이를 허가한 것은 일본 정부의 종래의
방침에도 위반될 뿐만 아니라 누차 표명된 대한민국의 입장이 전연 고려
되지 않은 조치로서 극히 유감된 일이 아닐 수 없다.

 5) 따라서 한국 정부는 본건에 대하여 일본 정부가 최소한 종래의 방침에
입각하여 순수히 인도적인 성격의 북한 왕래에만 국한하도록 하고 "친족
방문"이란 명목하에 사실상 김일성 생일 축하연 참석을 가능케 하는 조
치를 취소하고 또한 남한 출신자의 금번 북한 왕래 허가를 무효화할 것
을 강력히 요청한다.

우시로꾸 대사 - 솔직히 말하여 나도 놀랬다. 전날 관방장관이 일본정부는 허가
하지 않겠다고 말하였기 때문에 그런줄 알고 있었던 것이다. 부임일천한 나
로서는 면목이 없어졌으며 즉각 본국정부에 전보를 쳐서 허가조치를 곧 취
소하도록 건의하였는데 아직까지 본국 정부로부터는 아무런 반응도 없다.
자신으로서는 한국정부가 이 문제를 얼마나 중시하고 있는 것을 잘 알고 있
기 때문에 다시 전보를 보낼 생각이다.

차관 - 조련계가 북괴를 왕래하는 것은 소위 인노석이라는 것까지 포함하여 북
괴의 정치적인 목적으로 이용되는 것이다.

아국 정부로서는 조련계의 북괴 방문은 전적으로 반대하는 입장이나 일본
은 일본 자신이 내걸고 우리에게 설명한 원칙까지 위배하였다. 또한 이번
조치에 있어서는 그 행하는 방법이 도무지 좋지 않았다. 조련계 간부 6명을
포함시켰는데 그들의 방문 목적이 친족 방문이라고 하지만 믿을 사람은 아
무도 없을 것이다. 따라서 우리로서는 지금까지의 이야기가 허위라 한 것이
아니라는 느낌까지 든다.

우리가 가장 두려워하는 것은 이러한 일로 말미아마 crediblity gap가 일어
난다는 것이다.

우시로꾸 대사 - 차관이 말하는 것은 충분히 이해한다. 일본 신문보도에도 나왔
지만 이번 허가 결정은 일본 국내의 정치적인 움직임이 개재된 것으로 보인다.
일본 정부가 야당에 대하여 약해서 어떠한 정치적인 협상이 있었던 것 같다.
여하간 이 문제에 관하여는 본국 정부의 공식 반응이 있는대로 연락을 취하
겠다.

한가지 덧붙이고 싶은 것은 이번 조치가 일본과 북괴간에 어떤 정치적인 요
소를 내포하는 것은 아닌 것으로 느낀다는 점이다.

차관 - 이 문제에 관하여 세가지 중요한 점을 지적할 수 있는데 그것은 18명중
6명이 조총련 고위간부라는 것 또한 그 중의 5명이 남한 출신이라는 것, 그
리고 그자들은 정치적인 행사에 참여하려는 목적을 가지고 있다는 점이다.
따라서 이 세가지 점은 지금까지의 기준을 벗어나는 것이며 따라서 시정되
어야 한다. 나로서는 이와 같은 우리의 시정요구가 합리적인 요구라고 본
다. 우리는 지금 상당한 난국에 처하여 있으며 일본과 미국같은 우방이 우
리의 입장을 충분히 이해하여 도와줄 것을 강력히 기대하고 있다. 이러한
점에 비추어도 일본 정부가 조속히 상기 아측의 요청을 고려하여 시정조치

를 취하여 줄 것을 바란다.

우시로꾸 대사 - 차관이 말한 것은 개인적으로 충분히 이해한다.

그런데 동경의 주일 한국대사관도 이 문제에 관하여 일본 정부와 접촉하고 있는가?

차관 - 물론 일본 정부와 접촉하도록 지시하였다. 그러나 공휴일 관계때문에 책임있는 고위층과는 접촉이 잘 안되고 있는 것 같다.

우시로꾸 대사 - 아무래도 본부가 동경에 있는 이상 동경에서의 노력이 중요하다고 본다. 물론 나로서도 할 수 있는 한의 최선을 다하겠다.

차관 - 본국 정부에 강력히 건의하여 우리의 시정요구가 실현되도록 최선의 노력을 당부한다.

우시로꾸 대사 - 잘 알겠다. 끝.

첨부 - 금번 조련계 북괴 왕래 허가 조치 내용과 분석(조련계 간부 축하단)

조련계 간부 축하단

가. 조총련과 그를 지원하는 일본의 사회당 및 공산당 중심의 야당 세력은 금년 4.15. 김일성의 소위 60회 생일에 조총련 간부로 구성된 축하단을 파견코저 13명을 선정하고 이들의 재입국 허가를 얻기 위하여 2월로부터 일본 정부 및 여당에 맹렬히 공격을 하였음.

나. 3.18. 일본 법무성은 김일성 생일 축하목적의 재입국은 인정치 않으나, 종래 매년 1회를 원칙으로 인정하여 오던 성묘, 친족 방문 등 인도적 케이스의 재입국을 이제부터는 봄, 가을 2회 인정할 방침을 세우고 이에 따라 친족 방문 목적으로 지금까지 재입국을 신청한 12명과, 김일성 생일 축하를 목적으로 재입국을 신청한 13명 중 6명 도합 18명(남한 출신 7명)에게 친족 방문 명목하에 재입국 허가를 발급하고 관계자에게 통고하였으며, 이들은 3.26. 동경을 출발 모스코 경유로 북괴 향발했음.

다. 상기한 허가 조치에 대하여 일본 정부에게

1) 일본 정부가 지금까지의 한국 정부의 강력한 반대에도 불구하고 돌연히

결정을 내린데 대하여 극히 유감스럽게 생각하며,

2) 특히 김일성의 생일 축하를 위하여 북괴에 가려는 조총련 고위 간부를 포함하여 허가한다는 것은 가장 두드러진 정치적 성격의 왕래를 인정하는 것으로 정치적 왕래는 허용치 않는다는 일본 정부의 종래의 방침에도 위배하며

3) 그와 같은 처사가 한·일 양국간의 우호 관계를 심각하게 저해하는 것이므로 조속 철회할 것을 강력히 요구했음.

이에 대하여, 후꾸다 외상은 일본 국내 정치 형편상 부득이한 조치였으니 양해해 달라고 하면서 이미 허가 통고된 조치이니 취소할 수 없다고 하였으며, 마에오 법상은 조련계에 의한 소송 제기 우려 및 대국회 관계로 부득이 허가하였으며, 어디까지나 인도적 입장에서 친족 방문으로 허가하였다고 강변하였음.

첨부－금번 조련계 북괴 왕래 허가 조치 내용과 분석(조련계 교포 60명 북괴 향발)

조련계 교포 60명 북괴 향발

가. 일본에서 출생한 조련계 교포 60명은 2개조로 나누어 2.23. 부터 삿포로와 나가사끼를 각각 출발하여(오토바이로 여행) 일본 각지에서 집회를 열고 북괴 김일성 탄생 60주년 축하문을 수집하여,

나. 이들은 3월 17일 217명의 북송 희망자들과 함께 니이가다를 출항하는 만경봉호로 북괴로 향발하였음. (청진으로부터 평양까지 오토바이로 여행 예정이었음)

다. 이들은 일본정부의 재입국 허가를 받지 않고 갔으며 북괴에 영주하려는 것으로 보임.

첨부—금번 조련계 북괴 왕래 허가 조치 내용과 분석(조련계에 의한 김일성 생일 선물 갹출설)

조련계에 의한 김일성 생일 선물 갹출설

3.13. 외무위에서 조련계가 40억엔 상당의 김일성 생일 축하 선물을 갹출중에 있다는 이야기가 발설되어 주일대사관으로 하여금 조사케 했던 바, 일본 외무성 관계자는 아래와 같이 말했음.

가. 일본 외무성은 섬유기계 냉동기계 등을 무환 수출하려고 한다는 풍문은 들었으나 그 사실 여부 및 금액 규모 등에 관하여는 아는 바 없다.

나. 무환수출의 형식을 취한다면 통산성에 허가신청을 하게 되어 있는데 이 경우 COCOM List에 해당되지 않는 한 대체로 무환수출 액수에는 제한이 없으며, 3.15. 현재까지는 여사한 허가신청이 없음.

다. 40억엔 상당의 일화 송금설에 관하여는 풍문조차 들은 바 없다.

첨부－금번 조련계 북괴 왕래 허가 조치 내용과 분석(일본 기자단 김일성 생일에 즈음한 북괴 방문)

일본 기자단 김일성 생일에 즈음한 북괴 방문

가. 인원: 17명

아사히 3명

교또통신 1명

NHK 6명

TBS 4명

NET 3명

나. 평양 도착: 4.10일

참고: 일본 기자의 근래 북괴 왕래

가) 1956년 이래 "적기" 특파원 상주

나) 71.9.14 "고또 모도오" "아사히" 편집국장등 4명(김일성과 회견)

다) 71.10.24. "미노베" 동경도지사 북괴 방문시 10명의 기자 수행

라) 72.1. "다까기 다께오" "요미우리" 논설위원등 2명(김일성과 회견)

마) 72.1.18 일조의련 북괴 방문시 9명의 기자 수행

첨부－금번 조련계 북괴 왕래 허가 조치 내용과 분석(미국기자 북괴 방문)

미국기자 북괴 방문

　　일본의 신문보도 및 외무성 관계자에 의하면 뉴욕 타임스, 워싱톤 포스트, CBS 기자 등 10여명의 미국기자가 북괴를 방문할 것이라고 하는 바, 아사히 신문은 이들이 4.1. 현재까지 북괴로부터 입국 허가를 받지 못하였다고 함.

첨부－금번 조련계 북괴 왕래 허가 조치 내용과 분석(재입국 관련 항의문)

　　　The Ministry of Foreign Affairs presents its compliments to the Embassy of Japan and, with reference to the report that the Japanese Government has decided to permit several Korean residents in Japan to travel to northern part of Korea, has the honour to make the following representations:

1. The Korean Government notes with serious concern the recent report that the Japanese Government has decided to issue re-entry permit to 18 Korean residents in Japan in connection with their travel to northern part of Korea. It is even more concerned with the fact that among them are included 6 leading members of Cho-chongryun(a communist-inclined organization of Korean residents in Japan) who are reported to participate in Kim Il Sung's 60th birthday celebrations.

2. As has been made clear to the Japanese Government on numerous occasions in the past, the Korean Government opposes to any travel by any Korean resident in Japan to northern part of Korea and back to Japan, since it would only serve for nothing but political exploition by the north Korean communists and their followers in Japan.

3. The Japanese Government has allowed on several instances in the past limited number of Korean residents in Japan to travel to northern part of Korea and back to Japan in spite of strong objections by the Korean

Government. It has explained to the Korean Government that the position of the Japanese Government is that, in view of friendly relations between the Republic of Korea and Japan, such a travel would be permited to a very limited number of aged Korean residents in Japan who have permanent domiciles in the northern part of Korea only for humanitarian purposes and that it would not permit in any case travel that may involve political nature. Such position has been explained time and again by responsible members of the Japanese Government to the Korean side, when the latter enquired of its position in connection with the reported move of Chochongryun and its backers to send a "congratulatry mission" for Kim Il Sung's 60th birthday.

4. It is crystal clear that permitting leading members of Chochongryun to travel to northern part of Korea and back to Japan so as to enable them to participate in Kim Il Sung's birthday celebration involves a most typical political characters. Therefore it flagrantly contradicts to what has been assured by the Japanese Government.

5. The Korean Government views the decision taken by the Japanese Government would seriously undermine the friendly relations existing between the Republic of Korea and Japan. The Korean Government strongly requests that the Japanese Government immediately revoke the validity of re-entry permit in question and see to it that no Koreans be allowed to make travels between Japan and the northern part of Korea. It if further stated that should no remedial action be taken for the present case, the Government of Japan should be held entirely responsible for any consequences arising from the case under reference.

March 20, 1972
Seoul

28. 외무부 공문(발신전보)-조총련계 북괴왕래

외무부
종별 지급
번호 WJA-03234
일시 210950
발신 장관
수신 주일대사

조총련계 북괴 왕래
연WJA-03219

금 3.20 하오 5시 반부터 약 20분간 윤차관은 주한 우시로구 일본 대사를 초치하고 표기 문제에 관하여 북괴가 최근 위장된 평화 선전 공세를 하고 있으나 북괴의 무력 적화통일 정책의 목표나 전략에는 변경이 없으며 한국의 안보에 대한 위협이 계속되는 한 일본과 같은 한국의 우방의 북괴 지원은 있을 수 없는 것임을 설명한 다음, 이와 같은 상황과 아국의 강력한 반대에도 불구하고 금번 일본정부가 순전히 인도적인 경우에 한하여 북한 출신자로서 연로자에 대한 재입국만을 극히 예외적으로 허가하는데 그치고 조총련 간부나 정치적 목적의 북한 왕래는 허가하지 않겠다고 언명하여 오던 방침에 위배하여 조총련계 18명에 대한 북괴 왕래를 허가함에 있어서 남한 출신 7명이 포함되고 표면상으로 "친족 방문"이라고 하지만 김일성 생일연 참가를 목적으로 신청한 조총련 고위간부 6명을 허가한 것은 아국의 입장을 전혀 고려하지 않은 것으로 극히 유감된 일이라고 하는 동시에, 따라서 일본 정부는 최소한 종래의 방침에 입각하여 순수히 인도적인 성격의 왕래에만 국한하고 "친족 방문"이란 명목으로 김일성 축하연 참석을 가능케 하는 조치를 취소하고 또한 남한 출신자의금번 왕래 허가를 무효화할 것을 강력히 요구하는 아국 정부의 입장을 밝히고 아국 정부의 그와 같은 시정 요구가 실현되도록 동 대사도 최대한으로 노력하여 줄 것을 당부하였음.

이에 대하여 우시로구 대사는 이번 조치는 부임 일천한 자신으로서 면목이 없으며 본국 정부에 타전하여 곧 허가 조치를 취소하도록 건의하였으나 아직 아무런 반응에도 접하지 못하였다고 하고 다시 타전 건의하겠다고 하였음. (아북)

29. 외무부 공문(착신전보)–후쿠다 대신 면담 예정 보고

외무부

종별 대외비

번호 JAW-03358

일시 221900

수신시간 72.3.22. 10:04

발신 주일대사

수신 장관

　　본직은 금 3.22. 17:30 후꾸다 대신과 조련계 재입국허가 문제에 관하여 면담
케 되었음을 보고함. (일정-아북)

30. 외무부 공문(발신전보)–일본 대사 초치 및 외상 대화 내용 보고

외무부

종별 긴급

번호 WHK-0377

일시 231825

발신 차관

수신 장관(주홍콩 총영사 경유)

　　연 WSG-0330

　　1. 조련계 북괴 왕래 허가에 관하여 본직은 3.22. 17:30 주한 우시로꾸 일
본 대사를 초치하고 연호에서 보고 올린 바와 같은 아측의 입장을 표명하면서
일본 정부가 최소한 종래의 방침에 입각하여 순수히 인도적인 왕래에만 국한
하고, "친족 방문"이란 명목하에 김일성 생일 축하연 참석을 가능케 하는 조치
를 취소하고 더욱이 남한 출신자의 금번 북괴 왕래 허가를 무효화 해주기를
강력히 요청하였던 바, 이에 대하여 우시로꾸 대사는 3.18.에도 본국 정부에

한국 정부 입장과 시정 요청을 전달하면서 자기도 한국 요청에 부합하는 건의를 하였으나 아직 회답을 못 받고 있다고 하면서 또 다시 본국 정부에 한국 정부의 시정 요청을 보고하고 자기도 다시 건의하겠다고 말했습니다.

2. 또한 주일대사는 3.18. 한·일 간친회 관계 만찬 석상 및 3.22. 외무성을 방문한 자리에서 후꾸다 외상에게 금번의 조련계 북괴 왕래 허가조치에 대하여 우리 정부는 심히 유감으로 생각하며, 동 허가를 취소할 것을 강력히 요청했던 바, 후꾸다 외상은 자기와 외무성이 사전에 몰랐고 일본 정부의 피치 못할 국내 사정 때문에 그러한 처사가 이루어진 것을 매우 미안하게 생각한다고 하면서, 한국 정부에 대해서는 미안하나 이미 재입국 허가를 하였기 때문에 취소할 수 없는 일이라고 말하였다고 합니다. 또한 주일대사가 후꾸다 외상에게 이러한 일이 또다시 되풀이되어서는 않될 것이고 여러가지 일이 많은 일본 정부로서도 특히 유의하여야 할 것이라고 말했던 바, 후꾸다 외상은 장차는 그러한 문제에 대해서 특히 유의할 것이라고 말하면서 수출입은행 자금에 의한 대북괴 프란트 수출 문제와 그에 수반하는 기술자 입국 허가 문제에 대해서도 압력을 많이 받고 있는데 이 점에 대해서도 각별 유의하겠다고 말하였다 합니다. (아북)

31. 외무부 공문(착신전보)–외무성 차장과 과장 면담 결과 보고

외무부
종별 긴급
번호 JAW-03371
일시 221450
수신시간 MAR.22. PM2:04
발신 주일대사
수신 장관

대 WJA-3219
장관 신정섭 참사관 및 우 서기관이 3.21 하오 및 22일 오전 외무성 아세아국 마에다 차장 및 나까히라 북동아 과장을 각각 방문하고 문의한 내용을 토대로 대호에 관한 사항을 아래와 같이 보고함.

1. 일 정부가 취한 조치의 구체적인 내용:

친족 방문을 위해 북괴 일시 왕래를 신청한 재일교포 약 3,000명 및 4.15 김일성 회갑 축하를 위해 재입국을 신청한 13명 중 법무성 및 외무성 실무자는 친족 방문을 위한 것은 종래의 관례에 따라 인도적 견지에서 일시 왕래를 허용할 생각으로 있었으나 김일성 생신 축하를 위한 일시 도항은 허용하지 않을 방침으로 있었다 함. 그러나 상부의 갑작스러운 지시에 따라 조련계 간부 6명을 포함하여 인도적 견지라는 명목에서 이들의 일시 왕래에 대한 재입국 허가를 할 방침을 밝히게 된 것임.

2. 이번 결정을 하게 된 경위 및 배경:

금번 조치에 관하여 법무성 및 외무성 실무자는 이를 허가하면 한국의 입장이 매우 난처하게 될 것임을 감안하여 불허할 방침으로 있었으며 이는 법무대신 및 외무대신의 국회 답변에서도 밝힌 바 있으나 오끼나와 반환(5.15) 직후 은퇴하게 될 사또 총리의 정치적 영향력의 감퇴로 말미암아 최근 국회에서 각 야당의 대정부 공격이 격증하고 있으며 특히 최근 예산국회를 계기로 중공 문제에 대한 정부의 태도 방위예산의 선취 문제등과 관련하여 정부 및 여당의 입장이 열세에 있으며 이번 재입국 허가 문제는 야당이 모두 합세하여 정치 문제화할 징후가 농후하고 예산국회를 지연시킬 움직임이 엿보이며 또 일설에는 입관법의 심의에 야당의 공세를 감안하여 내각이 야당을 무마시키기 위해서 조련계 간부 6명을 포함한 18명의 재일교포에게 재입국 허가를 하게 된 것이라고 함. 금번 조치에 있어서 외무 및 법무 실무자는 이와 같은 조련계 간부의 일시 북괴 왕래를 허가하면 안될 것이라는 방침을 상부에도 양해가 되고 있었으나 일본 국내의 여사한 정치적 이유때문에 갑작스럽게 이와 같은 결정을 내리고 3.18오전 법무 대신으로부터의 긴급 지시에 따라 법무성에서 허가를 위한 수속 절차를 시작하였다고 하며 외무성 실무자(국장을 포함)는 전혀 이에 대해서 아는 바 없었으며 법무성도 너무나 갑작스러운 지시이기 때문에 외무성에도 사전에 충분히 알리지 못했으며 외무성은 외무성대로 늦게 통보를 받았기 때문에 오히려 한국 대사관이 먼저 사전 정보를 입수하게 된 격이 되고 말았다고 실무자는 극구 변명하고 있음.

3. 허가 통고 방식 및 출발, 체류 기간 등 문제:

외무성 실무자(과장 및 국차장)의 말에 의하면 이들 조련계들은 3.27 당지를 출발할 예정이며 재입국 허가의 유효기간은 3개월간이라 하며 도항을 위한 서류상의 절차는 일본 적십자사에서 인도적 견지에서 일시 왕래를 필요로 한다는 증명서를 발급하고 법무성이 증명서에 재입국 허가의 도장을 찍는 형식으로 되어있다 함.

외무성 실무자들이 아는 바로는 법무성이 이들 18명에게 재입국 허가를 할 방침인 것을 3.18 아침 국회에서 조련계 간부 및 사회당 의원에게 알렸으며 또한 동시에 이것이 신문에 공개되었다 함. 해당자는 상기 일적 증명서를 법무성에 제출하면 법무성이 재입국 허가를 하는 절차가 남아 있으나 출발이 27일이므로 오늘 현재 구체적으로 그와 같은 허가 조치를 위한 도장을 찍었는지 여부는 잘 모르겠다고 함.

4. 외무성 실무자의 태도:

가. 이번 조치에 관련하여 일본 정부가 정치적 성격을 띤 조련계 간부와 남한 출신의 교포를 인도적 이유 운운하며 북괴에 일시내왕을 허가한 것은 우리로서 극히 유감인 동시에 한일 관계에 심각한 영향을 주는 것이며 특히 일본의 국회 사정이나 또는 국내 정치상의 이유 때문에 한국의 입장을 이와 같이 심히 곤란케 한 것은 우리로서는 도저히 납득이 가지 않는 처사이므로 일 정부는 남한 출신의 자와 조련계 간부의 일시 왕래는 취소해 달라는 우리 정부의 요구를 기필 들어줄 것을 강력히 요망한데 대하여 한국의 입장은 충분히 이해하겠으며 이는 상부에 보고하겠다고 하였음.

나. 외국에 거주하는 외국인의 일본 입국 문제는 관습적으로 법무 외무 양성간의 협의 사항이 되어오고 있고 일본에 거주하는 외국인의 출입국은 법무성 전관 사항으로 되어오고 있는 바 그와 같은 처리 관습에도 불구하고 외무성은 조련계의 북괴 왕래에 관하여서만은 "소망스럽지 못하다"는 요지의 의견을 법무성에 비쳐 왔다고 함. 외무성이 법무성의 금번의 조치에 관련하여 가장 우려하는 것은 지금까지 법무 외무 양성 관계자들이 기회 있을 때 마다 불허될 것이라고 한국측에 말하여 왔음에도 불구하고 아무런 한국측에 대한 사전 통보 없이 "전광석화"식을 번복 처리 한국측에게 "불신 감정"을 갖게 하게 되지 않을까 하는 것이라고 하였음.

5. 금번 조치에 대한 외무성 실무자의 대책:

법무성에 대하여 "법무성은 인도적 견지에서의 처사라고 말하고 있으나 한국측을 비롯하여 각 신문도 정치적인 색채를 띄고 있다고 보고 있으므로 향후 정치적 색채를 띈 자에 대한 북괴 방문 후 재입국 허가는 신중히 고려하여 달라" 요지의 의견을 제시하겠으나 금번 조치는 이미 해당자에게 통고된 것이기 때문에 허가를 취소할 수는 없을 것이라 하였음.

건의:

금번 조치가 하나의 선례가 되어 앞으로 대북괴 관계에 이와 유사한 조치가 유발될 가능성이 있으며 종래와 같은 항의 취소 요구로만으로서는 이를 시정하기 난망 하므로 우리의 대일 정책에 근본적인 대책이 요망된다고 하겠음.

32. 외무부 공문(착신전보)-후쿠다 외무대신 면담 요지 보고

외무부

종별 긴급

번호 JAW-03378

일시 222000

수신시간 MAR.23 AM7:31

발신 주일대사

수신 장관

본직은 3.22. 1745부터 약30분간 후꾸다 외무대신을 방문하고 조총련계 북괴 왕래 문제에 관하여 면담한 바를 요지 아래와 같이 보고함. (일측에는 외무성 요시다 아세아 국장 및 나까히라 북동아 과장 배석하였음)

1. 후꾸다 대신은 본직이 발언하기 전에 먼저 과거에는 이런 일이 있으면 사전에 한국 정부에 알려 왔는데 금번 처사는 사전에 한국 정부에 알리지 못하여 귀국 정부에 대하여 매우 미안하게 생각한다고 말하고 사실은 자기와 외무성이 사전에 잘 몰랐고 일본 정부의 피치 못할 형편에 의해서 그러한 처사가 이루어진 것을 매우 유감으로 생각하므로 양해하여 달라고 말하였음.

2. 본직은 이에 거반 조총련계 간부 13명이 김일성 탄생 축하차 북괴 방문을 위해 재입국허가를 신청하였는데 그 중 6명을 가족 방문이라는 명목 하에 18

명 중에 포함시켜 재입국을 허가한 일본 정부의 금번 처사는 우리 정부로서 심히 유감으로 생각하며 우리로서는 즉각 그 재입국 허가를 취소해 줄 것을 요청하는 바이라고 말하였던 바 후꾸다 대신은 금번 처사는 일본 정부의 피치 못할 사정에 의하여 이루어진 일이며 한국 정부에 대해서는 대단히 미안하게 생각하나 이미 재입국 허가를 하였기 때문에 이제 취소할 수 없는 일이라고 말하였음.

3. 이에 본직은 일본과 북괴와의 어하한 교류와 교역도 한일기본조약에 위배되는 일이고 특히 일본 정부는 지금까지 인도적 입장에서 가족 방문 등의 북괴 방문은 허락하지만 정치적 의의를 가진 여하한 방문도 허락하지 않겠다는 입장을 수차 천명하여 왔는데도 불구하고 이번 처사는 한일 양국간의 친선관계를 저해하는 중대한 배신행위로 볼 수밖에 없고 가족 방문 명목하에 재입국을 허가한 18명을 보더라도 과거 일본 정부에서 견지하여 오던 원칙에 비추어 남한 출신이 7명이나 있고 년령적으로 보더라도 50대가 수명 포함되어 있는 것은 이해할 수 없는 것이므로 이에 대한 책임은 일본 정부가 전적으로 저야할 것이고 앞으로 이러한 일이 되풀이되어서는 안된다고 하였든 바 동 대신은 또 다시 이번 유감으로 생각하나 가족 방문의 기준에 관하여는 과거에도 40대의 사람이 포함되어 있었던 일도 있고 또 본적지 관계는 대개 북한에 가족 등을 가진 인연이 있는 것이므로 먼 과거에 남한에 본적지를 가졌다는 사실만을 가지고 거부할 수 없는 입장이라고 법무성 측에서 이야기하고 있다고 말하였음.

4. 본직은 또 다시 이러한 일이 장차 또다시 되풀이되어서는 안될 것이고 이일 이외에도 여러가지 문제가 많은데 일본 정부로서도 특별히 유의하여야 할 것이라고 말하였던 바 동 대신은 장차는 그러한 문제에 대해서 특히 유의할 것이고 가장 자기로서 현재 정치적으로 압력을 받고 있는 것은 수출입은행 자금에 의한 프란트 수출 문제와 그에 수반하는 기술자의 입국허가 문제인데 이 점에 대해서도 각별 유의하겠다고 말하였음.

5. 이어 동 대신은 이 문제에 대해서 한국 정부에서 너무 크게 문제시하여 양국 간에 친선을 저해하는 일이 있으면 이는 북괴의 뜻하는 바에 말려들어 가는 것이 될 것이므로 본국 정부에 일본 정부의 입장을 잘 설명하여 달라고 하였음.
(아북)

33. 외무부 공문(착신전보)-조총련간부 6명 법무성 허가 보고

외무부
번호 JAW-03379
일시 222000
수신시간 72.3.23. 8:02
발신 주일대사
수신 장관

　　외무성 북동아과 관계관을 통하여 확인한 바에 의하면 북괴 김일성 생일 축
　　하를 위한 조총련계 6명의 간부는 작일 재입국 허가를 법무성으로부터 받았
　　다고 함.
　　(일정-아북)

34. 면담요록

면담요록
1. 일시: 1972년 3월 23일(목요일) 11:45시~12:10시
2. 장소: 자관보실
3. 면담자: 외무부 장상문 차관보, 주한 일본대사관 마에다 공사
4. 내용:

　　1. 마에다 공사는 3.20. 윤차관이 우시로꾸 대사를 초치하여 조련계의 북괴 왕
　　　래 문제에 관하여 한국측의 입장을 표명한 것을 본국 정부에 보고한데 대하
　　　여 본국 정부로부터 연락이 있었으므로 내용을 전달한다고 하여
　　　1) 작3.22. 이주일대사가 후꾸다 외상을 방문, 한국의 입장을 밝힌데 대하
　　　　여 후꾸다 외상은 자신도 사전에 전혀 알 수 없었으므로 한국측에 연락
　　　　을 못하여 심히 죄송스럽게 생각한다.
　　　2) 이 대사는 한국측의 항의를 표명하면서 여러가지 문제점을 지적함과 동

시에 시정조치를 강력히 요청하였는 바, 후꾸다 대신은 여러가지로 검토해 보았으나 이제 취소 조치를 취한다고 하면 오히려 사태를 복잡하게 만들 우려가 있으므로 취소하기 어렵다는 사정을 이대사에게 설명하였다.

   3) 일본 정부는 한국측의 입장을 고려하여 앞으로는 이와 같은 문제에 대하여 세심한 주의를 기우리고 충분한 고려를 가할 생각이다 라는 요지의 설명을 하였음.

2. 상기에 대하여 장차관보는 이 문제가 한국측으로 보아 극히 중요하고 큰 문제가 되는 것임을 지적하고 윤차관이 우시로꾸 대사에게 표명한 아측의 입장을 일본 정부가 고려하여 적절한 조치가 있기 바란다고 하였음.

35. 외무부 공문(착신전보)—신문보고

외무부
번호 JAW-0338□
일시 231410
수신시간 72.3.23. 15:39
발신 주일대사
수신 장관

   연 JAW-032□□

   1. 금 3.23. □□ 요미우리(영자 신문)는 김일성 생일 축하단 조련계 교포 6명의 재입□□ 허가된 사실과 마에오 법상은 사회당과 조총련이 항의 성명을 발표하고 □□ 동 허가를 취소하겠다고 발언한 바 있으나 동허가 취소는 사무적으로 불가능한 것으로 마에오 법상의 발언은 단지 한국측의 강경한 항의에 대한 동정적 □□추어에 불과한 것으로 관측통은 보고 있다고 보도하였음. 동 보도에 의하면 상기 조련계 교포 일행은 요는 3.26. 일 하네다 공항을 출발 예정임.

   2. 동허가에 □하여 3.23. 요미우리(2면1단) 닛께이(2면1단) 산께이(2면1

단) 등은 □□ 한국대사가 3.22. 후꾸다 외상을 방문하고 일본 정부가 사도가에리 명□□ 조련계 간부의 재입국을 인정한데 대하여 이를 취소하도록 강력히 항의하였□ 보도하였음. (일정 - 아북,정보)

36. 외무부 공문(착신전보)–법무대신 면담 요지 보고

외무부
종별 긴급
번호 JAW-0339
일시 231740
수신시간 MAR.23. PM5:09
발신 주일대사
수신 외무부 장관

연 JAW-03378
본직은 금3.23 14:30부터 약30분간 마에오 법무대신을 방문하고 조총련계 일시 북괴 왕래 허가에 관하여 면담하였는 바 그 요지를 아래와 같이 보고함.
1. 마에오 대신은 본직이 발언하기 전에 먼저 금번 처사로 귀국에 폐를 끼쳐서 대단히 미안하게 생각한다고 말하고 이번 처사는 조초련계에서 이 문제로 재판을 하겠다고 하는데 이러한 재판은 과거에 두 번이나 정부가 패소한 일도 있고 하여 이번만은 소송까지 가져가지 않도록 배려를 하였고 또 출입국 법안의 국회 통과에도 크게 지장이 있다고 생각되며 또 이번 예산 국회에서 야당의 공세를 무마하여야 한다는 내각의 압력을 받은 바도 있어서 불가피하게 이루어진○일이니 잘 양해를 해달라고 말하고 결정 직전에 외무성에도 알려서 한 일이라고 말하였음.
2. 이에 본직은 북괴와의 여하한 형태의 교류와 교역도 한일기본조약에 위배되는 일이므로 우리는 사도가에리 문제도 그때 그때 반대를 하여 왔고 특히 금번 처사는 분명히 김일성 생일 축하차 북괴에 가겠다고 신청하자 13명 중에서 간부급 6명을 사도가에리 18명중에 포함시켜 허락한 것은 일본 정부가 지금까지

정치적 색채를 띤 재입국을 허가하지 않겠다고 천명해 온 것에 비추어 한국에 대한 배신 행위이고 변명의 여지가 없는 것이라고 말하고 즉시 동 재입국 허가의 취소를 강력히 요청하였던 바 동 대신은 지금에 와서 일단 결정된 것을 취소하기는 곤란하며 이것은 어디까지나 인도적 입장에서 가족 방문차 북괴 도항을 허락한 것이고 결코 김일성 탄생 축하차 간다고 하여 허락한 것은 아니라고 강변하였음.

3. 본직은 이번 처사는 확실히 한일기본조약에 입각한 양국 친선 관계에 중대한 악영향을 미쳤고 특히 북괴가 위장 평화 공세로서 아직 적화 무력 통일의 정책을 버리지 않고 있어 한반도의 긴장이 고조되고 있는 이때인 만큼 한국 정부나 한국 국민의 반발은 의외로 커서 그 수습이 곤란한 일이라고 말하였음.

4. 본직은 또 법무성 소관사항으로서는 본 건뿐만 아니라 여러가지가 있는데 특히 미노베 동경도지사가 북괴 방문의 반례로서 강양욱과 평양 시장을 청한다는 중대문제가 있는데 여하히 할 것이냐고 물었던 바 동대신은 본건은 외무성과 상의하여 결정하여야 할 문제이나 자기는 국회 답변과 신문 기자 회견에 있어서도 누차 거부하겠다고 말하였고 미노베 지사가 공개토론을 하자고 나섰는데 대해서 언제든지 이에 응하겠다고 말한 바 있고 하여 아직까지 이를 거부하겠다는 정책을 변경한 바는 없다고 하였음.

5. 본직은 금번 처사로 야당 등의 압력에 의하여 북괴의 입장을 고려하였ㄱ다고 생각할른지 몰라도 조총련계에서는 오히려 당연한 처사로 생각하고 나머지 7명의 재입국을 허가하지 않은 것을 공격하고 있는데 이렇게 하여서 대한민국과의 친선 관계를 해처가면서 얻은 것이 무었이겠는가라고 말하였던 바 동 대신도 그 점을 양해하는 듯하였음. (아북)

37. 외무부 공문(착신전보)-신문 보고

외무부
번호 JAW-03411
일시 261705
수신시간 72.3.25. 10:16

발신 주일대사
수신 장관

3.23일 마이니찌 신문 조간 불연속신 난에 〈복잡 북조선으로 부터의 재입국 허가〉라는 제목하에 요지 다음과 같은 기사가 개제되었음을 보고함.

　　1. 마에오 법상은 21일 기자회견에서 조총련이나 야당은 신의에 반한다. 허가의 취소도 고려 하겠다"라고 이 사람으로서는 보기 드물게 화를 냈다. 조총련 6명에 대한 재입국 허가는 각방면으로부터 높이 평가된 것인데, 마에오 법상이 지금까지 전례가 없는 허가취소 운운이라는 불가해한 발언을 왜 하게 되었는가?

　　2. 이번 재입국 허가 문제는 처음부터 이해하기 어려운 점이 많았는바. 지금까지 "김일성 환갑 축하는 다분히 정치적인 것이고 이 축하단을 인정하는 것은 김일성 북괴 수상을 일본이 인정하는 것이 된다"고 기회 있을때마다 불허가 태도를 취하여 오던 마에오 법상과 법무당국이 금번 직하, "친족 방문"이라는 명목으로 바꾸었다고는 하지만, 6명을 인정해 버린 것이다.

　　3. 여기에서 복잡한 기괴한 점은 첫째, 당초 축하단으로서 신청을 한 13명 중 "친족 방문"으로 인정된 6명은 나머지 7명도 포함하여 "친족 방문"신청을 내지 않았으며, 일본의 행정부가 우선 먼저 재입국 허가를 부여하고, 이에 신청이 뒤따른다는 전대미문의 조치가 취해진 것이며, 둘째로, 법무성이 종래부터 견지해온 인도상의 케이스의 허가 기존 원칙이 이번 조치로서 간단히 무너져 버린 점, 세째로, 잔뜩 밀려있는 신청자를 제쳐놓고 축하단 13명 중 6명을 왜 허가하지 않으면 안되었는가 하는 점인데, 이에 관해 법무성 당국은 "개별적으로 심사해서 허가된 자 중에 우연히 6명이 들어 있었다"고 변명을 하지만, 심사의 단계에서 신청조차도 하지 않고 있었는데 어떻게 심사를 할 수 있었던가 하는 의문도 남는다.

　　4. 이러한 불가해한 사정에 대해서 마에오 법상, 법무성 당국은 허가 판단의 근거에 관해서 일체 말하지 않고 있으며, 이에 반하여 조총련이나, 이를 지원한 각 야당, □자인 단체, 재야 법조계, "일조의련"의 일부 여당 의원간에는 "사실상의 축하단의 허가"라는 평가가 높아지고 있는 일방 조총련은 나머지 7명이 불허가가 된데 대하여 항의 성명을 낼 정도의 고자세이다.

　　5. 여기에 화가난 마에오 법상은 기자회견에서 전술의 "강경 발언"을 하게

된 것인데, 그 진의는, 1) 종래의 심사영역에 없는 이례적인 재입국 허가를 하지 않을 수 없는 입장에 돌연 법무성 □□□(이□□□) □ 대변, 2) 교섭하여 허가한 내정도 □□는듯 총련측이 전개한 항의 성명에 대한 감정적 반발, 이라고 하겠으나, 역시 최대의 이유는 허가하여 한국측이 집요하게 물고 들어오는 항의에 대한 정치적인 제스추어임이 확실하다.

6. 사실 한국측의 반발은 굉장하며, 22일에는 이호 주일대사가 나와 친족 방문이라고는 하는 □□□ 허가 이유는 수상하다" 라고 후꾸다 외상에게 엄중 항의를 하고 있다. 마에오 법상의 교섭은 "강경 항의" 발표□ 연출로 한국□□ □ 날카로운 "남북 대립"이라는 민족적 문제에 좀처럼 통용되지 못 하는 것 같다.

(일정 – 아북, 정보)

38. 외무부 공문(착신전보)–신문 보고

외무부
종별 JAW-03437
일시 27130
수신시간 72.3.27. 13:13
발신 주일대사 대리
수신 장관
참조(사본) 이호 주일대사

금 3.27. 니혼 게이자이 보도에 의하면 조총련 이계백을 단장으로 하는 김일성 생일 60주년 축하단 일행 6명은 3.26 오후 하네다를 출발, 모스코바 경유 평양으로 향발하였음.
또한 북괴에서 열리는 전국 사회 과학자 대회에 출석하기 위한 재일조선인 교직원동맹 오채양 위원장 등 3명이 동 항공편으로 출발하였는 바, 이들 3명은 재입국 허가를 받지 못하였다고 함. (재입국 허가 불소지자에 대한 조치를 경계토록 주일대사에게 훈령)
(일정 - 아북, 정보)

39. 외무부 공문(발신전보)–재입국허가 미선청자에 대한 조사 보고 지시

외무부
번호 WJA-03307
일시 271730
발신 장관
수신 주일대사

　　대: JAW-03437
　　대호 재일조선인 교직원 동맹 오채양 등 3명이 북괴로 향발한 것은 재입국
허가를 받지 않은 것이므로, 이들이 다시 재입국하지 않고 북괴에 그대로 잔류
키 위하여 간 것으로 보이는 바, 이를 확인 조사 보고 바람. (아북)

40. 외무부 공문(착신전보)–재입국허가 미선청자에 대한 조사 보고

외무부
번호 JAW-03485
일시 291750
수신시간 72.3.30. 7:48
발신 주일대사 대리
수신 장관
참조(사본) 주일대사

　　대: WJA-03307
　　대호 오재양 등 아래 3명은 법무성에 문의한 바 재입국 허가를 받지 않고 3.26.
북괴로 향발하였음. 조총련에서는 동인들을 북괴에서 개최되는 소위 전국 사회
과학자 대회 참석 명목으로 보낸 것이라 함.
　　오재양(있을 재, 빛 양) 교직동맹 중앙위원장(조선대 교수)
　　김병두(잡을 병, 말 두) 조선신보 편집부국장

김종명(쇠북 종, 울 명) 조선과학자협회 부회장

(일정 - 아북)

41. 외무부 공문(착신전보)-외무성 아세아 국장 면담 내용 보고

외무부

번호 JAW-03502

일시 302000

수신시간 MAR.31. AM10:37

발신 주일대사

수신 장관

참조(사본) 이호 대사

대: WJA-03327

1. 강영규 공사는 금3.30 1545부터 30분간 외무성 요시다 아세아 국장을 방문하고 대호 취지에 따라 대호 1항의 재발 배제 및 2항의 불허가를 강력히 요청한 바 국장은 요지 다음과 같이 답변하였음.

가. 금번 허가조치가 있은 후 외무성에 대하여 일본 거주 외국인 출입국은 법무성의 전관 사항이기는 하나 그중 조련계의 북괴 왕래는 주요한 외교사항 이므로 이들에 대한 북괴 왕래 허가에 관하여는 사전에 외무성과 협의하여 달라는 요청을 한밨바 있다 외무성으로서는 재발되지 않도록 노력하겠다

나. 강양욱 및 강희원에 대한 일본 입국 허가 문제에 관하여는 귀하가 말한 바를 외무 대신에게 보고하겠는 바 외무성 사무당국으로서는 이들의 입국을 저지해야 한다고 생각하고 있으나 결국은 고도의 정치적 결정에 달린 것이라 생각한다. 정부의 사무당국인 법무성에 입국이 불허되어야 한다는 외무성 사무당국이 의도하는 바를 충분히 이해시키도록 하겠으나 한국측도 법무성 당국을 이해시켜 주기 바란다

다. 한국과의 경제협력 우호증진 등의 기본정책에는 변함이 없고 계속 추진할 것이나 부분적으로 한일 양국이 견해를 달리하는 점이 있다고 한다면 이는 국

가 이익의 차이에서 연유하는 것이니 어찌할 도리가 없다 일본이 어느선까지 북괴와 교류를 가져도 좋다고 한국이 선을 그어 말할 수 없는 것과 같이 일본도 한국의 입장을 충분히 이해하고 한일 우호증진이라는 것을 기본 원칙으로 하고 있으나 북괴와의 교류를 일체 하지 않겠다고 말하기는 어렵다.

라. 참고로 조총련 간부 6명의 북괴 왕래 허가 문제에 관해 법무성은 정치적 색채가 있는 것은 불허하며 인도적인 것에 한하여 허가한다는 기본 원칙은 불변이라고 말하고 있다 이와 같은 법무성의 설명에는 인도상의 선발기준에 따랐다고 하더라도 왕래하는 실체가 누구냐에 따라서 정치적 색채가 띠게 된다는 주장을 반박할 수 없는 약점이 있고 또한 법무성의 설명이 성립된다고 하더라도 인도적인 것은 허가해도 좋다는 한국측의 CLARIFICATION의 문제는 여전히 남게된다

2. 명3.31 1130에 본건과 관련하여 법무성 입관국장과 면담토록 예정되어 있음을 참고로 첨언함. (일정-아북)

42. 외무부 공문(착신전보)-입관국장 면담 내용 보고

외무부

번호 jaw-03515

일시 311640

수신시간 APR.1. AM9:44

발신 주일대사 대리

수신 외무부 장관

참조(사본) 이호 주일대사

    대: WJA-03327

    연: JAW-03502

    강공사는 금31일 입관국장의 국회 출석으로 인한 연호 예정시간 변경 요청에 따라 오후 1시반부터 45분간 입관국장과 면담코 대호 취지에 따른 아측 입장을 설명함과 동시 일측의 확답을 촉구한 바 국장은 다음과 같이 답변했음을

보고함.

1. 조련간부에 대한 북괴 왕래 허가

    가. 조련 간부에 대한 북괴 왕래 허가에 대한 아국 정부의 입장은 충분히 이해하겠다. 또한 법무성도 이 문제 처리에 있어서 많은 고생을 하였다는 점을 한국측이 알고 있을 줄로 믿는다.

    나. 이른바 북괴 "건국" 기념 때 경축단의 북괴 왕래를 불허함으로서 법무성이 행정소송을 당한 일이 있는 바 금번의 경우 이와같은 소송 사태에 이르는 것은 극력 피하고 싶었으며 그렇드라도 경축단이라는 명목으로는 불허한다는 입장을 취했고 결과적으로 인도상의 선정기준에 따라 허가된 것이다.

    다. 조련 6명 출국시 하네다에서의 환송현황을 전해 들었는 바 "경축단 환송" 인원의 표지는 전무하였던 것으로 알며 이것은 경축단으로는 결코 불허한다는 법무성의 의도가 전달된 때문이었다고 보며 이는 조련도 정치색을 띤 것은 않된다는 취지를 잘 인식한 증거라고 생각한다.

    라. 인도적인 것은 앞으로도 허가하게 될 것으로 생각되며 정치적인 것을 제1의 적인 목적으로 하고 있고 그러함이 분명한 것은 허가되어서는 않될 것이라고 생각한다

2. 강양욱등의 방일 초청

    가. 강양욱 및 강희원의 일본입국허가가 정식으로 신청된 바는 없다.

    나. 마에오 법상도 이자 회견석상에서 이들에 대한 입국허가는 정치적으로 곤란하다는 견해를 공개적으로 밝힌바 있고 시무당국으로서도 외교상의 고려도 있어 불허하여야 한다고 생각하고 있으므로 위와 같은 법상의 공개발언은 신뢰해도 좋을 것이라고 한국측에게 말하고 싶다.

3. 강공사 요청에 답하여 관련된 문제에 관하여 대소경중을 불문하고 사전에 아측과 긴밀한 협의를 가저달라는 아측 요청과 그와 같은 사전협의가 가저오게 될 여러가지 바람직한 효과에 관한 설명은 잘 이해되는 바다. (아북)

43. 주일대사관 공문–조총련 간부들의 일본 재입국에 대한 민단 본부의 항의

주일대사관

번호 일영 725-1850
일시 1972.4.4
발신 주일대사
수신 장관
참조 아주국장, 영사국장
제목 조총련 간부들의 일본 재입국에 대한 민단 본부의 항의

　　　　재일 민단 중앙본부는 최근 조총련 간부 18명에게 일본 재입국 허가에 관
하여 별첨과 같은 항의문을 일본 당국 관계요로에 발송하였으며 민단 산하 각
현 지방 본부에서도 이와 같은 항의를 하도록 운동을 전개하도록 하고 있음을
보고합니다.
별첨: 상동 합의문 사본 1부. 끝.

　주일대사

44. 국외일일정보-한덕수 조총련 의장등 재입국 허가 신청

국외일일정보(72.4.11. 제83號)
(2) 한덕수 조총련 의장등 재입국 허가 신청

　　　　4.10. 한덕수(韓德銖) 조총련 의장등 6명의 조총련 간부들은 4.20. 부터 평
양에서 개최되는 북괴 최고 인민회의 상임위원회 제4기 17회 회의에 참가하는
목적으로 일본 법무성에 북괴방문 재입국 허가를 신청하였다.

　(분석)
　1. 재입국 허가 신청을 한덕수등 6명의 조총련 간부는 모두 북한 지역에 형식
　　　적인 선거구를 가지는 북괴 최고 인민회의 대의원으로 되어 있다.
　2. 이들의 재입국 신청에 의하면 4.17. 에 북괴를 방문하여 3개월간 체재한다
　　　는 것으로 되어 있다.

3. 일본 정부는 지난 3.18. 김일성 회갑 축하를 목적으로하는 조총련 간부(대표 이계백 부의장) 6명에게 재입국을 허가했을 때 그것을 정치 목적 재입국 허가의 선례를 삼지 않을 것이라고 말했기 때문에 금번 한덕수등의 재입국 신청을 순전히 정치적 목적임으로 일단 거부할 것으로 보여짐.

4. 한편 북괴는 한덕수등 6명의 간부를 북괴 방문을 초청하는 동시에 4.8. 한덕수 조총련 의장, 김병식 제1부의장, 이계백, 허남기, 정재필, 홍봉수 부의징에게 각각 김일성 훈장을 수여힌다고 결정하여 조총련계 간부의 사기앙양에 부심하고 있다.

(참고)
재입국 신청자 명단

성명	직책	선거구
한덕수	의장	평안남도 강서군 강서선거구 기양트럭타공장
김병식	제1부의장	평안남도 평원군 석교선거구 산봉공동농장
양종고	상공회 연합회장	평안북도 태천군 은흥선거구 은흥공동농장
윤봉구	중앙교육회장	평안북도 선천군 선천선거구 107호 공장
이진규	조선대학장	황해남도 온천군 매화선거구 매화공동농장
박정현	여성동맹위원장	함경북도 어랑군 어랑선거구 10월공동농장

45. 외무부 공문(착신전보)–뉴스 보도 보고

외무부
번호 JAW-04140
일시 111420
수신시간 72.4.11 17:56
발신 주일대사
수신 장관

금4.11 NHK 테레비 1300시 뉴스에 의하면 마에오 법상은 금조 각의 후 기자회견 석상에서 한덕수등 조총련 간부 6명이 4.20부터 북괴에서 개최되는 최고 인민회의 참석 후의 일본 재입국 허가를 신청하여 왔는 바, 이는 정치색이 강하기 때문에 재입국을 허가하기 곤란하다고 밝혔다고 보도하였음.

(일정 - 아북, 정보)

46. 외무부 공문(착신전보)–조련계 한덕수 등 간부 재입국 허가 신청

외무부
번호 JAW-04146
일시 111525
수신시간 72.4.11. 17:29
발신 주일대사
수신 장관

조련계 한덕수 등 간부 재입국 허가 신청:
금 4.11 아사히 도오쿄오등 보도에 의하면 조총련 의장 한덕수 제1부의장 김병식 등 조련계 간부 6명은 북괴 최고 인민회의(4.20 개최) 대의원으로서 오는 4.20 개회되는 등 제16회의 참석을 위하여 4.10 법무성에 재입국 허가(4.17-7.17간)를 신청하였음.

한덕수 김병식외 4명의 명단은 아래와 같음	韓德銖, 金炳植
윤봉구 (재일조선인 중앙 교육회 회장)	尹鳳求
이진규 (조선대학교 학장)	李珍珪
양종고 (재일조선인 상공연합회 회장)	梁宗高
박정현 (재일조선 민주여성동맹 위원장)	朴靜賢

(일정 - 아북, 정보)

47. 외무부 공문(착신전보)—신문보도 보고

외무부
번호 JAW-04167
일시 121630
수신시간 72.4.13. 7:29
발신 주일대사
수신 장관

　　연: JAW-04146, 04140
　　1. 4.11. 당지 각 석간은 조총련 간부 6명이 북괴 방문을 위한 재입국 허가 신청에 대해서 "마에오" 법상은 동 11일 각의후 기자회견에서 "재입국 신청에 관하여는 아직 들은 바 없으나 신문에 전해진 것처럼 북괴의 최고인민회의에 참석하기 위한 것이라면 동 허가는 어려울 것이다. 지난번 김일성 생일 축하단 6명을 허가한 것은 어디까지나 친족 방문이었으며, 정치적 목적인 경우는 허가하지 않는다는 원칙을 깨뜨린 것은 아니다" 라고 □ 말하므로서 동 조련계 간부들의 재입국 허가에 관하여 소극적인 의향을 표명하였다 함.
　　2. 본건 외무성 관계관을 통하여 확인 후 추보하겠음. (일정-아북, 정보)

48. 외무부 공문(착신전보)—외무성 북동아과 방문 후 항의 내용 전달 보고

외무부
번호 WJA-04124
번호 121750
수신시간 APR.12. PM6:32
발신 주일대사
수신 외무부 장관

　　대: WJA-04124

금12일 외무성 북동아과 엔도오 차석(나까히라 과장은 부재중)은 우문기 1등 서기관이 대호 한덕수등 일행의 북괴 왕래는 결코 허가되어서는 않된다는 요지의 아측 입장 설명에 대하여 다음과 같이 답하였음을 보고함.

1. 작12일 자기가 입회하고 있는 자리에서 요시다 아세아 국장은 요시오까 입관국장에게 전화로 한덕수 일행의 북괴왕래가 결코 허가되어서는 않되겠다고 외무성 입장을 통고하였다 이에 대하여 입관국장은 마에오 법상의 기좌회견에서의 발언(JAW-04140)과 같은 추지로 답하였다

2. 전번 조총련 간부 6명에 대한 인도적 견지에서의 북괴왕래 허가가 있어서 한국측에게 미안하게 되었는 바 금번에는 99.9% 불허될 것으로 생각된다.

3. 만일 금번 한덕수 일행에게 북괴 왕래를 허가하는 경우에는 (조총련계의 북괴왕래 제한은)끝장을 보게 되는 것이라고 보아야 하겠는 바 그러한 일이 발생할리는 없으므로 걱정하지 않아도 될 것으로 보인다. (아북)

49. 주일대사관 공문—법무성 방문 결과 보고

주일대사관
번호 주일04192
원본 북괴일본입국(726.1-1)

　　금4.13 강연구 공사는 1□:30 부터 45분간 법무성 유시오까 입관국장을 방문하여 조총련 간부 6명의 북괴 최고 인민회의에 참석하기 위한 재입국 허가신청 및 기타 북괴와의 인적 교류에 관련된 현안 문제에 관련하여 면담한 바를 다음과 같이 보고함.

　　1. 강공사가 전기문제들에 관련된 아측 입장을 되풀이 설명하고 여하한 경우에도 그와같은 재입국 허가 및 북괴 인원의 일본 입국등이 허가되어서는 안된다고 강조한데 대하여 다음과 같이 말하였음.

　　가. 북괴 최고 인민회의에 참석할려는 조총련 간부 6명의 재입국 허가신청은 문서로 제출되었으나 이는 법무성 소정의 용지가 아니고 격식을 갖추지 않은 서류이었으나 법무성으로서는 요청서로 취급하였으며 동 요청에 대하여는

검토한 결과 허가할 수 없다는 결론을 얻게되어 금일 이를 관계자에게 이미 통고하였으므로 이 문제는 끝이 난 것이다.

50. 외무부 공문(착신전보)–외무성 아세아국 참사관 통화 내용 보고

외무부
종별 대외비
번호 JAW-04185
일시 131610
수신시간 72.4.14. 7:31
발신 주일대사
수신 장관

연: JAW-04171
금4.13. 15:30에 외무성 아세아국 마에다 참사관은 전화를 통하여 우문기 1등서기관에게 조총련 의장 한덕수 일행 6명의 최고인민회의 상임위원회 참석을 위한 북괴왕래 허가 신청에 관하여 다음과 같이 알려 왔음을 보고함.
1. 조총련 유상철 국제국장이 4.10. 16:00 입관국 에바타 차장을 방문하여 상기 일행 6명의 일본 재입국 허가신청을 하였음.
2. 이에 대하여 금 4.13. 11:30에 입관국 요시다 자격심사관장이 윤상철에게 전화로 본건 재입국허가요청을 정식으로 거부한다고 통고하였음.
3. (구두대로 통고를 정식 거부로 삼을 수 있는가라는 우서기관 질문에 대하여) 책임과장이 정식으로 거부한 것이라는 법무성의 설명이 있었고 외무성도 이것으로 정식 거부된 것으로 간주하고 있다. (일정-아북, 정보)

51. 외무부 공문(발신전보)–조련계 간부 재입국 허가 거부의 건 장관 보고

외무부

번호 WAR-0432
일시 171650
발신 차관
수신 장관(주아르젠틴 대사관 경유)

　　　1. 일 · 북괴 관계
　　　　조련계의 한덕수 의장등 간부 6명이 소위 북괴 최고 인민회의에 참석키 위하여 4.10. 일본 정부에 재입국 허가신청을 냈는 바, 일본 정부는 이를 허가치 않기로 결정하고 4.13. 관계자에게 통보하였음.
　　　2. 아스팍 관계
　　　　가. 주월대사가 아스팍 관계로 "탐" 의상을 면담하였는 바, 제8차 아스팍 회의를 사이공에서 개최하겠다고 하던 입장을 철회하겠다고 함.
　　　　나. 아스팍 제5차 상설위를 4.28. 예정하였으나, 충무공 탄신기념행사와 중복되므로 장관님의 별도지시가 없으면 4.27. 로 앞당겨 개최 예정임. 또한, 4.19. 소위원회를 개최하여 "식품가공쎈터 설립"문제와 제7차 각료회의 준비 업무를 토의 예정임.
　　　3. 동남아 2과장 월남 출장
　　　　최근 월남 전세 관련 인지 군사정세 및 재월 국민의 안전대책 협의를 위하여 합참 최석신 작전국장과 동남아2과장을 4.17. 부터 3-4일간 월남에 출장케 함.
(아북, 아주국장)

52. 신문기사

대한일보 72.6.13. 朝聯系學生5여명. 北傀여행허가申請

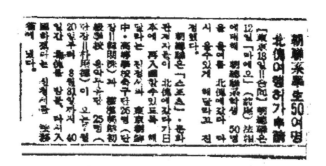

중앙 1972.6.13. 朝總聯系校축구단 北傀訪問許可신청, 音楽·舞踊團도

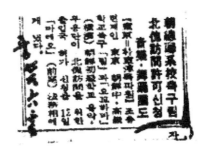

53. 외무부 공문(발신전보)―신문보도에 대한 확인 지시

외무부

번호 WJA-06136

일시 141115

발신 장관

수신 주일대사

　　6.13. 대한일보(동경발 합동)는 조련계 학생 50명이 40일간의 북괴 여행 후 재입국하기 위한 허가를 일 법상에 요청하였다는 바, 사실 여부와 이에 대한 법무성측 반응에 대하여 우선 조사 보고 바람. (외민)

54. 외무부 공문(착신전보)−법무성 관계관을 통한 재입국허가 여부 확인 보고

외무부
번호 JAW-06256
일시 171□35
수신시간 72.6.17. 12:17
발신 주일대사
수신 장관

대: WJA-06136

1. 대호건 주재국 법무성 관계관을 통하여 확인한 결과 72.6.13일 조총련 국제국장 외 동경 조선중고등학교 및 요꼬하마 조선초급학교장이 법무성 입관국을 방문하여 축구팀 인솔자 이하 26명과 무용단 인솔자 외 25명 계 51명에 대한 재입국 허가신청이 있었다하며 동 관계서류는 현재 법무대신에게 제출되어있다고 함.

2. 방문기간은 40일간으로(72.7.20~8.30) 계획되어있다 하며 아직 소정양식에 의한 재입국 허가신청서류가 정식으로 접수된 바는 없으나 현재 제출되어있는 관계서류(신입서)에 대한 고위층의 간부 결정이 1차적인 문제로 되어있다 함.

3. 당관 이원후 영사는 본건 아측입장을 설명하고 여하한 경우에도 조총련에 대한 재입국이 허가되는 일이 없도록 해줄 것을 강력히 요청한데 대하여 법무성 자격심사과장은 금번의 재입국 허가신청은 지난번 북괴를 방문한 바 있는 공명당 소속의원이 막후에서 교섭추진중에 있음을 시사하고 1970년도 전기와 동일한 문화 체육목적의 북괴 재입국 경우도 신중히 검토 처리될 것으로 본다고 하였음. (일영1-외민, 아북, 정보)

55. 외무부 공문(착신전보)−외무성 참사관에게 재입국허가 불허 요청 보고

외무부
번호 JAW-03260

일시 171235
수신시간 72.6.19. 7:27
발신 주일대사
수신 장관

연: JAW-06256

1. 연호와 관련 금일 오전 11시 이상진 참사관은 외무성 마에다 참사관을 방문하고 〈조총련 학생 축구팀 및 무용팀〉에 대하여 종래의 방침대로 재입국 허가를 하지 않도록 요청하였음.

이에 대하여 마에다 참사관은 아직 법무성으로부터 정식으로 협의를 받은 바 없으나 만약 앞으로 그러한 협의가 있을 경우에는 한국 정부의 입장과 한국 대사관측의 요청을 충분히 고려하겠다고 답변했음.

2. 한편 이 참사관은 〈다까마쓰 쓰까 고분 학술조사를 위한 북괴 학자의 초청〉 문제에 관하여도 신문보도의 진상여부를 문의하고 입국을 허가하지 말도록 요청한데 대하여 마에다 참사관은 지금 민간단체에서 북괴 학자의 입국을 실현시키려는 움직임이 있는 것으로 알고 있으나 아국 외무성에 대하여 입국 허가 문제를 협의해온 바는 없다. 이 문제에 대하여도 한국대사관측의 요청을 충분히 고려하겠다고 대답했음. (일정)

(아북, 정보, 공문, 외민) 끝

56. 외무부 공문(착신전보)–마에오 법상 기자회견시 불허 방침 표명 보고

외무부
번호 JAW-06441
일시 281335
수신시간 72.6.28. 14:47
발신 주일대사
수신 장관

연: JAW-06256, 06260

북괴관계

조련계 학생 축구, 무용팀 북괴방문 문제:

마에오 법상은 어제(27일) 각의 후 기자회견에서 조련계 학생 축구 무용팀 북괴방문 재입국 허가문제에 대해서 "처음부터 문제가 되지 않는 이야기다"라고 말하여 불허가의 방침을 밝혔다.

마에오 법상은 나아가 이것을 인정하는 것은 수학여행을 허가하는 것과 마찬가지로서 결국은 재일 조선인의 조국왕래를 인정하는 것이 된다. 중공에 대해서는 재일 화교 자제들의 수학여행을 인정하고 있는 바 중국은 국련가맹국으로서 부조선과는 국제 환경이 다르다고 말했다 함.

상기 마에오 법상의 발언에 대하여 법무성에 확인하였던 바 아직 문서로서의 결재단계는 아니지만 법상의 발언은 확인한다고 말했으며 외무성에 대하여도 문의하였던 바 외무성은 법무성의 협의요청에 대하여 케이스 바이 케이스의 결정은 법무성에 달려 있다고 회답하였다 함.

따라서 이번 조총련계 학생 축구팀 및 음악무용팀의 일본 재입국은 허가되지 않을 것으로 보임. (일정 - 아북, 외민, 정보, 정문)

57. 외무부 공문(착신전보)−조련계 축구팀 재입국 허가 통고

외무부

종별 긴급

번호 JAW-07243

일시 131130

수신시간 72.7.13. 13:59

발신 주일대사

수신 장관

연: JAW-06441

1. 연호로 보고한 바 있는 재일 조련계학생 축구선수 26명과 무용단원 25명의

북한 방문 후 일본 재입국 허가신청에 대하여 일 법무성은 이들의 재입국을 허가하지 않을 방침을 언명한 바 있었으나, 7.13. 12시를 기하여 법무성이 이들의 재입국 신청을 허가하기로 하였다고 일외무성이 당관에 통고하여 왔음.

2. 이들의 재입국허가는 6.20. 에 법무성에 신청된 이래 현재까지 보류되어 왔던 것인데 신내각 발족 후 종전의 방침을 변경하여 허가하게 된 것임.

(일정1-아북, 외민, 정보, 공보)

58. 외무부 공문(발신전보)–조련계교 축구팀 재입국 허가 관련 유감 표시 지시

외무부
종별 지급
발신 장관
수신 주일대사

　　대: JAW-07243

　　대호 일본정부가 조련계 학생축구선수단 및 무용단원에 대한 재입국허가 발급을 부여 결정한데 대하여는 외무성 및 법무성 국장급 실무레벨과 접촉하여 그와 같은 조치가 종래의 불허방침을 변경한 것으로 아국정부로써 유감스럽게 생각함을 표시하는 동시에 이를 선례로 삼지 않도록 요청하고 결과보고 바람. (아북)

59. 외무부 공문(착신전보)–신문보고(재입국 허가 완화 방침)

외무부
번호 JAW-07271
일시 141050
수신시간 72.7.14. 13:24

수신 장관
발신 주일대사

1. 금조(7.14.) 〈각 신문보도에〉 의하면 외무성은 금후 북한으로부터의 기술자의 입국 신청이 있는 경우 이를 탄력적으로 검토할 방침을 취할 것이라 함. 즉 프랜트, 수출에 관한 기술자 입국에 있어 그것이 민간 베이스에 의한 경우에는 입국을 인정하는 방향으로 고려한다는 방침을 굳혔다함.
이는 어제(7.13) 조련계 학생축구팀 및 무용단의 재입국 허가와 더불어 지금까지의 일본의 대북한 정책에 있어서의 궤도 수정을 의미하는 것으로 받아들여지고 있다.
2. 호겐 외무차관은 어제 조련계 학생 축구, 무용단의 재입국 허가와 관련하여 "남북조선의 긴장 완화에 따라 금후 이러한 종류의 재입국 신청에 대해서는 생각을 새롭게 할 필요가 있다"고 말하여 조련계의 재입국 허가를 대폭 완화할 방향임을 시사했다 함.
(일정1-아북, 통일, 통협, 정보, 정공)

60. 외무부 공문(착신전보)−조총련계 무용단 재입국허가 관련 보고

외무부
번호 YOW-0706
일시 141□□0
수신시간 72.7.14. 15:53
발신 주 요꼬하마 영사
수신 장관

1. 일본 법무성은 7.13 오전 가나가와 조선학원 요꼬하마 초급학교 음악 무요단 25명(학생 20명 인솔자 5명)에 대하여 하기 방학을 이용 7.20~8.31까지 북한 각지를 순회방문하며 순회공연을 한 후 일본 재입국을 허가하는 결정을 취하고 이를 조총련 관계자에게 통고하였음.

2. 인솔 책임자: 박용덕 요꼬하마 □□학교 교사(요영-영사)

61. 신문기사

동아 1972.7.14. 朝聯系학생축구·무용團, 日, 再入國허가

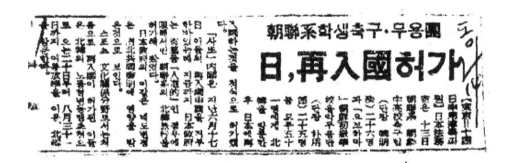

62. 법무성 입관국장 예방 결과 보고

번호 주일-07300
일시 72.7.15.
원본 B, 남북7.4공동성명

당관 강영규공사는 금일(7.14.) 하오4시부터 약 40분간 법무성 요시오까 입관
국장을 예방하고 조련계학생 축구 무용팀의 일본 재입국 허가문제, 북한 기술
자 입국문제등에 관하여 면담한 결과를 다음과 같이 보고함.
1. 강공사는 7.4. 남북한공동성명은 북한의 전쟁도발 위협을 억제하기 위해 우
리정부가 이니사아티브를 가지고 취한 불가피한 조치이며 앞으로 북한과의 대
화를 계속하고 한번도의 긴장완화를 달성하기 위해서는 일본과 같은 우방제국
의 한국에 대한 긴밀한 협조와 지원이 더욱 요망되고 있다. 현재 대화의 바탕이

되고 있는 남북한의 균형상태를 깨트리지 않도록 일본측은 북한과의 교류확대를 삼가 해주기 바란다. 어제의 조련계학생들에 대한 재입국 허가는 우리측에게 충격을 주었으며 비록 일본측이 순수한 문화 체육관계라고 말하고 있으나 앞에서 말한 남북한 균형유지에 영향을 주는 것은 사실이다라고 말하였음.

이에 대하여 요시오까 국장은 남북 공동성명에 대한 한국측 설명과 외무성측 인식에는 다소 뉴앙스가 다른점이 있다. 조련계학생 재입국 허가문제에 대해서는 사전에 한국측과 이야기할 생각도 있었으나 대신 최종적으로 결정한 것이기 때문에 불가능 했었다. 공사의 진술한 남북공동성명에 관한 설명은 앞으로 참고로 삼겠다.

63. 주일대사관 공문–조총련계 중고교 축구팀 및 무용단 재입국에 관한 기사

주일대사관
번호 일영 725-3893
일시 1972.7.14.
발신 주일대사
수신 외무부 장관
참조 영사국장
제목 조총련계 중고교 축구팀 및 무용팀 재입국에 관한 기사

　　연: 일영-725-3738(72.7.7)
　　1. 작7.13. 동경도 하 각신문 석간은 일본정부가 조총련계 중고교 축구팀 및 무용단이 북한을 방문한 후 일본에 재입국하는 것을 허가하였다고 보도하였으므로 동기사를 별첨과 같이 송부합니다.
　　2. 상기 재입국 허가에 대하여는 일본 외무성으로부터 통고를 받아 작7.13. 정무담당관실에서 이미 전부 보고하였으므로 참조하시기 바랍니다.
첨부: 상기 기사 사본 2부 끝.

주일대사

64. 신문기사

読売新聞(夕刊)② 1972.7.13. 北朝鮮へのサッカー団 再入国許可

毎日新聞(夕刊)② 1972.7.13. 北朝鮮からの再入国, 二学校に許可　法務省

朝日新聞(夕刊)① 1972.7.13. 再入国を許可, 法務省 朝鮮人２グループ

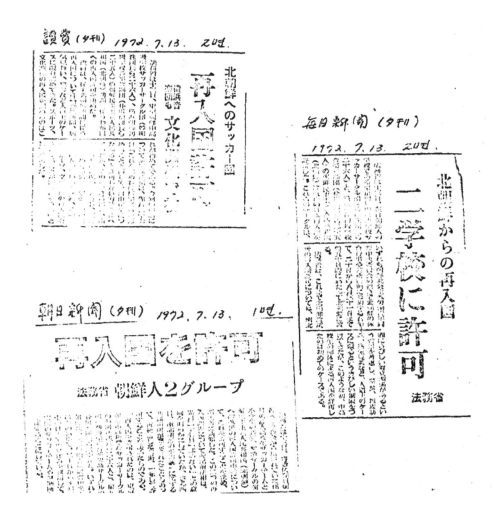

毎日新聞② 1972. 7. 14. 北朝鮮技術者の入国，前向きに検討

65. 외무부 공문(착신전보)−7.4공동성명 및 재입국 허가 이후 교포 동태 보고

외무부

번호 YOW-0708

일시 161720

수신시간 72.7.18. 9:38

발신 주 요꼬하마 영사

수신 장관

대: WYO-0707

    1. 조총련은 조직인 및 상공인 모두가 개인적 혹은 단체적으로 아측 민단 및 상은 신용조합에 공동성명 지지 힙동회의를 갖자고 파싱적으로 제의 공세를 취하고 있음.

    2. 우리 교포들은 처음에는 상당히 당황하였으나 당분간 관망하자는 신중론으로 일관하여 이를 그때그때 거절해 왔으며, 당관은 즉각 남북 공동성명 해설이란 유인물을 2,000매 인쇄하여 교포에게 배포하므로서 동요하는 교포지도에 만전을 기하였으며, 조총련 공세에 기선을 제하였음

    3. 공동성명 발표 후 일반적인 교포동태는 본국의 비상사태선포 배경에 대하여 매우 회의적이며, 조총련을 대하는 태도가 유난적으로 급변하였고 각 개인의 과거의 대 조총련 활동 및 이데오로기 투쟁 업적에 대한 가치관에 대하여 재검토 및 반성하는 경향이 뚜렷이 나타나고 있음.

    4. 당지 조총련 소학생 무용단의 북한 순회방문도 재입국을 허가하는 일본 법무성의 7.13. 조치는 공동성명 발표와 연관된 일본정부의 정책 변경으로 보고 당지 교포들은 놀람을 금치 못하고 있음.

    5. 정부는 시급히 순회강연 및 시국 유세단을 편성하여 재일교포 유세 및 시국 순회강연으로 대조총련 문제에 관한 특별 계몽활동이 필요하며 이 방법이 효과적이라 사료됨. (일영-영사)

66. 외무부 공문(착신전보)–기자단의 재입국허가 신청 사실 보고

외무부

번호 JAW-07408

일시 211200

수신시간 72.7.21. 13:42

발신 주일대사

수신 장관

조총련은 내월 5월부터 개최되는 남북적십자 본회의 취재를 위해 조선 통신사 사장 이형구를 단장으로 하는 5인의 기자의 재입국 허가신청을 법무성에 제출하였다 함. (일정-아북, 정보)

67. 외무부 공문(착신전보)–조총련계 기자단의 재입국허가 관련 법무성 관계관 정보 보고

외무부

번호 JAW-07472

일시 241725

수신시간 JUL.24. PM6:00

발신 주일대사

수신 외무부 장관

1. 법무성 관계관이 아려온바에 의하면남북 적십자 본회담 취재차 조총련계 기자 5명의 재입국 신청을 법무성에 신청한데 이어 조총련 부의장 김병식이 남북적십자 본회담 자문위원으로 참석하기 위하여 법무성에 대하여 재입국을 신청하였다 함.
2. 조총련계 기자 5명의 재입국 신청에 관하여 일본 법무성은 남북 적십자 본회담 개최 장소 및 수행 보도진의 범위가 결정될 때까지 결정을 보류한다는 입장을 취하고 있는 것으로 보임. (일정1-아북)

68. 외무부 공문(착신전보)–법무성 입관국장 면담 내용 보고 및 건의

외무부

번호 JAW-07487
일시 251400
수신시간 JUL.25. PM3:07
발신 주일대사
수신 장관

강공시는 금일 11시반부터 약 40분간 법무성 입관국장을 방문 김병식 및 조련계 기자 5명의 적십자회담 참가 및 취재를 위한 재입국 허가건에 관해 면담한 결과를 보고함.

1. 강공사는 먼저 적십자회담은 남북이산가족 찾기를 위한 회담임으로 재일조총련은 이와 아무런 관계도 없으며 조총련은 이를 기화로 하여 조총련 간부 및 조련계 기자들의 북괴 왕래의 길을 트려고 획책하고 있는 것이다. 아측으로서는 민단 간부를 자문위원으로 임명하거나 민단계 기자들을 취재차 포함시킬 것을 고려 않고 있다. 그리고 본회담이 장기화 되는 경우 조련측은 수시로 자문위언 또는 기자를 교체하여 북괴출입을 자유로히 실현시키려고 할 것이다 이러한 여러점에 비추어 이번 김병식 및 조련기자의 재입국은 허가하지 말도록 할 것을 요구함 이에 대해 요시오까 국장은 "일정부로서도 이들의 재입국을 허가하지 않게 되기를 바라고 있다 그러나 한국측이 내일 개최되는 적십자 예비회담에서 1)재외교포의 자문위원 포함 및 2) 재외교포 신문기자의 수행기자단 포함에 명시적인 방법으로 반대하지 않은 한 조련측에서 남북이 서로 양해되었다고 하면서 허가를 요구할 때 일본측으로서는 이들의 재입국을 거부할 실질적인 근거를 찾을 수 없게 될 것이다 따라서 서울주재 일본 대사관에 내일 예비회담의 결과를 보고토록 지시했다 이들에 대한 재입국 허가여부는 내일 예비회담의 결과 여하에 딸려 있다"고 답변했음.

동 국장은 반복해서 일본정부로서도 김병식 및 조련계 기자들의 재입국을 허가해 주지 않게 되기를 원하고 있는 바 내일 개최되는 적십자화담에서 한국측이 그 태도를 명백히 해주면 이 문제에 대한 양측의 미합의를 이유로 이들의 입국이 거부될 것은 확실하다고 말하였음.

2. 건의
내일 개최되는 적십자 예비회담에서 1)재외교포의 본회담 자문위원회 포함 및 2) 재외교포 기자들의 취재기자문단 참가에 반대한다는 우리의 입장을 명백히

하여 주시기 바람 만약 이러한 태도 표명이 없으면 김병식 및 조련계 기자들의 재입국 허가는 발급될 공산이 큼. (일정-아북)

69. 주일대사관 공문-남북적십자 본회담 참가를 위한 조총련의 재입국 허가신청

주일대사관
번호 주일영725-4085
일시 1972.7.25.
발신 주일대사
수신 외무부 장관
참조 영사국장
제목 남북적십자 본회담 참가를 위한 조총련의 재입국 허가신청

    1. 당지 조총련 중앙 상임위원회 제1부의장 김병식은 북한 적십자회 중앙 위원회로부터의 요청에 따라 72.7.24일 오후 "고오리" 일본 법무대신을 방문하고 8월 5일 개최예정인 제1차 남북적십자 본회담에 자문위원 자격으로 참석키 위해 재입국 허가를 요청했다고 하며, 관계 신문기사를 별첨 보고합니다.

    2. 상기 김병식의 재입국 허가 요청은 1972. 7월 29일부터 10월 29일까지 90일간으로 되어 있다하며 법무성은 외무성측과 협의하여 금명간 결정 조치할 것이라 합니다.

    3. 또한 일본 법무성 입국관리국 담당과장의 말에 의하면 상기 김병식 외에 5명의(이형구, 오기옥, 김병두, 이종해, 김유) 조총련계 기자는 남북 적십자 본회담 취재를 목적으로 재입국 허가요청서를 이미 제출하고 있다 하며, 법무성 당국은 오는 7월 26일에 있을 최종 예비회담에서의 초기 본회담 장소 및 보도진 수행원 인원수 등에 관한 합의 결정이 있을 때 까지는 보류중에 있다 하며, 이의 결정 결과에 따라 조치를 취할 방침으로 있다 함을 첨기합니다.
유첨: 관계 신문기사 발췌. 끝

주일대사

70. 신문자료

朝日新聞① 1972.7.25. 金朝鮮総連副議長の再入国　政府、申請認める構え、南北赤十字会談に参加

朝日新聞(夕刊)② 1973.7.24 来月の南北朝鮮赤十字会談 総連幹部が参加申請

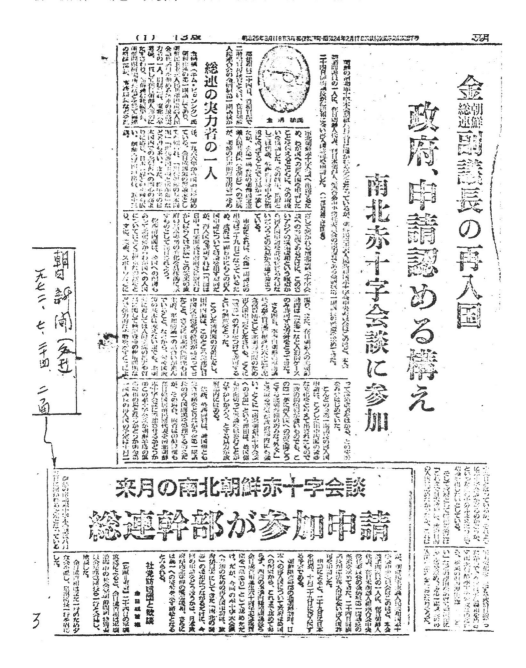

毎日新聞④ 1972.7.25. 朝鮮総連の金第一副議長 赤十字本会談の諮問委員に 法相に
再入国許可を要望

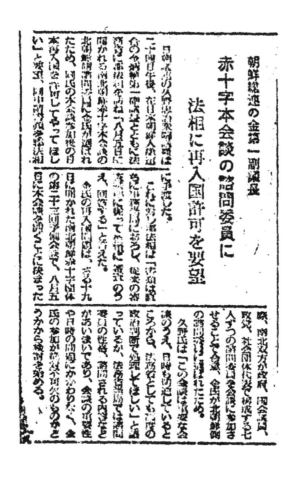

조선일보 1972.7.26. 金炳植 재입국 許可日정부 方針

71. 면담요록

면담요록
1. 일시 1972년 7월 27일
2. 장소 동북아과
3. 면담자 김태지 동북아과장, 오까 1등서기관
4. 내용 조련계 김병식 및 기자의 재입국 신청에 관하여

　　오까 서기관 - 조총련 김병식이 남북 적십자 회담 자문위원으로 참석하기 위하여, 그리고 조련계 기자 5명이 동회담 취재차 재입국 허가를 신청하여 왔으며, 이와 관련하여 7.25. 주일 강영규 공사는 외무성 마에다 아세아국 참사관 및 법무성 요시오까 입관국장을 방문하고 이들에 대한 재입국 허가를 발급치 않을 것을 요청하였다. 이자리에서 일본측의 입장이 밝혀진 것으로 알고 있으나 일본 정부로서는 이들에 대한 재입국 허가문제에 관하여 이들의 여행 목적과 관련된 상황을 구체적으로 알고 또한 한국 정부의 명확한 입장을 파악한 후 일본 정부의 태도를 결정코저 아래 사항에 대하여 한국측의 설명을 받도록 지시받았으므로 알려주기 바란다.

　　그리고 강공사의 representation이 본국 정부의 구체적인 지시에 따른 것인지 또는 종래 조련계에 대하여 재입국 허가 발급을 반대해온 일반적인 한국의 입장에 따라 표명한 것인지 여부도 알려주기 바란다. 이와 관련하여 주한 일본대사관은 한국정부 관계 쏘스로부터 한국정부가 기자들의 수행, 취재에는 반드시 반대하지는 않고 있다는 정보를 듣고 있는데 사실여부를 알고 싶다.

　　1) 본회담의 수행 기자단 구성에 관하여 남북간에 어떠한 합의가 이루어져 있는가? (양측 기자단 구성은 각기의 자유재량에 달려 있는지 또는 명단 교환 등을 통하여 상호 양해된 기자만이 수행을 하게 되는지) 또한 재일한국인 기자들의 출입 허가에 관하여 남북간에 어떤 양해가 성립되어 있는가?

　　2) 7명의 자문위 구성에 관하여 남북간에 이루어진 합의가 있는가? 특히 조련계 김병식을 자문위원으로 지명하는데 대한 합의가 있었는가?

　　3) 제1차 본회담이 서울에서 개최될 경우, 북한측 참가자의 서울행 노정이

반드시 북한으로부터 판문점을 경유하여 출입하여야 하는지? 또는 조련계 관계자가 참석하는 경우, 동경-서울간 항로를 이용해서 입국해도 좋은가?

4) 제2차 본회담 개최일시는 언제이며 이에 관련된 전망은 어떤지?

5) 한국측으로는 민단간부를 자문위원으로 참석시킨다든가 또는 재일한국계 기자를 수행시킬 계획이 있는지?

본회담이 4.5. 로 닥아있기 때문에 한국측의 입장을 조속히 알려 주었으면 고맙겠다.

김태지 과장 - 문의에 대하여 이자리에서 답변할 자료를 갖고 있지 않으며 또한 답변할 사정이 못되어 있으므로 당장 답변하기는 곤란하다.

이 문제는 상부에 보고함과 동시에 관계당국과 협조할 것이며 관계당국의 의견도 듣고 가능한한 조속히 알려줄 수 있도록 노력할 것이다.

그리고 강공사가 재입국 허가 발급을 반대한 것은 여하간 조련계에 대하여 재입국허가를 발급하지 않음이 아국으로서 바람직하다는 것을 밝힌 것으로 이해하고 있으며, 이러한 representation이 본국 정부의 지시에 따른 것이냐 여부는 굳이 밝힐 필요가 없다고 본다. 그 점은 주일공사가 표명한 것이라는 점에 비추어 생각하면 될 것으로 안다.

오까 서기관 - 7.4. 성명 이후 여러가지 정세가 급격히 변화했는데 이에 따라 김병식 등에 대한 재입국 허가도 포함한 일본의 대북한관계에 대하여 한국이 종래와 같이 무조건 반대하든 입장에도 변화가 있는 것이 아닌가? 특히 김병식의 자문위원 선정 문제나 조련계 기자의 수행취재 허용문제는 남북간 회담과 관련된 문제이므로 성질상 한국의 입장이 우선 확실하여야 될 것으로 알며, 일본으로 한국의 입장이 어떤 것인지도 모르고 이들의 재입국 허가 문제를 가지고 참석 또는 취재를 저지한다는 것은 조금 이상하지 않는가?

김태지 과장 - 김병식 등의 재입국 허가 문제에 대한 귀하의 이야기는 충분히 이해가 간다. 그러나 7.4. 공동성명 발표가 있었다고 해서 일·북한간의 모든 문제에 대해서 새로운 approach가 필요하다고 말 할 수는 없다.

오히려 이러한 정세변화에 효과적으로 대처하기 위하여 한·일양국은 모든 문제에 대하여 더욱 충분히 사전에 협의해서 상호 오해가 없도록 처리해 나갈 태세가 갖추어져야 할 것으로 본다.

끝.

72. 조련계 김병식 및 기자간 재입국 허가 문제에 대한 한국 정부의 입장

조련계 김병식 및 기자단 재입국 허가 문제에 대한 한국 정부의 입장

1. 7.4. 공동성명은 남·북간의 "대화있는 대결"의 제1보에 불과하며 목적한 바를 달성하는데는 많은 어려운 문제가 개재되어 있으므로, 특히 인방인 일본은 성공적인 수행을 위한 한국의 노력에 호의적으로 도와주어야 함과 동시에 한국의 노력을 저해할 우려가 있는 조급한 행동이나 조치는 없어야 할 것이다.

2. 김병식 및 조련계 기자의 재입국 허가 문제에 관하여는 일본 정부가 상기와 같은 한국의 입장을 위하여 한·일 양국간에 쓸데없는 오해가 없도록 사전에 한국 정부와 충분히 협의하려는 태도로 생각하여 환영한다.

3. 지금까지의 남·북적십자회담의 교섭경과를 보면:

   1) 자문위원회에 관하여는 상호 7명을 각각 둘 수 있는 것외에 합의가 되어 있는 것은 없다.

   2) 수행기자에 관하여는 양측이 받아들일 수 있는 기자의 수에 관하여 어느 정도의 양해가 되어 있는 것외에 기자의 범위(내신에만 국한할 것인가, 내신은 무엇을 뜻하는가 등의 문제)등에 관하여는 완전한 합의에 이르지 못하고 있으며 더욱 교섭이 필요한 것으로 되어있다.

4. 한국의 입장은 다음과 같으므로 일본측의 최대한의 협조를 요망한다.

   1) 김병식의 재입국 문제에 관하여:

      가. 김병식이 북한측의 자문위원으로 임명되어 남·북적십자회담에 참가하려고 하는 경우 이를 위한 재입국허가 발급문제에 관하여는 일본정부의 판단에 맡긴다.

      나. 다만, 종래의 조총련계의 재입국 허가문제에 관하여 일본정부는 "인도적인" 목적에 한하여 허가대상자를 엄격히 선정하여 극히 제한적으로 허가한다는 방침을 취하여 온 것으로 한국 정부는 알고 있으며, 따라서 일본 정부가 설사 김병식에게 재입국허가를 발급한다고 하더라도 어디까지나 그 목적이 "남·북적십자회담에의 참가"에 있는만큼 그와 같은 특정된 목적하에 발급되는 것으로 지금까지의 일반적인 허가방침을 일탈하는 것이 아니며 따라서 김병식의 경우도

지금까지 조련계에 대한 재입국 허가시 부가된 여러가지 조건(도항 증명, 허가기한 등)이 똑같이 부가되는 것으로 양해한다.

2) 수행기자에 관하여는 상기와 같이 아직까지 남·북간에 완전한 합의가 이루어지지 않고 교섭과정에 있으므로 합의가 이루어질 때까지 일본정부가 조치를 취하지 않기를 바란다.

3) 상술하였거니와, 금반 조련계의 재입국 허가문제는 어디까지나 그 문제에 국한되는 것이며, 일본과 북한과의 접촉 확대에 강경히 반대하는 한국 정부의 일반적인 입장에는 변함이 없으며, 이에 관한 일본정부의 충분한 이해와 협력이 있을 것을 다시금 강력히 요청한다.

조련계 김병식 및 기자단 재입국 허가문제에 대한 한국 정부의 입장

1. 조총련계의 재입국 허가를 반대하는 한국정부의 방침에는 변화가 없다.

2. 김병식의 남·북적십자회담 참여에 관하여는 아직 자문위원 선정에 관한 구체적 합의가 없기 때문에 정부가 관여하고 있지 않다.

3. 조총련계 기자의 재입국 허가에 관하여는 보도문제에 관하여 아직 남·북간에 합의에 달하고 있지 않으므로 교섭 진전을 더 기대려 보아야겠다.

4. 북한측 대표등의 한국으로의 직접 입국은 허가할 수 없다.

73. 외무부 공문(착신전보)–조총련계 간부 여성회의 참석차 재입국허가 신청 보고

외무부
종별 대외비
번호 JAW-08050
일시 031145
수신시간 72.8.3. 14:12
발신 주일대사
수신 장관

1. 당관이 접수한 정보에 의하면 조총련은 8.13-18일간 ULAN BATOR에서 개최되는 제2차 아. 아 여성회의에 서기련총련 여성동맹 부위원장 외 4명의 대

표단을 파견코저 7.25 일자로 법무성에 재입국 허가 신청을 한 바 있으며 법무성은 동건에 관해 외무성의 의견을 조회한 바 외무성은 거반 항가리 교육자회의 케이스도 있고 하여 반대하지 않는다는 견해를 회시하였다 함.

  2. 법무성은 금명간 결정을 할 예정으로 보이므로 당관은 곧 동인들에 대한 재입국 허가에 반대하는 아국 입장을 제시할 위계임.

(일정1 – 아북)

74. 외무부 공문(착신전보)–조총련계 간부 여성회의 참석 재입국허가 발급 예정 보고

외무부
번호 JAW-08062
일시 041025
수신시간 72.8.4. 11:11
수신 장관
발신 주일대사

  연: JAW-08050
금 8.4 외무성이 당관에 통보해온 바에 의하면 법무성은 금 오전 1100시 연호 조련계 여성 대표단의 재입국 허가를 발급할 것이라 함.
(일정1 – 아북, 정보)

75. 신문기사

72.8.4. 조선 朝總聯女盟대표단. 日, 再入国許可예정

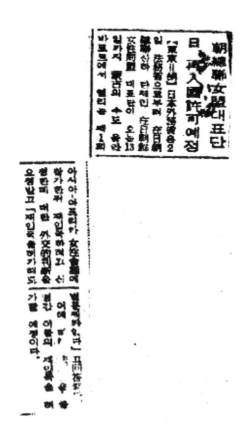

76. 외무부 공문(착신전보)-회담 연기에 따른 재입국허가 취소 보고

외무부
번호 JAW-00095
일시 050090
수신시간 72.8.5. 11:58
발신 주일대사
수신 장관

김병식의 재입국 문제

일 법무성은 어제(8.4.) 김병식의 재입국 허가문제에 대해 8.5.로 예정된 본회담이 연기된 이상 재입국 요청은 당초의 목적을 상실했다고 판단 이번의 재입국 허가 요청을 백지로 환원시키고 앞으로 남북 적십자회담의 개최일자가 정식으로 확정되는 단계에서 재입국 허가 신청을 내는 경우 그때에 다시 검토한다는 방침을 정했다 함. (각 신문보도) (일정1-아북, 정보)

77. 신문기사

72.8.4. 再入国문제 白紙化 朝總聯幹部 金炳植

78. 기안—김병식의 재입국 허가문제

분류기호 문서번호 아북700-487
시행일자 72.8.7
기안책임자 동북아과 민형기
경유수신참조 주일대사
제목 김병식의 재입국 허가문제

연: WJA-07428

연호 김병식에 대한 재입국 허가에 관하여 72.8.4. 동북아 과장과 오까 주한일본대사관 1등서기관간의 면담 요록을 별첨 송부하오니 참고하시기 바랍니다.

첨부: 면담요록 1부. 끝.

첨부 - 면담요록

면담요록
1. 일시 1972년 8월 4일(금요일) 11:30시~13:00시
2. 장소 동북아주과
3. 면담자 김태지 동북아주과장, 오까 주한일본대사관 1등서기관
4. 내용 김병식의 재입국 허가문제

오까 서기관 - 김병식에 대한 재입국 허가에 관하여 지난 7. 23. 밝혀 준 한국의 입장을 충분히 듣고 곧바로 본국정부에 보고하였으며, 이러한 한국정부의 입장등을 고려하여 일본 정부는 본건에 대하여 아직 아무런 조치를 취하지 않고 있다.

주한 일본 대사관은, 남북적회담 진행과 직접 관련이 되어있는 한국 정부 당국으로부터의 김병식에 관한 정보를 갖고 있는 바, 이 관계당국은 김병식의 남북적회담 참여에 대하여 반갑지 않은 생각을 가지고 있으면서도 김병식이 참여하는 것을 하나의 필연적인 가능성이 있는 것으로 예상하고 김병식이 참여하는 것을 하나의 필연적인 가능성이 있는 것으로 예상하고 김병식이 참여할 경우에 그의 신변 보호 등 참여에 수반되는 필요한 조치를 취하고 있다한다.

일본 정부는 김병식의 재입국허가에 관하여 많은 압력을 받고 있는데, 한국 정부가 김병식의 참여를 염두에 두어 대처하고 있다면 일본 정부가 김병식에게 재입국 허가를 발급해 준다는 태도를 밝힘이 오히려 좋을 것으로 생각하고 있는데 이에 대한 한국의 태도를 알고저 한다.

상기 김병식에 대한 정보는 주한 일본대사관이 이미 입수하였었으나 이를 본국 정부에 보고할 경우, 본국 정부가 김병식에 대한 조치를 곧바로 취할 것을 염려하여 보고를 보류하고 있다가 작일에야 보고하였다.

김과장 - 현재까지는 지난번 한국 정부의 입장을 밝힐 당시의 상황에 하등의 변화가 없다. 본회담의 개최가 남북적회담 진전의 요체인데, 최근에 와서 본회담 개최전망이 오히려 불명료해지고 있다. 이와같이 불명확한 상황하에서 김병식의 재입국에 관하여 어떠한 조치를 취하는데 반대하는 한국정부의 입장에는 변화가 없으며, 본회담 개최일자마저 불확실해진 현시점에서 일본정부가 김병식에 재입국 허가문제에 대하여 서두르고 있는 점을 유감스럽게 생각한다.

한국정부는 본회담을 조속히 개최하기 위하여 모든 노력을 다하고 있는바, 일본정부로서는 한국 정부의 입장을 존중하면서 한국측의 노력에 충분한 이해를 가지고 우호적인 협력을 해주어야 할 것으로 생각한다.

오까 서기관 - 알겠다. 본국 정부에 보고하겠다. 끝.

79. 외무부 공문(착신전보)—본회담 일자 결정에 따른 조총련 간부 등의 재입국허가 신청 보고

외무부
번호 JAW-08225
일시 121040
수신시간 72.8.12. 11:10
발신 주일대사
수신 장관

김병식 재입국허가 문제
1. 남북 적십자 본회담일자가 결정됨에 따라 조총련은 김병식 및 조련계기자 5명의 재입국 허가를 법무성에 다시 신청하였다 함.
이에 대하여 일본 정부측은 김병식의 재입국을 인정할 방침을 밝혔다 함.
2. 본건에 대하여 당관이 취할 조치사항에 관하여 본부의 방침을 회사 바람.

(일정1 – 아북, 정보)

80. 외무부 공문(착신전보)–신문보도

외무부
번호 JAW-08253
일시 141130
수신시간 72.8.14. 13:42
발신 주일대사
수신 장관

어제(13일) 조간 마이니찌에 의하면 북한 적십자 예비회담 대표 김태희는 제25차 적십자 예비회담의 폐회인사 중에서 "우리 북반부의 정당, 사회단체 대표와 재일 조총련 대표가 자문위원으로서 대표단과 동행하게 되었다"고 언명했음을 평양 방송이 발표했다고 보도함.

김태희는 동예비 회담 후, 내외기자단과의 회견석상에서도 상기 발언내용을 재차 언명하였다 함. 한편 북한 적십자사의 손성필 위원장은 조총련 제1부의장 김병식에게 전보를 발송, 평양에서 열리는 제1회 남북 적십자 본회담의 자문위원이 되도록 요청하였다 함. 그리고 재일 조련계 조선 통신사 이형구 사장등 5명의 기자에 대해서도 취재기자단으로서 평양에 오르도록 정식 초청장을 보냈다 함.

(일정1 – 아북, 정보)

81. 기안–김병식 및 재일 조련계 기자의 재입국 문제에 관한 입장

분류기호 문서번호 아북700-
시행일자 72.8.16.

기안책임자 민형기 동북아주과
경유수신참조 건의
제목 김병식 및 재일 조련계 기자의 재입국 문제에 관한 입장

1. 사실관계(대한적십자측의 설명에 의함)
   가. 자문위원 7명에 대하여는 각각 자기측이 재량에 의하여 선정하여, 명단
      을 상대방에 통고할 필요까지 없으므로 실제로 어떤 특정인물의 선정에
      상대방이 이의를 제기할 수 없도록 되어 있음.
   나. 기자에 관하여도 역시 내신기자의 선택이나 외신기자의 초청에 관하여
      각각 자유재량에 맡겨져 있기 때문에, 평양에서 제1차 회담이 개최될
      시 북한측이 조련계 기자를 내신 또는 외신의 어떤 범주에 넣어서 참여
      토록 할 것인지는 북한측에 맡겨져 있다고 할 것이며, 서울의 제2차 회
      담에서는 한국측이 외신으로 조련계 기자를 초청할리는 없으나, 북한측
      이 내신기자 20명의 범위에 포함시킬 경우, 이를 받아들일 것인지는 지
      금 당장 어떻게 한다고 말할 수 없는 상황임.
2. 일본측에 표명할 아국 입장
   가. 김병식이 북한측의 자문위원으로 선정되었음이 분명한 경우, 김병식의
      재입국 허가를 일본정부가 발급하는데 한국정부로서 이의가 없다. 김병
      식의 재입국허가는 인도적 목적을 위한 남, 북 적십자회담에의 참석이
      라는 데 있음을 유의하여야 한다.
   나. 북한측이 조련계 기자를 내신기자에 포함시켜 참여시킨다면 상기와 같
      은 이유로 그들의 재입국을 일본정부가 허가하는데 한국정부로서 이의
      가 없다. 서울에서의 제2차 본회담에 조련계 기자의 입국을 허가할 것
      인지에 관하여는 그와 같은 현실적인 문제가 있을 때에 처리할 것이다.
      끝.

82. 외무부 공문(발신전보)-오카 서기관 초치후 정부 입장 통보

외무부

번호 WJA-08214
일시 171830
발신 장관
수신 주일대사

1. 지난 8.1. 주한일본 대사관 오까 1등서기관은 동북아과장을 방문코 본국 정부로부디의 지시라고 하면서 김병식등의 재입국 문제에 괸한 이국의 입장을 아래와 같이 문의해 왔음.

   가. 김병식의 재입국 허가에 대한 한국정부의 일반적 반대입장은 이해하나, 김병식이 남북적회담 자문위원으로서 참가하려고 하며, 자문위원회 구성은 남북적 각각의 전적인 자유재량에 달려 있으므로, 한국측으로서는 북한측이 김병식을 자문위원으로 지명하면 이를 인정치 않을 수 없는 것으로 해석하는데 그와 같이 양해해도 좋은가?

   나. 재일조련계 기자단은 내신기자 20명에 포함되는지 또는 외신기자단에 포함시키는지 여부에 대한 남북한간 양해 유무 및 이들의 서울개최 회담시 취재를 허용할 것인지.

2. 상기 문의에 대하여 관계부처간의 협의를 거친 후 아국의 입장을 아래와 같이 정하고 이를 금.17. 16:30 동북아 과장은 오까 서기관을 초치하고 이를 통보 했음.

   가. 김병식이 북한측의 자문위원으로 선정되었음이 분명한 경우, 일본정부가 김병식에게 재입국 허가를 발급하는데 한국정부로서는 의의없음. 그러나 김병식의 재입국허가는 인도적 목적을 위한 남북적회담에의 참석이라는데 있음을 유의해야 함.

   나. 북한측이 조련계 기자를 내신기자에 포함시킨다면 상기와 같은 이유로 그들의 재입국을 일본정부가 허가하는데 한국정부로서 이의없음. 서울 개최회담에 취재허용 여부는 그와 같은 현실적인 문제가 있을 때에 처리할 것임. (아북)

83. 외무부 공문(착신전보)—재입국허가 통고

외무부

종별 대외비

번호 JAW-08314

일시 171610

수신시간 72.8.17. 17:03

발신 주일대사

수신 장관

　　1. 일본 법무성은 남북 적십자 본회담 자문위원으로 참석하기 위하여 재입국 허가를 신청한 조총련 부의장 김병식과 조총련계 기자 5명에 대하여 금일 오후 500시에 재입국을 허가할 것이라고 외무성이 당관에 통고하여 왔음. 외무성 당국자는 금일 오전 대한 적십자사가 발표한 자문위원 명단에 김병식이 포함되어 있음을 지적하면서, 일본 정부로서 부득이한 조치라고 설명하고, 이들의 북한 체류를 회의 참가에 필요한 기간에(40일간 허가) 한정할 것이라고 알려왔음.

　　2. 외무성 당국자는 이러한 통고를 하면서 북한당국 또는 조총련 측에서 정치적인 목적으로 자문위원을 빈번히 교대하므로서 조총련 간부의 북한입국 기회를 확대시킬 가능성이 충분히 있다고 지적하면서 한국의 관계 당국이 이러한 일을 사전에 방지할 수 있도록 적절한 조치를 취하여 줄 것을 요청하였음을 보고함. (일정1－아북, 정보)

84. 외무부 공문(착신전보)—북괴관계 기사보고

외무부

번호 JAW-08329

일시 181410

수신시간 72.8.18. 15:17

발신 주일대사

수신 장관

북괴관계 기사보고:-(8.18. 각조간):

1. 법무성 김병식 및 5명의 기자단에 재입국 허가:

가. 법무성은 8.17. 김병식 조총련 제1부의장 및 이형구 조선통신사 사장등 5명의 기자에게 일본 재입국 허가(기간 40일)를 함. 법무성은 허가이유로서 남북적십자 본회담의 의제가 이산가족의 조사. 방문 등 인도적 문제로서 남북적십자사는 자문위원 및 기자단 참가에 합의하고 있기 때문이라 하고 있음.

나. 동인들은 8.20. 하네다 공항 출발 쏘련항공기 AV편으로 모스코바 경유 평양에 도착할 예정이라 함.

2. 김병식 일재계 방조단관계 기자회견:

8.17. 김병식 초련 제1부의장은 일재계 북한 방문단 및 일·조 경제교류에 관해 다음요지의 기자회견을 행함.

가. 일재계 방조단 파견은 구체적 검토단계에 들어가 년내에 실현될 것임.

나. 재계방조로 인해 일·조 경제교류는 일층 촉진될 것임.

다. 북한과의 거래에 있어 정치적 조건은 없음.

라. 북한은 한국처럼 차관 및 원조를 받지 않음. 배상문제는 통한 후에 생각할 문제임.

마. 북한의 경제개발 6개년 계획은 순조로히 진행되고 있음 (일정1-아북, 통일)

85. 기안–김병식등의 재입국 문제 관련 면담요록 송부

분류기호 문서번호 아북 700-514
시행일자 72.8.18.
기안책임자 동북아과 민형기
경유수신참조 주일대사
제목 김병식등의 재입국 문제

연 WJA-08214

연호 김병식 및 조련계 기자의 재입국 문제에 관한 8.12. 및 8.17. 동북아과 장과 주한 일본대사관 오까 1등서기관 간 면담요록을 별첨 송부하니 참고하시 기 바랍니다.

첨부: 면담요록 사본 2부. 끝.

첨부 – 면담요록

면담요록

1. 일시 1972년 8월 12일(토요일) 14:00시~14:30시
2. 장소 외무부 동북아주과
3. 면담자 외무부 동북아주과장 김태지, 주한일본대사관 1등서기관 오까 히까루
4. 내용

오까서기관 – 정부로부터 긴급 훈령을 받았는 바, 남북 적십자 본회담의 개최 일자가 확정되어 그간 일단 백지화되었던 조총련 제1부의장 김병식 및 재 일 조련계 기자들의 재입국 신청을 다시 제출하였으므로(김병식은 8.19. 출국하여 37일 후 재입국 예정이라고 함) 일본정부로서는 아래사항에 관한 한국정부의 의향을 최종적으로 확인하고자 하고 있다.

1) 김병식이 조총련의 최고간부로서 그의 재입국은 정치색이 강하므로 허 가에 반대한다고 하는 한국측의 일반적인 입장을 그렇다고 하더라도, 남북적십자회담 참가라는 관점에서 본다면 금차의 합의내용으로 말할 때 7인의 자문위원의 구성은 쌍방의 전적인 자유재량에 맡겨져 있어서 한국측으로서는 북한측이 김병식을 자문위원으로 지명한다고 하면 이 를 인정하지 않을 수 없는것으로 해석할 수 있는데, 그와같이 양해하여 도 좋은지?

2) 재일조련계 기자단은 20명의 내신기자 중에 포함되는지? 또는 외신 기 자단으로 초청하는 것인지에 관하여 북한측과 어떠한 양해가 되어 있 는가? 만을 그렇다면 그러한 양해가 없는 경우, 가령 북한측이 20명의

범위내에 포함시키는 경우, 한국측으로서는 제2차 본회담 시 서울에서의 취재를 인정할 것인가?

김과장 - 일본측의 문의에 대하여는 지금 대답할 수 있는 입장에 있지 않으며, 관계당국에 구체적인 합의 내용등도 알아보고 추후 답변토록 하겠다.

다만, 한가지 말하고 싶은 것은 일본정부가 김병식이 회담에 참석하기 위하여 오는 19일 출발한다고 하여 그때까지 맞추어야 하는 것처럼 퍽 서두르는 것 같은 인상을 주고 있는데, 우리가 보기에 일본정부가 김의 페이스에 따라 일을 서둘러야 할 이유는 없다고 보며 따라서 일본정부는 정부의 판단에 따라 신중히 처리한다는 입장에서 다루어 줄 것을 바란다. 또한 일본 정부가 이 문제에 관하여서 한국측과 적극적으로 사전에 협의하려는 태도를 보이고 있는데 그것 자체는 좋은 일이며 환영할 만한 일이나 협의라고 하면 비단 이 문제만이 아니라 모든 문제에 있어서 협의의 정신을 살려 한국측의 의견을 충분히 참작하도록 부탁한다.

오까 서기관 - 잘 알겠다. 끝.

첨부 – 면담요록

면담요록

1. 일시: 1972년 8월 17일(목요일) 16:45시~17:00시
2. 장소: 외무부 동북아주과
3. 면담자: 외무부 동북아주과장 김태지, 주한일본대사관 1등서기관 오까 히까루
4. 내용:

김과장 - 일전 귀하가 와서 김병식등의 재입국 문제에 관한 아국의 입장을 문의한데 대한 아국의 입장을 전달하겠다.

　　가. 김병식이 북한측의 자문위원으로 선정되었음이 분명한 경우, 김병식의 재입국허가를 일본정부가 발급하는데 한국정부로서 이의가 없다. 김병식의 재입국허가는 인도적 목적을 위한 남·북적십자회담에의 참석이라는데 있음을 유의하여야 한다.

나. 북한측이 조련계 기자를 내신기자에 포함시켜 참여시킨다면 상기와 같은 이유로 그들의 재입국을 일본 정부가 허가하는데 한국 정부로서 이의가 없다. 서울에서의 제2차 본회담에 조련계기자의 입국을 허가할 것인지에 관하여는 그와같은 현실적인 문제가 있을때에 처리할 것이다.

이상과 같은 아국의 입장은 이 문제에 관한 일본의 사정을 충분히 감안한 것임을 알기 바라며, 또한 다시 강조하고자 하는 바는 전기 김병식등의 재입국 허가 발급에 이의가 없음은 그것이 "인도적"인 목적의 것이므로 그 범위를 일탈하는 것이 아니라는데 유의하여 달라는 것이다. 따라서 일본정부가 종래 조련계의 재입국 발급에 대하여 부과한 제한등은 그대로 적용되는 것으로 이해한다.

오까 서기관 - 알겠다. 곧 본국정부에 보고하겠다. 끝.

86. 신문기사

8.18. 朝日新聞⑨ 財界訪朝団の受入れ, 年内にも実現期す

8.18. 朝日新聞② 「南北会談」出席の金氏ら、再入国を認める

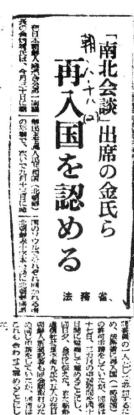

金炳植, 25일 平壤에 □ □ 기자 5명도

読・八・十八

金・朝鮮総連第一副議長 再入国認める

金柄植氏

東の金朝植（キム・ビョンシ
ク）中央常任委員会第一副議長
が、南北朝鮮赤十字本会談に参加
後、再入国することを認め、同日
関係者に通知した。

また、李禧九（リ・ヒョング）
朝鮮通信社社長ら五人の北朝鮮系
記者団が同本会談を取材後、再入
国することとも認めた。

いずれも新入国許可の刑物期限
は十八日から九月二十六日までの
四十日間。

金氏は、三千日に平壌、九月十
三日にソウルで開かれる南北赤十
字本会談に北側随行員の一
家族の消息、相互訪問など協議の
問題を討議する場であり、例外
十七の枠の中で秘密接受および秘密
の解除が必要とされているこことか
ら、金氏らの申請を認可する判断
がないとして柳川法相が許可に踏み切った。

法務省は、外務省などと協議の
後、十一月十九日までの再入国
について許可を申請していた。

一日早とも北朝鮮に往来す

これまでわが国が承認していな
い北朝鮮との人事往来に
は、在日朝鮮人の北朝鮮への里帰
り（四十二年以来計六十人）
スポーツ、学術、文化の交流に
関するものを除いては今ま認めら
れておらず、今回の金氏の再入国
は、かたち上という大きく法人
遺にかかわるものであっても、在
日朝鮮人総連合会の実力者の一人
とされる金氏の「政治家」的作用
をめた場合、従来とは違う特殊
のケースといえる。

9.25. 毎日新聞　朝鮮総連の金第一副議長　赤十字本会談の諮問委員に
法相に再入国許可を要望

朝鮮総連の金第一副議長

赤十字本会談の諮問委員に
法相に再入国許可を要望

在日本朝鮮人総連合会（朝鮮総連）の韓徳銖議長は、二十四日午後、金炳植第一副議長とともに法務省に法相を訪ね、「八月四日に開かれる南北朝鮮赤十字会談の諮問委員に選ばれた金氏の再入国を許可してほしい」とする要望書を金氏の再入国申請書とともに法相に渡した。

これに対し法相は「事情は聞いた。従来の扱いからみて慎重に検討してほしい」と答えた。

金氏が北朝鮮側の諮問委員に選ばれたため、南北双方が政府、国会議員、政党、社会団体などを網羅する七人ずつの諮問委員を会談に参加させることで合意、金氏が北朝鮮側の諮問委員に選ばれたため。

久野氏はこの要望は重要な性格のうえ、日時も切迫しているうえから、法務省としても慎重な扱いをしたい意向。

八月五日に開かれる南北朝鮮赤十字本会談の第二十三回予備会談で、八月五日に法務当局の判断が注目される。

い」と要望、同申請に対する法相日に法務当局が態度を決めるかどうかから微妙注目を集める。

② 조청련계 인사 북한 방문

○ ○ ○

기능명칭: 조총련계 인사 북한 방문, 1974

분류번호: 791.76 1974

등록번호: 7757

생산과: 동북아1과

생산연도: 1974

필름번호: P-0014

파일번호: 06

프레임 번호: 0001~0028

1. 외무부 공문(발신전보)–신문보도 진위 여부 조사 지시

외무부
종별 긴급
번호 WJA-02132
일시 111800
발신 장관
수신 주일대사

1. 금 11일 동경으로부터의 외신 보도에 의하면 나까무라 법상이 9일 중의원
예산위원회의 답변에서, 10월에 동경에서 개최되는 IPU 총회 참석을 위한
북한 대표 입국 문제와 동 총회에 앞선 대책협의의 명목으로 북한에 다녀올
예정인 한덕수 조총련 의장에게 재입국 허가를 발급할 것이라는 시사를 하
였다고 하는 바 이에 대한 사실 여부를 지급 조사 보고 바람. (북일-국장)

2. 외무부 공문(착신전보)– IPU총회 개최에 따른 한덕수 재입국 문제 관련 보고

외무부
종별 긴급
번호 JAW-02202
일시 121357
수신시간 74.2.12. 15:01
발신 주일대사
수신 장관

대: WJA-02132
1. 대호에 관하여는 사회당 "안다꾸" 의원이 2.8.의 중의원 예산위에서 IPU총회
가 10월에 동경에서 열리는데 대책협의를 위해 재일 대의원이(북한의 대의원
으로 되어 있는 한덕수등 총련간부를 지칭하는것으로 보였다함) 북한을 왕래

하기 위한 재입국을 허가할것인가"라는 요지로 질문한데 대해, 나까무라 법상은 "우리나라에서 IPU총회가 개최된다는 특수성을 충분히 고려하겠다"고 답변한것으로 판명되었음.

2. 대호의 질의 일자와 관련하여, 중의원 예산위원회는 2.8.까지 총괄 질의를 하고 2.9.부터 휴회에 들어갔다가 금 2.12.부터 일반 질의를 위해 속개됨을 참고로 첨언함. (일정-북일)

3. IPU 및 탁구대회 미승인국 대표입국문제에 관한 질의 및 응답(3.6 衆院)

IPU 및 탁구대회 미승인국 代表入國問題에 關한 質疑 및 応答(3.6 衆院)

1. IPU 總會, 北韓參席問題
   가. 社會黨 "야마꾸지 쯔루오"의원의 질문,
   나. 大平外相, 전향적으로 대처해야할 性質의 것이라고 답함. 요미우리지는 同發言이 北韓이 參加를 希望한다면 認定한다는 간접적인 의사표시로 해석하고 있음

2. 탁구 선수권 대회 참석을 위한 미승인국 대표 入國問題
   가. 社會黨의 "이노우에 이즈미" 의원, 政府가 월남 平和協定에 찬성하고 있는 以上 기타 지역의 미승인국의 代表도 입국해야 한다고 함.
   나. 大平外相, 法務省과 상담하여 결정할것이나 스포츠 대회라는 성격에 비추어 선처할 생각이라고 함.

3. 마이니찌 論評
   탁구대회에 북한 파레스타인, 라오스팀의 입국은 問題 없다고 보나 월남 임시 혁명 정부 대표의 입국에 관하여 法務省은 소극적 자세를 취하고 있음.

4. 외무부 공문(착신전보)—신문보도

외무부

번호 JAW-03099
일시 061733
발신 주일대사
수신 장관

1. IPU 및 탁구대회 미승인국 대표 입국문제:
가. 금일 중원예산위원회 제2분관회의에서 오히라 외상은 금년 10월 당지에서 개최되는 IPU 총회, 대표 입국문제에 관한 사회당 "야마꾸지 쯔루오" 의원 질문에 대하여, "법무성에 연락이 온 시점에서 고려할것이나 전향적으로 대처해야할 성질의 것이라고 생각한다"고 답하였다고 하며, 요미우리지는 동발언에 관하여 북한이 참가를 희망하면 입국을 인정한다는 간접적인 의사표시로 보여진다고 보도함.
나. 오히라 외상은 또한 이번 탁구선수권 대회에서의 미승인국 대표입국문제에 관하여 사회당의 이노우에 이즈미 이원이 "정부가 월남 평화협정에 찬성하고 있는 이상 기타지역의 미승인국 정부로부터도 대표단의 입국을 인정해야한다"고 따진데 대하여 다음과 같이 답하였다고함.(금 6일 마이니찌 석간 1면 톱) 일본이 사이공 정부를 유일 합법 정부로 인정하고 있고 파리협정에 찬성하여도, 당연히 임시 혁명 정부에 여권을 인정하게 되는것은 아니다. 그러나 이번 탁구대회에 관하여는 법무성과 상담하여 결정할 것이나 스포츠 대회라는 성격에 비추어 선처할 생각이다.
다. 마이니찌 보도에 의하면 이번 탁구대회참가를 위한 북한, 파레스타인, 라오스팀이 입국은 문제없다고 보여지나, 월남 임시 혁명 정부 대표의 입국에 관하여는 법무성이 "순전히 스포츠 대회라고는 인정되지 않는다"는 소극적 자세를 취하고 있다고함.
2. 요미우리지는 2면에 김동조 장관이 5일의 국회 외무위원회에서 "미 국무성에 확인한 결과 주한 미군이 현수준을 유지한다는 미국의 방침에 어떠한 변경은 없다"고 언명하였다고 보고함. (일정-북일, 정보)

74.3.8. 동아① 北韓往來 등 許容 요청, 朝聯, 日官房長官에

北韓往來等許容要請
朝聯、日官房長官に

【東京八日發】朝總聯國際局長尹
相烈은 七日午前 內閣官房長官

「오무라」(大村)씨를 찾아가
지난二혈하순 朝總聯 제十차대 태풍을 허용해줄것을요구했다
회의 朝總 이에 대해「오무라」씨는 아
의 北韓왕대와 決議案을 전달하고 朝總 무런 答辯을 주지않았으것으로알
朝聯의 第三國의 왕 려졌다.

174
3.8
동아①

74.4.2. 한국① 在日朝總聯 百47명 무더기 再入國허가, 日法務省

6. 외무부 공문(착신전보)—신문보고

외무부
번호 jaw-04031
일시 029947
수신시간 74.4.2. 11:07
발신 주일대사
수신 장관

금 2일 아사히 등 조간에 의하면, 법무성이 1일 "재일 조선 예술인 조국방문단" 147명의 재입국을 허가하였다고 하며, 일행은 "성악, 무용, 악기, 가극, 무대 장치등 관계자로서 금 2일 니아가다 항을 출발하여 3개월 이에 걸쳐 북한내에서 공연하고 7월 귀국예정이라 함. (일정-북일, 정보)

7. 신문자료

74.4.2. 서울① 朝總聯 147명 日, 再入國허가 7월까지 北傀서 公演

8. 외무부 공문(발신전보)–예술인 방문단 중 정치적 인물의 유무 확인 및 일정부에 대한 항의 지시

외무부
종별 긴급
번호 WJA-0425
일시 021500
발신 장관
수신 주일대사

대: JAW-04031
대호 "예술인 방문단"원 중 정치적 인물이 포함되어 있는지 여부를 확인하시고
금번에는 귀대사관이 일본정부의 사전통고를 받지 못한데 대하여 complain을
표시하고 결과 보고 바람. (북일-   )

9. 외무부 공문(착신전보)–신문보고

외무부
번호 JAW-04045
일시 021540
수신시간 74.4.2. 16:39
발신 주일대사
수신 장관

1. 금 4.2.자 당지 조간신문 보도에 의하면 주재국 법무성은 조총련계 음악가,
무용가등 147명(남자 90명, 여자 57명)으로 구성된 예술단(단장 배병두: 조총
련 중앙선전국장)에 대한 북괴 방문후 재입국(기간 100일)을 작 4.1. 허가하였
다함.
2. 이들은 북괴 문화예술부 초청으로 4월 상순부터 7월 상순까지 북괴 각지를

순회 공연한다 함.

3. 동신문기사는 파우치편에 송부하겠음. (일영 -영민)

10. 주일대사관 공문―조총련계 예술단 북괴 방문 관계 신문기사 송부

주일대사관
번호 일영725-2002
일시 1974.4.2.
발신 주일대사
수신 외무부 장관
참조 영사국장
제목 조총련계 예술단 북괴 방문 관계 신문기사 송부

　　　연: JAW-04045
　　　연호 조총련계 예술단 147명의 북괴 방문 후 일본 재입국 허가에 관한 신문 기사를 별첨과 같이 송부합니다.
　　　첨부: 신문기사 2부. 끝.

　　　주일대사

74.4.2. 毎日新聞 朝鮮芸術人祖国訪問団 二四七人に再入国を許可

74.4.2. 読売新聞 在日朝鮮人芸術団の再入国許可

11. 외무부 공문(착신전보)–방문단 인원 보고

외무부
번호 JAW-04081
일시 031933
수신시간 74.4.4. 8:04
발신 주일대사
수신 장관

대: WJA-0425
1. 조총련 예술인 방문단의 재입국 허가 문제에 관하여 법무성 입관국 차장에게 대호지시에 따라 COMPLAIN을 표시하였으며 앞으로 이러한 문제가 발생시에는 사전 협조하여 주도록 요청하였던 바, 동 관계관은 이를 TAKE NOTE하겠다고 말하였음을 보고함.
2. 동 차장은 방문단 일행 중 다음 5명정도가 조총련 조직에 관계하고 있는자라고 말하였음.
단장: 배병두 조총련 중앙본부 선전국장.
부단장: 최동옥, 한갑수, 임일수.
사무장: 서창규.
3. 조총련 전 부의장 허남기는 당초 고문으로 방문단에 포함되어 재입국 허가를 받았으나 자진 사퇴하였다 함. 동인은 일영725-1409로 보고한 바와 같이 지난 2.25.에 있은 조총련 10 전대회에서 부의장직을 해임당하였는 바, 당시 해임이유는 건강상 이유로 보도되었으나 당관에서 조사한바에 의하면 허는 과거 조총련 사회경제부장(현 국장급) 최측근의 처와 불미스러운 사건이 있은 것이 문제가 되어 해임된것이라 하며 금반 북한을 방문할 경우 신변의 위험을 느껴 자퇴한것으로 보임.
4. 단장 이외의 4명에 대하여는 직책 등 조사되는대로 추보하겠음.
(일영 - 북일, 영민)

12. 외무부 공문(착신전보)-사전통고 없었음에 대한 외무성 입장

외무부
번호 JAW-04094
일시 041025
수신시간 74.4.4. 11:24
발신 주일대사
수신 장관

대: WJA-0425
연: JAW-04081
1. 대호 COMPLAIN에 대하여 외무성 북동아과장은 아사실을 전연 알지못하고 있었다하고 재입국문제는 법무성이 독자적으로 결정하는 사항이며, 다만 정치적 인물이거나 선례가 없는 경우에 한하여 외무성과 협의하여 왔으나, 이번 경우 사전 협의가 없었다 함.
2. 외무성 관계관에 의하면 외무성으로서도 신문에 발표된 후인 4.1. 오전에야 법무성으로부터 연락을 받았다고 함. (일정 – 북일)

13. 외무부 공문(발신전보)-방문단 중 정치적 인물 포함에 관해 일정부에 대한 항의 지시

외무부
종별 긴급
번호 WJA-0467
일시 041300
발신 장관
수신 주일대사

대: JAW-04081
연: WJA-0425

대호 방문단 중 조총련 선전국장 등 정치적 인물이 포함되어 있어 이는 정치적 인물의 북괴 내왕을 금한다는 종래의 방침에 크게 위배되는 것이며, 이들이 북괴 방문시 정치적 활동은 물론 북괴의 지령을 받고 돌아올 것이 명확함에도 불구하고 일본 정부가 아측에 사전 통고없이 재입국 허가를 발급한 처사에 강력히 항의하시고 동인들의 미출국시 재입국허가의 취소를 요청하시기 바람. (북일-   )

14. 외무부 공문(착신전보)—주일대사 항의에 대한 입관국 차장 설명 보고

외무부
번호 JAW-04131
일시 051205
발신 주일대사
수신 장관

대: WJA-0467
1. 대호건 입관국 차장에게 조총련의 정치적 인물의 재입국을 허가한데 대하여 강력히 항의함과 동시에 동 허가를 취소하여 줄 것을 요청하였던 바 동차장은 조총련 조직원은 그 성질상 말단까지 정치적이 아닌자가 없으나 동단에 포함된 스몰 포테이토를 정치적 인물이라고 하기는 곤란하며 현단계에서 재입국허가를 취소할수는 없다고 함.
2. 동차장은 이와 별도로 과거 북한을 방문한 총련사람들이 귀일하여 오히려 북한의 실정을 이야기하며 북한에서 격은 제반의 실정을 느끼고 있음에 비추어 그런면의 효과도 있다고 말하였음을 참고로 보고함. (일영-북일, 영민)

15. 외무부 공문(발신전보)—최고인민회의에 조총련 간부들의 참석 여부 조사 지시

외무부

번호 WJA-11363
일시 291310
발신 장관
수신 주일대사

대: JAW-11718
대호 2항의 북괴 최고인민회의 제5기 제4차 회의에 조총련 간부등이 참석
하였는지 조사 보고바람. (북일-   )

16. 외무부 공문(착신전보)-최고인민회의에 조총련 간부들의 참석 여부 보고

외무부
번호 JAW-12082
일시 041726
발신 주일대사
수신 장관

대: WJA-11363
대호건 주재국 법무성 관계관에 알아본 바 북괴 최고인민회의 제5기 제4차 회
의 출석을 위한 조총련 관계자의 재입국비자 신청사실이 없었다고 하며 당지
의 기타 쏘스에서도 동회의에 조총련 간부등이 참석한 흔적은 없었다고 함.(일
정 - 북일 정보)

예고문: 일반문서로 재분류 1975. 6. 30.

17. 외무부 공문(발신전보)-조총련 북한 방문단 관련 조사 지시

외무부

번호 WJA-12274
일시 191240
발신 장관
수신 주일대사

　　북괴 중앙방송에 의하면(일자미상) 조총련 중앙상임위 산업국장 정태삼을 단장으로하는 조총련 북괴방문단 11명이 74.12.14. 평양에 도착하였다 하는 바, 일측에 출국사실 여부, 방문단원 인적사항, 방문 목적(특히 정치적 목적 유무), 재입국허가 기간 등을 지급 확인 보고 바람. (북일 -)

18. 외무부 공문(착신전보)—북한 방문단 방문 목적, 체류기간, 구성원 및 재입국 허가자수 현황 보고

외무부
번호 JAW-12495
일시 211037
발신 주일대사
수신 장관

대: WJA-12274
대호건에 관해 12.20 이용훈 총영사는 주재국 법무성 입관국 다께무라 차장을 방문하여 탐문한바를 다음과 같이 보고함.
1. 상기 방문단원은 정태삼 조총련 중앙위 산업국장외 중앙간부 등 10명으로 되어있고 방문목적은 소위 귀환사업 15주년 기념대회 참석을 위한 것이라고 함.
2. 재입국허가 기간은 45일간이며 동 차장에 의하면 상기 기념행사에는 일부 일본인이 참석하고 있고 방문목적이 다만 기념대회 참석이고 정치적인 것은 아니라는 데서 재입국을 허가한 것이라고 하였음. 그러나 동 차장은 말하기를 최근 북송희망자수가 줄어들고 있음에 비추어 이에 대한 대책을 협의키 위한

것이 아닌가 추측된다고 말하였음.

3. 참고로 동 차장에게 금년도 조총련에 대한 재입국 허가자수를 문의한바 74년 11월말 현재 북괴왕래는 670여명이며 기타 지역(예컨데 쏘련, 중공, 항가리 등) 왕래는 약 30명이라고하며 이들 중 미출국자 약 20여명을 제외하면 실제 총출국자수는 약 670여명이 된다고 함.

(72년도에는 456명이었음)그리고 이들의 방문을 목적별로 보면 예능, 인도적 목적, 스포츠, 학술 등 문화활동, 무역의 순으로 되어 있다고 함.

4. 또한 이 총영사는 만경봉호에 대해 어떤 감시조치가 행하여지고 있는가를 참고로 문의한바 다께무라 차장은 한때 일본 정부 내에서 만경봉호의 일본 기항을 거부하는 문제까지도 검토된 바 있으나 국내법상 그러한 조치가 곤란함으로 그 대신 입항 시 입관관리에 의한 선박내부 조사를 철저히 시행하고 있다고 하며 이 때문에 조총련측의 불만을 산 바 있다고 부언하였음. (일본영-북일, 교일)

19. 외무부 공문(발신전보)–조총련 사회과학자 대표의 평양도착 관련 정보 조사 지시

외무부
번호 WJA-12349
일시 231900
발신 장관
수신 주일대사

　　　연: WJA-12274
　　　당지에서 입수한 북괴의 조선 중앙통신에 의하면 조총련 조직국장 김진창을 단장으로 하는 조총련 사회과학자 대표의 북괴방문단이 74.12.20. 평양에 도착하였다는 바, 연호 요령에 따라 지급 확인 보고 바라며, 특히 일측에 대하여는 최근의 조총련 주요 간부들의 잇다른 북괴 방문 증가현상과 이에 대한 일본 정부의 재입국 허가 조치에 대한 한국 정부의 중대한 관심을 표명하기 바람. (북일-)

20. 조총련 간부 등 북괴방문에 관한 다께무라 입관국 차장의 설명

朝總聯幹部等 北傀訪問에 關한 다께무라 入管局 次長의 說明

1. 法務省은 아래와 같이 再入國申請을 許可한 바 있음.
   가. 人員: 朝總聯中央組織局 第一部長 김진근을 團長으로한 16名
   나. 訪問期間: 3個月
   다. 目的: 北傀 社會科學者 協會 招請으로 敎育歷史 科學院 會議參席
2. 構成員의 身元및 訪問期間에 비추어 敎育訓練이 主目的으로 確定되므로 法務省 當局은 이들 動向에 細心한 關心을 가지며 特히 歸日後의 反應을 注視할것이라함.

21. 외무부 공문(착신전보)—방북단에 관한 입관국 차장 설명

외무부
번호 JAW-12597
일시 251611
발신 주일대사
수신 장관

대: WJA-12349
대호건 아측의 비상한 관심을 표명하였음
다께무라 입관국 차장의 설명은 다음과 같음
1. 법무성은 대호 재입국 신청을 아래와 같이 허가한 바 있다함
가. 인원 조총련 중앙조직국 제1부장 김진근을 단장으로한 16명
나. 방문 기간 3개월(74.12.18.경 평양 도착 예정)
다. 목적 북괴 사회과학자 협회 초청으로 교육역사과학원 회의 참석
2. 학술회의 참석이 신청사유로 되어있으나 구성원의 신원과 방문기간에 비추어 교육 훈련이 주목적으로 추정된다고 말하고 법무성 당국으로서도 이들의 동향에 관하여 세심한 관심을 가지고 있으며 특히 귀일후의 반응을 주시할 것

이라 함. (일본영 – 북일, 교일)

예고문: 일반문서로 재분류(75. 6. 30)

③ 일본 내에서의 북한 간첩 활동

○ ○ ○

기능명칭: 일본내에서의 북한 간첩 활동, 1975

분류번호: 725.1JA, 1975

등록번호: 8216(18319)

생산과: 일본담당관실

생산연도: 1975

필름번호: D-0020

파일번호: 01

프레임 번호: 0001~0032

1. 외무부공문(착신전보)-김학민 외 2명 체포 사실 보고

외무부
번호 JAW-03494
일시 171541
수신시간 75.4.17. 17:42
발신 주일대사
수신 장관

금 4.17. 일본 경찰당국 발표에 의하면(당지 보도) 가나가와현 경찰은 일본을 기지로 한 대한국 파괴공작의 총책격인 김학만(자칭)과 그 보조공작원 다까시마(한국명: 고상직) 및 장익훈 등 3명을 체포하고 난수표 등 다수 증거품을 압수하였다는 바, 그 내용을 아래와 같이 보고함.
1. 인적사항:
김학만: 주범, 북괴 고위간부 경험, 유무 조사중.
다까시마: 2년전 귀화한 한국인, 본명 고상직, 본적지 충남 예산구 화산리 235 이나 본적을 원산이라고도 함. 작년 5월까지 요꼬하마 상은 이사와 민단 가나가와 쓰루미 지부 부단장 이였으며, 4-5억대의 자산가라 함. 이 자는 김병식 전 조총련 부의장과 접촉이 있어 김이 남북적십자 회담 자문 의원으로 북으로 갈 때 수천만엥을 수교하였다 하며, 72년 김일성 회합시 막대한 선물을 하여 조총련 최고 간부급 중에도 받기 어려운 국기 훈장 1급을 받았다 함.
장익훈: 수년전부터 이시가와 현 근교 해안에 출몰 밀입국자들에 편의 제공하는 자가 아닌가 점찍혀 있는 자라 함(구체적 인적사항 미상)
2. 주범 김은, 작년 겨울 밀항 어선으로 한국에서 돗토리현 해안에 와 일본을 거쳐 북으로 갈 생각이였다고 진술하나 일본 당국에 의하면 작년 2월 북괴의 스파이 공작원 "□ 쾌속정"으로 북에서 밀입국하여 이미 연락을 취한 장과 접촉, 장의 자택 2층에 무선 수신기, 녹음 기제, 암호 작성 용구, 사진 현상 기재 등을 설치 아지트로 삼고 장의 안내로 다까시마와 접촉 다까시마 집에서도 암호 무선을 수신 해독하였다 함.
3. 일본 당국은 이들 3인의 활동 목적은 (가) 대한국 파괴공작 기지 설치 (나) 공작원용, 인재 포섭과 대한국 파견 (다) 한국내 반정부 운동지원, (라) 민간

파괴 공작 지원이라 하며, 김은 무선 명령을 수령 양 보조공작원을 움직여 다까시마를 홍콩, 마카오 등에 파견 현지 북괴공작원과 접촉, 김과 북괴 간의 보고와 지령을 전달케 하였고 장은 김의 안내역을 맡았다고 보고 있음. 가나가와 경찰은 범인 체포 후 보조공작원 2명의 집을 수색, 난수표, 난수표용 약품, 무선 수신 메모, 라디오 카셋트 녹음기, 확대경, 암호 무선 녹음 테프 등 50여점을 압수 수신내용 해명 등 수사를 진행중이라 함.

(주일영-북일, 정보 교일)

2. 주일대사관 공문–북괴간첩 "이철민" 검거 경위서 송부

주일대사관
번호 일본(정)700-5225
일시 1975.8.7.
발신 주일대사
수신 장관
참조 아주국장
제목 북괴간첩 "이철민" 검거 경위서 송부

    75.8.5. 당관 김옥민 1등서기관이 주재국 외무성 아주국 "엔도 데쯔야" 북동 아세아과장을 방문한 자리에서 북괴간첩 이철민을 검거한 경위서를 수교 받았기 별첨 송부하오니 참고하시기 바랍니다.
    첨부: 북괴 간첩 이철민 검거 경위서 1부. 끝.

첨부–북괴 간첩 이민철 검거 경위서

    北朝鮮秘密工作員 李敏哲等の検挙について
    去る7月12日、青森県警察において沿岸特別警戒取締中、午後11時30分こ

ろ従事中の警察官が不審者を発見職質し、外国人登録法違反(外国人登録証呈示拒否)の現行犯として逮捕して取調べたところ

　　　朝鮮労働党員のスパイ

　　　李敏哲(54才)

であり、日本において補助工作員を使って対韓工作を行ない、その他に在日米軍に関する情報収集等のスパイ活動を行なって同夜半不法出国しようとしていたことが判明し、外国人登録法違反、出入国管理令違反等で7月14口送致(青森地検鰺ヶ沢支部)したところ8月2日起訴された。

　　　又同人の不法出国企図を補助した

　　　　在日韓国人　金星九(7.20逮捕)

　　　　在日韓国人　金世勲(7.26逮捕)

の2名を通常逮捕し金星九は7月22日、金世勲は7月28日にそれぞれ送致(青森地検鰺ヶ沢支部)し、引き続き取調べ中である。

1．被疑者の人定等

　　(1)李敏哲

　　　ア　人定等

　　　　　　本籍　朝鮮咸鏡南道　安辺郡　美硯里156地

　　　　　　住所　不定

　　　　　　氏名

　　　　　　　朝鮮労働党員

　　　　　　　山本光信こと

　　　　　　　李敏哲　1921.2.25生(54才)

　　　　　　経歴

　　　　　　　○　昭21.4.1　　　元山第2中学校教員

　　　　　　　○　昭23.8.13　　朝鮮労働党入党

　　　　　　　○　昭25.10.20　　人民軍宣伝員(中尉)

　　　　　　　○　昭30.3　　　　平壌師範大学卒業(軍信認経)

　　　　　　　○　昭43.9.1　　　元山第3中学校副教員

　　　イ　身柄措置

　　　　　逮捕日時

昭50.7.13 0:20分

逮捕場所

　青森県鰺ヶ沢警察署岩崎駐在所

送致罪名

　○ 外国人登録法違反

　　登録証不呈示(第13条第2項、第18条第7項)

　　登録不申請(第 3 条、第18条第 1 項)

　　登録証不正譲受(第18条第 1 項第10号)

　○ 出入国管理令違反

　　不法出国企図(第25条第2項、第71条)

　○ 公文書偽造(外登証偽造)(刑法 第 155条 第 1 項)

(2) 金星九

　ア 人定

　　本籍　韓国京城特別市中区乙支路4-289地

　　住所　茨城県鹿島郡神栖町知手213の3地

　　職業　飲食店経営

　　氏名　雲谷吉男こと

　　　金星九　1923.10.4生(51才)

　イ 身柄措置

　　逮捕日時

　　　昭50.7.20 17:30

　　逮捕場所

　　　茨城県鹿島郡神栖町知手213の3地　被疑者宅

　ウ 送致罪名

　　○ 出入国管理令違反不法出国企図幇助

　　　(出管令　第25条第2項第 71条)

　　　(刑法　第62条)

　　○ 外国人登録法違反

　　　登録証不当譲渡(第18条第10項)

(3) 金世勲

ア　人定
　　　　　本籍　韓国京域特別市中区乙支路4-289地
　　　　　住所(登録上)千葉県市原市白金町5-15地
　　　　　職業　会社員
　　　　　氏名　雲谷勳こと
　　　　　金世勳 1951.6.4生(24才)
　　　イ　身柄措置
　　　　　逮捕日時
　　　　　　　50.7.2610:03
　　　　　逮捕場所
　　　　　　　千葉県船橋警察署船橋駅系派之所
　　　　　送致罪名
　　　　　○ 出入国管理令違反
　　　　　　　不法出国企図幇助
　　　　　　　出管令　第25条第2項、第71条
　　　　　　　刑法　第62条
　　　　　○ 外国人登録法違反
　　　　　　　外登証虚偽申請
　　　　　　　(第11条第1項、第18条第1項第1号)
　　　　　　　外登証居住地変更不申請
　　　　　　　(第8条第1項、第18条第1項第1号)

　2. 検索差押え関係
　　(1) 場所
　　　○ 李敏哲のアジト
　　　　　東京都台東区千束1-10-11秋山ビル201号室
　　　○ 金星九の自宅並店舗
　　　　　茨城県鹿島郡神栖市知町213
　　　その他5カ所
　　(2) 押収物　合計573点
　　　ア　李敏哲の携行品

○ 脱出地点を明示した地図

○ 磁石

○ 携帯ラジオ(暗号受信用)

○ 酔止め薬、睡眠薬

○ その他

計218点

イ　関係先からの押収品

○　青森、秋田方面の地図

○　京都(経ケ岬)方面の地図

○　A2暗号を録音したテープ

○　その他

計355点

3.　本事件の概要

(1)　端緒

昭和50.7.12日午後11時30分ころ青森県西津軽郡岩崎村十二湖入口付近沿岸で特別警戒取締中の警察官が「カチカチ」と連続的に石をたたく音(打不信号音)を聞きつけ、波打際で大きなリュックサックを背負い、ボストンバックを持った一見朝鮮人風の被疑者を発見した。そこで直ちに職務質問を行い外国人登録証明書の呈示を求めたところ、日本人であると強調し呈示を拒否したが一見して明らかに朝鮮人風であり、言語に朝鮮なまりがあるため、岩崎駐在所に同行で求め所持品を検索したところ、ボストンバック左中の背□内ポケットに外国人登録記明書が入っているのを発見したので、外国人登録法違反(外国人登録記明書呈示拒否)の現行犯人として逮捕した。

(2)　本国帰還の失敗—検挙—

本年6月北朝鮮労働党の□だから、A2(モールス符号による暗号放送指令)により、「京都経ヶ岬から脱出帰還するよう」指示があったが、場所が危険であることを理由に手紙で場所の変更を申し出たところ、新たにA2で「岩崎村十二湖河口に変更する」旨の指令があったので、6月29日以前でレンタカーを借り金世勲の運転で岩崎村十二湖沿岸を下見し

て場所を確認したのち、7月1日国際電報で北朝鮮労働党の指定した宛先に

　　「父帰る」

と脱出指令を承諾する意味の暗号電報を打電した。更に帰還の準備ができたので7月9日に再び国際電報で

　　「薬送る」

と必ず脱出場所に行くことを意味する暗号文で連絡した。

7月10日かねてからの打合せにより金星九が自宅から車を運転して東京のアジトへ運び、これに李敏哲を乗せ金世勲が運転して2人で十二湖河口の現場に向かった。

　7月11日は秋田市に1泊し、翌7月12日は能代を経由して一たん脱出現場の状況を確認して能代まで戻り、当日の午後11時ころ金世勲に送られて現場付近の国道で金世勲と別れ、海岸に降り下って打石信号で合図をし近所の船下待っていたところを警察官に発見されたものである。

　なお、被疑者の行動や取調べに対する態度から翌13日の夜も迎えの船が来るのではないかと判断し、警戒を強化していたところ、同日午後11時ころ前夜と同じ地点の暗闇から不害な2人連れが現われ、警察官が接近しようとすると海中に逃げ込み、そこへエンジンをかけたゴムボートが現われ不審者を乗せ全速力で沖合に逃走した。

(3) スパイに採用された経緯

　昭和43年12月ころ元山第3中学校の副教長をしていたとき、朝鮮労働党から平壌に呼出しを受け、西ヨーロッパ(フランス、ドイツ)の政治工作員になるよう命令された。同人は父が日本統治時代に面長をしたこともある中流階級の出身であり、教育生活20年、親子4人の幸福な生活を営んでいたが、北朝鮮は独裁体制の国で個人の意見や自由は一切認められず、もし命令に従わなければ地位をはく奪され身の破滅となるので仕方なく命令と承諾した。

教育期間は約2年間で清津で□封教育を受けたが、教育がはじまって約10か月後に急に理由も告げられず日本へ行くよう命令の変更をうけた。

指導員は、党の幹部であり、毎日5～6人が交替でスパイとして必要な次のような教育を受けた。

ア　金日成の革命斗争歴史の学習と思想教育

イ　英話、日本語及び日本についての風俗習慣等

ウ　無線工学と無線機の組立

エ　A2受信法と暗号の解読組立方法

オ　上陸及び脱出訓練

カ　体育訓練

(4)　日本への潜入

　　　昭和45年11月末ころ、北朝鮮の清津から、朝鮮労働党の工作船に乗って約一昼夜かかって京都府奥丹後半島の経ヶ岬沖合の浜上で案内人と2人でゴムボートに乗り移り、深夜経ヶ岬付近の海岸の崖をよじ登り単身上陸した。

　　　ゴムボートと工作船の間はロープで結ばれており、上陸が終わると案内人を乗せたままウインチでまきあげられ工作船に引き寄せられていった。

　　　上陸してからは、昼間は山中に身を隠し、夜間山中を歩き3日目にバスを利用して京都市に出て、東海道本館を経て、昭和45年12月初旬に東京都内に潜伏した。

(5)　潜入時の主なる携行品等

ア　無線機

イ　暗号文書

ウ　工作資金

　　(ア)　日本円　150万円

　　(イ)　米ドル　13,000ドル

エ　名刺

　　　警察官の職務質問に際しての言い逃れに備えて、大阪大学教授の名刺のほか一流大学の学長等の名刺

(6)　補助工作員に対する工作状況

　　　東京都内に潜入後、北朝鮮労働党が補助工作員に指定した。

　　(当時)千葉県市原市白金町5—15

　　スクラップ回収業

　　　　金星九

を訪れ、昭和42年6月に北帰した同人の子供等の写真並びに手紙を示し、北朝鮮にいる子供のことを考えろと脅迫して協力を約束させ、アジトの選定、外国人登録証明書の入手、工作対象の発見等をさせた。更に、韓国在住の親戚知人等を工作させるため2回にわたり渡韓させた。

(7) アジトの論定

　　都内に潜入当初は旅館等を転々としたか、補助工作員の協力を得て、千葉県の高級マンション並びに民家に仮住まいした後、都内に転住、昭和49年3月から東京都台東区千束1-10-11秋山ビル2階201号室に定着するまでに前後6回住居地を変えて活動した。

(8) 身分偽変

　　党からは、日本人になりすまし、日本の未亡人と同棲するよう指示を受けたがうまくいかず、警察のアパートローラー作戦で不安になったので、金星九を介して他人名義の外国人登録証明書と不法に入手させ、写真をはりかえて偽造し、在日韓国人の女性と同棲すると共に山本光信という日本名を用いて警察の追求や一般市民の目を欺いていた。

(9) 任務

　　ア　在日韓国人をスパイに育て上げること。

　　　　(独立工作員の養成)

　　イ　独立工作員を通じて対韓工作を行なうこと。

　　ウ　在日米軍に関する情報収集

　　エ　在日有力韓国人の経歴調査

　　　　(在日韓国人一商工人)

3. 외무부 공문—북괴간첩 이민철 검거 경위서 송부

외무부

북일 700-1099(70-2317)

일시 1975.8.18.

발신 외무부 장관

수신 중앙정보부장, 내무부 장관
제목 북괴간첩 이민철 검거 경위서 송부

    75.7.12. 11:30 일본국 아오모리껭(青森県)에서 출입국 관리령 등 위반 혐의로 일경에 초포된, 북괴간첩 이민철(李敏哲, 54세)과 동인의 출국을 방조한 혐의로 피체된 김성구 및 김세훈 건에 관하여 일본 외무성으로부터 수교받은 별첨 경위서 사본을 송부하오니 참고하시기 바랍니다.
첨부 북괴간첩 이민철 동 검거에 관한 일본 외무성 경위서. 끝.

4. 주일대사관 공문—북괴 간첩의 대일본 침투

주일대사관
번호 일본(정)700-8156
일시 1975.12.22.
발신 주일대사
수신 장관
참조 아주국장
제목 북괴 간첩의 대일본 침투

    북괴의 대일본 간첩 밀파에 관한 설명책자 "초점" (경찰청 발행)(사본) "잠입하는 북조선 스파이"를 별첨 송부하오니 참고하시기 바랍니다.
첨부: 상기 책자 사본 1부. 끝.

참조－잠입하는 북한 간첩(일본 경찰청 발행 "초점"에서)

잠입하는 북한 간첩(일본 경찰청 발행 "초점"에서)

서론

　일본에는 간첩을 직접 취체할 법률이 없기 때문에 간첩 활동은 출입국 관리령, 외국인 등록법, 전파법 등에 저촉될 경우에만 검거되어 사건이 표면화될 뿐이므로 이러한 "간첩 천국"에서는 수많은 간첩이 자유롭게 활동하고 있다고 보아야 함. 최근 일본에서 검거된 북한 간첩에 대한 공소 사실에도 간첩 활동의 "간"자도 나오지 않고 있음.

북한 간첩의 경우

- 북한 간첩들은 주로 공작선을 타고 일본해 연안으로 잠입하여 상륙하고 있음.
- 최근 검거된 북한 간첩 이일학은 대한 공작원을 육성하고 있던 중 체포되었음.
- 북한 당국은 간첩을 파일할 때 일본 당국에 발각되면 해상에서 조난 당했다고 변명토록 지령하고 있으며, 일본 당국에 검거되면 북괴 적십자사가 일본 적십자사를 통해 조난 선원을 즉시 석방 귀환시키라는 요청을 하고 있음.
- 북한은 조난 사실을 주장하나 검거된 간첩들을 개별 심문해보면 조난과 관련된 기본적 사항에 대하여도 답변이 일치하지 않아 조난이라는 변명은 전혀 허위임이 들어나고 있음.

결론

　금후에도 북한은 남북 등거리 외교, 한·일 이간 등 목적으로 일본의 각계각층에 대하여 적극적인 공작을 추진하는 한편, 그 이면에서는 일본의 대한 정책이나 방위 정책 등에 대한 첩보 활동과 일본을 중계지로 하는 대한 간첩 활동을 더욱 활발히 전개하여 올 것으로 보지 않으면 안되며 이에 대한 충분한 주의와 경계가 필요함.

④ 북한의 일본을 통한 대남한 간첩활동

○ ○ ○

기능명칭: 북한의 일본을 통한 대남한 간첩활동, 1974

분류번호: 729.55 1974

등록번호: 7174

생산과: 동북아1과

생산연도: 1974

필름번호: G-0038

파일번호: 13

프레임 번호: 0001~0116

1. 일본을 거점으로 한 북한의 대한국 공작 활동에 대해 일본 정부에 전달할 구술서(안)

일시 1974.5. .

대한민국 외무부는 주한일본국 대사관에 대하여 경의를 표하며 일본국을 거점으로 하는 북한의 대남 간첩 활동에 관하여 언급하는 영광을 갖는 바이다.

최근 대한민국 관계당국이 발표한 바와같이, 북한은 일본국을 거점으로 하여 한국에 대한 간첩 침투 공작을 격화시키고 있어, 대한민국은 국가 안전보장상 중대한 위협을 받고 있다.

북한은 7.4. 남북공동성명에 의한 남북대화를 1973년 8월 28일에 일방적으로 중단하고 한반도의 적화통일 기도를 노골화하여, 간첩 및 게릴라 요원의 휴전선을 통한 직접 남파는 물론, 일본국 등을 통한 우회 간첩 침투를 계속하여 왔다. 특히 한·일 양국 관계가 정상화된 이후 북한은 한·일 양국간의 내왕이 빈번하여 졌음에 편승하여 소위 재일 조선인 총연맹을 대한민국에 대한 우회 간첩 침투의 본거지로 최대한 활용하고 있음이 지금까지의 검거 간첩이나 자수 간첩의 진술에 의해서 밝혀지고 있다.

이를 구체적으로 예시하면 일본국을 경유한 우회 간첩 사건은 별첨(1)과 같이 년년 증가하여 왔으며, 또한 별첨(2)와 같이 220건에 달하고 있는 실정이며, 일본국 관계당국이 적발, 검거한 북한 간첩만도 별첨(3)과 같은 것으로 알고 있다.

이렇듯 대한민국의 우방인 인국 일본이 북한에 의하여 대한민국에 대한 간첩의 침투 기지로 이용되어 오고 있다는 사실을 대한민국 정부는 자신의 안전보장상 중대시하지 아니할 수 없으며, 한·일 양국간의 건전한 선린, 우호관계를 발전시키기 위하여도 일본국 정부의 각별한 주의를 환기하는 바이다.

더우기 북한은 대한민국내에 소위 "인민 혁명" 역량을 증대시키기 위하여 "인민 혁명"사상을 고취시키고, 한·일 양국을 이간시키고 일부 일본인과의 반한 연합 전선을 형성하는 등의 공작 추진을 목적으로 하는 소위 통일 사업 촉진 위원회를 조총련 중앙본부에 두고, 조총련의 중앙 13개국에는 통일 사업부를, 49개 지방조직에는 통일 사업 담당책을, 13개 산하단체와 16개 사업체에는 정치부를 각각 신설하여 대한민국의 변란과 정부 전복 음모 활동에 총력을 경주하고 있다는 사실을 지적하는 바이다.

그러므로 대한민국 정부는 한국의 안전보장에 미치는 영향과 한·일 양국의 전통적인 우호 관계 유지 발전의 필요성, 그리고 한·일 간의 기본관계에 관한 조약상으로도 일본국의 영토가 대한민국 전복 음모의 기지로 사용될 수 없음에 비추어, 일본국 정부가 북한의 재일 조총련등을 통한 대한민국의 변란과 정부 전복 음모 활동을 저지하기 위하여 성의있고 유효 적절한 조치를 시급히 취하여 줄 것을 촉구하는 바이다.

대한민국 외무부는 이 기회에 주한 일본국 대사관에 거듭 지대한 경의를 표하는 바이다.

제2부

한국인 원폭 피해자 구호, 1972-73, 1974

해방이후 재일한인 외교문서 해제집
┃제5권┃ (1970~1974)

1951년부터 일본과의 국교정상화를 위한 교섭이 진행되면서 한·일양국의 무관심 속에 방치되어 있던 한국인 원폭피해자들이 그들의 구호문제가 양국정상회담에서 다루어지길 기대하면서 목소리를 내기 시작했다. 1962년, 히로시마(広島)에서 피폭한 전주시 고교 교사 곽귀훈이 한국인 피폭자들의 보상문제를 외무부에 호소했고, 이듬해에는 역시 히로시마에서 피폭한 이종욱, 오남연 부부가 미국대사관과 한일양국정부에 피폭자의 실정을 호소했다. 이들의 목소리에 가장 먼저 응답한 것은 민단 히로시마지부였고, 한일협정이 체결되는 1965년 5월에 〈한국인피폭자실태조사단〉을 파견하여 실태조사와 의료구제를 호소하는 활동을 전개하게 된다. 그러나 6월 22일에 체결된 한일협정에서 한국인 원폭피해자들에 대한 보상문제는 거론되지 않았다.

한국인 원폭피해자들은 개별적인 호소 활동에는 한계가 있음을 깨닫고 피폭자 단체를 결성하여 문제 해결에 나서게 된다. 1967년 1월에 〈한국원폭피해자원호협회〉가 발족하고, 7월에 사단법인 허가를 받은 협회는 11월에 일본대사관 앞에서 일본정부를 상대로 배상을 요구하게 된다. 이와 같이 협회의 활동이 본격적으로 시작되면서 한국인 원폭피해자 구호 관련 문서가 생산되기 시작한 것이다.

첫 문서철 『한국인 원폭피해자 구호 1968-71』은 우리정부를 상대로 진정서를 제출한 협회측 간부의 이야기를 듣고, 주일대사를 통해 원폭피해자에 대한 일본의 동향을 살피는 것에서 시작되고 있다. 1968년 10월 2일에 히로시마 원폭피해자 손귀달 여성이 원폭병 치료를 위해 밀항했다가 일본경찰에 체포되는 사건이 발생하면서 문서 생산은 본격화한다. 손 여성의 사연이 보도되자 일본인들의 기부금 전달이 시작되었다. 특히 〈핵병기금지평화건설국민회의(약칭; 핵금회의)〉는 한국인 피폭자를 위한 기부금 전달에 머무르지 않고, 원폭병 진료를 위한 의사단 파한을 실현시킨다. 이와 같이 한국인 원폭피해자 구호문제를 둘러싼 민간 차원에서의 구호활동은 시작되었지만, 양국 정부는 한일협정 체결로 피해자들의 배상문제는 더 이상 논의할 수 없다는 입장을 고수할 뿐 근본적인 문제해결은 답보 상태였다.

문서철 『한국인 원폭피해자 구호, 1972-73』과 『한국인 원폭피해자 구호, 1974』는 〈한국인원폭피해자원호협회〉의 신영수 회장의 국내외에서의 활동과 그 결과로 인해 우리정부도 더 이상 방관만 하고 있을 수 없게 된 과정이 기록되어 있다. 2개의 문서철에 대해 여기서는 연도별로 살펴보기로 하겠다.

□1972년

『한국인 원폭피해자 구호, 1968-71』에서는 1971년 9월에 예정된 한국인 원폭피해자 치료를 위한 일본 의사단 파한과 관련하여 협조문서가 생산된 것에서 중단되었다. 1972년에 생산된 문서는 협회 측이 대통령과 정부 각 부처를 상대로 총 4차례(8월, 9월, 10월, 12월)에 걸쳐 한국인 원폭피해자문제 해결을 촉구하는 진정서와 요망서, 그리고 정부부처에 발송한 공문이 문서 생산의 주요 계기를 이루고 있고, 이와 관련하여 첨부된 각종 신문보도자료, 일본 국회회의록, 〈한국의 원폭피해자를 구원하는 시민의 모임(韓国の原爆被害者を救援する市民の会)〉의 기관지『빨리, 원호를!(早く、援護を！)』의 내용이 문서철의 대부분을 차지하고 있다.

문서철『한국인 원폭피해자 구호, 1972-73』의 첫 문서는 〈한국인원폭피해자원호협회〉가 1972년 8월 9일에 청와대에 제출한 진정서에 대해 이것을 보건사회부로 이송하면서 생산된 1972년 8월 28일자 문서이다.

협회의 신영수 회장은 8월 9일자로 박정희 대통령에게 진정서를 제출함과 동시에 일본의 다나카(田中) 총리에 대해서도 요망서를 제출했다. 협회 측의 진정서가 보건사회부로 이송되면서 신영수 회장이 진정서와 함께 제출한 자료도 공문에 포함되어 있는데, 여기에는 협회 현황 자료, 일본국회 회의록, 다나카 총리대신에 대한 요망서가 첨부되어 있다. 협회는 정식 발족 이후 대통령과 정부를 상대로 피폭자 구원문제를 호소해왔으나, 보건사회부로부터는 관련 법규와 예산이 없다는 답변뿐이었고, 원폭피해자의 치료와 생활보호특별법 제정을 청원한 국회로부터는 국회 회기일 만료로 폐기되었다는 통지만 보내왔을 뿐이었다. 1972년 8월에 한일 양국 수장에게 진정서와 요망서를 제출하게 된 배경에는 신영수가 협회 회장으로 선출된 이후 일본을 오가며 한국인 원폭피해자 구제를 위해 펼친 적극적인 활동의 결과가 나타나기 시작했기 때문이다.

협회 측이 제출한 협회 현황 자료에는 연도별로 활동 내용이 정리되어있는데, 1970년 8월에 원폭희생자 위령제에 초청된 첫 도일 후 2번째 도일이 되는 1971년에는 히로시마와 나가사키에서 개최된 위령제 참석뿐 아니라 일본인을 상대로 한국인 원폭피해자의 실정을 호소하는 활동을 전개하고 있다. 8월 6일에는 히로시마 시청에서 사토(佐藤) 수상에 대한 메시지를 전달하고, 미대사관과 일본대사관에서 시위행동을 펼쳤으며, 미대통령과 한국의 국무총리실에도 각각 메시지를 전달했다. 또한 이러한 신영수의 활동에 관심을 보인 일본의 보도진을 향해서도 한국인 원폭

피해자의 실태를 호소했으며 이러한 활동은 국내에서도 일간지, 라디오, TV 등 다양한 매체를 통해 이어갔다. 신영수의 2차 도일 시의 활동 후 마침 히로시마 민단과 핵금회의 주관으로 준비해 왔던 의사단 파한이 실현되었고, 이때 125명의 피폭자가 진료를 받았으며, 한국의 실정이 알려지면서 야마구치현(山口縣) 도쿠야마시(德山市) 라이온스클럽 회장이 한국에 원폭병원을 설립하기 위한 기금 모금운동을 전개하겠다는 의사도 밝혀온다. 신영수 회장의 활동으로 한국인 원폭피해자 구원운동은 탄력을 받기 시작했고, 1972년도의 3차 도일 시에는 민간 차원의 구원운동의 한계를 인식하고 양국 정부가 주도적으로 움직여주기를 간청하는 목소리를 내게 된 것이다.

먼저, 박정희 대통령에 대해서는 ①원폭피해자에 대한 보상문제를 일본정부에 요구, ②보건사회부에서 원폭피해자문제를 조사·입안할 수 있도록 예산을 편성, ③국내 피폭자에 대한 철저한 조사, ④일본의 원폭의료시설과 기타 원호실태 조사(보건사회부), ⑤일본의 원폭의료법과 원폭특별조치법과 같은 원호법을 입법(국회), ⑥일본적십자와 교섭하여 피폭자에 대한 원호지원 실현(대한적십자), ⑦한국원폭피해자원호협회 지도 육성, ⑧피폭자 복지센터 건립 지원, 총 8가지 사항을 호소하고 있다.

그리고 다나카 총리에 대해서는 ①한국인 원폭피해자에 대한 일본정부의 피해보상, ②외국인 피폭자에게 일본국내법의 차별없는 적용, ③피폭자원호법의 입법 실현, ④한국인 피폭자 복지센터 건립에 대한 측면적 지원, ⑤전체 외국인에 대한 피해자실태조사 실시를 요구했다.

한편, 일본국회 회의록은 제69회 국회중의원 사회노동위원회 회의 전문으로, 1972년 8월 8일에 개최된 이 회의에서는 5개의 안건이 상정되었는데, 그중 '후생관계 기본시책에 관한 건(원자폭탄 피폭자 대책 및 의료에 관한 문제 등)'에서 한국인 원폭피해자문제가 다루어지고 있다. 이 문제를 제기한 야마모토 마사히로(山本政弘) 의원은 손진두 사건의 예를 들면서 피폭자임과 동시에 한국인이라는 이유로 인해 이중의 차별 속에 놓인 한국인 피폭자의 현실에 관심과 배려를 촉구하고, 피폭자 건강수첩 교부와 함께 원폭의료법 적용을 주장한다. 야마모토 의원이 언급하고 있는 손진두 사건은 한국인 원폭피해자구원운동사에서 오랜 법정투쟁 끝에 피폭자 건강수첩을 교부 받은 첫 사례로 평가되고 있다. 우리 정부의 문서철에는 1968년에 발생한 손귀달 밀항사건은 상세히 다루고 있는 데 반해 손진두의 밀항과 체포, 그리고 이후에 전개되는 소송과 관련하여서는 문서가 생산되지 않고 있다. 1972년 시점에서는 1심 판결에서 승소할 것이 예상되는 가운데 당시의 일본의 분위기를 전하는 신문보도자료를 주일대사가 전송하고 있는 것이 유일하다.

1970년 12월 3일, 히로시마에서 피폭한 손진두는 원폭치료를 위해 사가현(佐賀縣)에 밀입국한 혐의로 체포되어 징역 10개월을 선고받는다. 형무소에서 결핵에 걸려 입원치료가 필요한 상태이며 정기적인 원폭증 검사도 요구된다는 진단을 받았고, 1971년 10월 5일에 피폭자 건강수첩 교부 신청을 하고, 이후 특별재류허가 신청도 했으나 모두 각하되어 강제송환될 처지에 놓이게 된다. 〈손진두씨를 돕기 위한 시민모임〉이 손진두의 형 집행정지를 요청하고 외국인등록증 취득을 도왔으며, 건강수첩 취득을 위한 법률투쟁을 시작한다. 1972년 3월 7일에 후쿠오카(福岡)지방재판소에 후쿠오카현지사를 상대로 피폭자 건강수첩 교부를 요청하는 소송을 제기한다. 야마모토 의원이 손진두 사건을 언급한 시점은 소송 제기 후 수차례 공판이 진행되고 있는 시기에 해당된다. 야마모토 의원은 후생성 정무차관을 향해 일본에서 자라 일본인과 같은 생활을 했고 전시중에는 전신전화국에서 일하던 도중 피폭한 사실이 확인되었으며, 여러 곳의 병원에서 원폭증을 확인해 주었음에도 불구하고 건강수첩을 발급하지 않는 이유가 무엇이냐고 묻는다.[1] 이에 대해 후생성은 원폭특별조치법 적용에 일본인에 한정한다는 규정은 없지만, "당연히 일본 국내에 살면서 일본사회에 친숙해져 있는 분들"로 보고 있고, 출입국관리법 위반으로 형이 선고된 상태이므로 특별재류허가도 형이 집행된 후에 신청해야 한다고 답변한다.[2] 이에 대해 야마모토 의원은 후쿠오카현이 손진두의 수첩 교부 신청을 각하하게끔 만든 후쿠오카현 위생부에 제시한 위생성의 회답에 근본적인 문제가 있음을 지적한다. 원폭의료법의 취지 자체가 "피폭자의 특수성을 고려한 각종 법정 조치를 행"함으로써 "일본국 영역 내에 성립하고 있는 지역사회의 복지 향상을 도모"하는 것에 있다. 그러나 원폭의료법에는 국적 배제 규정이 없는데도 "지역사회와의 결합관계를 갖지 않는 자에 대해서는 동법은 적용되지 않는다"는 점과 불법입국자라는 점을 들어 수첩을 교부하지 않은 사실을 언급한다. 그리고 예를 들어 생활보호법에는 외국인 배제규정이 있지만, 당분간은 배제규정을 적용하지 않기로 한다는 '통달'이 있다. 원폭의료법의 경우 외국인 배제규정은 어디에도 없는 만큼 생활과 의료면의 구제가 필요한 외국인 피폭자에게 법률의 적용이 절실히 요구된다고 주장하고 있다.[3]

---

1) 山本政弘의 발언, 회의록 pp.4-5(문서철 『한국인 원폭피해자 구호, 1972-73』, pp.18-19)
2) 增岡博之의 발언, 회의록 p.5(문서철 『한국인 원폭피해자 구호, 1972-73』, p.19)
3) 山本政弘의 발언, 회의록 pp.5-6(문서철 『한국인 원폭피해자 구호, 1972-73』, pp.19-20)

이와 같이 일본국회에서는 한국인 원폭피해자 문제가 거론되고 있는 데 반해 우리정부의 태도에는 아무런 변화가 없었다. 협회가 8월 9일자로 대통령 앞으로 제출한 진정서는 8월 28일에 보건사회부로 이송되었고 보건사회부에서 다시 대한적십자사로 이송된다. 그리고 9월 15일에 대한적십자사가 협회 측에 발송한 답변은 한·일간의 국교가 정상화된 후부터는 "본사에서는 이 일을 다루지 않고 있으니 양지하시기 바랍니다"[4]라는 한마디뿐이었다.

진정서에 대한 형식적이고 냉담한 답변이 돌아오기 전인 9월 4일, 협회 측은 이번에는 외무부 장관에게 한일각료회의에 한국원폭피해자 보상문제를 제의해 줄 것을 앙청하는 공문을 발송한다. 이 공문에도 협회 현황 자료와 대통령에게 제출한 진정서와 다나카 수상에 대한 요망서 사본을 비롯하여 신영수 회장의 3차 도일 시의 활동 내용과 일본 내의 반향을 알 수 있는 신문보도자료를 첨부하고 있다. 1972년 7월 29일자 『아사히신문(朝日新聞)』에서는 서양화가 마루키 토시(丸木俊)와 수묵화가인 마루키 이리(丸木位里) 부부가 공동제작하고 있는 원폭 그림의 14번째 작품이 한국인 피폭자를 테마로 하고 있음을 전하고, 피폭 현장에 함께 있었던 한국인의 존재를 상기시키고 있다. 그리고 8월 10일자 보도에서는 협회의 동향을 전하고 있다. 전날인 9일에 "일본군국주의에 의해 강제동원되어 피폭된 사실로부터 일본정부에 대해 피해보상을 요구"[5]할 것을 결의하고 이를 위해 도일을 예정하고 있음을 알리는 등 신영수 회장의 도일에 큰 관심을 보이고 있다. 8월 16일에는 중앙 일간지는 물론 지역 일간지도 일제히 신영수 회장의 활동에 주목하고 기사화하고 있다. 히로시마에서 피폭한 신영수 회장이 협회 대표를 맡게 된 경위를 소개하고, 한국인 피폭자의 실정, 전문치료병원 건설을 위한 자금의 필요성을 전하고 있다. 신영수 회장이 일본에 체재하는 동안 한국으로 떠나게 될 〈히로시마 종이학 모임(広島折鶴の会)〉[6]의 소식도 전하고 있다. 초중고 학생들로 구성된 〈히로시마 종이학 모임〉은

---

4) 문서철『한국인 원폭피해자 구호, 1972-73』, p.104
5) 「日本へ補償要求決議 韓国人原爆被害者協 近く代表が来日」(『朝日新聞』1972.08.10) 문서철『한국인 원폭피해자 구호, 1972-73』, p.82
6) 히로시마에서는 피폭 후 백혈병으로 급사하는 어린이가 생겨나기 시작했고, 이 소식이 전해지자 타지역의 학생이 원폭병을 앓고 있는 환우를 위해 종이학을 접어 보낸 것이 이 모임이 생겨나게 된 계기가 된다. 모임 결성을 적극 추진한 인물은 '원폭의 아이(原爆の子)' 동상 건립과 원폭돔 보존에 공헌한 가와모토 이치로(河本一郎;1929-2001)이다. 1958년 5월 5일에 히로시마평화공원 내에 '원폭의 아이(原爆の子)' 동상이 건립되고, 6월 22일 영화 《천 마리 종이학(千羽鶴)》 시사회 후 초중고 학생들이 중심이 되어 핵병기 폐절과 평화를 염원하는 마음으로 결성된 모임이 〈히로시마 종이학 모임(広島折鶴の会)〉이다. 가와모토는 1970년 8월 5일에 실현된 한국인 원폭희생자 위령비 건립을 위해 1968년경부터 모금운동을 시작한 인물이기도 하며, 위령비 제막 후에는

1970년 8월부터 한국인 피폭 2세들로 구성된 〈비둘기단〉과의 교류사업을 이어오고 있었는데, 세 번째 교류를 위해 한국으로 출발하는 사실을 『주고쿠신문(中国新聞)』과 『요미우리신문(読売新聞)』이 보도하고 있다. 그리고 8월 22일자 신문(『中国新聞』, 『朝日新聞』, 『毎日新聞』, 『読売新聞』)에서는 신영수 회장이 히로시마시를 상대로 한국인 피폭자들의 피해보상 요구에 측면 원조를 요청한 사실을 일제히 보도하고, 다나카 수상을 만나 보상을 요구할 것임을 전하고 있으며, 다나카 수상에게 제출하는 요망서 내용도 소개하고 있다.

그러나 앞에서도 언급했지만, 원폭피해자의 보상문제를 한일각료회의에서 다루어줄 것을 요청하는 9월 4일자 공문에 대해서도 우리정부는 반응을 보이지 않았다. 그 사이 10월 9일자 『아사히신문』에서는 오히라 마사요시(大平正芳) 외상이 〈한국원폭피해자를 구원하는 시민 모임(韓国原爆被害者を救援する市民の会)〉 회장에게 외국인 피폭자 전체를 구원하는 특별입법의 필요성을 언급한 사실을 보도하고 있다.

일본정부와 시민사회가 한국인 피폭자에 대해 관심을 보이고 있는 적절한 시점에 우리정부의 움직임이 절실한 협회측에서는 10월 28일에 다시 공문을 발송한다. 한국원폭피해자운동에 대한 정책 지원을 요청하는 이 공문은 청와대, 국무총리실, 보건사회부, 외무부, 정보부, 대한적십자에 일제히 발송하고 있다. 또한 공문과 함께 ①다나카 수상에게 보낸 요망서, ②일본신문보도집, ③일본국회 회의록, ④협회 정관, ⑤협회 현황, ⑥대통령에게 보낸 진정서, ⑦진정서에 대한 보건사회부와 대한적십자의 공문까지도 첨부하고 있다. 이 10월 28일자 공문에서 협회측은 일본의 원조가 현실화되려는 순간을 맞이했지만, 우리정부는 원조를 받아들일 준비가 부족하여 호기를 놓칠 우려가 있으므로 일원화된 강력한 정책을 수립하여 체제를 갖추어주길 청원하고 있다.

그런데 거듭되는 협회의 진정서와 청원서에도 아무런 반응을 보이지 않던 우리정부가 미약하나마 변화를 보이기 시작하는데, 그 계기는 주일대사가 외무부장관에게 발송한 11월 8일자 문서에 의해서이다. 여기에는 외무성 북동아 차석이 주일대사관 서기관을 통해 일본정부가 인도적 견지에서 한국인 원폭피해자에 대한 구제조치 의사를 밝혀왔음을 전하고 있다. 일본정부가 말하는 인도적 차원의 구제 범위

〈히로시마 종이학 모임〉의 회원 5명과 함께 재한 피폭자와 피폭 2세와의 교류를 위해 한국을 방문, 이후 이들의 한국방문은 연례행사가 된다. 이러한 공로를 인정받아 1994년 6월에는 대한민국 보건사회부장관상을 수상하게 된다. 1970년 8월부터 시작된 〈히로시마 종이학 모임〉의 교류사업을 위해 한국 측에서는 피폭 2세들로 구성된 〈비둘기단〉을 결성하였고, 히로시마의 〈종이학 모임〉과 자매결연함으로써 교류가 시작되었다.

로 제시한 것은 의료기술 협력과 한국인 피폭자의 도일 치료이고, 원폭치료센터 건립을 원조하는 방안도 검토할 수 있다는 것이다. 그러나 원폭피해자들의 피해보상 권리는 한일청구권협정으로 소멸되었기 때문에 한국정부가 먼저 일본정부에 구제 요청을 해주는 편이 바람직하다는 뜻을 전한 것으로 보고하고 있다.

이러한 주일대사의 보고 후 우리정부의 관계부처도 드디어 움직이기 시작한다. 보건사회부는 협회가 원폭피해자원호운동에 대한 정책 지원을 요청한 10월 28일자 공문을 처리하기 위해 11월 16일, 외무부에 협조 요청을 한다. 협회 측의 진정서 내용 중, 특히 일본라이온즈클럽이 원폭병원 건립을 위해 13억 엔을 목표로 모금에 착수했다는 사실과 핵금회의가 합천에 원폭진료소를 건립하기 위해 구체적인 설계에 착수했다는 사실에 대해 진상조사를 의뢰하고 있다. 이에 외무부는 11월 23일, 주일대사로부터 보고받은 내용(11월 8일자 공문)을 전달하고 보건사회부가 파악하고 있는 국내 원폭피해자의 실태와 이들에 대한 정부 및 민간단체의 구호조치 내용을 의뢰한다. 그리고 25일에는 보건사회부가 진상조사를 요청한 건을 해결하기 위해 외무부는 주일대사에게 조사를 요청하는 식으로 우리정부도 서서히 움직이고 있는 모습이 포착된다. 그러나 12월 14일에 발송한 주일대사의 보고는 협회 측의 기대와는 달리 일본라이온즈클럽의 한국원폭병원 설립과 관련하여 구체적인 움직임이 없고 한국원폭병원 건립 문제는 라이온즈클럽의 정식 활동목표로 결정되지도 않은 상태임을 전하고 있다. 또한 〈한국원폭피해자를 구원하는 시민의 모임〉에서도 천만 엔 모금에 착수했다는 협회 측의 주장과는 달리 회원으로부터 월 250엔의 회비를 징수해서 돕고 있는 처지라 더 이상의 원조는 어렵다는 뜻을 전했다고 보고하고 있다. 주일대사의 보고에는 라이온즈클럽의 결의문, 서한 사본, 그리고 〈한국원폭피해자를 구원하는 시민의 모임〉의 기관지『빨리, 원호를!(早く、援護を！)』(1972년 1호~3호)가 첨부되어 있다.

한편, 협회 측은 여전히 적극적으로 대처하지 않는 우리정부에 또다시 요망서를 제출한다. 12월 14일자로 보건사회부에 제출한 요망서는 한국인 원폭피해자에 대한 실태조사 실시를 위한 경제적 지원을 요청하는 것으로 실태조사에 필요한 경비의 세부내역과 한일 양정부에 각각 요청하는 지원액을 명시하여 일본정부에 대해서는 우리정부가 요청해주길 청원하고 있다.

1972년은 협회의 신영수 회장이 한·일양정부를 향해 적극적으로 원폭피해자 구호문제를 호소하는 활동의 결과 생산된 문서가 대부분이었다. 일본의 신문매체는 한국인 원폭피해자의 실상과 신영수의 목소리를 전했고, 여러 시민단체들뿐 아니라 일본인 정치가들 사이에도 한국인 원폭피해자에 대한 구제의 필요성이 제기되었다. 그 결과 일본정부도 인도적 견지의 원조 의사를 밝혀왔으나, 협회의 목소리에 우리 정부는 여전히 응답하지 않은 채, 1972년에 제기된 문제들은 이듬해인 1973년에도 이어지게 된다.

□ 1973년

1973년에 생산된 문서는 한국인 원폭피해자 치료센터 건립과 관련된 내용이 중심을 이루고 있다. 지난해 일본정부가 외무성을 통해 제의해 온 구제 조치에 대해 보건사회부는 일본정부의 원호를 받아들이는 것에 동의한다. 그러나 일본 측의 제의 중 의료기술 협력(한국 의사의 일본 연수, 일본인 의사의 파한 치료, 환자의 도일 치료)은 필요하지 않고, 원폭피해자에 대한 전국적인 실태조사에 소요되는 경비, 피폭자와 유가족의 생활 및 생계지원 경비, 그리고 원폭 전문 치료기관 건립에 대한 원조, 즉 원폭피해자 구제에 소요되는 재정적인 측면의 원조를 강조하고 있다. 이러한 보건사회부의 의견을 반영하여 외무부는 주일대사에게 구체적인 교섭 지침을 제시한다. '한국인 원폭피해자 구호문제에 관한 교섭 지침'에서 주목할 만한 것은 국내 원폭치료시설 건립에 일본정부의 지원을 요청하는 것에 중점을 두고, 그 지원은 진행되고 있는 기존의 양국간의 경제협력과는 별도의 프로젝트로 진행하게끔 한다는 사항이다. 그런데 이 치료시설 건립을 한·일경제협력사업에 포함시켜서는 안 되는 이유에 대해서는 언급하지 않고 있다. 그리고 이 문제는 2월 21일에 이루어진 양국의 비공식 회합에서도 양측의 의견이 상충하는 핵심적인 사안이 된다. 주일대사는 21일자 문서로 면담 내용을 브리핑해서 발송한 후, 23일에는 '한국인 원폭피해자 치료센터 건립을 위한 제1차 한·일 실무자 비공식 회합 보고'란 제목의 문서를 통해 상세히 보고하고 있다.

보고 내용을 보면, 일본 측은 외무성의 예산문제로 인해 본 사업은 한·일경제협력 중의 무상원조로 진행되기를 원하고 있고, 한국정부가 구체적인 계획을 수립하여 한·일각료회담에서 경제협력 중의 무상협력사업으로 요청해 주었으면 한다는 입장을 전달하고 있다. 이에 대해 우리측은 "한국정부의 의도는 모르겠으나, 사견으로서는 본건 사업은 한·일경제협력의 일환으로 추진되어서는 안 된다고 생각한다. 피해자 발생의 근원 등으로까지 소급하는 의미에서가 아니라 본건의 프로젝트화와 실현이 기대되게 된 단계에까지 이르게 한 출발의 동기는 인도적 견지에 있었기 때문"[7]이라고 주장하고 있다. 인도적 견지에서 구제 의사를 밝혀온 만큼, 한·일간 기존 경제협력의 범위 내에 포함시키지 말고 인도적 사업으로 추진하자는 것이다. 우리정부는 국내 치료센터 건립 사업을 한·일간의 경제협력사업의 일환으로 진행되는 것을 우려하고 있고, 한·일각료회의에서 정식으로 요청하는 것을 피하고자 하는 모습을 확인할 수 있다. 양측의 회합 보고 공문에서 주일대사는 외무부에 "기존 한·일 경제협력 범위 내에 포함시키지 않으려는 아국 방침을 달성하기 위하여는 73년도 한·일각료회담시까지는 자료수집과 계획작성에만 치중하고 교섭은 피하여 나가다가, 각료회담 후 정부의 구체적인 계획을 일측에 제시함과 동시에 집중적인 교섭을 전개하여 조기 타결토록 하고 각료회담에의 상정을 피하도록 함이 필요"[8] 하도 자신의 의견을 제시하고 있다.

일본 측과의 실무 회의가 있고 약 5개월 후가 되는 7월 6일, 외무부는 보건사회부 의정과장에게 주일대사의 의견이 반영된 듯한 발언을 하고 있다. 보건사회부는 원폭피해자 치료센터 건립문제를 경제협력비 중의 무상원조 사업으로 하도록 금년도 한·일각료회의 때 의제로 포함해 줄 것을 경제기획원에 약 550만 불을 요청했고, 치료센터의 구체적인 사업계획서는 아직 착수하지 않은 상황이라고 보고한다. 그러자 외무부는 치료센터 건립문제는 양국간의 정치현안의 하나로 경제협력사업으로 처리되어서는 안 된다고 한다. 우리정부가 요청 중인 다른 무상원조 사업과 경합하게 하는 결과를 초래할 수 있고, 사업계획서를 제시해도 현재 예정되어 있는 사업이 우선적으로 처리될 것이므로 조기에 실현될 가능성도 적다는 이유로 치료센터 건립 건은 금년도 각료회의에서 거론하지 않는 것이 좋다고 말하고 있다. 한국인 원폭피해자 구호문제를 둘러싼 한일간의 교섭에 대해 보건사회부와 외무부의 의견이 일치하지 않고 있음을 알 수 있다.

이와 같이 원폭피해자 구호문제를 둘러싼 정부부처의 의견도 상충하고 있고, 치료센터 건립 자금을 양국 경제협력의 무상원조사업으로 돌려서는 안 된다는 입장을 고수하며 구호문제 해결이 지연되고 있었다. 그 사이 〈한국원폭피해자원호협회〉는 1972년에 이어 1973년에도 일본정부에 한국원폭피해자에 대한 보상을 요구하는 요망서를 제출하고 있다.

---

7) 문서철 『한국인 원폭피해자 구호, 1972-73』, p.208
8) 문서철 『한국인 원폭피해자 구호, 1972-73』, p.212

□ 1974년

1974년 문서는 주일대사가 외무부에 손진두의 수첩재판[9] 1심 판결을 앞둔 언론의 반응을 현지신문을 통해 간접적으로 전하는 것에서 시작되고 있다. 이 공문에 첨부된 신문기사는 「한국인에게도 수첩을(韓国人にも手帳を)」(『統一日報』 1974.02.20.)과 「원폭피해자원호법 추진을 향해(原爆被爆者援護法推進へ)」(『毎日新聞』朝刊, 1974.03.10.)이다.[10] 『통일일보』 기사는 2월 15일에 열린 손진두의 8차 공판을 전하며 수첩 교부를 촉구하는 내용이고, 『마이니치신문』은 야당 4당이 공동으로 제출한 원폭피폭자원호법안에 자민당의 참가를 촉구하는 〈일본원수폭피해자단체협의회(피단협)〉의 집회를 알리는 내용이다.

1974년 3월 30일, 후쿠오카지방재판소는 손진두 측의 승소 판결을 내린다. 일본의 원폭의료법은 국가보상적 성격의 법률이고, 여기에는 국적조항이 없기 때문에 원고가 일본에 체재하고 있는 이상 일본인 원폭피해자와 동등하게 적용되어야 하며 체류자격과 상관없이 건강수첩은 교부되어야 한다는 원고측 주장이 받아들여진 것이다. 손진두의 1심 판결은 한국인 피폭자들에게 큰 희망을 안겨주었고, 이날 한국원폭피해자원호협회는 성명서를 발표한다. 그러나 후쿠오카현은 곧 이 판결에 불복하여 항소했고 재판은 길어지지만, 항소심(1975.07.07.)과 최종심(1978.03.30.) 모두 승소 판결이 내려졌고, 오랜 법정 투쟁 끝에 1978년 4월 3일의 최종심에서도 승소함으로써 손진두는 4월 3일에 피폭자 건강수첩을 교부받게 된다. 손진두의 수첩재판의 1심 판결을 환영하며 협회가 발표한 성명서는 "일본침략전쟁의 희생자로서 한국내 있는 2만 여명 피폭자도 일본국내 있는 피폭자와 동등하게 구제를 요망"하는 것이었다. 구체적인 요구사항으로는 국내 피폭자에 대한 보상, 치료와 생활면에서의 원호, 피폭자치료를 위한 병원 건립, 피폭자에 대한 실태조사, 그리고 1973년 10월 9일에 외국인 피폭자 구제에 대한 특별입법을 약속한 오히라(大平) 외상의 발

---

9) 손진두의 수첩재판의 경위를 설명하자면, 1970년 12월 3일, 원폭치료를 받기 위해 밀입국한 손진두가 출입국관리법 위반으로 징역 10개월을 선고받고 후쿠오카 형무소에 수감된다. 이에 〈손진두씨를 돕기 위한 시민모임〉가 형 집행정지를 요청했고, 그 결과 손진두는 국립요양소에 입원할 수 있게 된다. 그러나 손진두에게 퇴거강제명령서가 발부되자, 시민모임은 외국인등록증을 취득할 수 있도록 도왔고, 1972년 3월 7일에는 후쿠오카현지사를 상대로 피폭자 건강수첩 교부 신청을 한다. 그러나 후쿠오카현은 이를 각하했고, 같은 해 10월 2일, 건강수첩 교부신청 각하 처분 취소를 요구하는 소송을 제기, 한국인 피폭자를 응원하는 시민단체들의 높은 관심 속에 8차례에 걸친 공판을 거쳐 1974년 3월 30일에 원고측 승소라는 1심 판결이 내려진 것이다.

10) 주일대사의 2월 28일자 발송 문서가 외무부에 접수된 것은 3월 2일로 확인되는 가운데, 3월 10일자 기사가 어떠한 경유로 첨부된 것인지 의문이 남는 부분이다.

언에 대한 실현을 촉구하고 있다.

4월 26일 외무부는 보건사회부에 치료센터 건립과 관련하여 "일측이 납득할 수 있는 구체적인 사업계획서"를 작성해서 송부하도록 당부하는 문서를 발송하고 있다. 그리고 약 6개월 후인 11월 2일에 사업계획서 송부를 재촉하는 문서가 또 한차례 발송되었고, 11월 25일에 해당 계획서가 외무부로 발송된다.

한편, 1974년도 문서철에는 손진두의 수첩재판 1심 판결 이후 건강수첩 교부와 관련된 문서와 보도자료가 첨부되어 있다. 7월 23일자 주일대사 발신 문서는 7월 22일자 『아사히신문』 석간 1면을 인용하며 도쿄도에서 한국의 원폭피해자가 단기 여행목적으로 일본에 입국한 경우에도 건강수첩을 교부하도록 후생성과 논의중임을 알려온다. 7월 27일에는 〈한국원폭피해자원호협회〉의 신영수 前회장이 건강수첩을 교부받은 소식을 전해온다. 손진두의 수첩재판 1심 승소 후 한국인 원폭피해자의 건강수첩 교부와 일본에서의 치료가 가능해지게 된 것이다.

1974년 6월 15일자 『조선일보』에서는 합천의 원폭피해자 진료소가 치료비와 운영비 조달이 되지 않아 휴업상태임을 알리고 있다. 진료소가 개원했을 당시 일본측은 건물과 치료기구를 제공하고 한국측은 치료약과 운영비를 부담하기로 했으나, 이러한 약속이 지켜지지 않은 것이다. 1973년 12월 15일에 준공식과 동시에 개원한 원폭피해자 진료소가 불과 6개월만에 환자가 발길을 돌릴 수밖에 없는 상황에 처한 안타까운 사정을 담은 신문기사는 협회측에서 제공한 것으로 보인다.

그밖에 한·일 젊은 세대의 문화교류의 일환으로 매년 개최해 온 〈히로시마 종이학 모임〉과 〈비둘기단〉의 교류와 관련하여 〈한국원폭피해자원호협회〉에서 방한단의 외무부 방문 의사를 전하고 협조를 요청하는 공문도 확인된다.

┃관련 문서┃

① 한국인 원폭피해자 구호, 1972-73
② 한국인 원폭피해자 구호, 1974

① 한국인 원폭피해자 구호, 1972-73

○ ○ ○

기능명칭: 한국인 원폭피해자 구호, 1972-73

분류번호: 722.6JA 1972-73

등록번호: 5855

생산과: 동북아1과

생산연도: 1973

필름번호: C-0064

파일번호: 02

프레임 번호: 0001-0259

1. 원폭피해현황

現況

(1972年4月現在)

社團法人 韓國原爆被害者援護協會

서울 特別市 中區 仁峴洞2街138의4

電話 □4023番

社團法人 韓國原爆被害者援護協會

(1972.4.1 現在)

1. 設立許可年月日 1967.7.10

2. 被爆者 登錄數(別添)

3. 義捐金 接受狀況

國名	67年	68年	69年	70年	71年	72年	計
日本		13件 479,161	7件 935,739	19件 1,365,205	15件 1,551,095	4月現在10件 645,379	4,976,759
韓國		2件 4,000	2件 2,500	2件 13,633			20,133
美國							
計		15件 483,161	9件 938,439	21件 1,378,838	15件 1,551,075	10件 645,379	4,996,892

4. 韓國人 被害狀況

被爆當時 (狀況).						患者數		
地名	總被害者	死亡者	生存者	歸國者	僑胞殘留	重患者	輕患者	計
廣島	50,000	30,000	20,000	15,000	5,000	30%	70%	100%
長崎	20,000	10,000	10,000	8,000	2,000			
計	70,000	40,000	30,000	23,000	7,000			

5. 診療狀況(別添, 日本醫師團 來韓診療 一覽表)

國名	67年	68年	69年	70年	71年	72年
渡日治療	日本病院	日本病院 1名	〃 2名			
國內治療		市立東部病院 50名	醫療硏究所 91名	〃 11名	日本醫師來 韓診療 252名	指定病院 서울·釜山 28名

6. 關係法制定經緯

　　(가) 第六代國會에서 原爆被害者의 治療 및 生活保護特別法을 請願하였으
　　　　나 同國會期日 滿了로 廢棄

　　(나) 第七代 國會에서도 期日 滿了로 請願書 返送됨

7. 賠償請求額(原爆協會請求)

　　800億원(1人當 百萬원 × 8萬人分)

8. 自體事業內容(別添)

9. 72年度 事業計劃(別添)

10. 年度別 會員登錄數

　　(가) 67年 - 1857名
　　　　68年 - 2054名
　　　　69年 - 4218名
　　　　70年 - 4933名
　　　　71年 - 5416名
　　　　72年 - 6269名

被害者登錄數(支部別)

1972年 4月 現在

支部別	道別	登錄會員數	保社部調査部
中央支部	서울特別市	718	69
	京畿道	396	31
	忠淸北道	484	10
	忠淸南道	397	8
	江原道	57	2
	計	2,052	

慶北支部	慶尙北道	689	51
陜川支部	陜川郡 一円	1,570	
慶南支部	慶尙南道	906	361
釜山支部	釜山市 一円	573	132
湖南支部	全羅北道	283	9
	全羅南道	175	42
	濟州道	21	0
	計		
總計		6,269	715

○ 註 末登錄 被害者는 約1萬5千名으로 推定되오나 政府나 協會에서 何等의 救護對策이 없음으로 因하야 登錄치 아니하고 있음

韓國被爆者診療 醫師團檢診表	日本側主催機關 韓國側主催機關 後援	日本廣島市 韓國Seoul市 〃	被爆者救援日韓協議會 韓國原爆被害者救護協會 大韓民國 保健社會部

1971.9.22~1971.10.6

病名別分數表				
	서울	釜山	陜川	計
貧血其他	26	7	7	40
肝疾患	9	6	21	36
消化器疾患	19	25	18	62
呼吸器疾患	7	12	12	31
循環器疾患(高血壓包含)	7	19	24	50
神經系疾患(神經病包含)	15	10	33	58
皮膚疾患	2	8	9	19
熱傷□□(外傷包含)	5	4	29	38
自律神經失調(精神病包含)	6	16	13	35
內分泌疾患	0	0	15	15
其他	11	19	16	46
計	107	126	187	420
備考　서울 市立中部病院 (9.22~24)　　河村院長,　石田部長 　　　　釜山 福音病院 (9.28~29)　　　　 〃　　　　 〃 　　　　陜川 陜川保健所 (10.4~6),　　　　 內野部長　江崎部長				

(8) 自體事業內容	
年度別	內容
67年度	1. 1967年2月11日 發起人 會合 　　理事7名 (會長 洪□鳳氏) 를 選出 2. 1967년3月16日 法人許可申請書 提出 3. 1967年7月10日 保社部公告76號로 法人許可을 얻음 4. 1967年7月28日 法院登記을 함 5. 1967年7月31日 서울經濟新聞에 法人設立登記公告
68年度	1. 會員登錄 赤十字社 調査協助 2,054名登錄 2. TV放送 6回 3. 라디오放送 9回 4. 國內新聞報道 29回 5. 外國新聞報道(日本) 15回 6. 雜誌 揭載 8回 7. 外國機關과의 書信交換(日本) 30回 8. 生計支援(小麥粉370kg) 18世帶 9. 患者 診療活動 　　(가) 東部市立病院(日本1名) 47名 　　(나) 漢方醫 視察 3名 10. 會員手記 投稿 15名 11. 慰靈祭 奉行(8月6日 曹溪寺)
69年度	1. 會員登錄 4,218名 2. TV放送 5回 3. 라디오放送 7回 4. 國內新聞報道 19回 5. 外國新聞報道(日本) 16回 6. 外國機關과의 書信交換(日本) 35回 7. 生計支援(小麥粉) 22世帶 8. 患者診療 活動 　　(가) 放射線 醫學研究所 檢診 91名 　　(나) 日本 原爆病院 入院治療 2名 9. 會員手記 投稿 3名 10. 慰靈祭 奉行(8月9日 海印寺) 11. 總會實施(8月9日 海印寺) 12. 總會實施(任員放送)(12月14日 서울 本協會事務室) 13. 日本廣島原爆病院 2名 入院 3個月間 治療

70年度	1. 總會實施(任員放送 新任會長 辛泳洙) 9月28日
	2. 失態調査 會員登錄(保社部 調査) 715名
	3. 〃 〃 協會登錄 4,933名
	4. 유솜으로부터 剩餘物資受配(各支部 配定)
	5. 生計支援 小麥粉(서울市) 서울市會員에게 配定
	6. 日本廣島折鶴の會 會員6名招請
	7. 日本原爆被害者調査研究所長 淸水 □ 博士 招請來韓
	8. 日本原爆犧牲者 慰靈祭 執行委員會 招請으로 會長
	辛泳洙氏 渡日 日本에서 P.R 活動
	9. 서울市 걸스카웃에서 街頭募金(13,633원)
	10. 原爆被害者 二世로서 "비둘기단"을 結成
	11. 日本 折鶴の會 少女團과 姉妹結緣(비둘기團)
	12. 日本 RKB. T.V. 訪韓 會員實態撮影(서울, 仁川)
	日本에서 放映
	13. 東洋T.V. 會員實態撮影 放映
	14. 日本 折鶴の會 小女 文化放送 出演
	15. 市內 區別 組長 送出
	16. 日本核兵器禁止會議에서 自活村垈地 契約金條로 日貨 100萬円
	(韓貨 851,631원) 寄贈받고 垈地契約場所 平澤郡松炭邑道日理 1
	7,490坪
	17. 日本人 協助者를 招請 被爆者實態를 啓蒙
	18. 放射線 醫學研究所 檢診 11名
71年度	1. 自活村 垈地 殘金支拂(日本核禁會議에서 自活村垈地 殘金條로
	1,347,440원 受領)
	2. 日本 R.K.B. T.V에서 70年度 撮影한 會員失態記錄映畵 寄贈받음
	3. 辛泳洙會長 渡日 廣島市 및 長崎市 慰靈祭 參席 各界에 韓國人
	原爆被害者의 實情을 呼訴
	4. 日本 佐藤首相에게 멧세지傳達(廣島市役所에서)
	5. 美大使館에서 "데모" 美大統領에 보내는 "멧세지" 傳達 (8月6日)
	6. 日本大使館에서 "데모" (8月6日)
	7. 國務總理室에 멧세지 傳達 (8月6日)
	8. 日本國營放送 N.H.K.來韓 會員의 生活實態를 撮影 日本國會에
	放映(30分間)
	9. 市社會課 小麥粉138包 受配 市內會員에게 配給
	10. 全日本報道陣을 通하여 全日本國內에 韓國被害者의 實態를 紹介
	11. 文化放送T.V.를 通하여 韓國人被爆者의 實態를 放映(30分)
	12. 國內日刊紙, 라디오, T.V를 通하여 全國的으로 報道 不知其數

	13. 廣島民團과 核禁會議主管으로 日本原爆專門醫師團이 來韓 125 名의 被爆者를 診療함
	14. 日本 德山市 라이온스클럽會長 山下氏 主管으로 서울市內에 原爆綜合病院 設立寄金을 2億원 目標로 募金運動展開
	15. 各市, 道에 □□會員들의 救□□□申請
	16. 慰靈祭 擧行(曹溪寺 8月6日)
72年度	1. 登錄會員數(4月現在 6,267名)
	2. 各支部 强化 再整備
	3. 日本의 各後援團體 및 個人과 親善交流
	4. 繼續事業으로 日本德山市라이온스클럽會長이 來韓 今年內 病院 設立 起工할 豫定으로 活潑이 募金中임
	5. 日本核禁會議主動으로 慶南陜川郡內에 診療所를 設置키 爲하여 推進中임
	6. 71年度 繼續事業으로 今年中 日本醫師 再招請 交涉中
	(72年 4月 現在)
	以上

2. 일본국회 회의록

一九七二年八月八日

日本國會 會議錄

第六十九回國會衆議院

社會勞動委員會

　　　第69回国会衆議院　社会労働委員会禄　第1号(閉会中審査)

　　　本国会召集日(昭和四十七年七月六日)(木曜日)(午前零時現在)における本委員は、次の通りである。

　委員長　森山　欽司君

　理事　小沢　辰男君　　　　　　　　　　理事　谷垣　專一君

　理事　橋本龍太郎君　　　　　　　　　　理事　増岡　博之君

理事　山下　徳夫君	理事　田邊　誠君
理事　大橋　敏雄君	理事　田畑　金光君
秋田　大助君	有馬　元治君
井出一太郎君	伊東　正義君
大野　明君	大橋　武夫君
倉石　忠雄君	藏内　修治君
小金　義照君	斉藤滋与史君
澁谷　直藏君	田中　正巳君
竹内　黎一君	中島源太郎君
中村　拓道君	早川　崇君
別川悠紀夫君	向山　一人君
渡部　恒三君	大原　亨君
川俣健二郎君	後藤　俊男君
島本　虎三君	八木　昇君
山本　政弘君	浅井　美幸君
古寺　宏君	古川　雅司君
今澄　勇君	西田　八郎君
寺前　巖君	

　　　　七月十二日
森山欽司君委員長辞任につき、その補欠として小沢辰男君が議院において、委員長に選任された。

昭和四十七年八月八日(火曜日)
　　午前十時五十六分開議
出席委員
　　委員長　小沢　辰男君

理事　竹内　黎一君	理事　橋本龍太郎君
理事　向山　一人君	理事　山下　徳夫君
理事　田邊　誠君	理事　大橋　敏雄君
理事　田畑　金光君	
有馬　元治君	井出一太郎君
大橋　武夫君	小金　義照君

斉藤滋与史君　　　　　　　　　別川悠紀夫君

松山千惠子君　　　　　　　　　粟山　ひで君

大原　亨君　　　　　　　　　　後藤　俊男君

山本　政弘君　　　　　　　　　古川　雅司君

寺前　巖君

出席国務大臣

　　厚生大臣　　　　　　　　　塩見　俊二君

　　労働大臣　　　　　　　　　田村　元君

委員外の出席者

　　国税庁直税部所得税課長　　　系　光家君
　　厚生政務次官　　　　　　　　増岡　博之君
　　厚生大臣官房審議官　　　　　柳瀬　孝吉君
　　厚生省公衆衛生局企画課長　　黒木　延君
　　厚生省環境衛生局長　　　　　浦田　純一君
　　厚生省医務局長　　　　　　　滝沢　正君
　　厚生省社会局長　　　　　　　加藤　威二君
　　厚生省児童家庭局長　　　　　穴山　徳夫君
　　厚生省保険局長　　　　　　　北川　力夫君
　　厚生省年金局長　　　　　　　横田　陽吉君
　　労働政務次官　　　　　　　　塩谷　一夫君
　　労働省労政局長　　　　　　　石黒　拓爾君
　　労働省労働基準局長　　　　　渡邊　健二君
　　労働省婦人少年局長　　　　　高橋　展子君
　　労働省職業安定局長　　　　　道正　邦彦君
　　労働省職業訓練局長　　　　　遠藤　政夫君
　　自治省公務員部長　　　　　　林　忠雄君
　　社会労働委員会調査室長　　　濱中雄太郎君

委員の異動

七月七日

　　辞任　　　　　　　　　　　補欠選任

　　田中　正巳君　　　　　　　野呂　恭一君

　　中島源太郎君　　　　　　　廣瀬　正雄君

中村　拓道君	小山　省二君
別川悠紀夫君	木部　佳昭君

同月十七日

辞任	補欠選任
大野　明君	原　健三郎君
木部　佳昭君	大石　武一君
藏内　修治君	中村　拓道君
小山　省二君	登坂重次郎君
澁谷　直藏君	別川悠紀夫君
谷垣　専一君	田中　正巳君
野呂　恭一君	粟山　ひで君
増岡　博之君	中島源太郎君
森山　欽司君	竹下　登君
渡部　恒三君	松山千惠子君

八月八日

理事小沢辰男君七月十二日委員長就任につき、その補欠として竹内黎一君が理事に当選した。

同日

理事谷垣専一君及び増岡博之君七月十七日委員辞任につき、その補欠として伊東正義君及び向山一人君が理事に当選した。

七月六日

公的年金の年金額等の臨時特例に関する法律案(大原亨君外六名提出、第六十八回国会衆法第二〇号)

　優生保護法の一部を改正する法律案(内閣提出、第六十八回国会閣法第一一一号)公共企業体等労働関係法第十六条第二項の規定　に基づき、国会の議決を求めるの件(国鉄労働　組合関係)(内閣提出、第六十八回国会議決第一号)

　公共企業体等労働関係法第十六条第二項の規定に基づき、国会の議決を求めるの件(国鉄動力車労働組合関係)(内閣提出、第六十八回国会議決第二号)

　公共企業体等労働関係法第十六条第二項の規定に基づき、国会の議決を求めるの件(全国鉄施設労働組合関係)(内閣提出、第六十八回国会議決第三号)

公共企業体等労働関係法第十六条第二項の規定に基づき、国会の議決を求める
　　　の件(鉄道労働組合関係)(内閣提出、第六十八回国会議決第四号)
は本委員会に付託された。

七月十二日
　　　一、優生保護法の一部を改正する法律案(内閣提出、第六十八回国会閣法第
　　　　　一一一号)
　　　二、公的年金の年金額等の臨時特例に関する法律案(大原亨君外六名提出、
　　　　　第六十八回国会衆法第二〇号)
　　　三、厚生関係の基本施策に関する件
　　　四、労働関係の基本施策に関する件
　　　五、社会保障制度、医療、公衆衛生、社会福祉及び人口問題に関する件
　　　六、労使関係、労働基準及び雇用・失業対策に関する件
　　　七、公共企業体等労働関係法第十六条第二項の規定に基づき、国会の議決
　　　　　を求めるの件(国鉄労働組合関係)(内閣提出、第六十八回国会議決第一
　　　　　号)
　　　八、公共企業体等労働関係法第十六条第二項の規定に基づき、国会の議決
　　　　　を求めるの件(国鉄動力車労働組合関係)(内閣提出、第六十八回国会議決
　　　　　第二号)
　　　九、公共企業体等労働関係法第十六条第二項の規定に基づき、国会の議決
　　　　　を求めるの件(全国鉄施設労働組合関係)(内閣提出、第六十八回国会議決
　　　　　第三号)
　　　一〇、公共企業体等労働関係法第十六条第二項の規定に基づき、国会の議
　　　　　決を求めるの件(鉄道労働組合関係)(内閣提出、第六十八回国会議決第四
　　　　　号)
の閉会中審査を本委員会に付託された。

本日の会議に付した案件
　　　理事の補欠選任
　　　委員派遣承認申請に関する件
　　　参考人出頭要求に関する件

厚生関係の基本施策に関する件(原子爆弾被爆者対策及び医療に関する問題等)
労働関係の基本施策に関する件(労使関係及び労働基準に関する問題等)

　　　○小沢委員長　これより会議を開きます。
　この際、一言ごあいさつを申し上げます。
　このたび当委員会の委員長に就任をいたしました。
　御承知のごとく、本委員会は国民各層に大きな関心が持たれているところでありまして、その任務の重要性と職責の重大なことを痛感いたしておる次第であります。
　もとより浅学非才な私でございますが、委員各位の御協力により円満なる委員会運営につとめ、その職務を遂行いたしたい所存でございます。
　幸いにも、過去一年、皆さま方とともに当委員会の運営に苦労を重ねてまいったところでありますが、今後は一そうの御指導、御支援をお願いいたさなければなりません。
　ここにあらためて衷心より御協力をお願い申し上げまして、ごあいさつといたします。どうぞよろしく。(拍手)

　　　○小沢委員長　まず、理事の補欠選任についておはかりいたします。
　ただいま理事が三名欠員になっております。その補欠選任を行ないたいと存じますが、委員長において指名するに御異議ありませんか。
　[「異議なし」と呼ぶ者あり]
　　　○小沢委員長　御異議なしと認め、理事に
　　　　伊東　正義君　竹内　黎一君
　　　　向山　一人君
　を指名いたします。

　　　○小沢委員長　次に、委員派遣承認申請に関する件についておはかりいたします。
　　今閉会中審査におきまして委員派遣を行なう必要が生じました場合には、議長に対し委員派遣の承認申請を行なうこととし、派遣委員の人選、派遣地等その手続につきましては、委員長に御一任願いたいと存じますが、御異議

ありませんか。

　　［「異議なし」と呼ぶ者あり］

　　○小沢委員長　御異議なしと認め、さよう決しました。

　　○小沢委員長　　また、参考人より意見を聴取する必要が生じました場合には、参考人の出席を求めることとし、その日時、人選等につきましては、委員長に御一任願いたいと存じますが、御異議ございませんか。

　　［「異議なし」と呼ぶ者あり］

　　○小沢委員長　御異議なしと認め、さよう決しました。

　　○小沢委員長　この際、厚生大臣から発言を求められております。これを許します。厚生大臣塩見俊二君。

　　○塩見国務大臣　ただいま委員長からのお許しをいただきましたので、一言ごあいさつを申し上げたいと存じます。

　　私は、先般厚生大臣に就任をいたしました塩見俊二でございます。よろしく御指導、御鞭撻のほどをお願い申し上げます。

　　戦後の日本経済は、驚異的な発展を遂げ、いまやGNPは自由主義国家ではアメリカに次いで第二位となったのでありまするが、従来とかく経済成長に施策の重点が置かれ、経済発展の成果が必ずしも国民福祉の向上に適正に配分されているとはいえなかったのであります。

　　一九七〇年代は、福祉優先の時代といわれ、あるいは福祉なくして成長なしといわれる時代であり、福祉行政の積極的な推進をはからなければならないと思います。

　　まず、今後ますます重要となる老人対策についてでありまするが、さきの通常国会におきまして懸案の老人医療費の無料化、老齢福祉年金の引き上げがはかられたのでありまするが、老人対策は、生活保障、健康の確保、さらには生きがいを高めるための施策を総合的に推進する必要があると考えます。特に、老後保障の中心となる年金制度につきましては、国民の期待に沿う年金とするよう年金額の大幅な引き上げ等制度の充実をはかってまいりたいと考えております。

　　次に医療保険制度の問題でありますが、国民の医療を確保する上で政府管

掌健康保険の財政再建をはじめとする医療保険制度の改善は緊急の課題と考え、私といたしましては、できるだけ早い機会に関連の法案を国会に提出したいと考えておりますが、いずれにいたしましてもこの問題につきましては、今後とも委員各位の御理解をいただきながら、その早期解決に努力してまいる所存でございます。

国民の健康に関する対策につきましても、ガン、脳卒中などの成人病対策や、いわゆる難病についての対策を推進するとともに、積極的に健康を増進するための施策についても力を入れていかなければならないと考えておるのであります。

次に、社会福祉対策についてでありますが、次代をになう児童の健全育成や社会的にハンディキャップを負っている身体障害者、心身障害児に対する施策、さらにこれら施策の推進の基礎となる社会福祉施設の整備及びその職員の確保について一そうの施策の推進をはかっていく必要があると考えます。

このほか、厚生省が解決すべき課題は、山積をいたしております。そのいずれをとりましても、国民一人一人の日々の生活に深くかかわり合いのあるところでありますので、一件一件迅速に、かつ、確実に処理していく所存でございます。

私は、皆さまの御支援を得つつ、全力をあげて厚生行政に取り組み、国民福祉の向上に努力する覚悟でございます。何とぞよろしくお願いを申し上げます。(拍手)

○小沢委員長　次に、厚生政務次官から発言を求められておりますので、これを許します。厚生政務次官増岡博之君。

○増岡説明員　このたび厚生政務次官になりました増岡でございます。

ただいま大臣からお話がございましたように、たいへん大事な厚生行政の一端に参加いたすことになりましたので、今後とも従来同様、諸先生の御指導、御支援をお願いいたしまして、まことに簡単でございますが、ごあいさつにかえさせていただきます。(拍手)

○小沢委員長　厚生関係の基本施策に関する件について調査を進めます。

質疑の申し出があります。順次これを許します。山本政弘君。

○山本(政)　明日は長崎に原子爆弾が落ちた日ですが、ここ数日いろいろな行事が行なわれております。その中で、たとえば原水禁の国民会議では「核実

験国政府は被爆者の治療義務に加え、あらゆる物質的、精神的損害について補償の義務を負うべきだ」こういうふうにもいっておる。それから核禁会議では「韓国人被爆者救援のため、韓国に原爆診療センターを設立する」という宣言をやったのであります。それから原水協では川崎の場合に、被爆二世の治療費を全額市で受け持つというような、いろいろなことが行なわれております。

　そこでお伺いしたいのですけれども、これは歴代の大臣がこういうふうにおっしゃっておるわけであります。たとえば原爆の被害者に対して国家補償という観点から考えることができないのか、こういう質問に対して、被爆者の対策というものを国家補償とするには、戦争の一般の犠牲者と比べてみて均衡を失するんじゃないだろうかと思う。だから国家補償というものは考えられない、こういうふうにずっと内田さんのときも、それから斉藤前厚相のときもお答えになっておる。両大臣とも実はこういうふうに言っておるのです。しかしながら原爆によって被爆をせられた方々の苦痛、被害というものは非常に大きいと、斉藤国務大臣は田畑委員の質問に対して、こう言われた。

　それから当時の増岡委員、いまの政務次官の質問に対して、国民的意識の変遷ということもある。そういうことに対する意識の盛り上がりを考慮に入れながらできるだけのことをしたい、こう言っているのです。とすると、これほどの、つまりいま申し上げた三点、原水禁、核禁会議あるいは原水協、そういう団体の盛り上がりというものが現実にあるし、そして被爆者は援護法制定というものをやってほしいという気持ちがあるわけです。そのことに対して、一体厚生大臣はどういうふうにお考えになっておるか、これが第一点であります。

　第二点は、四十六年の三月十一日政務次官が国家補償をなすべきであるという質問を当時の厚生大臣になされた。いま政務次官におなりになった。私は皮肉で申し上げておるんじゃありません。増岡さんが政務次官におなりになられて、当時は国家補償というものを強調なされたということになれば、少なくともそのことを厚生行政の中に反映すべきだ、こういうふうに私は思うのであります心そうすると、そのことに対して政務次官は一体どのようにお考えになるか、まず大臣と政務次官のお考えをお伺いしたい。

　○塩見国務大臣　ただいまの山本委員の御質問は、本質的な問題に触れた御質問だと承っておったわけであります。原爆の被害者に対しましては、従来か

ら政府といたしましても、その被害の深刻さに対応して、それぞれの処置を講じてまいったところは御承知のとおりであります。

　ただ、この問題を国家補償としてとらえるかどうかというお尋ねのようであったのでございまするが、私は従来からの考え方につきまして、いまこれを変更するというような特別の理由が発生をしたとは考えていないわけでございます。

　しかしながら、これは決して原爆の被害者に対して、これを軽く見るということ等では毛頭ありませんで、やはり原爆の被害者にはその実情に応じまして国家補償という名前がつこうが、あるいはどういう名前がつこうが、その時代に応じてできるだけの対策を講じていく、こういうふうに私は考えておる次第であります。

　〇増岡説明員　当時の私の考え方は、いまも変わっていないと思うのでございますけれども、国家補償という名前を使おうと社会保障のワクの中でやろうと、ともかく被爆者の方々に対する処遇が年々改善せられていかなければならないという気持ちから、政府はどのように考えられるかということを当時お尋ねしたのだというふうに覚えておるわけでございます。

　今日におきましても、まだ政府として踏み切るところまでいっておりませんから、特別措置法なり医療法なりのワクの中で最大限に救済措置ができるようにやってまいりたいというふうに考えております。

　〇山本(政)委員　厚生大臣は特別な理由がない、こうおっしゃったその特別な理由がないという理由をお聞かせ願いたい。　三十八年の原爆投下を国際法違反とした東京地裁の判決はこういっておるのですよ。「原爆被害の甚大なことは、一般災害の比ではない。」といっておる。「国がこれにかんがみ、充分な救済策をとるべきことは、多言を要しないであろう。」そして最後に、「本訴訟をみるにつけ、政治の貧困を嘆かずにはおられない」という結論を下しておるのです。

　政府は、国家補償ということに踏み切らないという理由に対して、被爆者に対する補償というのは、戦災者との補償の均衡の原則に反するといっておるのです。だけれども、戦争による被害者、戦災者との補償の均衡に反するということは、戦災者というのはほとんどもう立ち直っておること、あるいは戦傷病者においては義手義足というものがつけられて、ある意味では機能が回復し

ておるというふうに理解していいだろうと私は思う、あるいは言い過ぎかもしれませんが…。しかし、原爆の被害者というのは、状況が悪くなりこそすれ、よくなるということはないのですよ。そのことは、あなた方はお考えになったのだろうかどうだろうか。

　もう一つは、政府の考え方の中に、被爆時に国家との間に命令服従の関係がなかったということ、私はずっと調べてみて、そういうことがあるのに気がついたのです。そうすると、戦争を起こした責任は、政府に、国家にないのか。戦後が終わったということによって、その人たちに対して免罪ということを考えておるのかどうか。もし戦後が終わったということで、あなた方が免罪をされておるのだというふうにお考えだったら、私はたいへんな誤りだと思うのです。一体国家補償というのは何ですか。これが二番目の質問です。

　特別の理由がないというその理由についてお聞かせを願いたい。それから国家補償というものは、どういうふうにあなた方は御理解になっておるのか。

　○塩見国務大臣　私は特別の理由が発生をしておるというふうに考えられないということを申し上げたのでございますが、御承知のとおり原爆が投下されて二十七年間、政府はこの被爆者に対する援護、被爆者に対しまして、できるだけいろいろな措置をとってきたと私は考えておるわけでありまして、そういうふうな過程の中で、今日まで国家補償という姿でのそういった措置でなくて、やはりそういう原爆によって悲惨な状況になった、そういう方々の具体的な実情に応じて、これに対する国としての措置をとってきたと考えておるわけでありまして、そういったような基本的な考え方を変更するような新しい事態というものは、いま生まれてきておるようには考えないという意味で、変わった理由を見つけるのは困難だという意味のお答えを申し上げた次第であります。

　それから、国家補償でなければならないじゃないかというような御意見のように承ったのでございますが、なるほど戦争は確かに政府の決定によってやった、政府が責任を負う、政府に責任があるのじゃないかというお尋ねにつきましては、私もそういうふうな理解をするわけでございます。しかしながら、戦争をやったから、すべてのものが国家補償の姿で救済をしなくてはならぬじゃないかというふうに直接つながるかどうかということについては、私はさらに検討をさせていただきたいと思う次第であります。

お答えになったかどうか、一応いま私の理解で、質問に対してお答えした次第であります。

　〇山本(政)委員　前の厚生大臣は、国民的な意識の向上あるいはそういう意識の盛り上がりということによって、そういう考え方というものをやはり変えていかなければならないだろうという一応前向きな考え方を示されたことがある。しかもいま大臣は、さらに検討するというけれども、検討する検討するで二十七年過ごしてきた中で、それではいま大臣の検討するというお答えの中に、われわれは期待を持っていいのですか。そこをはっきりしてください。私どもが、要するに原爆の被爆者、犠牲者に対して、さらに一そうの前進を、期待を持っていいのか。きょう大臣のあいさつの中に、老人対策、医療、もろもろのことがあります。しかし被爆者のことには触れておらぬ。現実には、しかしここ数日、紙面はそのことにほとんど—ほとんどという言い方は言い過ぎかもわかりませんけれども、かなりの紙面がそのことにさかれておるのです。そういう事実というものをあなたはどういうふうに御理解なすっておるのか。検討するというんだったならば、二十七年間のお返事がずっと検討するということなんです。それでは今度の通常国会に私どもは何かを期待していいのですか。たとえば援護法の制定という前向きなことに対して期待をしていいのかどうか、それを聞かしてください。あなたは要するに厚生省の最高の責任者である。あなたがそういうことを決意なされば、私はできないことはないと思う。

〔委員長退席、橋本(龍)委員長代理着席〕

　〇塩見国務大臣　山本委員と私の応答に若干ギャップがあるような感じがするわけでございます。私はこの援護の姿等についてその検討をするというようなつもりでお答えを申し上げたわけでありまして、直ちにいまおっしゃられましたように、それを国家補償に切りかえる、その約束ができるか、こういうふうな質問をいただいたわけでございまするが、そこまでは私も考えていないわけでありまして、来国会には必ず援護法を提出しますということは、ここで申し上げたつもりはないわけでございます。

　先ほどから申し上げましたとおり、とにかく援護の内容を充実していく。時代の推移によってもこれを充実していく。あるいは私もこの間テレビに出ましたが、二世問題という問題も新たに相当な関心を持って生まれてきておるというようないろいろな事態もあるようでございます。そういったもろもろの問

題について、厚生省としてやはりいろいろ検討をさせていただきたい、こういうふうなことでございますので、来国会に性格をかえて出すのかどうかということについては、実は私からそういうことを申し上げることのお約束は、いまできないことをはっきり申し上げておきます。

　〇山本(政)委員　私も大臣のテレビを拝見いたしました。原爆の被害者というのは、放射能を浴びたということによってすでに第一次の障害を受けているのです。よく被爆者はひびの入ったからだ、こういうのです。と申しますのは、いま私が申し上げたことをさしている。そして第二の障害というのがそこから出てくるわけです。たとえばけさの新聞にもあります。足腰が感覚がないとかしびれて、そして認定患者としての要するに申請をしたら、それが退けられたということで裁判になったということが、けさの新聞に出ておりました。つまりひびの入ったからだというのは、そっくりそのまま健全なからだとしては社会復帰ができないということなんです。そして放射能を浴びた結果第二次障害が出てくる。たとえば、私も医学的なことはよくわかりませんけれども、がんになった場合には、がんを摘出することによって治癒するという場合には手帳が交付される。しかし手術をしたあとは、その手帳はなくなってしまう。取られてしまう。戻さなければならぬ。こういうようなことがあるわけです。あるいは被爆した事実というものが認められないということから、被爆者の中には、私は実は被爆したんです、要するに自分を世間にさらけ出すという形で、被爆の証人になってくれる人をさがし始めておるという話もある。つまり戦争で受けた被害を証言をしてもらわなければならぬという悲劇が一体あるんだろうかどうだろうか。そしてそのことに対して、政府は一体－私は何も考えないと申しておりません。しかしそのことによってもっと積極的な態度をとるという姿勢がなぜなされないのだろうか。実質的に詰めていくのだということになれば、援護法制定とまではいかないにしても、援護法制定に近いものをお考えになっているのかどうなのか、具体的に一体どうなさろうとしておるのか。そのことなしに、私どもは前向きにやりますと言っても、被爆者の人たちは私は納得しないだろうと思います。

　そういうことで、この問題については最後にお答えをいただきたい。ぜひ前向きに何らかの措置をとるということをこの段階でやっていただきたい。これほどあなた、新聞にここ数日ずっと出てきている問題じゃありませんか。具

体的にいまどうこうということは私は申し上げませんし、そしてそのお答えを
いただこうとも思いません。しかし、もっと一段と進んだ対策というものを、
あなた方がおとりになる必要は私は明らかにあるだろうと思うのですよ。現医
務局長、前公衆衛生局長だってうなずいておられるのですよ。そんなら、あな
た方はやはり何かの形でもう少し前向きの御返事を私はいただきたいと思う。
ここらで何らかのふん切りをしなければ救われないですよ、実際。再度お答え
をいただきたいと思います。

　〇塩見国務大臣　原爆の被爆者が二十七年間、今日もなお悩み続けていると
いうことは、私どもも全く心から御同情申し上げるところでございます。ただ
いまお尋ねがございましたが、私はそういったような現実の姿をよく把握しな
がら、さらにいままでやってきましたいろいろな施策、また新たにとるべき施
策があれば、そういう施策、具体的に各被爆者に対してお世話のできるような
対策をさらに充実して、ひとつ実行するように努力したいと思います。

　〇山本(政)委員　日曜の日ですが、私の区内に住んでいる人から訪問を受け
たのです。四十三歳、被爆者であります。そしてまだ独身であります。結婚の
話が出るというのです。だけれども、自分として被爆者であるということを隠
すわけにはいかぬというのです。だから白血球が減っているのです、こういう
話をしたら、結局は結婚の話が破れていっておる。私は直接その人から聞い
た。つまり被爆者は就職あるいは結婚、すべての面で社会的な差別を現実に受
けておると私は思うのです。あなた方どう思おうと受けておる。そしてその人
たちの実際の状況というものは何一つよくなっておらぬという実態があるので
す。

　［橋本(龍)委員長代理退席、委員長着席］　だから政務次官も、おそらく政務
次官におなりになるまでは、ずっと国家補償のことを叫び続けてこられたので
はないかと私は思うのです。私は決して皮肉で申し上げているのではないので
す。ある意味では期待を持ち、だからやっていただけるのではないだろうかと
思うから、私は申し上げておるのです。

　［委員長退席、橋本(龍)委員長代理着席］

　私がいまから質問する朝鮮人の被爆者の人たちについても、私は同じこと
が言えると思うのです。その人たちは被爆者であると同時に朝鮮人であるがゆ
えに、現実に二重の差別の中に置かれているんですよ。

これはすでに御承知だと思いますけれども、孫振斗という人がおる。この人のおとうさんは大正五年に来日しているのです。そして一九四八年に原爆症で大阪で死亡なさっておる。おかあさんも妹さんもいま韓国において、そして原爆症に悩まされておるという現実がある。しかも本人は昭和二年に日本で生まれて、小学校も高等科も日本の学校を出ている。そして卒業して芸陽製紙所という紙の工場に出ている。昭和十九年であります。そして二十年に広島逓信局の電信電話局のおとうさんの仕事を手伝っておる。そして専売局の構内の電信電話局の倉庫内で仕事をしておるときにこの人は被爆をされているのです。もちろん家族も全員被爆されている。そして二十六年に外国人登録令違反に問われて大村の収容所から帰っていった。帰っていって釜山の第一病院で彼は原爆症にかかったという診断をちゃんともらっているのです。白血球減少という診断をもらっているのです。四十五年です。そして治療したさに佐賀県に密入国をしてきた。それも私は無理もないと思うんですよ。生まれてからずっと育ってきて日本語しか知らぬ人たちが、ことばが通じない韓国で生活ということもなかなかできないということになれば、日本に帰ってきて、せめて日本で生活をしながら原爆の治療というものを受けたいという気持ちは私は痛いほどわかりますよ。そして唐津の日赤に来て白血球に異常があると診断されている。そして広島大学の森と広瀬という二人の先生から、放射能障害の精密検査が必要だと言われている。ところが密入国ということで懲役十カ月。そして結核になった。国立の福岡東病院に入院して、結核予防法と生活保護法の適用を受けておる。その中で「肺結核治療のため一年以上の入院治療と二年の治療を要する。尚原子爆弾に被爆しているので今後定期的に原爆症の検査を要する」と診断をされている。四十六年の十月の五日に被爆者の健康手帳交付を彼は申請したけれども、これがけられている。そして、四十六年十二月に特別在留を願う陳情書を法務大臣に提出したのであります。それ以後のことについては、私は、いまここでこういうことを申し上げるのはどうかと思いますけれども、増岡さんにもたいへんお骨折りを願いました。そして、これが却下されて、強制送還になるかもわからぬという、そういううき目にあっているのです。

　［橋本(龍)委員長代理退席、委員長着席］

　なぜ手帳がこの人に交付されないのです。ずっと日本で育って、日本人と同じ生活をし、そして戦時中は電信電話局に働き、その仕事のさなかに被爆を

して、手続に粗漏があったかどうか、そのために送還をされた。しかし、本人は、自分の病気が原爆症にかかったということを知って、そして、治療を受けたいために密入国をしてきた。私は、法の運用というものは人間にあると思うんですよ。しかも、本人の、おれは原爆症にかかっているんだという主張ではなくて、ちゃんと唐津の日赤、広島大学、福岡の東病院、すべての病院がちゃんと、原爆にかかっておるという証明をやっておるじゃありませんか。なぜ、それが手帳というものが出されないのですか。なぜ出されないのです。答弁してください。

　　○増岡説明員　ただいまの孫さんの件につきまして、全く先生のおっしゃるとおり、被爆者であることも間違いないし、その症状があることも、そのとおりであります。非常にお気の毒に思うわけでございます。これは政務次官になる前でありますけれども、先生からそのお話を承りまして、厚生省とも、あるいは法務省ともいろいろ相談をいたしたわけでございますけれども、法律の特別措置法のたてまえからいって、日本人という限定はないわけでありますけれども、法の精神からいって、当然日本の国内に住み、日本の社会になじんでおる方々ということが、法にはございませんけれども、そのたてまえをとるべきであろうという法制局の見解でもございましたので、それでは、御本人が特別在留許可の申請をしておられまして、それで法務省のほうに話し合いまして、ぜひ特別在留許可をしてほしい。それが出れば、当然日本の社会になじんでおる人ということになるわけでございますけれども、たいへん残念なことでございますけれども、密入国の疑いで刑がもう言い渡されておるわけでございます。特別在留許可の手続をしますのは、その刑が執行されたあと、その願いを出し、それを法務省が取り入れるかどうかという判断を下す規則になっておるということでございます。また、御本人が御病気で、結核予防法の適用やら生活保護の適用やらを受けておられるわけでございます。これを一面でいいますと、原爆のいろいろな施策がまだ十分でございませんから、それよりもよほど手厚いことになっておるかと思うわけでございます。しかし、そういう実情でございますので、刑の執行ができない。したがって、特別在留許可というものの審理すらできない。法務省はそういう回答をいまのところいたしておるわけでございます。

　　しかし、人道上の問題でもありますので、法務省とは今後ともそういうか

け合いをいたしたいと思いますけれども、現状のところでは、そういうことから、特別措置法の精神でございます、日本国内の社会になじんでおる状態であるかどうかという判定がつきかねる状態でございますので、手帳の交付はなされていないというのが現状であろうかと思うわけでございます。

○山本(政)委員　増岡さんには私はたいへんお世話になったので、それは感謝申し上げます。

公衆衛生局長－いまの医務局長はその当時の公衆衛生局長です。きょうは公衆衛生局長がおられないので、当時の状況はあなたがよく知っておられると思うので、私はお伺いするのです。

厚生省が福岡県の衛生部に出した回答には四点あるのです。「原子爆弾被爆者の医療等に関する法律の趣旨は、被爆者の特殊性を考慮した各種の法定の措置を行なうことにより、」これが第一であります。そして「日本国の領域内に成立している地域社会の福祉の向上を図ることにある」これが第二。そして「日本国内の地域社会において社会生活を営んでいない、いわゆる地域社会との結合関係を有してない者については、同法は適用されない」これが第三。第四は「不法入国」という点。これが手帳を交付されない、あなた方の理由になっているわけです。

お伺いいたします。

第一の「被爆者の特殊性を考慮した各種の法定の措置を行なう」このことについては、孫さんは適用されますよね。原爆医療法には、国籍排除の規定はないわけでしょう。適用されますね。その点どうでしょう。

○滝沢説明員　その点については、原爆医療法は外国人に対する適用を排除する特別の定めはございません。適用できると思います。

○山本(政)委員　「日本国の領域内に成立している地域社会の福祉の向上を図ることにある」これはどういう理由か、ひとつお聞かせ願いたいと思うのです。

○滝沢説明員　原爆被爆者が放射能の影響を受けたということが、先ほど来御議論のございます国家補償の問題とからみますと、一般の戦争被災者と基本的に違う問題は、放射能の影響を受けているということにあるわけございまして、そういう点でこの立法は属地法であって、日本の地域社会における社会保障という観点から、特殊な健康の状態、いわゆる放射能を浴びた特殊な健康

状態を特に配慮して医療に関する法律あるいは特別措置に関する法律ができておる、こういうことでございますので、いわゆる法制局の解釈から申しましても、地域の居住性の確認をもってこの法の適用をいたすべきである、こういう解釈でございます。

　〇山本(政)委員　あなたは私の質問にはお答えになっていないのですよ。あなたのお答えになったのは第三点なんです。第二点は「日本国の領域内に成立している地域社会の福祉の向上を図ることにある」これは、このまま解釈するならば、要するに原爆の被爆者は放射能を持っているから、それをまき散らして社会福祉のためによくない、こうお考えになっているのかというのですよ。

　〇滝沢説明員　そういうことについては、からだの放射能の影響が他人に及ぶということの学問的根拠はございません。

　〇山本(政)委員　　それならば、これは理由にならぬでしょう。第二点の「日本国の領域内に成立している地域社会の福祉の向上を図る」ということならば、まさに結核予防法がそれに適合するのですよ。結核予防法の目的の第一条「この法律は、結核の予防及び結核患者に対する適正な医療の普及を図ることによって、結核が個人的にも社会的にも害を及ぼすことを防止し、もつて公共の福祉を増進することを目的とする。」これが地域社会の福祉ということになるのですよ。そうすると、まさにここに書いていることは違うのです。原爆被爆者の医療等に関する法律の第一条(この法律の目的)は「この法律は、広島市及び長崎市に投下された原子爆弾の被爆者が今なお置かれている健康上の特別の状態にかんがみ、国が被爆者に対し健康診断及び医療を行なうことにより、その健康の保持」本人の、個々人の健康の保持「向上をはかることを目的」としておる。地域社会福祉とは関係ないでしょう。そうしたら、第二の理由というものは理由にならぬはずであります。少なくとも、そういう論理が成り立つでしょう。そうしてそういう論理は何人も否定することができないはずじゃありませんか。結核予防法の第一条の目的と、原子爆弾被爆者の医療法の第一条の目的と、全く同じような社会福祉という立場からやっているのですから、それはそうじゃないでしょう。そうすると、二番目の理由というものは理由にならぬということですよ。その点の答弁はどうなんです。

　〇黒木説明員　ただいまの点につきまして、確かに御指摘のとおり、目的の点の条文につきまして考え方、法律の立て方は全然違うわけでございます。

おっしゃるとおり、結核予防法につきまして、地域社会ということにつきましては、結核という、現在でこそ対策が進んでまいりましたけれども、当時の伝染性疾患の問題ということで、直接、間接に一般地域社会の他に感染を防止し、あるいは患者自身につきまして保護を行なうという体制で目的ができておるわけでございます。これに対しまして、原爆医療法のほうは、いわば放射能を、先ほど医務局長が答弁申し上げましたとおり、地域社会におきましていろいろ放射能を受けたという特殊な健康状態にかんがみまして、それに対して対策を講ずることにより、地域社会の福祉の向上をはかるという意味のものでございまして、その点につきましては目的が違っておりますし、また地域社会と申し上げましたのも、いわばそういう意味でその地域内に住民として構成しておられる方々の福祉の向上をはかるという意味でございますので、趣旨は御指摘のとおり違っております。

　○山本(政)委員　そうすると第一番、第二番は、要するに被爆者の手帳の交付を拒否する理由にはなっておらぬということですよ。それでは第三番目は、どうなんだろう。「日本国内の地域社会において社会生活を営んでいない、いわゆる地域社会との結合関係を有しない」こうおっしゃっているのです。それならば、生まれたときから小学校、高等科、全部出て、そうして日本の会社にずっと二十数年おって、そうして強制送還をされた。ただ強制送還をされた、密入国をした、そのことだけによるのかどうか。

　いいですか。生活保護法にはこう書いているのです。生活保護法には「他法他施策の活用」と書いて、十二番目。ここにいろいろあります。身体障害者福祉法、児童福祉法、精神薄弱者福祉法、老人福祉法、ずっと書いてあって、十二番目に、原子爆弾被爆者の医療等に関する法律、原子爆弾被爆者に対する特別措置に関する法律、こういうものすべて適用しなさい。そうして最後に生活保護法の適用をするのです。こう、指導要項には書いているのです。厚生省の指導要項ですよ。そうして生活保護法を適用させているのです。そして生活保護法を適用することについての居住地と現在地ということに対する解釈も、ちゃんとここにあるのです。にもかかわらず、居住地がないということの理由によってあなた方は交付を拒否しているじゃありませんか。一つの法律については現在地というものを適用する。他の法律については、これを適用しないというばかな法律がありますか。ここには幾らもあります。厚生省の中には公衆

衛生局、それから児童家庭局、社会局、たくさんありますよ。そういうことに適用するものが、生活保護法、身体障害者福祉法、老人福祉法、児童福祉法、特別児童扶養手当法、それから精神薄弱者福祉法、母子福祉法、全部あるじゃありませんか。そして公衆衛生局には結核予防法まである。ここには全部外国人の排除規定というものはないですよ。ただ一つあるのは、児童手当法があるだけです。これは私が自分で質問したからはっきり覚えておる。それなら、なぜ朝鮮の人なるがゆえに、そしてほかの法律には居住地というものがあって、居住地がもしはっきりしない場合には、現在地でいいという適用をしながら、原爆被爆者に対する外人だけに対しては、なぜ適用除外をされているのですか。そして第三番目の理由として、なぜあなた方は地域社会云々というものをやっているのか。それならば第三点においてすら、あなた方が拒否をする理由がないじゃありませんか。あるならば反論してください。ほかの法律で、居住地がもし定まらなければ現在地でけっこうです、こういっておる。にもかかわらず、その三の場合だけ、なぜ居住地でなければいかぬという法律の適用をするのか。私にはそれががわからないのです。だれか返事してください。

○黒木説明員　ただいま御質問の点でありますが、いま生活保護法以下いろいろ法律の特性によりまして実際の適用をし、あるいはその趣旨に基づいて、これを実施するという法制でありまして、その点につきまして、いわば国内の関係について適用するというのがたてまえでございまして、法律の居住の関係というものにつきましては、個々の法律の制定の目的あるいはその制度の趣旨に従って運用しているわけでございます。その趣旨に沿った解釈をしているわけであります。

○山本(政)委員　すべての法律を適用して、最後に生活保護法を適用する、こういうマニュアルがあるわけです。そしてそういう困窮者あるいは困った人、そういうものを救う法律という六つの法律というものが、全部居住地でなければ現在地でけっこうです、こう言っているのですよ。

それじゃ私お伺いをいたしますけれども、原爆医療法とほかの法律との特殊性というのはどこにあるのですか。

○黒木説明員　特に生活保護法との関係でお答えいたします。

○山本(政)委員　特に生活保護法じゃなくて、ほかの六つの法律をちゃんと言ってください。

○黒木説明員　その点につきまして生活保護法と他の福祉法との関係が違っておるわけでございますが、いわば他の福祉法関係につきましては、結局日本国内におきます地域を構成しておられる住民の方々につきまして、いろいろな福祉の施策を講じ、向上をはかっていくという趣旨で、それぞれ適用しているわけでございます。それにつきまして、その措置の内容、いわば保護の内容と申し上げましたものにつきまして、いろいろ緊急の差があるわけでございまして、特に生活保護法について申し上げますと、これはいわば最低生活の保障という最低の保障になっておるわけでございます。

　　それにつきまして、いわば生活保護については、現行生活保護法以前からある制度でございますが、特に外国人に関しましては、外国人の援護というものにつきまして特別の制度を持っておりまして、特に緊急の場合にこれを適用するという法制を踏襲し、現在生活保護法として踏襲いたしておる中に入っておるわけでございます。

　　そういう面で生活保護法の適用につきましては原則的な考えにつきまして、国内の関係の居住関係のものにつきまして、あるいは日本国内、いわば属地法というものが及ぶ範囲内におきますところの居住地あるいは現在地というものの考え方で適用しているわけでございます。

　　○山本(政)委員　それじゃ老人は老人ホームに収容することができます。外国人にもそれを適用することができるのですよ。それは一体どうなるのです。

　　○黒木説明員　その点につきましては御指摘のとおり、日本国内におきましてこの適法に居住しておられる方々につきましては、各福祉法につきまして、その中での構成される方々の福祉のためにいろいろな措置を適用するということは当然でございます。

　　○山本(政)委員　それじゃ原爆の医療で、からだというものが白血球におかされて、だんだんむしばまれていくその人を救うことは当然じゃないんですか。－ちょっと待ってください。大臣でも次官でも局長でもいまの話について答弁してくださいよ。課長の答弁はそうだ。それじゃ長年日本において原爆の放射能を浴びて、治療したくても治療できないその人たちを救済する必要があるのかないのか。外国人を老人ホームに入れるここは－私は直接聞いたわけではありませんよ。しかし、外国人が行き倒れされちゃかなわぬから、こういう放言をした人がおるということを聞いているんですよ。もしあなた方に、外国

人の原爆の犠牲者に対して、そういう同じような考えが根底にあるんだとしたら、たいへんなあやまちだと思うのです。少なくとも第三番目の理由はきわめて薄弱になるじゃありませんか。

第四番目は、何もあなた方が考慮する必要ないんですよ。不法入国だとかなんとかということは法務省のことなんです。厚生省としてはやるべきことをやったらいいんですよ。あなた方は法務省に一々お伺いを立てて原爆の被爆者に対する手当てをやるわけですか。外国人に対して、そういう気の毒な人に対してそれほど主体性がないのですか。厚生省の権威というのはどこにあるかということです。私をして言わしむるならば、不法入国だとかなんとかいうのは、何も厚生省が言う必要はないんです。もしあるとするならば、厚生省の関係で、かくかくしかじかだからできない、こう言うなら、まだいい。どこに法務省のことばをかり、そして拒否をする理由があるんですか。

一番は問題ない。二番は私の言うとおりの趣旨だとする。あなた方はそう肯定なすった。三番目はいまの理由ならばきわめて薄弱です。全部困っている人じゃありませんか、老人にしたって身体障害者にしたって。そしてそれが適用されるんだ。居住地でなければ現在地でけっこうです、こういっている。老人福祉法においてもそうなんです。気の毒だから外国人を収容する。そうしたら原爆の、要するに外国人の被爆者がなぜそのことによって救われないのか。気の毒じゃないという言い方なら、これはそれなりの筋が通ると思います。

あらためてお伺いします。外国人の原爆の被爆者というのは、気の毒でないんですか、あるんですか。

○増岡説明員　被爆者の方々に対しまして、心情的にたいへんお気の毒だということは全くおっしゃるとおりで、私どももそのとおりに思うわけでございますが、現在の法の立て方がただいままで御説明申し上げましたようなことになっておりますので、まあ多少のことがあるかと思いますけれども、私どもはこういう問題は、わざわざ日本にいらっしゃらなくても韓国で原爆症の治療ができることが一番望ましいことではないかと思うわけでございまして、ただいままでには外務省を通じ、あるいは民間の善意的な方々でお医者さん方が向こうにおいでになるとか、向こうのお医者さんをこちらに招聘して研修をしていただくとか、そういうような方法がとられているわけでございますので、その方面にも格段の働きかけをいたしたいと思います。

ただいまの目前の問題は先ほど私の申しましたとおりでございますので、私の申しましたような努力はいたしてまいりたいと思います。

　〇山本(政)委員　おことばを返すようですけれども、原爆の治療センターがないから、治療センターをつくるような努力をしようではないかというのが、せんだっての核禁会議での提案となって出てきているんですよ。

　もう一つは、村中さんが公衆衛生局長のときの答弁の中には、聞くところによると韓国は原爆の治療というものが十分でないから、そういうことに対して十分な配慮は払いたい。大臣もやっぱりそういう答弁をなすっているんです。ここに速記録にちゃんとあるんです。そしてその中で、海外技術協力事業団というものがあります。東南アジアに医療協力などをやっております。したがって、それを利用して韓国のお医者さんたちをそこへ呼んで、そして研修をするような方法も講じてまいりたい、こう言っているのです。つまりそのことは、韓国では治療が十分なされないということの証明じゃありませんか。だから日本に来たいんですよ。

　時間がないから次に進みますけれども、福岡県のほうから厚生省にお伺いを立てているんですよ。あなた方はそれに何らお答えになっていないじゃありませんか。ここに全部あるんです。私、写してきた。「被爆者健康手帳を受けようとする者は、その居住地(居住地を有しない時はその現在地とする)」とカッコが入っておる。これは法文にも入っております。「その居住地を都道府県知事に申請しなければならないと規定されているが、その居住地の解釈について左記の通り疑問点がありますから至急にご教示下さい。」と書いて、「記　１、外国人の場合、居住地とは外国人登録簿に登載された居住地(住所)を指すものかどうか。２、また居住地を有しない時は現在地とすると注釈してあるが、これはどのように解釈したらよいものかどうか。」三番目、被爆者が出入国管理令云々というのがある。これは私が申し上げたように法務省の事柄です。いいですか。二番目の「また居住地を有しない時は現在地とすると注釈してあるが、これはどのように解釈したらよいものかどうか。」ということに対して、何にもお答えになっていないじゃないですか。そうしてお答えになったのは法三章的な、私が指摘をした四点にしかすぎないということです。そして申請を却下しているという事実があるじゃありませんか。

　なるほど出入国管理令というものは、あるいは外国人登録法というもの

は、対象を外国人に限っている。しかし、先ほどたびたび申し上げたように結核予防法、生活保護法、そういうものは外国人に対する排除規定というものはないわけです。原爆医療法もまたしかり。結核予防法とか生活保護法あるいは老人福祉法、そういうものは外国人適用が可能で、なぜ原爆医療法だけ外国人に対して不可能なのか。

私はその人の本人のためにここで名前は申し上げないのですよ。だけれども、いいですか、昭和三十七年に観光ビザで入ってきている人がおるのですよ。そして原爆病院に入って治療を受けている人がおるんです。そして原爆手帳までその人にはおりているんですよ。しかし三十八年以降、その人がだんだん治療を受けられなくなったという事実が現実にあるんです。これは政治的背景ですよ。戦後が終わったということで政府が免罪をするのと同じように――もし私が申し上げたことで何か反論があるなら、幾らでも私はお伺いいたします。五分前だという話ですから、私はやめたいと思いますけれども、お考えを聞かしていただきたいと思います。大臣、この人たちをどうしてくださるのか。この人たちだけではなくて、日本における原爆の被爆者の方々を一体どうなさるつもりなのですか。

〇塩見国務大臣　ただいままでのお話を承りまして、心情的には私も非常に心を打たれ、同感の意を表するものであります。

被爆の問題につきましては、先ほど増岡政務次官からもお答えを申し上げましたけれども、私も従来の経過につきましては、まだつぶさに承知をいたしておりませんが、この法の適用にあたり、あるいは法務省でありますとか、あるいは法制局でありますとか、そういった点におきまして、厚生省としては、先ほど政務次官が言われましたとおり、いろいろとかけ合ったようでございますが、まだその意見の一致を見ない。したがって、このお尋ねの場合におきましては、現在のところ手帳を交付せられていないというのが実情だと思うわけでございます。

さらにまたお話がありましたとおり、韓国国内での治療体制というものの整備等につきましても、私どもはこれに協力をして、その体制ができ上がることに努力もしなければならぬと思っております。

さらに、いまの具体的な孫さんでございますか、その方の問題等につきましては、いま申し上げましたとおり、今後、いまの居住地の問題、いまの解釈

はどうも属地法的な考えでやっておると思います。したがって、これが居住が可能になるということなれば、問題は私は即座に解決するのじゃないかと思います。そういったような努力もなお重ねてまいりたいと思うのであります。

さらに原爆全体につきましては、二十七年たった今日、なお依然として日本あるいはまた国際的に見て大きな課題だと思うわけでありまして、こういった点につきましては、皆さん方の御意見もよく承りながら、さらにその内容の充実ということにつきまして努力を重ねてまいりたいと思う次第であります。

○山本(政)委員　これに書いてあるのです。生活に困窮する外国人が朝鮮人及び台湾人である場合に限っては、いろいろな手続が必要であるけれども、その手続を要しないということがあるのですよ。しかも、刑の執行を停止された者、仮出獄を許された者等が無登録である場合でも保護をしなさい、こう書いておるということになれば、そういうことをやはりお考えになっていいのじゃないか。しかも生活保護法の第一条のところには、外国人排除規定があるのですよ。しかしそれを、特例といったらおかしいが、要するに通達をもって、当分の間は外国人排除規定というものは適用いたしませんというものがきちんとこれに出ているのです。そこまでやっている。原爆医療法については外国人排除規定というものは何もないのです。一条にもどこにもないのですよ。排除規定があるものですら、そういうものがちゃんとあたたかい配慮がなされておるにもかかわらず、排除規定のないものに、なぜそれが適用されないのだろうか、非常に法の上の不備があるじゃありませんか。それを運用するのは、まさにあなた方だろうと私は思うのです。

繰り返して申し上げますよ。生活保護法の第一条には外国人排除規定があるのです。それが通達によって、当分の間はこの排除規定は適用しないで、あたたかく迎えてやろう、こう通達が出ているのです。原爆被害者の外国人に対して排除規定が、どこの条章をさがしても、ないのですよ。あるならば御指摘いただきたい。しかし、ない。ないならば、なおさらのこと私は、そういうことに対してあたたかい保護が必要でないだろうか。ぜひそういうことにひとつ配慮をしていただきたい。

そして私は政務次官のいままでのお心づかいに対して感謝いたします。重ねて大臣、ひとつその点について、ぜひ最大の御尽力をお願いしたいと思います。そしてもう一つは、今後原爆被害者の一般の人たちに対しても、できる限

り最善の努力をひとつしていただきたい。最後の御答弁をお願いします。

　　○塩見国務大臣　ただいまお話のありました方向で努力をいたしたいと思います。

　　○山本(政)委員　終わります。

　　○小沢委員長　次に、古川雅司君。

　　○古川(雅)委員　広島、長崎に原爆が投下されて二十七年目の八月を迎えたわけでございますが、先ほど来山本委員から御指摘のありました点につきましては、私も全く同感であります。私自身、広島県選出議員の一人でありますし、また、かねがね被爆者団体の皆さんから御要望をいただいている、その内容に照らしても、先ほど来の山本委員の御指摘は、まことに被爆者の生活の苦しさからにじみ出た血の叫びではないかと思います。政務次官も広島県の選出でございまして、心情的には全く御同感ではないか。私は先ほど来政務次官のお顔を拝しながら、山本委員の御意見を拝聴していたわけでございますが、ただ政府を代表する立場に立っての御見解となりますと、いささか消極的に走るきらいがございまして、その点はたいへん残念であります。

　先ほど来の政府側の御答弁を通して一貫して感じられますことは、一体この二十七年間にわたる被爆者の生活の苦しみ、これは単に放射線による身体の障害だけに限ったことではなくて、精神的にも、また生活の上でも、非常に過酷な生活条件をしいられてきた。そしてなおかつ国がいつかこれら被爆者の生活をはっきりと保障をしてくれる日があるのではないかと今日まで待ち望んできているということを、あまりにも実感としてはお持ちになっていないのではないか。これは年々、被爆者に対する特別措置法の法改正の審議にあたりましても、こうした議論は繰り返されてきているわけでございますが、あらためて確認をさしていただきますけれども、原爆の被爆者に対する援助の措置がすでに上限に達しているのである、あるいはまたほかの社会保障制度の措置をこれ以上越えることはできない、そういう見解を一方にはお持ちではないか、根強くそうしたお考え方を持っているのではないかという疑いを濃くするわけでございますが、まず大臣からその点についての御見解を伺ってまいりたいと思います。

　　○塩見国務大臣　被爆者に対する措置がもうすでに上限である、これ以上の改善の余地がないようなふうに政府のほうで考えておるじゃないかというよう

な御質問のように拝聴いたしたわけでございますが、少なくとも私は、そうはもちろん考えておるわけではございません。もちろん、二十七年たちまして、この間にいろいろの不幸なできごともございましたでしょうし、あるいは生活面なり、あるいはその他の面で、さらに従来よりも条件が悪くなったというような事例等もあり得るのではないかと思います。したがって、現状に即してさらに具体的に被爆者に対する援護の措置を考えていくということは、もう当然のことでございまして、もうこれで一ぱいだからどうだという、そういうふうなことは毛頭考えておる次第ではございません。

　　○古川(雅)委員　大臣、しかし一方においては軍人や軍属あるいは引き揚げ者、さらには旧地主までに国家の責任において補償が行なわれているわけでございまして、――私時間があれば先ほど来の山本委員の御指摘をもう一度繰り返して見解をただしたい気持ちで一ぱいでありますが、残念ながら私に与えられた時間は三十分余でありますので、そこまでは申し上げませんけれども、二点だけさらに確認さしていただきたいと思います。

　　被爆者に対する援助の措置が上限ではないということを、大臣は、いまはっきりおっしゃたわけでございますが、すでに論じ尽くされておりますとおり、問題の焦点は被爆者の援護法の制定いかんにかかっていると思います。少なくとも私はそういう見解を持っておりますし、今日三十四万人に達している被爆者の一人一人を援護していくためには、援護を確立していくためには、この被爆者援護法の制定という決断を下す以外にはないと思う。

　　まずお伺いいたしますのは、田中首相が就任の際の記者会見におきまして、被爆者援護を重要施策の一環としてあげているというふうに私伺っておりますが、これは確かでありましょうか。これが単なる外交辞令でないとするならば、当然総理から厚生省当局に対して何らかの指示があり、また私の立場でお伺いするならば、被爆者援護法の制定の準備について総理から意見があったはずであります。この点いかがでございましょうか。

　　○塩見国務大臣　前後するかもしれませんが、田中総理が新しい施策の重点として、国民福祉の拡充あるいは向上ということに非常に熱意を持っておることは、すでに御承知のとおりでございます。私どももこの総理の熱意を拝見して、と言ったら少し語弊があるかもしれませんが、こういった熱意と一緒になって、この国民福祉の向上をはかっていきたいというふうに考えておるわけ

でございまするが、まだ田中総理から具体的に援護法をどういうふうに扱うとか、あるいはまた原爆被爆者に対して、どういうふうにするとかいうふうな具体的な指示は今日まで出ておりません。しかしながら、私どもは田中総理が、この国民福祉の向上に非常な熱意を燃やしておるという事実は承知しておりますし、また当然私はそうあらなければならぬと思うわけでございまして、原爆の被害者のみならず、福祉行政全般にわたりまして、この際、この福祉の向上に努力してまいりたいと思います。

　　○古川(雅)委員　残念ながらこの社会労働委員会に総理を呼ぶところまできておりませんので、直接総理にお伺いすることはできないわけでありますが、厚生大臣がそういうお考えを持っているのであれば、むしろ積極的に、閣議で総理に対して被爆者援護法の制定に対しては総理がどういう決意を持っているのか胸をたたいて、そしてこの委員会で私どもに御報告をいただけるかと思いますが、この点はいかがでございますか。

　　○塩見国務大臣　先ほどもお答えを申し上げましたとおり、直ちに援護法を制定するかどうかということについては、私どももまだそういう用意がないわけでありまして、要するに援護の内容を充実してまいりたい、かように考えておるわけであります。

　　○古川(雅)委員　そうしますと、総理が被爆者の援護を重点施策の一環としてあげていながら、厚生大臣としては、援護法制定というところまでの決意が持てないので、総理の胸をたたくこともできないとおっしゃるわけでありますね。

　　○塩見国務大臣　繰り返してのお答えになって恐縮でございまするが、要するに内容の充実をはかっていきたい、かように考えるわけでございます。

　　○古川(雅)委員　非常に時間が気になって残念なんですが、少なくともこれまでの毎年繰り返されてきた議論は、援護の内容を充実していくのだということで繰り返されてきたわけでございます。しかし実質的には——これは私ここでくどく申し上げるまでもありません。先ほど山本委員の御質疑にもあったとおり、全くそのとおりでありまして、国の援護措置を受ける、その恩恵を受けるなんというのはごく一部の人であります。いろいろな制約があります。まだまだ貧弱であります。被爆者の援護法を制定するというその結論から出発しなければ、究極の目的から出発しなければ、ほんとうの意味の援護の充実という

ともなかなか期しがたいと思います。

　そういう意見を添えまして次に移りますけれども、第二点は、特に最近被爆二世の問題が非常にアピールされております。これは昨夜のおそくでございましたので、大臣あるいはごらんになっていないかもしれませんが、十二チャンネルの「ドキュメンタリーナウ、ヒロシマ・被爆二世の夏」という題名で、被爆二世の問題を非常に掘り下げて報道しておりました。それを見るまでもございませんけれども、新聞にキャンペーンを張っておりますから、大臣も十分御認識であろうかと思いますけれども、この被爆二世の問題について基本的に今後国としてどう取り組んでいかれるのか、見解をお伺いしておきたいと思います。

　一つには、県あたりで部分的に被爆二世に対する健康診断を行なっておりますが、これに対してどうお考えか。これは国で直ちに着手すべきではないか。予算要求ともからんで、この点はどのようにお考えになっておるか。

　また、先般二階堂官房長官は、被爆二世の問題について、爆心地から一・五キロ以内という見解をお約束になっておりますけれども、これも非常に根拠が薄いわけでありまして、むしろ被爆地点からの距離には関係なくというのが私たちの要望でありますし、意見でありますが、この辺のところについても官房長官の談話というのではなくて、責任ある関係厚生省当局の見解として、この際承っておきたいと思います。

　○増岡説明員　実は官房長官の応答に立ち会っておりましたので、若干その応答の中でニュアンスが違う点がございますので、まず申し上げておきたいと思います。

　二世の健康管理について御質疑があった際、その中で原爆病院の院長の発言を引用されたわけですけれども、実際には、原爆病院の院長は、爆心地から一・五キロとか二キロぐらいとおっしゃったのは、二世の学問的な研究をするためには、その範囲内の人が影響があるのであって、それ以上はないと思うから、その中の人を選んで二世の遺伝その他の問題を研究したらよかろう、こうおっしゃったのが、今度官房長官と記者会見の席では、一・五キロから二キロという中の人の健康管理は必要だと思うがどうかという話になりまして、それで官房長官としては前向きな御返答でありまして、厚生省にも検討したらどうかということでございます。

それでひとつ私お断わり申し上げたいと思いますのは、この問題と別に最初に、二世問題については非常に社会的な問題その他があらわれてくることが予測せられるので、非常に慎重に考えなければならないということを申しておられることと、すぐ二世の健康管理をするということとは矛盾をいたしておるように思うわけでございます。私ども、実際に前向きにそれを取り上げてまいる場合には、相当慎重な考え方をもって方法、時期というものを考えていかなければならないと思いますけれども、官房長官はそういうお話でございます。実はまだ大臣とも御相談申し上げておりませんので、私の気持ちとしては、前向きに取り組ませていただきたいというふうに考えております。

　○古川(雅)委員　この場でひとつ大臣から御意見を承りたいと思います。

　○塩見国務大臣　いま政務次官からもお答えを申し上げましたが、私はこの二世の問題につきましては、二世の方々も、もはや二十七年でございますから、結婚の適齢期にも向かわれてまいっておると思います。また、その後成長されておるような状況で、したがって、この二世の方々の、あるいはまたその父兄の皆さん方の心情等も慎重に配慮しながら、そしてこの問題に取り組んでいかなければならぬかと思うわけでありまして、健康診断等につきましても、そういったような配慮の上で、具体的にどうすれば一番いいのかというようなことも慎重に検討していかなれけばならぬと思うわけであります。非常にむずかしい、デリケートな問題、しかし、いろいろ具体的に、国としてこれに対して手を差し伸ばす必要があるということになれば、これは当然国としてもやらなければならぬと思います。ただやり方等については慎重な態度でまいりたい、かように考えます。

　○古川(雅)委員　くどいようでありますが、被爆二世の健康診断の問題については、いろいろ微妙な問題もあると思います。それは私、わからないでもありませんけれども、すでに県等地方自治体によっては実施しているわけであります。それを国で手をつけないというのは、おかしいと私は申し上げておるわけでありまして、これは昭和四十八年度、来年度の予算でははっきり数字として出てくるべきものだと思いますけれども、その点のはっきりした大臣の御決意を伺えばよろしゅうございます。

　○滝沢説明員　前のつながりで私からお答え申し上げますが、府県の実態の調査につきましては、京都、北海道、川崎等で実施いたしております。京都に

つきましては結果が出ましていわゆる被爆二世はない。すなわち、現在の二世の方で被爆を健康上把握できる実態というものはないという報告も受けております。しかしながら、御指摘のように健康上の不安に対して、健康の管理あるいは健康状態の把握、こういうような問題についての御要望が非常に高まっていることは承知いたしておりますので、私の担当しておる段階においては、来年度、調査研究の形で、しかも近距離被爆者というような方々の家族等を考慮に入れまして、調査研究を進めたいという内容を一応盛り込んで検討いたしたいと思っております。

〇古川(雅)委員　時間の関係で被爆の問題は以上にいたしまして、次に移らしていただきます。

国民の健康管理体制についての議論が最近また非常に活発になってまいりました。報道によりますと、保健所問題懇談会からの報告を受けまして、厚生省としてもいろいろ検討を重ねられているようでございますが、全国八百三十九といわれている保健所の現状につきましては、どうも問題意識が薄いだのではないかという感じを強くいたしております。しかも現状では、医師が約四割近く不足しているというようなことも先般予算委員会でお伺いをいたしましたし、また保健所でその職務に従事する職員の皆さんも、なかなかその充足が思うようにならない、そういう現状も指摘されているときでありまして、この保健所問題懇談会からの報告については、ひとつ厚生省当局としても積極的に－積極的なんということではなくて、本腰を入れて取り組むべきだと思うわけでございますが、この報告の内容に関して厚生省はどういう見解をお持ちであるか、まず三点ほどお尋

ねをいたしたいと思います。

一つは、この報告によりますと、基本的には保健所のあり方については現在の保健所からいわゆる保健センターというような機能を備えた機構に脱皮すべきであるというような指摘をいたしております。これは保健所の業務内容が最近、時の流れに従ってずいぶん変わってきておりますので当然の意見かとも思いますが、これには相当の大転換といいますか決断が必要かと思いますけれども、厚生省としては、この辺をどのようにお考えになっていらっしゃるか。

第二点としては、先ほど申し上げた医師とか保健所の職員の確保の問題、これはこれまでいろいろ御苦労していらっしゃったと思いますけれども、現実

としてまだ低迷しているわけでございまして、これを何とか打開しない限り国民の健康管理体制というのは、なかなか十分に進められない。これに対して今後どういう積極的な御意見を持っていらっしゃるか。

第三点は、大臣はこの報告をお受けになったときに、報道によりますと、各関係各省にも及び、また各局に関係するので、省内にプロジェクトチームをつくって実施できるものから実施したいというふうに見解をお示しになっておりますけれども、これはいまさら始まった問題ではないわけで、これからプロジェクトチームをつくってとおっしゃることは、何らこれまで検討をなされていなかったのかという疑問が一つありますし、また大臣のこの見解を前向きで受けとめさせていただきますと、四十八年度の予算編成に際しては、さしあたって、これとこれとこの問題については改善を加えて、この懇談会の報告にこたえていこうという具体的なものがすでにあらわれているかと思います。単なる予算面だけの問題ではないと思いますけれども、この点についてもひとつ具体的にお示しをいただければ幸いでございます。

以上、三点お伺いいたします。ねをいたしたいと思います。

一つは、この報告によりますと、基本的には保健所のあり方については現在の保健所からいわゆる保健センターというような機能を備えた機構に脱皮すべきであるというような指摘をいたしております。これは保健所の業務内容が最近、時の流れに従ってずいぶん変わってきておりますので当然の意見かとも思いますが、これには相当の大転換といいますか決断が必要かと思いますけれども、厚生省としては、この辺をどのようにお考えになっていらっしゃるか。

第二点としては、先ほど申し上げた医師とか保健所の職員の確保の問題、これはこれまでいろいろ御苦労していらっしゃったと思いますけれども、現実としてまだ低迷しているわけでございまして、これを何とか打開しない限り国民の健康管理体制というのは、なかなか十分に進められない。これに対して今後どういう積極的な御意見を持っていらっしゃるか。

第三点は、大臣はこの報告をお受けになったときに、報道によりますと、各関係各省にも及び、また各局に関係するので、省内にプロジェクトチームをつくって実施できるものから実施したいというふうに見解をお示しになっておりますけれども、これはいまさら始まった問題ではないわけで、これからプロジェクトチームをつくってとおっしゃることは、何らこれまで検討をなされて

いなかったのかという疑問が一つありますし、また大臣のこの見解を前向きで受けとめさせていただきますと、四十八年度の予算編成に際しては、さしあたって、これとこれとこの問題については改善を加えて、この懇談会の報告にこたえていこうという具体的なものがすでにあらわれているかと思います。単なる予算面だけの問題ではないと思いますけれども、この点についてもひとつ具体的にお示しをいただければ幸いでございます。

以上、三点お伺いいたします。

○塩見国務大臣 ちょうど私の発言等も引用いただきましたので、私からまずお答えをさせていただきたいと思います。

私も今回のこの答申を拝見いたしまして、非常に御熱心な討議の結果、いまの保健所を中心とした現在の体制をもう少し積極的に前進をしなくてはならぬというふうな熱意が非常にあふれているように感じまして、非常に心強く思い、またこの線に沿って行政を進めていかなければならぬじゃないかというふうにまず直観をいたしたわけでございます。いろいろ内容が盛られているわけでございますが、ただいまお尋ねの保健センターの問題あるいは保健所の使命といいますか仕事といいますか、その質的な変化というものもあろうかと思うわけでありまして、従来は結核とかその他のものに非常な重点が注がれて、それだけの成果をあげてまいったわけでございまするが、今後はやはり公害とかその他住民の福祉に直結したような問題も、やはり保健所の新しい課題として今後力を入れていかなければならぬのじゃないかというふうに考えておるわけでございます。

確かに御指摘のとおり、職員の確保等非常に第一線では苦労しておることは、もはや御承知のとおりでございます。やはりこれを改善していくということが、あの答申にも重大な柱として述べられておるわけでございまして、それにはこの職員の質的な向上と申しますか、そういうふうな意味合いで、さらに権威のある研修を行なっていきますとか、あるいは処遇の改善を行なっていくとかいうようなことで、りっぱな保健婦を、あるいはりっぱな従業員を養成していくということが今後の大きな課題だと思うわけでありまして、これについても努力をしてまいりたいと思うわけであります。

それからプロジェクトチームをつくってというお話がございましたが、これは何かの間違いではないかと私は思うわけでありまして、これについては、

そういうことを申し上げたわけでなくて、実はほかの問題で私は申し上げたのでございまして、これはここでお尋ねの範囲外でございますが、そういうお話がございましたので、簡単に申し上げますと、いわゆる難病というような問題がございます。この難病というのはどうも専門家の離病と普通の常識における難病というものに相当の食い違いもあるようでございまして、私どもはやはりほんとうに治療の方法が明確でない、あるいは高額の負担がかかる、あるいは長期の療養を必要とするというふうな概念でこの難病というものをつかまえて、そうしてこの難病の対策をもっと積極的にやらなくちゃならぬじゃないか、そういう場合に、御承知のとおり厚生省ではいろんなこういった問題が各局に分かれておるものですから、やはりこれを総合してできるようなプロジェクトチームというようなものも考えて、総合的にこれを前進さすべきじゃないかというようなことを申し上げたので、そこでこの問題と混同されたのではないかと思いますので、その点はひとつ御了承いただきたいと思います。

　○柳瀬説明員　いま御質問の第一点の保健所問題懇談会の報告の中に保健センターというような考え方があるが、これはどういうことだというふうなお話につきまして、ちょっと御説明申し上げておきます。

　懇談会の中でいわれております考え方は、従来保健所の仕事というものがいろいろ種々雑多と申しますか、対人保健サービスにいたしましても、あるいはそのほかのいろいろ保健所の環境保健問題あるいは環境衛生、いまの取り締まりから職員の監視……。

　○古川(雅)委員　時間がありませんので、この考え方に対して厚生省はどう受けとめていらっしゃるか。

　○柳瀬説明員　　保健センターは大体地域を分けまして、地区の保健センター、それから地域の保健センター、それから広域地域の保健センターというような考え方になっておりまして、地区の保健センターというのはいわゆる市町村レベルで処理をするようないろいろな仕事、これは対人保健サービスということを主体にいたしまして、対人保健サービスは、いわゆる保健所的な広域な地域から、さらに地区の市町村の段階にできるだけおろして、そこで処理をしていこう。それから地域の保健センターにつきましては、これはむしろそういう地区保健センターの調整的な仕事、あるいはそういうところでできないようなさらに広域な仕事の処理。それからさらに公害問題を含めましたような環

境保健的ないろいろな仕事がふえてまいっておりますので、そういうものに対応する仕事をやっていく場として、それから広域の地域の保健センターといいますのは、これはさらに各地域ではできないようなもう少し大きな幾つかの地域を含めました広域な地域を設定いたしまして、その地域において重点的にいろいろな試験検査等を充実強化していく。これはわかりやすく言いますと、現在の保健所の組織でいいますと、幾つかの保健所の中の重点的な保健所を重装備をして現実の仕事に対処していく、こういうようなことが考えられて盛り込まれておるわけでございます。

○古川(雅)委員　大臣から予算要求についての御見解が聞けなかったわけですが、一言……。

［委員長退席、田邊委員長代理着席］

○柳瀬説明員　予算要求につきましては、この保健所問題懇談会に盛られた趣旨をできるだけ生かすように、地域における健康管理の体制というものを拡充、強化していこうというこの趣旨に盛られました内容につきまして、それに沿ったような予算編成を大幅にひとつ盛り込んでいこうということで、いま内容を検討し、そういう方向に沿って予算編成の準備を進めておるわけでございます。

○古川(雅)委員　国民の健康管理の体制の拡充につきましては保健所問題が焦点になります。具体的なこまかい問題も私ずいぶん聞いてきておりますので、次の機会にはそうした問題点をあげながら、さらに詳細に政府の見解、また今後の対策をお伺いしていきたいと思います。

次に、第三番目にお伺いしたいことは、診療放射線技師及び診療エックス線技師法第二十六条第二項第二号の中の「医師又は歯科医師の立会いの下に」ということについて、一点お伺いをしておきたいと思います。

厚生省のこの問題に対する見解につきましては、「医師が常時その場に居あわせる必要は必ずしもなく、一般的指示を与えること、及びいざという場合に直ちにかけつけられることができる程度の距離にいることが満たされれば立会いとみなせよう。レントゲン車で検診に出動する場合には出動する場所の近隣の医師に依頼して立会ってもらうことが実務上便利であろう。」厚生省あるいは県あたりでは、こういう見解を持っているわけでありますが、実際に現場で働く技師につきましては、同じ屋根の下、同じ敷地内あるいは同じ構内に医師が

いるというふうに理解をしている傾向が強うございます。このようにはっきり理解しております。いざという場合にすぐ撮影現場にかけつけられる体制で「立会い」ということを承諾している医師が、レントゲン車または移動レントゲン装置のすぐ近くにいるということですね。

この点につきましては、去る四月二十四日、参議院の予算委員会分科会で公明党の塩出啓典議員の質問に対しまして、当時医務局長の松尾政府委員からこういう答弁がございました。「ただいま御指摘のような放射線技師法の中に「立会い」ということが明確にしてございます。それは万が一にも事故があってはならないということから、専門家の意見も聞いてきまったことと存じます。私も率直に、ただいま先生御指摘のような事態に現実に現場はあろうと私も存じます。しかもいろいろな機械その他がかなり新しく進歩しております現状でございますから、これはひとつ私もそういうものに携わっております専門家の方々の御意見も聞きました上で検討させていただきたいと思います。」具体的なことは全然一言も触れていないわけでございますが、この「医師又は歯科医師の立会いの下に」ということについての見解は人によってさまざまであるということ、これが一つの大きな問題になっております。

したがいまして、こうした日々現場で業務に携わっている技師の立場から申し上げますと、「立会い」ということについては、あくまでも法のもとに業務に従事しているわけでございますので、これははっきりした法の上の改正なり検討を急いでいただかなければならないわけでございますが、エックス線の集団撮影も検診の一部ですから、医師が現場で診察に当たっていただくということは非常に望ましいわけでございますが、先ほどの保健所問題でも申し上げたとおり、非常に医師は不足しております。こうしたレントゲン車それから移動レントゲン装置のそばに一々医師が立ち会っている、くっついているということは、現実的に全く不可能であります。ということは、こうした現場で業務に携わっているレントゲン技師の皆さんとしては、自分たちが一々法にさからって、法に従わないで業務に携わっているんだ、非常に重苦しい責任感にさいなまれているわけでございまして、この点はさきの松尾医務局長のように、専門家の意見も聞いた上で検討させていただくとおっしゃっておりますけれども、そんなのんきなものではない。業務に携わっている人々にとっては、その日その日の非常に大きな精神的な圧迫になっているわけでございます。一刻も早く

結論を出していただきたいと思うのでございますが、さきの参議院の塩出委員に対する答弁のあいまいさがございましたので、私あらためてここで、この衆議院の社会労働委員会で再びこの問題を取り上げさせていただいて、政府の今後の対策をお聞きしておきたいと思います。

以上で、私の質問を終わります。

○滝沢説明員　この問題につきましては、松尾局長が前にお答えのように、放射線の機械設備その他の安全性が高まってまいっておる段階におきまして、一般的には医師の指示ないしは指導によるというような法制上の定めが多いのでございますが、このエックス線の問題につきましては、特に当時専門家なりあるいは放射線関係の機械器具の人体に及ぼす影響というものを考慮しまして、特に「立会い」という法文上の字句が使われておる。これが現実には、御指摘のように放射線の技師の皆さんが心の重い、非常に実態に合わない状態になっておる。これはむしろ法改正すべきではないか、こういう御趣旨でございます。

一方また配慮すべき点としては、この問題とはもちろん基本的には違う問題でございますけれども、集団検診に対する考え方がややずさんになりまして、特に会社、工場、中小企業等の検診に、根拠的に医師の背景のないようなレントゲン自動車等の横行しておるというような御指摘も一方ございまして、きょう先生からの御指摘の問題は、背景にも当然医師の立ち会いがある正常な状態で、なおかつこういう不自然な点は改正すべきだ、こういう御指摘でございますから、基本は、私はそれとからめてお答えすることは問題がございますけれども、しかし、行政判断としては、やはりそのような社会情勢をもうちょっと整理して、その問題との関連を含めて、機械の安全性その他が高まった点、それからエックス線技師の身分等が向上しておる点、こういう点を考慮しまして法律の改正というものを検討すべきではないか、こういうふうに受け取りますので、しばらくこの問題につきましては、そういう周囲の情勢と合わせ、また医療関係者、従事者の受け取り方が、単にこれをゆるめたという受け取り方ではなくて、合理的にされたというふうになるような方向を検討いたしたい、こういうふうに思っております。

○田邊委員長代理　大橋敏雄君。

○大橋(敏)委員　私は、カネミ油症の問題について若干お尋ねしたいと思い

ます。

　御承知のとおり、カネミ油症事件が発生しまして、もうすでに四年を経過したわけでございますが、その患者の皆さんの症状というものは、よくなるどころか、だんだん悪化の一途をたどっておるという実情にあります。そういう実態をわが公明党は調査いたしまして、その調査結果に基づいて、何とか油症患者の救済を、政治的な配慮をということで、厚生省に質問状を参議院の小平芳平の名前でやったわけでございますが、先般厚生省からその返事がまいりました。いわゆる回答がまいったわけでございますが、それは油症は公害ではない。そして公害関係法律による患者救済は困難である。このような趣旨の回答があったわけでございますが、私はこの回答を見まして憤りを感じるくらいでございました。厚生省は一体油症患者をどう思っているのだろうか、人間と思っているのだろうかどうだろうか、非常に疑問を抱いたわけでございます。

　私は思うのです。油症患者は決してモルモットではない。その小平参議院議員の質問に対する政府の回答は、あまりにも冷酷だ。小平参議院議員も言っておりましたが、味もそっけもない回答である。私は、味もそっけもないというよりも、血も涙もない冷酷な回答である。政府は民事と割り切って行政介入はしないのだ、こういう方針に立っているから、こんな答弁をしたのか。あるいは油症は食中毒であり、国には法律的にも行政的にも一切の責任がないのだ、こういう考えで、切り捨てた気持ちでああいう回答をしたのか。そういう点をまずお尋ねしたいと思うのです。どうでしょう。

　○浦田説明員　カネミ油症の患者の救済に関します、参議院の小平議員からお出しになりました質問趣意書に対する政府の答弁の中身、ことに第三点といたしまして、カネミ油症を公害に係る健康被害の救済に関する特別措置法を適用することのいかんということにつきましてのお尋ねに対して、答弁書におきましては、特別措置法を適用することは困難であるというふうにお答えしたことは、先生の御指摘のとおりでございます。

　しかしながら、カネミ油症に対しまして、従来政府が無関心でおった、どうでもいいといったようなことは、決してそのように考えておるわけでもございませんし、政府の立場といたしましても、現実にいろいろと仲裁の方法等に関しまして、それぞれ県等を指導してまいったところでございます。油症発生当時におきましては、これはもうすでに先生御案内のところでございますが、

さっそく治療研究費を投じまして、カネミ油症の治療研究班を発足させ、そこでいわゆる診断基準をおきめいただきまして、これを厚生省といたしましては関係都道府県に流しまして患者の救済、把握につとめさせたところでございます。また各府県におきましても、これに基づきまして検診班というものを発足させまして、その診断基準に基づいて患者の把握並びに救済につとめてきたところでございます。

　また一方では、カネミ油症の根本的な治療法につきまして、これも厚生省が主体となりまして研究費を措置いたしまして、カネミ油症班の方々によりその実態の究明と治療方法の解明につとめてきたところでございます。

　しかしながら、結果から申しますと、まことに残念なことでございますが、現在までのところ、そのものに対する特別の治療法というものが発見されていないということでございまして、引き続き、まだカネミ油症によっていろいろと身体的にも、あるいは精神的にも悩んでおられる方々に最終的な御安心感を与えることができないことは、はなはだ残念に、遺憾に思っておるところでございます。

　さて、公害に係る健康被害の救済に関する特別措置法を適用するかどうかということでございますが、これにつきましては現在の段階におきまして、先生御案内のように、この特別措置法を適用するということにつきましては、このカネミ油症が、原因が非常に明確になっておる、加害原因者が明白であるといったようなこともございますし、また現在すでに加害者のほうから医療費あるいは生活の救済の費用といったようなものにつきましての措置もとられているのでございまして、むしろ問題は、現在ありまする診断基準というもののの中身、これを検討し、いままだ十分に把握されていない患者さんに対する救済措置の手を伸ばすといったことが一番肝心なところではないか。それからまた現在検診班が行なっておりまする、たとえば健康診断のあり方といったようなものにつきましても、もう少したとえばその回数をふやすとか、あるいはまた実際に検診に加わっていただいているお医者さんの方のメンバーをさらに−民間にカネミ油症の実態について非常に詳しい方々もおられるようでございます、こういった先生方の御参加を求める。このようにして、私どもは現在長崎県あるいは福岡県を中心といたしまして、いま対象から漏れている方々を十分に把握し、また救済措置につきまして、もしも不十分な点があるならば、それ

らについては第一義的には、加害者であるカネミ倉庫株式会社にさらにこれを求めるといったような手を打つことによりまして、カネミ油症患者に対する救済措置のさらに今後一そうの拡充について考慮いたしたいという趣意でございます。

　また一般的な問題といたしまして、このような事故につきましては、やはりその加害者がはっきりするまでの間、いわば、つなぎの措置として公害に係る健康被害の救済に関する特別措置法の考え方に準じまして、一般的な救済措置を考えるということは、前国会におきましても、その具体的な準備、具体的な作業にかかるということは申し上げてきておるところでございます。この点につきましては、今後も事務局といたしましては、一そうすみやかに結論が出るように努力してまいりたいと考えております。

　〇大橋(敏)委員　時間が非常に制限されていますから、聞いたことに対して答えてもらえばけっこうです。

　いま局長さんは、るる説明なさったわけでございますが、その説明の中身は、決して油症患者を軽視したんじゃない、われわれはわれわれなりに一生懸命救済してきたつもりである、こういうことのようでありますけれども、結果的にはそうじゃないのですよ。実態はそうではないのですよ。だから、私は、この前の厚生省の回答というものはけしからぬ、これはもう問題だと、つまり血の通った政治をやっているというのならば、もう油症患者がどれほど困り切っているかは十分皆さんも知っているのですから、少なくとも公害被害者に準じて行政上の救済措置を何とか講じましょうとか、あるいは被害者と発生源企業との話し合いのあっせんなどをやりましょうとか、そこには何か希望を持てる回答があってしかるべきだと、私はこう思ったわけです。

　油症患者は、御承知のとおり、いまカネミ倉庫を相手どって補償を求めているわけでございますけれども、いまのところ話がまとまるめどは全くないのであります。この四年間、肉体はもちろん、精神も生活も破壊されておりますよ。よその火事は興味本位に見ることができるでしょうけれども、実際わが家が燃えた場合にどうなるか。同じように、この被害にあった皆さんは、法律の上でどうの、あるいは行政的にどうのこうのといわれた問題ではないわけです。現実に苦しんでいるんです。それはいま言いましたように肉体的だけじゃないです。それこそ生活上も精神上もなのです。これをこのようなゆうちょう

な姿で何とかなるだろうというようなことでいったのでは、私は人間尊重の政治とはいえない、こう思うのであります。

そこで、先ほども話がありましたように、この四年間いろいろと研究もなされてきたかもしれませんけれども、治療法が四年間さっぱり変わらぬわけですよ。四年前の診断基準も同じでしょう。治療法も同じです。変わっていません。変わったといえばむしろ、いままでたくさん与えていた薬を、それは飲まないほうがよろしいといった程度のことだと思うのですがね。これは一体どうなるんですか、この治療法というのは。どうでしょう。

○浦田説明員　治療法は過去四年間カネミ油症研究班におきまして、それに対する特別な治療法を研究してきたところでございますけれども、いままでのところ根本的な治療方法はまだ発見されてないのでございます。しかしながら対症的な療法というものは、この症状に応じまして措置されているところでございまして、全般的に踏まえました場合には、油症患者の方々は、かなりその病状は改善されているというふうに報告を受けております。しかしながら問題は、先生の御指摘の健康調査の場合のその診断基準であろうと思います。これにつきましては、その後の新しい研究の成果も取り入れまして、たとえば内科的ないろいろな故障というものなども取り入れまして、カネミ油症の病状の実態に即しますように診断基準について再検討を加えてまいりたいと考えております。

○大橋(敏)委員　　大臣、これはあなたまだ詳しくは知ってないと思いますが、カネミ油症患者の苦悩というものは想像以上でございます。私は、これは直ちに公害に準じた扱いで救済していくべきである、こう思っているのです。先ほど局長から、認定患者についてはカネミ倉庫のほうから治療費も出ているし、生活救済の費用等も出ているというような話があっておりますが、これはきわめて表面的な話なのです。生活救済の補償などはまだ一銭も出ていません。カネミ倉庫は出しておりません。もしそういう報告があっているならば、これは欺瞞的な報告ですよ。実態を調べてください。出ていません。私は現地で患者に直接聞いております。また医療費だって、いま言うように、四年前に事件が発生した当時の皮膚疾患、皮膚がおかされている、それに対する基準をもって認定されているわけですね。それ以外のものについては医療費は出ていないのです。こういう中途はんぱな救済のあり方というものは、これはあって

なきがごときものなのです。

そこで私は大臣に一言、たくさん実例があるのですけれども、一つだけ例を引いておきます。これは長崎県南松浦郡玉之浦にいらっしゃる方で貞方さんという四十九歳の方ですけれども、去年の三月に油症患者に認定されております。医師の診断によれば、心臓、肝臓、すい臓などの内部疾患のほか、全身倦怠感、神経症状などに異常を来たしているということであります。そうして四十三年の春、隣の村のN商店のライトバンがカネミのライスオイルを運んでくるまで、貞方さんは元気そのものであった。若いころはとび職で鳴らし、油症になる前の四十二年には、宮崎県で力仕事の灯台づくりでかせいだ。そのかせぎで家族八人はしあわせだった。だが貞方さんの人生は、カネミのライスオイルを食べたというちょっとしたことから不幸のどん底へ百八十度転換した。治療も困難だった。離島の玉之浦では、一日がかりで福江市の五島病院に通うほかない。一日通院すれば治療費と交通費で千数百円もかかった。しかも、油症が完治できるという保証はどこにもない対症療法なのだ。貞方さんは金目になる家財は全部売り払って治療費に充てた。だが症状は肝臓、すい臓障害などへと悪化の一途をたどっていった。気づいたときには金目のものはすべてなくなり、借金だけが残った。そして五島病院に入院。生活保護へ転落した。そんな病苦と経済苦にさいなまれている貞方さんに、新たな不安が起きてきた。それは未認定患者の五人の子供たちにも油症の症状があらわれており、自分と同じように、廃人同様になるのではないかという子供の将来に対する不安である。

これは、わが公明党の機関紙の新聞記者がつぶさに調査してきたたくさんの実例がここにあげられているのですけれども、この一つです。こういうのを見てまいりますと、ほんとうに何とかしてあげなければ、これはもう一家離散者が続出してくるのではないか、私はこう思うのです。大臣の気持ちを聞いてみたいですね。

○塩見国務大臣 先般参議院の委員会におきまして、小平先生から、この前の先生に対する回答につきまして、ただいま大橋先生の言われたことと同じようなおしかりをいただいたのであります。確かにそういうふうに身につまされる文章のとおりであるということになりますれば、私どもの気持ちに全く反することになりますので、今後そういう扱いにつきましても十分に慎重な配慮を行なってまいりたいと思います。

それからなお、これも先般お答えを申し上げたのでございますますが、確かに治療方法が明確でない、相当の長期にわたって療養を必要とする等の事情等もありまして、ほんとうにこのカネミの患者が御指摘のとおり非常な御苦労をなさっておると私も拝察を申し上げておるのであります。したがって、これに対して一体政府としてどういうふうな対処のしかたをしていくかということは、これはさらに積極的に考えなければならぬと思うわけでありまして、もちろん加害者である責任者がこれに対してその責任を負っていくということは、これは当然のことだと思うのでございますが、さらにそれだけではたしてその財政能力からいたしましても、あるいはその処遇の具体的な問題につきましても、十分であるかどうかということにつきましては私どもも当然考えなければならぬ問題でございます。先般もお答え申し上げましたとおり、公害病を適用するというところは考えていないけれども、こういったようないろいろな難病に対して政府がとっておる対策というものに、そこに隔たりのない、調和のとれた、そうして十分にひとつ政府としてめんどうを見さしていただくというふうな立場から、今後ひとつこの問題について真剣に検討して、実際政府がやったんだというようなことを納得いただけるような方向でぜひ勉強さしていただきたいというお答えを申し上げた次第でありまして、また同時に、明年度の大事な一つの施策として、こういった非常な難病と申しますか、非常にむずかしい病気に対する対策を、予算の要求を通じて具体的にひとつ推進をしてまいりたい、かように考えております。

　○大橋(敏)委員　福岡県の認定患者が四百十九人と聞いております。九大に治療に行っている患者はわずか十数人だということでございますけれども、その理由は、九大ですすめられた治療法をやってみてもほとんど効果がない、モルモットにされるだけだということがどうやら理由のようでございます。実際私も患者の皆さんと懇談した際に、その家族の方々から示された実際の薬を見てきたのですけれども、これは発生当時です。対症療法的な治療だといまおっしゃいましたね。そうだからでしょうけれども、これだけの種類があるのです。二十種類飲めというのですよ。これは少々の、病人だって、二つか三つの薬をあわせて飲むならばまだ飲めるでしょうけれども、十も二十も飲めといわれてごらんなさい、どんなに症状がひどくたってちょっと考えますよ。しかし患者の皆さんは、なおりたい一心でこれを飲んだそうですよ。そうして最近に

なってどう言っているか。もう飲みなさんな、飲むと害になると言っているのですよ。一体何を信じたらいいのですかと言っているのですよ。ほんとうに段ボール一ぱい薬が詰められているのを見て、私はあ然としましたね。それは、原因ははっきりしていてもその治療法が確立されていないから、薬を飲めばどうとかなるだろうというようなことであげたのかもしれませんけれども、これではひど過ぎますよ。ですから先ほど診断基準を確立するんだ、また改正するんだという話が出ておりますけれども、九大にしましても、これは好意的に良心的に油症研究班をつくってやってくれているのですよ。ところがその研究予算というものはきわめて少ないのですよ。国、県合わせてこの前だって五百万以下ぐらいでしょう。こういうことで何で本格的な研究ができますかと、その先生方が言っておりますよ。先ほど大臣は予算的に大いに措置をしていきたいというような話があっておりましたが、この研究費に対してどの程度大幅にそれをなさろうと考えていらっしゃるのか、ちょっとお伺いしてみたいのです。

　○田邊委員長代理　簡明にお答え願います。

　○浦田説明員　過去、カネミ油症の治療研究費といたしましては、四十三年に二千四百万へ四十四年に三千二百万、四十五年に一千万、四十六年に約七百万というふうなことで、この二年ほど多少研究費が減ってきておるということでございますが、これは常に油症研究班のほうからの御要望もお聞きいたしまして、そのつど必要な費用について措置してきたのでございますが、来年度におきましてはさらにＰＣＢ研究費ということで、ＰＣＢの全体の調査費等とも合わせまして、これは億というオーダーでもって大幅な要求をいたしたいと考えております。

　○大橋(敏)委員　いま何か予算の関係の説明があっておりましたけれども、実態はそれこそ根本的な研究はできないという中身なんです。そこでこの次の予算編成にあたっては、その実態をよく掌握した上で適切な予算配分を希望します。要求しておきます。

　もう時間がないようですので、最後に一言言っておきますが、診断基準の改正にあたって、いま長崎県の五島玉之浦町で、骨がはれて痛みを訴えているという中学生がたいへん出てきている。いわゆる骨端症。内臓疾患はもちろんのこと、こうした骨にまで及んでいるという診断が出ておるようでございます。こういうのも十分配慮された上で新しい診断基準を早くきめていただきた

い。と同時に、それに対する治療法を確立していただきたいことを強く要求いたしまして、私の質問を終わるわけですが、それについて答弁をお願いします。

〇浦田説明員　診断基準につきましては、いろいろとその後新しい知見も加わっております。また、権威者の方も民間にもおられるようでございますので、こういった方々の意見も聞きながら再検討して、できるだけ早く結論を得たいと思っております。また骨端症その他につきましても、私どもとしても実情をさらに詳しく調べまして、救済の対象とするものであるならば、これは直ちに措置をとらせるようにいたしたいと思います。

〇大橋(敏)委員　最後に一言。患者たちは国からは救済の法的根拠がないときめられて、県からは世帯更生資金の返済を迫られて、裁判もいつ解決するかわからないという非常に行政的に見捨てられた、かわいそうな状態にあります。こういうのを十分理解を深めていただいて、あたたかい手を差し伸べていただきたいことをお願いして、終わります。

〇田邊委員長代理　次に、田畑金光君。

〇田畑委員　私は、新大臣に厚生行政一般についてお尋ねをしたいと思うのでございます。先ほど大臣のあいさつをお聞きいたしました。最近、田中総理をはじめ各大臣が、ほんとうにできることかできないことかわからないようなはでな宣伝を次から次になさっておいでです。秋の臨時国会で補正予算を出すのか出さないのか、出さないとも言うし、またそれを含めて、十五兆の予算を組むということも言っておるわけです。来年度の予算は十五兆円予算だ、実に本年度の三二％増、その中で、ことにこれからは社会資本の充実であるとか社会保障の強化、特に生活優先に重点を置きたい、こういうことを言っておるわけです。またこれに対して、とてもそのような財源はない、来年度の予算は重点的に効率的に予算を組まねばならぬことはわかるけれども、十五兆円という予算はとても財政規模としては考えられない、調整インフレなどということはまっぴらだというのが植木大蔵大臣の意向と伝えられておるわけです。また一方において、中曽根通産大臣は、補正予算を六千億から一兆円の規模を組んで、そうして当面の景気刺激、それによって円の再切り上げをとめねばならぬ、そのためにはある程度物価の値上がりなども甘んじなければならぬような言い方をしておるわけです。いろいろ言われておるわけであります。

ことに先ほど来の質問にもありましたように、最近総理をはじめ各大臣が社会保障等についていろいろな話をなさっておりますが、私は、やはりまず第一、補正予算を組むとすれば、社会保障を中心とする予算こそこの際政府としても最優先的に組むべきものではないのか、このように感じておるわけでありますが、まず、この点について塩見厚生大臣の考え方を承っておきたいと思います。

　○塩見国務大臣　来年度の予算の規模その他につきましてお話がございましたが、こういった問題につきましては、これはまだ具体的な段階に至っていないような気持ちが私はいたしておるのでございます。しかしながら、田中内閣ができまして以来、あるいはまた現在の一般の予算の状況からいたしましても、やはりここまで経済が成長してきた、こういうような段階にまでまいれば、どうしても資源の配分というものに考えをいたして、そうして国民福祉のほうに重点を置かなくちゃならぬということは、内閣におきましても、一般世論においても支持せられるところであり、また、いま田畑さんから社会福祉をまず優先すべきではないかという力強いおことばを賜わりまして、私どもは、そういった方向で明年度の予算に取り組んでまいりたいと思うわけでございます。

　ただいま補正予算でというお話がございましたが、補正予算の問題につきましては、まだ私どもは明確にその点を承知をいたしておりませんが、できるだけこのチャンスがあれば、まずその機会に福祉行政の充実発展ということに努力をしてまいりたいと思う次第であります。

　○田畑委員　大臣のあいさつの中身を見ますと、第一に老人対策、これをあげて、そして年金制度の問題を取り上げておいででございますが、来年は年金の年だ、こう言われてきたわけです。まさにそのとおりだ、こう思うのであります。ところでこの間の六十八通常国会では、大臣御承知のとおり、医療関係の法案というものは全部廃案になってしまったわけです。

　[田邊委員長代理退席、竹内委員長代理着席]

　健康保険の財政対策法案も、また長い間懸案であったいわゆる抜本改正を目ざした健康保険法等の一部改正も、あるいはまた医療供給体制の整備を目ざしたといわれていた医療基本法案、この三つとも一蓮托生、全部廃案になったわけです。すでに政管健保の四十六年度の財政の収支決算については、先般新

聞等で明らかにされておりましたし、あるいはまた日雇健保の問題等について
も財政の実態というものが明らかにされておるわけであります。一体、この間
の国会で廃案になった医療法案というのは、本来からいうならば、臨時国会に
おいて当然処理さるべき法案ではないのか。国鉄運賃あるいは国鉄再建整備の
法案ととに、この間の国会の最重要法案が医療関係法案であり、健保法案であ
り、あるいは国鉄の財政再建法案、運賃値上げ法案、これは当然今度の臨時国
会等で始末をつけて、そうして来年は年金の年だから、年金に政府も厚生省も
全力投球するのかな、こう考えて見ていたところが、さっぱりどうもその辺が
はっきりしない、こういうことです。一体、この医療関係の法律についてはど
うしようというのか、政府並びに大臣の姿勢はどうなのか。見ておりますると
、これらもまたすべて公共料金値上げに通ずる、あるいは野党が反対する、
国会がトラブルを起こす、だから選挙前にはこういうようなものは扱うまい。
万事が選挙を焦点に置いて法案も取り扱われておるような傾向を強くわれわれ
は見受けるわけでありますが、大臣としては、この問題についてどのようにお
考えになっておるのか、明らかにしていただきたいと思うのです。

　〇塩見国務大臣　健康保険その他の問題につきましては、私も就任以来、こ
の問題の処理をいかがすべきかというようなことにつきましてはいろいろと考
えてまいったのでございます。御承知のとおり、廃案になったというふうな経
過をたどっております。しかしながら、やはりこの政府管掌保険につきまして
も、赤字をそのまま累積させていくということになりますと、どうしても医療
保険全体の充実発展というものにつきましても足かせになり手かせになるので
はないか、やはりこれはこの問題として早く解決をしなければならぬのじゃな
いか、かように考えておるのでございますが、ただ、御承知のとおり前の国
会で、衆議院で修正になり、また廃案になった。こういう経緯等もございます
ので、これをできるだけ早い機会に国会の御承認を得たいという気持ちは、も
ちろんそういう気持ちでございますが、それにつきましては、なお、政府だ
けの問題でなく、あるいは与党の方々、あるいはまたこの法案がはたしてどう
いう形で通っていくか、各党の御協力を得られるかどうかというような点等も
この期間に十分にひとつ検討させていただき、また各方面の御理解もいただい
て、そうしてできるだけ早い機会に、臨時国会があれば臨時国会の機会にこの
問題の処理をするように、そういう方向で努力をいたしたいと考えておる次第

でございます。

　〇田畑委員　いまのお話は、あれでございますか、この間の国会で流れた健保の財政対策の法案については、衆議院段階でも修正等がなされたが、そういうようなことにかんがみ、できれば臨時国会等でこの法案を提出したい、こういうことなのか。また、われわれ野党の側としては、財政対策法案だけ先に取り出してやることは、いままでの経過から見てもあまりにもかって過ぎるんじゃないのか。当然それは医療の供給体制を含めたいまの医療保険制度のもろもろの問題点等についてもこの際抜本的に改正する、そういうような全体的な、わが国の医療をどうするかという立場に立つ法律を提案するのが筋じゃないのか、こういうような本質的な問題等も提起しておるわけでありますが、大臣としては、まあ臨時国会が開かれるならば財政対策法案だけはまず提案を先にしたいということなのか、それがまた政府の姿勢なのか、あるいはまた、その他の医療制度等についての法律改正等についてはまた大臣のもとで新たな構想に立って医療関係の法案については準備を進め、提出をなされようというのか、このあたりはどういう方針でおられるわけですか。

　〇塩見国務大臣　ただいま御指摘になりました問題、これは非常に困難かつ重大な問題だと考えるわけでございまして、もともと財政対策の法案にいたしましても、前国会では他の二法案とともに提出されておるというようないきさつもございまして、臨時国会で財政対策だけを出すのかどうかというようなことは、もちろんまだ何もきめてもおらないわけでございます。また、ああいう経過で廃案になったいきさつ等もございますので、したがってこれは与党のみならず、あるいは各党の皆さん方も、はたして提案をして、さらにまた再び流産になるというようなことでは－私どももそういうことのないように、できれば皆さん方の御承認もいただきたい、こういうふうな気持ちでおるわけでございまして、このもろもろの扱いにつきましては、今後政府だけの問題ということでなく、すでに国会で審議をせられた経過もございますし、国会の皆さん方の御意見もよく承り、また野党のほうとも御連絡を申し上げ、そして最終的な態度をきめてまいりたいと思うわけでございますが、まだ臨時国会がいつ開くというふうなめどもついている状況でもございませんし、この機会に十分に各方面と御協議を申し上げて、そうして対策をきめてまいりたいと思う次第であります。

○田畑委員　臨時国会を開かねばならぬというのは、もう私は、これはいかに総理が解散ムードを打ち消すために、年内に臨時国会を開かぬ開かぬと言っても、そんなことはあり得ないと思うのですね。公務員給与の問題をとっても、生産者米価の引き上げの問題をとっても、あるいはまた災害対策予算の問題を取り上げてみても、さらにはまた、もっと景気を刺激しなければ円の再切り上げに追い込まれるかもしれぬなどという中曽根通産大臣の意見などを強く財界も支持しておる姿を見ると、補正予算を提案しない、臨時国会を開かないなどということは想像されないと思うのですね。すべて、私の見るところ、開かない開かないということが即開くということにほかならない。政府や総理の言うことばほどまともに信用できぬ話はない、こう私は見ておるので、開かぬというのは開くということ、解散しないというのは解散するということ、これにほかならぬわけです。

　この際、私は臨時国会が開かれることは間違いない、こう思うのだが、そういう前提で私は、一体その臨時国会に対して、まず第一に、当然補正予算というのが出るであろうが、その補正予算というのは、やはり国民の期待するのは、総理をはじめあなた方の公約を、この補正予算が第一歩として実行する機会だ、こう思うのです。そのためには、やはり生活優先の予算、あるいは減税という問題もあろう、あるいは数々の社会保障についても、いろんな面からいろんな人がいろんな約束をしておる。たとえば先ほど原爆の話が出ましたが、原爆の問題もそうでしょう。あるいは難病奇病、公害病等については全部国が今度は見ますよ、そうしてこれが施設を来年から整備いたしますよ、こういうことも約束しております。ならば、やはり第一歩として、今度の補正予算等でそれが踏み出して初めて、ほんとうにやるかやらぬかということは国民が判断することでございますが、私はそういうことを考えてみますと、当然今度の臨時国会等において、一体厚生省関係は何を出すのか、何をするのか、これが一番大事な問題だと思うし、これを国民は注目しているわけでありまするが、この点について、臨時国会を想定して、先ほど申し上げた医療関係の法案等についての再提出を考えておるのか、あるいはまた第二の問題として、社会保障等についてこの臨時国会において何か出す準備があるのかどうか、この点をはっきりしていただきたい、こう思うのです。

　［竹内委員長代理退席、委員長着席］

○塩見国務大臣　臨時国会を開くとか解散とかいう問題、実は厚生大臣としてお答えするのは少し行き過ぎではないか、こう思うわけでございますが、私は、そういうチャンスがあればやはりそのチャンスを厚生行政の前進に向けていかなければならぬのじゃないか、かように考えておるわけであります。また、臨時国会を開くとしてその期間はいつになるか、あるいはまた補正予算の内容を、従来の例のごとく、あるいは公務員給与並びに災害その他に使って、そうして短期間で行なうような臨時国会の性格になるのか、このあたりのことはまださだかにわれわれは予測はできないような状況でございまして、したがってこの補正予算に福祉行政の何と申しますか大幅ないろいろな計画、それには法律も伴いましょうし、そういったようなものを実現をすることができるかどうかということについては、私はこれはまだいま何とも申し上げられぬ状況でございますし、私のほうといたしましては、ようやくいま予算の要求段階に来、そしてこれを大蔵省に折衝しなければならぬ、また皆さま方の御支援もいただいて福祉行政を実らせなければならぬということで、こういったような明年の施策の内容充実ということに懸命の努力を尽くしたいというふうな気持ちで、いま努力をいたしておる次第でございます。

○田畑委員　大臣がテレビで会談なされたり新聞で抱負を述べられたり、いろいろ拝見し、また読んでおりますが、老人福祉の問題を最重点に取り上げる、このようなお話をなさっておるわけです。具体的に来年、塩見厚生大臣の手で老人福祉については何を重点的に取り上げようとなされておるのか、それは一つは福祉年金の引き上げの問題、それからもう一つは、ことに老人福祉の問題で、この間の国会では老人福祉法の一部改正で、満七十以上の人についての医療の自己負担分についての公費負担制度が実現を果たしましたが、来年は老人福祉について何を重点に置いて考えをなされようとするのか、これが第一点ですね。

第二点としては当然、来年は年金の年だとあなたはお話なさっておりますが、まさにそのとおりだと思います。厚生年金は四十九年、国民年金は五十年が財政再計算期の年であるけれども、四十八年度はひとつ年金の年として、もう年金制度も大幅に改善しよう、言うならば、いま二万円年金といわれておるが、これを倍額にしよう、こういうようなことを言われております。しかし倍額にするといたしましても、大臣も御承知のように、わが国の年金制度という

のはまだ未成熟である。年金額もきわめて低い。厚生年金等は、二万円年金というけれども、現実に四十六年三月末の資料によれば一万四千円というのが実情である、こういうことを考えてみまするならば、田中内閣の公約から見れば、年金等について大幅に強化するということはこれは当然なことだと思うが、その際どういうような考え方に基づいて年金の額を引き上げていくのか、スライド制の問題はどうなのか、完全スライド制に移行するのかどうか、あるいはいまのようにこの物価の値上がりの激しいときに、二十年、三十年の積み立てというようなやり方で老後の保障をやっていくいまのような積み立て方式でいいのかどうか。あるいは来年の年金制度の改正を機会に、大幅の修正賦課方式の方向に踏み切るべき時期に来ていると思うのだが、こういう問題等についてはどこまでお考えになっておるのか。幸いこの間厚生省の発表によれば、わが国の平均寿命は男がようやく七十をこし、女子が七十五歳をこした、非常に朗報ではありますけれども、ただ平均寿命が高くなったというだけで喜び得るような状況ではない。こういうことを考えてみると、大臣の老人福祉というものはどこに来年は特色あるものとして具体的な提案をなされるのか、この際それをひとつ明らかにしていただきたい。来年度の予算編成作業ももう事務段階では煮詰めておるわけでありますが、当然大臣としては、これを私は重点に置くということを事務当局に御指示なさっておると思いますが、その点についての大臣の考え方をお聞きしたい、こう思うのです。

　〇塩見国務大臣　せっかくのお尋ねでございますが、年金の問題でございますが、いまお話がございましたとおり、実は私どものほうで来年の予算に対する準備をいま行なっておるわけでございます。なお関係各方面とのいろいろな御連絡あるいはまたいろいろの折衝、あるいはまたそういったような問題がたくさん残っておる段階でございますし、あるいはまたこの年金に関する審議会の答申が大体十月ごろに予定をされておるような状況でございまして、したがっていまこの公式の場で幾ら幾らというふうな具体的なことについてはひとつ遠慮させていただきたいと思うわけでございます。

　ただ、いまお話がございましたように、この年金問題は非常にむずかしい問題を多々かかえておるわけでございまして、積み立ての問題あるいはスライド制の問題、保険料払い込みに賦課方式をとるかどうかというふうな論議も行なわれているわけでありまして、今後年金問題というものは、老齢人口の増加

と一緒にその内容につきましても十分に検討を重ねていかなければならぬ問題だと思うわけでございます。しかしながら、それにもかかわらずやはり年金制度を前進をさせていくということは、これは老人の皆さん方の希望であるのみならず、私は世論といたしましてもやはり老人問題というものを手厚く考えていくという方向で政策を進めるべきだというふうに私も理解をいたしておるのでございまして、そういういった方面で努力を重ねてまいりたいと思います。

　また、老人問題について何を重点に置くかというお話がございましたが、やはりこの年金の問題あるいは福祉年金の問題と両方ございますが、そういったような問題等についても前進をはかっていかなくちゃならぬと思いますし、また医療の問題にも問題点がいろいろございます。そういった問題もできるだけ前進する方向で解決をしていかなくちゃならぬと思いますし、さらにもう一点は、これはやはり老人に生きがいを与える政策というものも重点として考えていかなければならぬじゃないか。もちろんこれにはいろいろな方法がございます。いろいろな方法がございますが。その中でも、私は老人が健康である限り、職場を開発して働きながら、あるいは社会に奉仕をしながら自分の生きがいというものを感ずるような、そういうふうなお手伝いを国としても当然していかなければならぬじゃないか。また老人のいろいろな活動、そういうふうなものを助成をするとかいうふうなことももちろん考えていかなければならぬと思うのでございます。さらにまた、老人の中でも寝たきり老人でありますとか、あるいはひとり暮らしの老人とか、こういった方々については、またそれ自体いまの施策を拡充していくというふうな方向で、考人問題といいましてもいろいろな問題がございまするが、こういった点を十分に勉強して、そして調和をとりながら前進する方向で努力してまいりたいと思っている次第でございます。

　○田畑委員　大臣の答弁を聞いておりますと、もうそれはどこにも書いてあることなんです。そしてだれでも言っていることなんです。問題は、来年度どれに重点を置いて、予算面等においてどういう具体化をはかっていこうとされるのか。新聞やテレビなどではまことに具体的な数字をあげておるのに、一番大事な国会を通じ政府や関係大臣がものを言わぬということは許されないことだと私は思うのですね。総理大臣をはじめ、なぜ堂々と国会の中で自分の所信を明らかにしないのか。

たとえば、いま老齢福祉年金の問題を出しておられたが、これはすでに昨年の国会において当時の内田厚生大臣は、四十七年度予算から五千円にすると約束をされた。それがことしの十月から三千三百円になる。あなたは来年は五千円にするということを新聞、テレビではっきり言われておる。これはそれで予算を要求するのか。最近の社会保障の重点施行という全体の動きを考えられて、福祉年金等についてはもっと引き上げ措置を考えていらっしゃるのかどうか。あるいはまた、これはあなたもちゃんと新聞やテレビでお話なさっておるが、せっかく来年の一月から始まる満七十以上の人方の医療の公費負担についても、御承知のようにこの法律の適用を受ける人は三百八十万－－三十万以上の、満七十以上の年寄りで適用を受けられないいろいろな除外者がいるわけだが、こういう人方については一体どうするのか。あるいは満七十以上についてはもっとこれを引き下げたいとあなたは言われているが、来年の予算措置等については、これを一体どうするのか。この国会の中で、なぜもっと数字的にはっきりとあなたの所信を明らかにできないのか。そんな抽象的な、長々しい、一般にいわれておるような答えを求めているのではない。具体的に何をなさろうとするのか、それをこの際はっきり答えてもらいたいと私は思う。

　○塩見国務大臣　いま田畑先生から、あっちこっちで言っているのに、もう少し具体的になぜ言えないのか、こういうお話がございました。もちろん、私自身としての構想あるいはそういったものは持ってはおるわけでございまするが、もうすでに御承知のように、ちょうどいま予算編成のまっ最中でございまして、おそらく今月末までに厚生省案というものをつくって大蔵省に要求する段階でございます。それからまた、その中間におきまして関係方面の御意見等も伺って、厚生省案というものをひとつコンクリートにしたい、いまこういうふうな段階でございまして、決して委員会を重視しないという意味では毛頭なく、むしろそういうふうな固まった機会に正確なお答えをしたほうが、かえって委員会の重視にもなるのではないかというふうに、私ただいま考えておるものですから、まことに歯切れの悪いお答えになった次第でございます。

　ただ、いまの問題の中で、福祉年金につきましては、すでに私のほうの関係委員会等におきましても五千円という線を出しておりますし、私はこの五千円をぜひとも明年は実現をしたい。これは厚生省の予算として大蔵省に提出をし、そしてこれが実現に努力したい、かように考えておりますし、また年金に

つきましても、諸外国の例から見ましても――まだこれは委員会からの答申をいただいておりませんので、委員会からの答申をいただいた上で具体的にきめたいと思っておるわけでございまするが、そういう現在の過程におきましては、いまの二万円を少なくとも倍額程度には増額するようにひとつ努力をしたい、こういうふうな気持ちでいまおるわけでございますので、御了承いただきたいと思います。

〇田畑委員　私は年金局長にお尋ねするのでございますが、炭鉱年金基金というのがありますね。これはちょうどことしが財政再計算期なんです。四十二年にこの法律ができて、四十七年が財政再計算期です。昨年の私の質問に対して当時の北川年金局長は、すぐにでもこの財政再計算をやって引き上げ措置を講ずるような答弁をされたが、ついにやらぬままに、今度はどこかの局長に横すべりした。まあ栄転されたそうです。

そこで、この炭鉱年金基金は、この十月から支給が始まるわけです。この間から私は資料をもらっていろいろ見ましたが、四十二年当時できたこの法律で、坑内の人はわずか二千五百円、坑外夫は千二百五十円。こんな話はないでしょう。いま問題になっている福祉年金の額すらも、すでにこの十月から三千三百円に引き上げ措置が講じられてくるわけですね。これについては当然すみやかにこの年金基金法に基づいて是正措置が講じられるものと見ておるわけでありますが、あなた方のこれからの作業はどうなっておるのか、明らかにしていただきたい。

〇横田説明員　石炭年金の問題でございますが、ただいま御指摘のように、この十月から五年年金が支給開始になるわけでございますので、御指摘の金額の引き上げの問題につきましては、支給開始時期に間に合わせまして改善を行なうつもりで作業を進めております。

〇田畑委員　ひとつその点は約束を守ってもらいたいと思います。そしてまた金額等についても、いまの経済情勢、社会情勢を十分配慮して善処されることを強く希望しておきます。

さらに大臣にお尋ねするわけでありますが、すでに大臣御承知のように、社会福祉施設緊急整備五カ年計画というのがありまして、四十六年度から五十年度を目途に施設の整備計画が立てられておるわけであります。私は、こういう計画などは当然四十八年度を起点として内容を充実し、見直すべきだと思い

ますが、厚生省としてもそのような用意があるかどうか、これが第一点ですね。

　第二点として私がお尋ねすることは、最近の大臣方の発言を見ると、もう全部選挙対策のためできもせぬことをラッパばかり吹いておる、こういうかっこうですね。これはほんとうに社会保障のような人間を大事にする政策の問題で、選挙対策中心に何でもかんでも、やれもしないのにやれそうなことを言っておる。

　まず第一に、先ほどこれも質問があったようでありますが二階堂官房長官が広島の原爆の慰霊式、平和式典に出席した際、原爆の被爆者の二世、三世の問題等について、爆心地から二キロ以内の二世や三世の人方については毎年一、二回健診をして、ひとつ治療費も国がみる、こういうような発言をされたというのが載っておる。これは何か先ほど質問したところが、正確でないということで逃げておるようでございますが、さらにまた七月二十七日には田中首相が厚生省幹部と懇談会をやり、寝たきり老人や難病奇病患者の治療費は全額国庫負担にする方針で具体策を練りなさい、立てろ、こういうことを指示された。それを受けて八月二日に政府・自民党の連絡会議で、四日市公害裁判が出た直後でもあったので、それも確かに影響しておると思いますが、こういう公害病について、あるいは光化学スモッグの問題、このような公害やあるいは難病奇病等については、あるいは重度心身障害者等については全額国が医療費をみるように、そしてまたこれが収容施設について来年度から計画を立ててどんどん強化してやりなさい。まことにそれは朗報も朗報、われわれとしても大いに期待しておるわけでありますが、かりに四十七年度予算を見るならば、難病奇病対策予算として五億六千万の予算がとられておるわけです。この委員会でもスモン病あるいははベーチェットその他のいろんな病気等について権威者の方々に来ていただいて御意見も承ったし、将来どうあるべきか等についてのお話なども教えていただいたわけでありますが、こういう問題等について来年は思い切ってやれ、全部公費でみろ、施設を整備しろ、こういう田中総理からの指示があったというお話でありますが、この指示を受けて、これからどう厚生省は来年度から具体化していこうとするのか、この際これをひとつ明らかにしていただきたい。

　〇塩見国務大臣　ただいまの、田中総理大臣が厚生省の幹部と会った際に、

難病奇病について全額国庫負担というお話があったのでございまするが、しか しながら田中総理の言われたのは必ずしもそういうようなことではなくて、難 病奇病等についてはさらに積極的に、必要な施設で拡充を要するものは施設の 拡充をする、あるいはまたこの負担について、高額な患者負担あるいは長期の 負担というような問題については、できるだけひとつ公費でこれを持ってい け、こういうような指示で、難病奇病対策にひとつ力を入れろ、こういうよう なお話であったわけでありまして、私どもも当然このいわゆる難病奇病、これ を少し範囲を拡大して、いわゆる難病奇病以外に、要するに高額な治療費を要 するとか、あるいは治療方法がまだ発見をされていないとか、あるいは長期の 療養を要するとか、こういったような非常にお気の毒な方々についてはさらに 積極的にこの難病奇病というような－これはいかにも常識的な表現でございま するが、そういったような難病奇病につきましては積極的に来年はひとつ施策 を推進をしていこうじゃないか、こういうようなお話でございまして、私ども もかねがねこの面の施策をさらに拡充していく必要があると考えておったわけ でありまして、明年度の予算の要求等にあたりましては、これら各方面の御意 見も伺いながら、こういった面の施策の拡充に努力してまいりたいと思ってお る次第であります。

　　○田畑委員　大臣、私が第一にお尋ねしましたのは、社会福祉施設整備五カ 年計画というのがございますね。これは四十六年度から五十年度まで、その計 画の中身は何か、こういうことを見ますと、「収容する必要があるねたきり老 人、重度心身障害児(者)は全員収容する。」「社会経済情勢の変化に対応して保育 所及び関連施設の充実を図る。」「危険な老朽木造施設の建替えの促進を図る。」 「職員住宅、職員養成施設等の充実を図る。」

　　[委員長退席、橋本(龍)委員長代理着席]

　　このようにして、四十八年度は第三年度に入るわけでありまするが、たと えば寝たきり老人対策あるいは重度心身障害児の施設の整備等は、先ほどの田 中総理の、ひとつ来年はうんと計画を充実強化してやれという趣旨からいうな らば、当然このような施施整備計画等ではもう時代おくれだ、四十八年度を起 点として、もっと新しい中身のある計画を立てろというのが、田中総理の指示 を受けて厚生省、厚生大臣が取り組むべき問題だと私は思う。来年度の予算編 成にあたっていま一生懸命作業をなさっておられるようだが、これを練り直す

用意があるのかないのか。これを練り直さなかったら、田中総理の指示に忠実に従っていないということになるのじゃないか。やるのかやらないのかということを承っておる。それが第一の質問です。厚生大臣はこの委員会での答弁を非常に慎重にかまえておられるが、もっと大臣も、田中総理ほど大きなラッパを吹かなくてもよろしいが、あれの半分ぐらいラッパを吹いてやらないと、厚生行政は前向きにいかないと私は思うのですよ。この点、この整備計画をどうするのかという問題が第一点。

それから第二の問題として、新聞で伝えられておるいろんな報道を見ますと、難病奇病、重度心身障害児対策について、医療費の公費負担の強化あるいは施設の積極的な拡充等について、いまの大臣の答弁だったならば、いままでと何の変わりもないじゃございませんか。私は、この点についてもっと努力を払うべきだ、こう思うのだが、これが第二点。

第三点として、ここまでくれば、日本列島改造論というような、私たちわかるようであまりよくわからない。いい面もあろうしまた他面、これも結局いままでの経済成長中心の考え方にすぎないのじゃなかろうか、あるいはまたあのような考え方でいって、はたして自然環境や人間尊重の社会環境ができるだろうかという疑問を持つわけでありますが、それはそれとして、この際わが国の社会保障というものをどう持っていくかという、もっと高い立場に立った年度計画なり、社会保障の五カ年計画なり十年計画なり、その目標年次においてはかくのごとくわが国の社会保障もまた到達するのだ、こういうような計画なども、この際、日本列島改造論と並行しながら立てて、わが国の福祉国家建設の目標を明示する時期に来ているのではないか、こう考えておるわけでありますが、この点について大臣の考え方をこの際率直に承っておきたいと思います。その御答弁によって私の質問を終わりたいと思いますが、もっとひとつ明確に勇気を持って将来構想をこの際明らかにしていただきたい、こう思うのです。

○塩見国務大臣　いまの五年計画につきましては、これは御承知のとおり、その内容についてすでに大蔵省と了解ができ、相当進歩的な計画であると私は考えておるわけでありまして、それはそれなりにこれを評価をして前進をさしていかなければならぬと思っております。と同時に、ただいまお話がございましたとおり、いまの五カ年計画だけでは従来のとおりの政策ではないか、これ

では一向前進はないのではないか、練り直すべきではないかというお話がございましたが、これは全く御意見のとおりだと思いまして、そういう御趣旨でいまの五年計画を検討してまいりたいと思います。

　それから第二点が十分お答えできるかどうか、私ちょっとはっきり御質問の趣旨を十分に理解し得ていないかと思いますので、第三点から先にお答えをさしていただきます。

　確かに日本の経済というものもここまで成長してき、またその成長についていろいろな問題が起こっておるわけでございまして、したがって、福祉計画というものもやはり長期的な展望に立った日本の福祉計画というものを考えていかなければならぬと思うわけであります。新全総におきましても、若干そういう長期的な数字も出ておるわけでございますが、いまのお話の日本列島改造というようなものにも関連をし、この新全総につきましても、日本として将来の福祉はどうあるべきか、どういうふうなスピードでこれを進めなくちゃならぬじゃないかということは、私は国全体の計画としてもこの福祉の面について新しい計画の中へこれを取り入れていかなければならぬと思うのでありまして、厚生省としての計画を立てるのはもちろん必要でございまするが、それと同時に、日本全体の今後の経済計画の中に福祉というものをどう考えていくかということを取り入れ、この新全総のさらに再改定というような場合におきましては、十分この点を御論議を願い、そして新しい福祉計画というものが樹立されるように私どもも努力していかなければならぬと考えておるわけでございます。

　第二点はどういうことでございましたか。

　○田畑委員　第二点はよろしゅうございますから……。

　ただ、お願いしたいことは、道路計画にしても港湾計画にいたしましても、上下水道計画にいたしましても、年次計画というのはしばしば、二年たち三年たつともう計画が手おくれである。そういうときにはその時点に立って、もっと予算の規模も、そしてもっと構想も大きくしたもので練り直されておるわけです。国鉄再建十カ年計画においても、四十四年から始まったのが、すでに三年後にして練り直さねばならぬ。そして新しい立場に立って、先般の国会で国鉄再建十カ年計画は提案されたわけです。私は、何よりも計画の更新を急がねばならぬことは社会保障の諸計画であろうと思うのですね。そういう意味

において、願わくは、社会施設整備五年計画なんというのはもう手おくれになっておる。田中内閣ができた、それだけじゃない。社会情勢がまるっきり変わってきておる。そういうことを考えてみるならば、この際、新全総計画あるいは日本列島改造論と雄大な構想も提案されておるわけでありますが、何よりもその前にわが国の福祉計画を、どういう目標に向かってどういうプロセスを経て充実強化するかということが、これから一番大事な課題じゃなかろうか。やはりそれを厚生大臣が中心となって促進する大事な役割りをになっておられるわけでありまするから、そういう意味におきましてもっと大胆卒直にひとつ大臣の夢を、理想を、願望を、具体的な政策の面で実現できるように御努力を願いたい。このことだけを強く希望を申し上げまして、私の質問を終わります。

(이하 생략)

3. 진정서

一七九二年 八月 九日
陳情書

社團法人
韓國原爆被害者援護協會

　　陳情書
　　朴大統領 閣下

　變轉無雙한 國際情勢와 激動하는 國內情勢에 對處하여 其時 其時 果敢明快하게 國事를 處理해 가시는 大統領閣下에게 깊은 信賴와 끝없는 尊敬을 表합니다.
　　大統領閣下

우리나라에는 太平洋戰爭末期 日本広島와 長崎에서 原子爆彈에 被爆되어 歸還生存한 約二萬餘名의 原爆被害者가 있읍니다.

其當時 徵用, 徵兵, 挺身隊等의 名目으로 强制動員되어 酷使當하다가 広島, 長崎에서 被爆된 韓國人은 無慮 十萬名에 가까운 數字이고 日本全體被爆者의 約一割을 占하고 있읍니다.

異域萬里 異國땅에서 故國에 있는 父母兄弟를 목메어 부르다가 無慘히도 죽어간 불쌍한 同胞가 無萬名 살아남은者中 一部는 日本에 머물고 있고 그中 一部가 故國에 돌아와 살다가 原爆後遺症으로 억울하게 숨겨가고 지금 千辛萬苦로 살아남은게 約二萬餘名입니다.

原爆後遺症은 外傷이 없이 겉으로는 아무렇지 않은 것 같드래도 늘-疲勞하기 쉽고 모든 病에 걸리기 쉬우며 一段 病에 걸리면 잘 낫지를 않으며 特히 白血病, 癌等難治의 病에 걸리는 率이 一般사람보다 越等히 높습니다.

最近動物實驗結果 後孫에 對한 謬傳도 立證이 되어서 原爆被害者는 活動力이 없고 自身과後孫에 對한 不安感으로 恒常 恐怖에 떨고 있읍니다. 그러한 然由로 韓國原爆被害者中 約八, 九割은 病苦와 貧困의 惡循環으로 悲慘한 生活을 하고 있읍니다.

日本에 있어서는 原爆被害者들의 이러한 特異性을 認定하여 原爆醫療法, 同措置法 其他로서 健康을 管理해 주며 同生活援護法을 推進中에 있읍니다. 各地에 原爆病院, 養護쎈타, 診療所, 職業輔道所를 設置하고 昨年一年만의 厚生省原爆豫算만 日貨八十六億円입니다.

大統領閣下

日本사람들은 自己네들이 저지른 戰爭때문에 입은 被害이기 때문에 어느 程度의 諦念도 할수있겠지만 우리는 當時 나라없는 百姓으로 끌려가 억울히 犧牲되었는데 聯合軍의 勝利로 解放된 우리가 賞은 받기커녕 오히려 無視當하고 있으니 얼마나 억울한 일입니까? 報償은 次置하고라도 日本사람이 받는 救護費가 八十六億円이라면 그一割을 占하는 우리被害者는 八億円이라도(一年間) 받아야 할텐데 그기간 우리는 단돈 一錢어치도 救護를 받지를 못했읍니다.

大統領閣下

우리나라가 解放되었다고는 하지만 그동안 六, 二五動亂을 치루었고 再建建國途上 가난한 살림에 어디 戰災民, 戰傷者가 우리 原爆被害者들 뿐이라고

敢히 저희들 被爆者만을 優待해 줍시사 하겠읍니까

그러나 原爆後遺症의 特異한 点은 日本政府도 認定하는바와같이 被爆으로서 病狀이 固定된 것이 아니고 늘- 潛在해 있으며 進行中에 있고 後孫들에 對한 遺傳까지 念慮된다는 것입니다.

이러한 딱한 處地에 있는 韓國原爆被害者들을 放置해 둔다는 것은 人道的 立場에서도 있을 수 없다하여 韓, 日 兩國매스콤에 依하여 擧論되고 良心的인 日本人들이 罪責感으로 이 問題를 다루어

訪韓慰問激勵, 醫師團派韓, 募金運動, 診療所, 病院等의 建立推進等의 運動을 展開하고 있읍니다. 그러나 이러한 運動은 民間의 慈善運動으로서 根本的인 解決은 되지 못합니다.

大統領閣下

저희들은 그동안 累次에 걸쳐서 閣下께 이러한 딱한 實情을 陳情하였아오나 其時마다 閣下께 上達되는 일이 없이 靑瓦臺秘書室에서 保社部에 調査善處하라고 廻付되어 왔을 뿐입니다. 保社實務者들도 저희 處地를 同情하고 딱하게는 생각해 주고 있읍니다만 該當되는 法條文이 없고 豫算도 없어서 束手無策으로 放置되고 있읍니다.

閣下

이 問題는 實務級에서는 到底히 處理될 수 없아오니 閣下께서 關係部處에 下命하시와 國內外로 調査시켜 眞相을 아신다음에 對策을 下命해 주셔야겠읍니다. 저희들의 所願은 아래와 같습니다.

一. 外務部로 하여금 韓日會談에서 擧論된바 없는 原爆被害者에 對한 被害報償을 日本政府에 要求토록 해주시기 바랍니다.

二. 保社部가 原爆被害者問題를 調査立案토록 豫算을 내려 주시기 바랍니다.

三. 保社部로 하여금 國內被爆者의 實態를 徹底히 調査토록 하여 주시기 바랍니다.

四. 保社部로 하여금 日本의 原爆醫療施設과 其他援護實態를 調査토록 하여 주시기 바랍니다.

五. 國會로 하여금 最小限 日本의 原爆醫療法, 同措置法과 같은 援護法을 立法토록 하여 주시길 바랍니다.

六. 大韓赤十字社로 하여금 日本赤十字에 交涉하여 被爆者에 對한 援護支

援을 받도록 하여 주시길 바랍니다.

七. 저희들의 唯一한 集合體인 社團法人 韓國原爆被害者援護協會를 指導育成하여 주시기 바랍니다.

八. 協會가 日本民間의 援助로서 計劃中인 被爆者福祉쎈타- 建立을 支援해 주시길 바랍니다.

以上 諸條項中 第一項을 除外하고는 後宮 日本大使도 好意的인 反應을 보여주고 있아오니 閣下께서 格別하신 配慮下에 二萬餘被爆者를 救援하시는 英斷을 내려주시길 바랍니다.

國事多難하여 晝夜로 勞心焦慮하시는 閣下의 心勞를 번거로히 하여 罪悚하오나 딱한 處地에 있는 저희들 被爆者一同은 閣下의 慈悲로우신 下命만을 苦待하옵고 엎드려 哀訴하는 바입니다.

一九七二年 八月 九日

於 曹溪寺慰靈祭式典에서
　　韓國原爆被害者 一同
　　同 遺家族 一同
　　同 二世 一同
　　右代表 辛泳洙
서울特別市中區仁峴洞二街一三五의 四
社團法人 韓國原爆被害者援護協會內

4. 보건사회부 공문—진정서 회신

보건사회부
번호 의정1428~165248
일시 1972.8.28.
발신 보건사회부 장관
수신 한국원폭피해자 원호협회장 신영수(중구인현동2가135의4호)
제목 진정서 회신

귀회에서 8.9.자 청와대에 제출한 진정서가 당부에 이송되어 내용을 검토하고 다음과 같이 회신합니다.

　가. 진전 내용의 대부분이 원폭피해자에 대한 보상문제 등으로 현 국내 실정을 감안할 때 당부에서는 단독으로 처리할 수 있는 문제등이 아니며

　나. 그중 대한적십자사로 하여금 일본적십자사와의 교섭으로 피해자에 대한 원호지원의 건은 대한적십자사 총재에게 귀회의 진정을 통보하여 진지하게 검토 처리하도록 조치하였으니 양지하시기 바랍니다. 끝

보건사회부 장관

5. 공문 요약

평화선언(1972.8.9)
원폭피폭 27주년을 맞이하여 "나가사끼"시장 "모로다니"

- 27년전 8.9. 7만인명에 대한 조종소리와 함께 나가사끼시는 잿더미로 화함.
- 2차대전이 그친후 나가사끼 시민들은 매년 세계평화의 실현을 위해 각국에 호소해왔음.
- 아직도 지구상에서는 총소리가 그치지 않고, 또 인류의 자멸을 초래할 핵무기 경쟁의 경향이 보임.
- 지금이 인류를 파멸로 몰고가는 전쟁의 무익함을 깨달을 시기임.
- 나는 인간의 지혜와 국가간의 협력이 손실만을 초래하는 전쟁에 반대하고 세계평화를 가져오리라고 확신하는 바임.

6. 주일대사관 공문–자료전달

주일대사관
번호 일정 700-4868

일시 1972.8.30.
발신 주일대사
수신 장관
제목 자료 전달

　　일본, 나가사끼시 "모로다니"시장으로부터 별첨과 같이, 72.8.9, 동시와 원폭피폭 27주년을 맞이하여 "PEACE DECLARATION"에 관한 자료를 우리 정부에 전달하여 줄 것을 요청하여 왔으므로 이에 동자료를 첨송합니다.
유첨: "PEACE DECLARATION"…1부 끝.

유첨 − "PEACE DECLARATION"

　　　　　　　August 15, 1

　　Your Excellency,

　　We, the citizens of Nagasaki, observed the 27th anniversary of the atomic bombing August 9, and with renewed determination held the memory service for the souls of victims of the bombing and the offering on prayers for peace.

　　In this ceremony I gave the Peace Declaration in which I appealed the whole world for everlasting world peace that is the sincere desire all the citizens of Nagasaki which suffered the bombing.

　　I am enclosing a copy of the Peace Declaration. It would be very appreciated if you kindly forward it to the Government of your country.

　　I think you in anticipation and please accept my best wishes for the prosperity of your country and for much happiness of Your Excellence and all of your people.

　　Very respectfully your

Yoshitake Morotani

Mayor of Nagasaki City hall

2-22 Sakura-machi, Nagasaki, Japan

첨부—평화선언서(PEACE DECLARATION)

PEACE DECLARATION

August 9, 1972

Time passes and today we observe the 27th anniversary of that tragic day, August 9th. On the day the city of Nagasaki was reduced to ashes instantaneously with a toll of more than seventy thousand people. Even among those who survived miraculously many are suffering from radioactive diseases or live under the fear of the consequences of radiation.

Since the end of the Second World War the citizens of Nagasaki who experienced in their flesh the horror of the atomic bombing have repeated year by year to all the countries of the world their appeal for the realization of world peace.

However, it is most lamentable and regrettable that still in some places in our globe the roar of guns and the shedding of blood continues and that there seems to be a tendency in the nuclear arms race which may lead mankind to self-destruction.

In this age of great achievements in space development, now is the time to awake to the vanity of war in which people kill each other and to the terrible possibility that science and technology created by human intelligence could be turned into the creation of weapons to destroy the same humans.

I firmly believe that human wisdom and the cooperation among nations will oppose war where there is nothing to gain but only enormous losses and will bring about a peaceful world.

On the occasion of the 27th anniversary of the atomic bombing I pray for the victims with renewed mind and strengthen my resolution to do my best in supporting the sufferers. At the same time on behalf of all the citizens of Nagasaki, I appeal strongly to the whole world for everlasting world peace, offering my proposal for the observance of the Ten Days of Prayers for World Peace from August 6 to 15.

Now I declare that all our citizens are marching vigorously, hand in hand with each other, toward the realization of world peace.

Yoshitake Morotani

Mayor of Nagasaki Japan

7. 대한적십자사 공문–진정서에 대한 회신

대한적십자사
번호 한적보-954
일시 1972.9.15.
발신 사무총장 김학규
수신 한국 원폭 피해 원호협회
제목 진정서에 관한 회신

1. 귀협회에서 청와대에 제출한 진정서가 보건사회부를 통하여 본사에 이첩되어 왔습니다.
2. 본사는 1965년 원폭피해자를 돕기 위하여 일본 적십자사와 교섭한바 있었으나 한일 국교 정상화 후 이는 본건을 양국 정부간에 더욱 효과적으로 해결토록 하자는 의견이 있어 본사에서는 이 뜻을 보건사회부에 건의하면서 관계 서류도 동부에 보낸 바 있습니다. 그후 본사에서는 이 일을 다루지 않고 있으니 양지하시기 바랍니다. 끝.

8. 신문자료

1972.10.9. 朝日新聞 外国人被爆者全体を特別立法で救済 市民の会に 外相、必要を表明

9. 다나카 총리대신에게 보내는 요망서

田中総理大臣への要望書

　世界恒久平和の為に前進的態度をもって任ずる閣下の首相就任を心からお祝い申し上げます。

　閣下!!　私達韓国原爆被害者達は、太平洋戦争当時、旧日本の軍国主義により、徴兵、徴用、挺身隊その他の名目で強制的に動員されて被爆した者達であります。

　広島、長崎にして被爆した韓国人は凡そ十万人に近く、全体被爆者数の一割を占めています。

　被爆後、あるいは即死し、あるいは数ヵ月後に原爆後遺症により死亡した者少からず、一部は日本に在留していますが、多くの者が解放と共に韓国に帰っています。被爆後二十七年―。その間、多くの者が後遺症により死亡し、今、韓国内に生存する被爆者は約二万人と推定されています。(私達の協会に登録している者約六千二百余人)

　韓国内においては原爆後遺症等に対する認識が全然なく、勿論専門病院等があるわけはありません。韓国被爆者達は社会の無理解と、自身の無能力の為、病苦と貧困の悪環境に悩まされて、その病状や生活は悲惨を極めています。これを悲しみ、ある者は自殺し、ある者は密航して日本に治療を訴える等、孤立無援の状態にあります。

　この問題は、人道主義の立場から見ても到底放置することの出来ない重大な問題として、韓・日両国のマスコミによって提起され、その報道と共に輿論化され顕在化し、今や隠蔽抹殺することの出来ない事実として、世界的話題となっています。

　良心的な一部日本の個人や団体は、いち早くこの問題を取り上げ、自分自身の問題として心から苦しみ、訪韓慰問激励、医師団派遣、募金運動や診療所、病院等の建設推進、外国人被爆者の実態調査、個人病院からの患者招致無料治療等の運動として、日本国内に韓国人被爆者救援運動を澎湃として起しつつあります。

　しかし、これら慈善の意味をこめた民間運動は、政治的解決の添え本的役割に過ぎず、根本的な問題の解決は政府の政治的配慮をまつより外ありませ

ん。

　　閣下。

　　経済大国としての日本は、東アジアをはじめ世界各国に、経済援助、医療協力等をもって莫大なる予算をつかわれています。

　　まして、韓国被爆者の問題は、戦前の日本政府が責任をもたなければならない未解決の章でもあり、核武器禁止世界平和建設の運動にもつながる重要な問題であります。

　　核武器全廃、平和共存をたてまえとする閣下と閣下の政府は、今や韓国被爆者の問題を見捨てることは出来ません。

　　ここに二万余名韓国被爆者達は総意をもって次のように要望します。

　　閣下の特別の御配慮をお願いすると共に、閣下の御健勝を祈り上げます。

　　　　　　要望

1　私達韓国被爆者は、私達に対する被害補償を日本政府に要求します。

2　韓国人被爆者を含めた外国人被爆者全体に対し、日本国内法としての諸法令(原爆医療法、同措置法、その他)の差別なき適用を要求します。

3　最近日本の被爆者団体や平和団体が推進している、被爆者援護法の急速な立法化を求める運動を支持しつつ、これの実現を要望します。

4　日本の民間団体や個人の協力を得て、私達の協会が推進している、「韓国人被爆者福祉センター」の設立計画について、その側面的支援を要望します。

5　これ等の対策を講じる為の基礎的資料として、外国人全体の原爆被害実態調査を要求します。

一九七二年八月九日

韓国原爆被害者　一同

右代表　辛泳洙

ソウル特別市中区仁峴洞二街一三五

韓国原爆被害者援護協会　内

10. 신문자료

1972.10.9. 朝日新聞　特別立法を考慮　外国人被爆者の救済　外相が約束

11. 주일대사관 공문–피폭자 진료 의사단 파한

주일대사관
번호 일영725-5439
일시 1972.10.5.
발신 주일대사
수신 장관
참조 영사국장
제목 피폭자 진료 의사단 파한

　　핵금 "히로시마"현민 회의에서는 작년도 제1차 진료단 파한에 이어 금년도
에도 별첨 내용과 같이 제2차 의사단을 파한하겠다 함으로 동 계획서를 송부합
니다.
첨부: 핵금회의 공한 및 계획서. 끝.

주일대사

12. 한국 원폭피해자 원호운동의 정책지원요청

　　韓國原爆被害者援護運動의　政策支援要請

서울特別市中區仁峴洞2街135의4
社團法人　韓國原爆被害者援護協會
TEL. 26-4023

韓國原爆被害者援護協會
(1972.　　)
韓原被　第136號

受信

題目 韓國原爆被害者援護運動의 政策支援 要請

本件은 日本 또는 美國 等地에서 10億 또는 그 以上의 外貨를 얻어드릴 充分한 與件이 具備되어 있음에도 不拘하고 本協會가 弱體이고 政府 또한 本件에 對한 理解가 不足되므로 因하여 好機를 逸失할 憂慮가 多分하옵기 이에 嘆願하오니 充分히 檢討하시고 國務會議級 以上의 審議를 거치시와 政府가 統一的인 政策을 세우시어, 一面으로는 2萬餘 原爆被害者를 救援하는 길이 되고 一面으로는 國家的인 立場에서 莫大한 外貨를 얻어들이는 結果가 되도록 配慮하여 주시옵기 바라나이다.

  1. 韓國原爆被害者의 現況

廣島, 長崎에서 被爆한 韓國人은 約10萬名(入市者包含)으로 推算하며 日本 全體 被害者의 約1割을 占합니다.

現在 韓國에 生存하고 있는 被害者는 約2萬餘名으로 推算하오나 協會에 登錄된 數字는 6,282名입니다. 日本에서는 被爆者의 健康上의 特殊性을 法的으로 認定하고 年間 150億円 以上의 國家 豫算으로 被爆者의 健康管理를 政府가 하고 있으며, 原爆病院, 療養所, 養老病院 各種 施設을 만들어 援護에 當하고 있으나 健康管理만으론 不足하다고 하여 被爆者 援護法(生計支援)을 推進하고 있읍니다.

日本에 比하여 數的으로 約1割의 被爆者를 가지고 있는 韓國은, 政府가 아무 對策도 세우지 못하고 있는 實情입니다.

  2. 日本 民間 社會의 關心

本件에 對하여 韓日 兩國 매스컴이 P.R하고 本人이 1970年부터 今年까지 3次에 걸쳐 每年 訪日하여 韓國 被爆者의 實情을 呼訴하였던 바 日本國民의 關心이 漸高하여 日本의 個人 또는 社會團體 等에서 訪韓 慰問, 醫師團 派遣, 患者 日本招致無料治療 等으로 支援하고 있으며 日本 國內에서 韓國原爆被害者를 救援해야 되겠다는 輿論이 沸騰하고, 또 一部 團體에서는 本協會가 田中首相에게 提出한 要望書의 支持署名運動을 百萬人을 目標로 推進하려 하고 있으며 日本 各地(東京, 大阪, 京都, 名古屋, 廣島, 德山, 神戸 等)에는 本協會를 支持聲援하는 團體들이 생기고 있읍니다.

그러나 이러한 民間人의 慈善을 意味하는 援護事業만으로는 根本的인 解決은 遼遠하고 結局 政府의 政治的인 措置만이 切實히 要望되는 바입니다.

3. 日本政府의 反應

本 協會는 數年來 日本 政府와 駐韓日本大使에게 우리의 援護를 要請하였으나 艫艫히 默殺하였던 바 今年 8月30日 本人이 三木副總理를 訪問하고 田中 總理에게 보내는 要望書(別添)를 傳達하고 善處를 要望하였던 바 至極히 好意的으로 對하면서 善處를 約束받았읍니다.

또 10月8日에는 本 協會를 支援하는 市民會會長(本吉氏)이 大平 外相을 訪問하고 前揭 要望書와 市民會가 日本人의 立場에서 "韓國人 被爆者를 政府가 救援해주라"는 要望書를 같이 傳達했던 바 同 席上에서 大平 外相은 韓國人 被爆者에 對한 關心을 表明하고 政府로 하여금 立法措置하게 하겠다고 公言하였읍니다.

駐韓 後宮 日本大使도 韓國 被爆者에 對해 깊은 關心을 가지고 있으며 大使館 書記官 手島氏를 本件에 對한 擔當者로 指名하고, 今年 9月5日 韓日閣僚會議時 非公式 席上에서 本件에 對해 大平 外相에게 進言한 바 있읍니다.

우리가 杞憂하기를, 日本 政府는 本件에 對하여 "韓日基本條約으로 一切 淸算되었으니 日本 政府로서는 責任이 없다"고 冷靜한 態度를 取할 줄 알았는데 以上과 같이 誠意있는 態度로 나오고 있으며 以上 말씀한 外에도 本協會가 厚生省 增田 政務次官, 外務省 北東亞課長, 日赤 外事部長을 各各 訪問陳情하였을 때도 모두가 肯定的이고 同情的이며 무엇인가 對策을 세워야겠다는 것이었읍니다.

政黨 社會團體들도 右에서부터 左에 이르기까지 모든 團體가 韓國 被爆者 救援問題에 對해서만은 反對하는 곳이 없으며 極히 協助的입니다.

4. 우리 政府의 立場

日本側의 熱意에 比하여 우리 國內의 實情은 至極히 冷靜한 바 있읍니다.

첫째 日本에서 認定하는 被爆者의 健康上의 特殊性(病에 걸리기 쉽고 걸리면 잘 낫지 않으며, 白血病, 癌 等에 걸리는 率이 높으며, 二世에 對한 遺傳의 念慮等)을 醫學界는 勿論 一般 社會가 認定하지 못합니다.

둘째 우리나라는 國家再建 途上 해야 할 일이 너무 많으며 特히 保社 行政

面의 豫算은 極히 乏薄합니다.

이러한 實情을 알면서도 其至間 保社當局에 繼續하여 支援을 呼訴하였으나, 實務官들은 우리의 딱한 處地를 10分 同情하면서도 現在와 같이 아무런 制度上 또는 豫算上 援護할 根據가 없는 本件을 어떻게 할 道理가 없어 束手無策으로 있읍니다.

本 協會는 保社當局의 딱한 立場을 보고 屢次 靑瓦臺에 陳情하여 政策的으로 支援해 주십사 하고 嘆願했으나 每番 大統領 閣下께 □問됨이 없이 陳情書는 保社部로 赤十字社로 맴돌 뿐입니다.

5. 莫大한 外貨를 얻어 들일 수 있는 與件의 成熟

가. 日本 라이온즈클럽이 서울에 原爆 病院을 建立하기 爲하여 13億을 目標로 募金에 着手

나. 日本 核禁會議가 陜川에 原爆診療所를 建立하기 爲하여 具體的인 設計에 着手

다. 韓國被爆者 救援市民會가 援護事業을 하기 爲하여 千萬円募金着手

라. 日本基督敎 醫科連盟이 韓國被爆者 日本招致無料入院治療를 爲하여 希望者에게 申込을 받고 있음.

마. 本協會의 日本政府에 對한 要望內容을 支持聲援하는 署名運動이 日本 各 平和團體에서 일어나고 있음.

民間의 이러한 움직임에 발맞추어, 日本政府의 外務省, 厚生省, 赤十字社, 副總理室 駐韓大使館等에서도, 韓國被爆者를 救援하려는 意思를 가지고 있음.

日本 뿐만 아니라 日本의 라이온즈 클럽은 美國에 건너가 美國에서 韓國被爆者를 爲해 募金運動을 하겠다고 計劃中에 있음.

6. 本件에 關한 우리 政府의 單一 强力한 最高 政策이 時急히 要請됨.

日本 被爆者에 對한 豫算上 比率로만 보더라도 우리는 日本政府로부터 每年 15億円 以上의 支援을 받아 마땅한 바, 特히 우리는 日本人 被爆者와는 달리 解放前 日本 政府에 依해 끌려갔던 사람이므로 一種의 賠償도 請求할 수 있는 權利를 保有하고 있으나 政府對 政府의 親善해야할 立場을 考慮하면서도 每年 數千億円의 援助를 받아 마땅하며 또 받을 수 있게 모든 與件이 익어가고 있읍니다.

다만 本件에 對한 政府의 理解不足과 日本에 있어서의 各種 支援運動이 散漫하게 展開되어 있으므로 해서 이대로 放置한다면 結果的으로는 形式에만 그치고 國利上 또는 被爆者 各 個人에 對해서도 皮相的인 援護에 그칠 憂慮가 多分히 있읍니다.

本件은 保社部나 外務部 赤十字社 文公部가 다 關聯되는 問題이고 또 어느 一個 部處의 힘만으로서는 充分히 成果를 거둘 수 없는 問題입니다.

또 한가지, 이 問題는 援助를 바라는 處地에 있는 韓國側으로서는 官의 公式立場보다는 被爆者 自身들의 組織體인 本協會를 앞장세워서, 日本의 官과 民에 交涉하여 所期의 援助를 받아 내도록 하여야 할 줄 思料합니다.

그러기 爲하여는 本協會가 좀더 强力하여야 하며 우리 政府의 뒷받침이 絶對的으로 要請됩니다.

7. 結言

本件은 日本側이 援助하여 주려는 用意는 充分히 되어 있는데도 不拘하고, 우리側의 受援態勢가 되어 있지 아니하여 모처럼의 好機를 逸失할 憂慮가 있사오니, 保社部, 外務部, 文公部, 情報部, 赤十字社가 相互協調協議하시고, 充分히 調査 硏究 檢討하시여, 우리 政府로서 單一强力하며 一元化한 對策을 樹立하여 受援體制를 갖추어 주시길 바랍니다.

또한 被爆者의 唯一無二한 組織體인 本協會를 放任傍觀하시지 말고 指導監督 育成하여, 本件 所期成果擧揚에 힘껏 일할 수 있게하여 주시옵기 바랍니다.

本件에 對한 理解에 도움이 되시게 하기 爲해 下記와 같이 參考書類 添附합니다.

添附書類
1. 田中首相에게 보내는 要望書
2. 日本新聞報道集
3. 日本國會 會談錄
4. 協會定款
5. 協會現況
6. 大統領閣下께 보낸 陳情書

7. 同上 陳情書에 對한 保社部와 赤十字社의 公文

以上

1972. 10. 28.

서울特別市中區仁峴洞2街135의4

社團法人 韓國原爆被害者援護協會

會長 辛泳洙

提出處: 靑瓦臺, 國務總理室, 保社部長官室, 外務部長官室, 文公部長官室, 情報部長室, 大韓赤十字社 □□室

13. 외무부공문(착신전보)-외무성 차석 방문 결과 보고

외무부

종별 대외비

번호 JAW-11144

일시 071700

수신시간 72.11.8. 8:07

발신 주일대사

수신 장관

    1. 외무성 엔도오 북동아 차석은 금 11.7. 15:30에 우문기 1등 서기관을 외무성으로 초치하여 일본 정부는 한국의 원폭 피해자들에 대해 인도적 견지에서 구제조치를 취하려고 하는 바,

    2. 그들이 원폭 피해를 입게 된 역사적 경위는 어떠하던 간에 현재로서는 한국인이라는 외국인이고 또한 그들이 피해 보상권리는 청구권협정으로 소멸되었기 때문에 한국정부의 요청 없이 일본정부가 자진하여 이니시아티브를 취하기가 어렵다고 하면서, 한국 정부가 이니시아티브를 취하여 주기를 바란다고 하고 이어서 주한 일본 대사관으로 하여금 한국인 원폭 피해자 실태를 조사케 할 것인바, 한국 정부가 이를 지원하여 주기를 희망하였음.

3. 일측은 일측의 경비 부담하에,

    1) 한국인 의사의 일본에서의 원폭 환자 치료 수련,

    2) 일본 전문 의사의 파한 치료,

    3) 한국 원폭 환자의 일본에서의 치료 등을 고려하고 있는 것으로 보였으며 아측의 교섭 여하에 따라서는 상기 세가지 외에 한국에 원폭환자 치료센터 건립에도 외무성으로서는 응할 것으로 감촉되었음.

4. 우 서기관은 일측의 요청을 정부에 보고하겠다고 답한 후 한국 정부가 이니시아티브를 취하기로 결정하는 경우 일본 정부에 대하여 한국 정부의 요청을 제기하는데 있어 정부의 의도는 모르겠으나, 하나의 방법으로서(예컨데 대사께서 외상이나 차관에게) 구두로 하는 방법도 무방하겠는가고 문의하였던 바, 엔도오 차석은 구두 요청이라도 좋다는 말이었음.

5. 본건에 관한 정부 방침을 지급 하시 바람. (일정-아북)

14. 보건사회부 공문—한국 원폭피해자 지원에 대한 진상조사 요청

보건사회부
번호 의정1420-112817
일시 1972.11.16.
발신 보건사회부 장관
수신 외무부 장관
제목 한국 원폭피해자 지원에 대한 진상조사 요청

    1. 한국 원폭피해자 원호협회로부터 정부지원을 요청하는 별첨내용과 같은 진정이 국무총리실로 제출되어 당부에 이송되었기 내용을 검토한 바 진정내용을 확인한 후 처리하여야 할 사항이므로 우선 일본국내 관계단체(라이온즈크럽 및 핵금회의)및 일본정부의 동향에 대하여 조사가 필요하다고 사료되어 이를 귀부에 요청하오니 주일대사로 하여금 진정 내용에 대한 진상을 조사 후 그 결과를 보고하도록 조치하여 주시기 바랍니다.
첨부: 진정서 내용 1부. 끝

보건사회부 장관

첨부 - 진정서

진정내용

1. 한국 원폭 피해자의 현황

　　광도, 장기에서 피폭한 한국인은 약10만명(입시자 포함)으로 추산하며 일본 전체 피폭자의 약 1할을 점합니다.

　　현재 한국에 생존하고 있는 피폭자는 약2만명으로 추산하오나 협회에 등록된 수자는 6,282명입니다. 일본에서는 피폭자의 건강상의 특수성을 법적으로 인정하고 년간 150억엔 이상의 국가 예산으로 피폭자의 건강관리를 정부가 하고 있으며, 원폭병원, 요양소, 양노원 등 각종 시설을 만들어 원호에 당하고 있으나 건강관리만으론 부족하다고 하여 피폭자 원호법(생계지원)을 추진하고 있읍니다.

　　일본에 비하여 수적으로 약 1할의 피폭자를 가지고 있는 한국은, 정부가 아무 대책도 세우지 못하고 있는 실정입니다.

2. 일본 민간 사회의 관심

　　본건에 대하여 한일 양국 매스컴이 P.R.하고 본인이 1970년부터 금년까지 3차에 걸쳐 매년 방일하여 한국 피폭자의 실정을 호소하였던 바 일본국민의 관심이 점고하여 일본의 개인 또는 사회단체 등에서 방한 위문, 의사단 파견, 환자 일본 초치 무료 치료 등으로 지원하고 있으며 일본 국내에서 한국 원폭피해자를 구원해야 되겠다는 여론이 비등하고, 또 일부단체에서는 본 협회가 "다나까" 수상에게 제출한 요망서의 지원서명운동을 백만인을 목표로 추진하려 하고있으며 일본 각지(동경, 대판, 경도, 나고야, 히로시마, 도구야마, 고베 등)에는 본 협회를 지원 성원하는 단체들이 생기고 있습니다.

　　그러나 이러한 민간인의 자선을 의미하는 구호사업만으로는 근본적은 해결은 요원하고 결국 정부의 정치적인 조치만이 절실히 요망되는 바입니다.

3. 일본 정부의 반응

　본 협회는 수년래 일본 정부와 주한 일본대사에게 우리의 수호를 요청하였으나 번번히 묵살하였던 바 금년 8월 30일 본인이 마쓰모도 총리를 방문하고 다나까 총리에게 보내는 요망서를 전달하고 선처를 요망하였던 바 지극히 호의적으로 대하면서 선처를 약속 받았습니다.

　또 10월8일에는 본 협회를 지원하는 시민회회장(本吉氏)이 대평 외상을 방문하고 전계 요망서와 시민회가 일본인의 입장에서 "한국인 피폭자를 정부가 구원해주라"는 요망서를 같이 전달했던 바 동 석상에서 대평 외상은 한국인 피폭자에 대한 관심을 표명하고 정부로 하여금 입법 조치하게 하겠다고 공언하였습니다.

　주한 후궁 일본대사도 한국 피폭자에 대해 깊은 관심을 가지고 있으며 대사관 서기관(手島)씨를 본건에 대한 담당자로 지명하고, 금년 9월5일 한일각료회의시 비공식 석상에서 본건에 대해 대평 외상에게 진언한 바 있습니다.

　우리가 기우하기를, 일본 정부는 본건에 대하여 "한일기본조약으로 일치 청산되었으니 일본 정부로서는 책임이 없다"고 냉정한 태도를 취할 줄 알았는데 이상과 같이 성의있는 태도로 나오고 있으며 이상 말씀한 외에도 본 협회가 후생성(增田) 정무차관, 외무성 북동아과장, 일적 외사부장을 각각 방문 진정하였을 때도 모두가 긍정적이고 동적이며 무엇인가 대책을 세워야겠다는 것이었습니다.

　정당 사회단체들도 우에서부터 좌에 이르기까지 모든 단체가 한국 피폭자 구호문제에 대해서만은 반대하는 곳이 없으며 극히 협조적입니다.

5. 막대한 외화를 얻어 들일 수 있는 여권의 성숙

　가. 일본 라이온즈 클럽이 서울에 원폭 병원을 건립하기 위하여 13억을 목표로 모금에 착수

　나. 일본 핵금회의가 합천에 원폭진료소를 건립하기 위하여 구체적인 설계에 착수

　다. 한국피폭자 구원시민회가 원호사업을 하기 위하여 천만엔 모금착수

　라. 일본기독교 의료연맹이 한국피폭자 일본초치 무료 입원 치료를 위하여 희망자에게 신청을 받고 있음.

　마. 본협회의 일본정부에 대한 요망내용을 지지 성원하는 서명운동이 일본

각 평화단체에서 일어나고 있음.

민간의 이러한 움직임에 발맞추어, 일본정부의 외무성, 후생성, 적십자사, 부총리실 주한대사관 등에서도, 한국 피폭자를 구원하려는 의사를 가지고 있음.

일본 뿐만 아니라 일본의 라이온즈 클럽은 미국에 건너가 미국에서 한국 피폭자를 위해 모금운동을 하겠다고 계획 중에 있음.

② 한국인 원폭피해자 구호, 1974

○ ● ○

기능명칭: 한국인 원폭피해자 구호 1974

분류번호: 722.6JA 1974

등록번호: 6877

생산과: 동북아1과

생산연도: 1974

필름번호: C-0075

파일번호: 03

프레임 번호: 0001-0156

1. 주일대사관 공문

주일대사관
번호 일영 725-1230
일시 1974.2.28.
발신 주일대사
수신 장관
참조 영사국장
제목 원폭 피해자 건강 수첩 교부에 관한 신문기사 송부

　　현재 오오무라 수용소에 수용중인 원폭 피해자 손진두(47세) 씨가 제기한
"피폭자 건강수첩 교부 각하 처분 취소 청구" 소송에 관한 신문 기사를 별첨과
같이 송부 하오니 참고하시기 바랍니다.
　　첨부: 신문기사 2부 끝.

　　주일대사

1974.2.20. 統一日報 "韓国人にも手帳を"

毎日(朝) 1974.3.10 原爆被爆者援護法推進へ

2. 신문자료

동아일보 (73.3.16.) "2萬 原爆피해자를 救助하라"

"2萬 原爆피해자를 救助하라"

李일수女史, 單身 日 厚生省찾아 要求

【東京=16일 申用淳특파원】「히로시마」(廣島)에서 원자폭탄을맞은 한국부인이 15일 단신으로 일본후생성(厚生省)을 찾아『한국에 살고있는 원자폭탄피해자들을 구조해달라』고 호소했다. 釜山市영도區대교洞에 사는 李일수女史(44·한국원폭피해자원호協회 釜山지부장)는 이날 「야마구찌」정무차관과 만나『2차대전때 징용으로 강제토 일본에 끌려와 「히로시마」「나가사끼」등에서 원자폭탄을 맞아 후유증에 고생하고있는 피폭자가 2萬명이나 한국에있다』고 설명하고『이물에대해 일본인 피폭자와 같은 원조를 해달라』고 호소했다.

이에대해 「야마구찌」차관은『인도적인 입장에서 또는 복지외교면에서 이물에대한 구조방안을 검토하겠다』고 적극적인 자세를 보이면서『한국정부와 협의해서 원폭관계 전문의사를 한국에 파견하든지 또는 한국의 의사를 초청해서 원폭피해자들에 관한 치료자료등을 제공하겠다』고 말했다.

경향 74.3.30. 密航韓國人原爆피해자, 日政府 책임 治療 판결

'74. 3. 30 경향

密航韓國人 原爆피해자

日政府책임治療 판결

在韓 2萬여명 救濟길터

【東京=李楠柱特派員】日本 福岡지방재판소는 30일상오 原爆피해자치료를위해 福岡현지사를상대로 密航해온 孫振斗씨(47)에 민항한 孫振斗씨가 낸 原爆피해자치료를위한 福岡현지사의 이같은 판결은 해방후 29년만에 처음 있는 일로 한국에 있는 2만여명의 원폭피해자들도 일본서 치료받을수 있는 길이 열린것이다.

釜山이 고향인 孫씨는 1945년 8월 히로시마에서 원폭피해를 입었으나 외국인등록을 안했다는 이유로

3. 성명서

聲明書

今般 日本國內에서 被爆者 孫振斗氏에 對한 裁判中 1974年 3月 30日 一審에서 勝訴하고 被爆者 手帳를 받고 또 原爆病治療를 받게된 것은 當然한 判決임

> 따라서 日本侵略戰爭의 犧牲者로서 韓國內있는 貳萬餘名被爆者도 日本國內 있는 被爆者와 同等하게 救濟를 要望한다.

第一 韓國內被爆者에 對한 補償를 要求한다

第二 治療와 生活兩面의 援護 및 서울 綜合病院建立을 實現

第三 大平外相이 1973年 10月 9日 發言한 外國人 被爆者 救濟에 對한 特別立法推進한다

以上과 같은 要望를 具體化하기 위해 于先 全被爆者에 대한 實態調査를 要求한다.

> 1974.3.30
> 서울 特別市中區仁峴洞 2街73 豊田商街三層 (가列358)
> 社團法人韓國原爆被害者援護協會
> 電話 4023番
> 會長 趙判石

4. 한국인 원폭 피해자 구호 문제

한국인 원폭 피해자 구호 문제

1. 한국인 원폭 피해자 현황
    가. 원폭 피해자: 총 7만명 추산
    나. 현재 생존자: 3만명(중환자 30%)

(1) 귀국자: 2만 3천명

(2) 체일 잔류자: 7천명

다. 원폭 피폭자 원호 협회에 등록된 수: 6281

　* 동협회가 당부에 제출한 요망서에는 9362명으로 명시됨. (73.11.)

2. 한·일 양국의 입장

가. 한국의 입장

(1) 치료센타의 조기 건립 추진

최소한 75년 이전에 실시토록 함.

- 치료시설 이외에 재활원 및 직업학교도 병설.

(2) 동사업을 한·일간 기존 경제 협력의 범위내에 포함시키는 것은 사업의 의의를 격감시키는 것임에 인도적 사업으로 추진 방침.

(3) 일반 무상원조 사업보다는 우선적으로 추진하고 일반 경협 사업과 동열에 두어 우선 순위 결정은 곤란.

나. 일측의 입장

(1) 한·일 경협중의 무상원조로 시행

- 사업의 규모를 10-20억엥으로 가정할 때 아세아국 예산으로는 곤란하기에 경제 협력 방식이외의 방법은 없음.

(2) 서울 공대 시설 원조 사업(74-76) 후 실시.

3. 교섭 경위

가. 제6차 한·일 각료회담서 비공식 제의

나. 일외무성의 인도적 구원 조치 시사(72.11.7.)

일외무성 관계관은 주일대사관 우문기 1등서기관에게 다음과 같은 일측의 입장을 밝힘.

(1) 피해 보상 권리는 한·일 청구권 협정으로 소멸되었기에 한국 정부의 요청없이는 일본정부가 자진하여 이니시아티브를 취하기 곤란하다면서 한국정부가 이니시아티브를 취하여 주기 바람.

(2) 주한 일본대사관으로 하여금 한국인 원폭 피해자 실태를 조사시키고자하니 한국정부의 지원을 희망.

(3) 일측은 일측의 경비 부담하에

(가) 한국인 의사의 일본에서의 원폭 환자 치료 수련.

(나) 일본 전문 의사의 파한 치료.

(다) 한국 원폭 환자의 일본내 치료.

다. 주일대사, 오오히라 외상에게 다음과 같은 아국의 교섭 지침에 따라 치료 시설 설치 요청(73.1.26.)

(1) 우문기 1등서기관, 일외무성 관계관과 면담(72.12.27.)

일 외무성 관계관은 한국측의 입장이 결정되면 73년 1월중 적당한 시기에 대사께서 일측에 구두로라도 요청하길 바란다고 함.

(2) 이국정부, 주일대사관에 교섭 지침 시딜(73.1.16)

(가) 일측의 지원용의 시사를 받아들여 주일대사가 외무대신 혹은 사무차관에게 적절한 시기에 아국의 입장을 구두로 표시할 것.

(나) 원폭 피해자의 치료 등은 한국의 의학 수준으로도 충분하므로 원폭 피해자의 복지를 위한 조직적인 사업 수행을 위한 재정적 지원 필요.

○ 한국인 의사의 일본에서의 수련, 일본인 의사의 파한 치료, 한국인 환자의 일본내 치료등 기술적인 지원은 일본 정부가 지원 가능한 한도의 것을 받아들이고 과중한 요청을 피할 것.

○ 전적으로 자금만 지원한다는 것은 일측이 받아들이기 어려울 것이므로 프로젝트를 요청한다는 원칙하에 한국 내 치료시설을 건립하는 데 일본 정부의 지원을 요청.

(다) 전국적 실태 조사를 위한 자금지원, 피폭생존자 및 사망자 유가족에 대한 생계구호 및 위자료 지급, 신체 불구자에 대한 직업 보도등에 관하여는 막연하게 일측에 제기하는 것보다 아국의 그에 대한 복지 대책이 구체화된 단계에서 일측의 지원을 요청할 만한 구체적인 사항을 적출하여 일측에 제기하는 것으로 함.

(라) 한국내 원폭 치료 시설 건립에 대한 지원은 기존의 양국간 경제 협력 범위밖의 프로젝트로 다룸.

라. 한·일 실무자 비공식 회합(73.2.21.)

(1) 일측 입장

(가) 외무성으로서는 한·일 경협중의 무상원조□ 본사업이 행해지기를 바라며, 한국정부가 구체적인 계획을 수립하여 한·일 각료회의에서 요청하여 주면 좋겠음.

(나) 사업의 규모를 10-20억엥으로 가정할 때 아세아국 예산으로는 도저히 승인받지 못할 것이므로 경제 협력 방식이외의 방법은 없을 것으로 생각함.

(다) 한국측의 자료 수집에 최선의 협력을 할 것이며, 한국측이 원한다면 일측 경비 부담으로 자료 수집을 위한 한국 전문가 방일 초청도 하겠음.

(2) 한국 입장

(가) 본사업을 한·일간 기존 경제 협력의 범위내에 포함시키는 것은 사업의 의의를 격감시키는 것이므로 인도적 사업으로 추진하는 것이 좋겠음.

(나) 이호 대사가 이미 외무대신에게 본건 정식으로 요청하였으므로 한·일 각료회의에서 요청할 필요는 없다고 생각함.

(다) 병원 설비는 특수기재 및 시설이 필요하므로 일반 병원의 시설비보다 많아질 것이며 치료 시설이외에 Rehabil litation Center 및 Vocational School의 병설이 소망스럼.

4. 아국의 계획

가. 치료 시설의 조기 건립을 관계부처와 협의하여 적극 추진 방침.

나. 한국 원폭 피해자 실태 조사, 한국인 의사의 일본에서의 수련, 일본인 의사의 파한 치료 및 한국인 환자의 일본내 치료 등에 관해 일측의 협력 요청.

(참고자료)

1. 한국 원폭 피해자 원호 협회 설립(사단법인)

가. 동협회의 발족

1967.1.27. 동협회가 발족하여 67.7.10. 보사부의 정식인가를 받음.

나. 동협회에 등록된 피해자 수

6,281명(자진 신고자)

* 73.11. 동협회가 당부에 제출한 요망서에는 9,362명으로 명시됨.

다. 정부에 대한 요망 사항 (73.11.)

(1) 원폭 피해자에 대한 피해 보상을 일측에 요구.

(2) 피해 보상이 실현될 때까지 일본 피폭자와 차별없는 구호 대책 실시.

(3) 원폭 의료법 및 동 조치법과 원호법을 입법화 하기 위한 조치 요망.

(4) 전국 피폭자에 대한 실태 조사 실시.

(5) 전국 피폭자 및 유족과 2세를 위한 자활 복지 센터 건립.

라. 성명서 발표 (74.3.30.)

(1) 성명 발표의 배경

(가) 70.12. 원자폭탄증을 치료하기 위하여 일본에 밀항한 손 진도에 대해 후꾸오까 지방 재판소는 일본의 원폭 의료법이 전쟁 희생자를 위한 것이라면 외국인 여행자나 밀입국자에게도 적용된다고 하여 일본정부에 치료의 의무가 있다고 판시함.

(나) 동 협회는 동 판결을 당연한 것으로 보고 일본 침략 전쟁의 희생자로서 한국내에 있는 2만여명 피폭자도 일본내의 피폭자와 동등한 구제를 요한다고 함.

(2) 성명서 내용

(가) 피폭자에 대한 보상요구

(나) 치료와 생활 양면의 원호 및 서울종합병원의 건립

(다) 大平外相이 1972.10.9. 발언한 외국인 피폭자 구제에 대한 특별입법 추진요청.

2. 일본에 체재하는 아국 피해자의 구호 상황

가. 일반적 구호 상황(일본 후생선을 통한 조사)

피해 당시 재일 아국 피해자는 일본인 피해자와 차별없이 의료급부 등의 구호를 받고 있음.

나. 구호 요건

(1) 피해 당시 일본에 거주할 것.

(2) 피폭자 건강 수첩을 소지할 것.

(3) 질병이 원폭에 의한 것임.

(4) 현재 일본에 거주함. (국적과는 무관)

(3)항의 사실에 대해 후생성 대신의 인정을 요함.

다. 구호 내용

(1) 년 2회 무료 건강 진단

(2) 무료 의료 급부

(3) 의료 수당

* 월소득 17,000원 이하인 경우 월 3,400-□.700원의 수당지급

3. 한국 원폭 피해자에 대한 일측의 구호 현황

현재까지 일본 및 한국 민간인으로부터 상기 원호 협회에 대한 의연금의 송금과 일본인 의사의 파견, 한국인 피해자의 도일 치료 등이 있었는 바, 구체적인 내용은 다음과 같음.

가. 의연금 접수 상황

　　(1) 일본 68.-72.　　　4,976,759원

　　(2) 한국 68.-70.　　　20,133원

나. 진료 상황

　　(1) 도일 치료: 3명(67.-69.)

　　(2) 국내 치료: 432명(68.-72. 이중 252명은 일본인 의사 내한 치료)

5. 한국원폭피해자의 현황 문제점 및 의료, 생활대책요구

민원

韓國原爆被害者의 現況 問題點 및 醫療, 生活對策要求

서울特別市中區仁峴洞2街73의1號

豊田商街3層가列 358號 (電話 26-4023)

社團法人 韓國原爆被害者援護協會

一, 現況

(1) 各道別 被害者登錄數 (支部別)

1974年 4月 現在

支部別	道別	登錄會員數	備考
中央支部	서울特別市	718	
	京畿道	396	
	忠淸北道	484	
	忠淸南道	397	
	江原道	57	
	計	2,052	

慶北支部	慶尙北道	982	
陜川支部	陜川郡一圓	3,570	
慶南支部	慶尙南道	1,406	
釜山支部	釜山市一圓	573	
湖南支部	全羅北道	283	
	全羅南道	475	
	濟州道	21	
	計		
總計		9,362	

○ 註 未登錄 被害者는 1萬5千名으로 推定되오나 政府나 協會에서 何等
의 救護對策이 없음으로 因하야 登錄치 아니하고 있음.

(未登錄者 165000 名)

(2) 被爆者의 症狀

1) Patient Data

Description	Male	Female	Total				
Burnt (light)	173	33		360	60	–	–
(heavy)	47	21	68	282	15	13	–
Bruise	65	18	83	340	16	–	–
Cardiac	47	28	75	312	14	20	21
Sexual	–	–	–	–	–	–	–
Disability	17	20	37	151	12	18	–
Intestinal disorder	32	20	52	218	16	12	8
Central nerve disorder	24	14	38	136	28	18	11
Thigh disability	19	14	33	141	8	8	2
Single crippled	19	14	33	147	9	7	3
Leucocyte disorder	25	11		142	3	18	3
Nose hemorr	37	13	50	231	12	12	–
Anaemia	34	13	47	184	14	3	6
Deaf & dumb	15	12		127	19	14	–
Psychopath	37	17	54	233	22	21	13
Night-blindness	15	13		198	12	16	–
Hemiplegia	83	29	112		69	48	
Subnormal child	22	18		173	16	19	–
Unknown disease	427	303	735	3,180	238	266	23
Total	1,138	616				518	132

(가) 1968年 協會調査 (登錄患者 1,138名)

(나) 1969年 放射能醫學硏究所調査 (男65名 女25名 計90名)

　　別添 國內原爆被害者에 對한 醫學的 觀察 및 調査

　　(放射能醫學硏究所發行1通)

(다) 1971年 日本醫師團의 診察記錄

日本側主催機關 日本廣島市 被爆者救援 日韓協□會

韓國被爆者診斷醫師團檢診表 韓國側主催 韓國 SEOUL市 韓國原爆
被害者援護協會

後援 大韓民國 保健社會部

1971.9.22~1971.10.6.				
病	病別分類表			
	서울	釜山	합川	計
貧血其他	26	7	7	40
肝疾患	9	6	21	36
消化器疾患	19	25	18	62
呼吸器疾患	7	12	12	31
循環器疾患(高血壓包含)	7	19	24	50
神經系疾患(神經病包含)	15	10	33	58
皮膚疾患	2	8	9	19
□□疾患(外傷包含)	5	4	29	38
自律神經失□(精神病包含)	6	16	13	35
內分泌疾患	0	0	15	15
其他	11	19	16	46
計	107	126	197	420
備考 서울 市立中部病院(9.22~24) 河村□長 富田部長 釜山 福靑病院(9.28.~29) 〃 〃 협川 협川保健所(10.4~6) 內野部長 江岐部長				

(라) 協會가 아는 被害者의 症狀

大多數의 被爆者가 患者이며 特히 原爆後遺症으로 被爆 20年後에
혹이 생긴 者 (本仁壽 會員)가 있으며 不임症患者가 많고 코피를 많
이 흘리고 肺結核, 肝疾患, 貧血, 消化器疾患, 神經系疾患, 皮부病,
精神病疾患等의 患者가 많고 건강한 것 같은 사람도 勞動力이 없고
疲勞하기 쉬우며 모든 病에 걸리기 쉬우며 걸리면 잘낳이 않음

(3) 治療狀況

慶南협川郡內에 原爆治療센타가 設立되어 있다고하나 豫算이 없어 협
川郡內會員도 治療를 못받고 있는 實情임.

二, 問題点

    (1) 實態調査가 필요하다

        全國的으로 散在하고 있는

        貳萬餘 被爆者에 對한 아무러한 實態破□도 못하고있다. (豫算이 없음)

    (2) 原爆病患者에게 아무러한 醫療對策이 없다.

    (3) 生活難 大多數의 原爆被害者가 病治療에 家産을 없애고 勞動力마저 없어 生計마저 困難하다.

三. 醫療生活教育要求案

    (1) 原爆綜合病院 建立

        1BED當 4,500,000원 × 400BED= 1,800,000,000원

        敷地10,000 × 坪當 × 30,000원 = 300,000,000원(韓國政府□□要望)

            2,100.000.000원

    (2) 自活村 建立

        (가) 建築

            敷地坪當 10,000원 × 30,000坪 = 300,000,000원(韓國政府□□要望)

            建築坪當 150,000원 × 1,000坪 = 150,000,000원

                計 450,000.000원

        (나) 施設(職業□等)

            技術指導員 (□字 , □□, 電氣, 本工, 機械)

            人件費 月1人當 60,000원×10名 600,900원× 12個月=7,200,000원

            □字□ 150,000원×15臺=2,250,800원

            □□□ 150,000원× 15臺= 2,250,000원

            本工用實習機械 300,000원× 20名=6,000,000원

            實習機械및電氣器具 300,000원× 30名=9,000,000원

                計 19,500,000원

                人件費 7,200,000원

    (3) 療養院 建立

        敷地4,000坪 × 坪當 10,000원= 40,000,000원

        (韓國政部에 分□하여 줄것을 要望)

        建立□延建坪 700坪× 坪當150,000원= 105,000,000원

            (收容人員 300名) 計 145,000,000원

(4) 醫療手當

    (가) 被爆者貳萬名中 70%= 14,000名이 要治療者二世 4,000名이 要治療者

        18,000名×年間 28,000원 = 504,000,000원

                計 504,000,000원

    (나) 生計救護

        被爆者 20.000名中

          重患者 5,000名×1人當月 10,000원× 12個月= 600,000,000원

          輕患者 10,000名× 1 人當月 5,000원 × 12個月 = 600,000,000원

          遺族 35,000名× 1 人當月 10,000원× 12個月 = 4,200,000,000원

               計 5,400,000,000원

6. 한국원폭피해자의 요망사항

서울特別市中區仁峴洞2街135의4

社團法人 韓國原爆被害者援護協會 電話 26-4023番

KOREA ATOMIC BOMB GASUALTY RELIEF ASSOCIATION

NO. 135-4:2KA INHYENDONG.CHOONG · KU SEOUL.KOREA

TEL.:26-4023

要望事項

日本政府에 對한 眞實한 要求는 補償이다.

但 原爆患者는 每日每日 死亡하고있다

日本政府는 하루速히 原爆綜合病院 建立를 要望한다

自活村과 療養院建立 및 醫療와 生計의 救護를 要望한다

特히 優先順位는 醫療協力으로서 上記 要求中 可能한 對策을 講究하여 주시기

바라마지 않읍니다.

        서울特別市中區仁峴洞2街73의1號

        豊田商街3層가列 358號 (電話 26-4023)

社團法人 韓國原爆被害者援護協會

會長 趙判石

7. 외무부 공문(착신전보)-신문보고

외무부

번호 JAW-04014

일시 011500

수신시간 1974.4.1. 17:□6

발신 주일대사

수신 장관

1. 지난 3.30. 자 당지 아사히 신문 석간 보도에 의하면 원폭병 치료를 위하여
일본에 밀입국하여 현재 요오무라 수용소에 수용중인 손진 (일명 손진용: 제
74차 피퇴거 강제자 명부 13번)가 후꾸오까 현을 상대로 제기한 피폭자 건강
수첩 교부 각하처분 취소 소송에 대하며 후꾸오까 지방재판소 제1민사부는 지
난 3.30. 원폭 의료법은 전쟁희생자 구제를 위한 것으로서 그 적용을 일본 사회
구성원에 한정한다는 명문규정이 없으며 피폭자라면 외국여행자에게나 밀입국
자에도 적용하여야만 할것임.
후꾸오까현이 각하한 것은 위법이다 라고 거의 전면적으로 손진무의 제소를
인정하는 판결을 언도하였다 함.
2. 후꾸오까현은 동판결에 블록, 공사할 방침을 굳혔다 함.
3. 판결문등 상세는 파우치편에 보고 하겠음.
(일영-영민,영사)

8. 신문자료

74.4.2. 동아 原爆被害者들의 救護

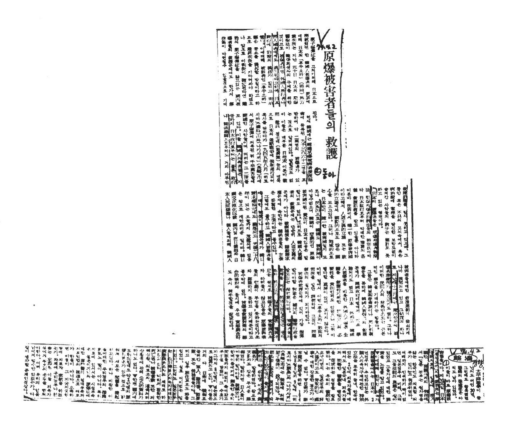

9. 주일대사관 공문—원폭 피해자 관계 신문기사 송부

주일대사관

번호 일영 725-2000

일시 1974.4.2.

발신 주일대사

수신 외무부 장관

참조 영사국장

제목 원폭 피해자 관계 신문기사 송부

    연: JAW - 04014
    연호 손진두의 피폭자 건강수첩 교부 각하처분 취소 소송에 대한 판결관계
신문기사를 별첨과 같이 송부하오니 참고하시기 바랍니다.
    첨부: 신문기사 2부. 끝.

주일대사

3.30. 朝日新聞(夕刊)被爆者手帳交付資格、国籍・住所に関係なし

74.4.13. 경향 密入國者치료不可, 韓國人被爆者에 健康수첩 못줘

74.4.23. 동아 日人良心이 앞장선 被爆침몰韓人 유족돕기

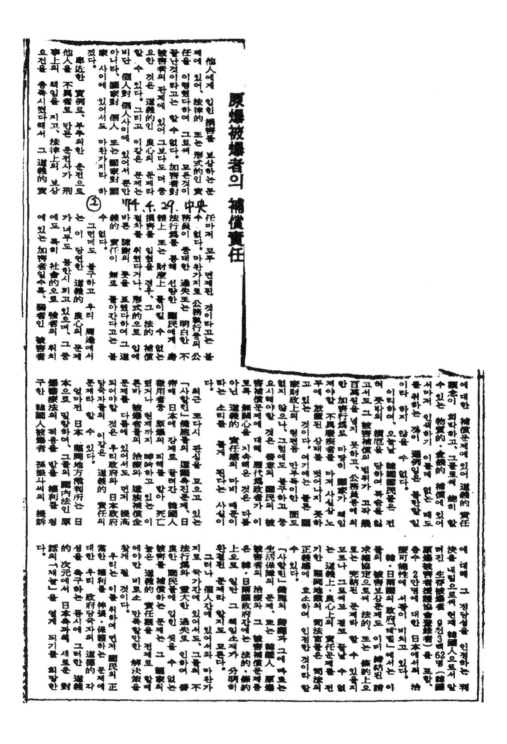

原爆被爆者의 補償責任

74. 4. 29. 中央

11. 기안-한국인 원폭 피해자 구호 문제

분류기호 문서번호 북일300-671
시행일자 74.4.26.
기안책임자 장기호 동북아 1과
경유수신참조 보사부 장관
제목 한국인 원폭 피해자 구호 문제

1. 당부는 태평양 전쟁시 일본에 의하여 강제 징병 및 징용되어 일본지역으로 동원되었다가 원폭의 피해를 입은 아국인에 대하여 일본정부가 당해 피폭자는 물론 아국인 일반이 납득할 수 있는 구호조치를 취해야 한다고 생각하여 그간 귀부를 위시한 관계 당국의 의견을 참작하여 가면서 부단한 대일 교섭을 계속하여 왔는 바 최근의 쌍방간의 입장은 다음과 같습니다.

　　　가. 아국의 입장

　　　(1) 일본에 의하여 상당한 규모의 치료센타가 건립되어야 함.

　　　(2) 문제의 인도적 성격으로 보아 일반 무상원조 사업보다는 우선적으로 추진할 것.

　　　(3) 한·일간의 기존 경제 협력의 범위내에 포함시키지말고 별도 재원으로 건립할 것.

　　　나. 일측의 입장

　　　(1) 한·일 경제 협력비 중에서 시행되야함.

　　　(2) 사업 순위는 서울 공대 시설 원조사업(74. - 76.) 후로 할 것.

　　　(3) 한국 정부가 각료회담에서 한·일 경제 협력중 무상 협력 사업으로 제기하여줄 것.

　　　(4) 치료센타 건립과 관련하여 일측이 납득할 수 있는 구체적인 사업 계획서의 제출이 요망됨.

2. 일측은 최근의 교섭 과정에서 원폭환자수, 질환 또는 환부별수, 치료 소요기간, 환자의 지역적 분포, 시간경과와 더불어 환자의 숫자가 감소되는 점에 비추어 후일 원폭환자 이외의 일반 환자 치료를 위한 본건 시설의 병용(倂用) 및 전용(轉用) 방안, 기타 의학적, 전문적 견지에서의 견해 등을 근거로 한 구체적이고 합리적이며 설득력 있는 계획의 우선 제시가 필수 불가결하다는 의

사를 표시하였으며, 더욱 근원으로 소급하여 기존 시설의 활용보다 신규 "치료센터"의 건립이 필요한 납득할 만한 설명도 아울러 요청하고 있읍니다.

　　3. 따라서 본건에 관한 금후의 교섭을 위하여 전항과 같은 내용과 그 밖에 전문의의 국내 수련과 파일수련 및 기존 의료시설을 활용한 환자의 국내 치료와 일본 내 치료의 장단점 비교 검토, 기존 시설 또는 신규시설을 불문코 관계종사자에 대한 인건비 지급 문제,

신규시설의 경우 유시·운용에 대한 문제 및 비용부남 문제 등, 본건 치료쎈터와 관련하여 생각해 볼 수 있는 모든 사항이 조합된 계획서를 지급 작성 송부하여 주시기를 바랍니다. 끝.

12. 요망서

要望書

서울 特別市中區仁峴洞 2街 73의 1
農田商街3層가列358號
社團法人 韓國原爆被害者援護協會
電話 (26) 4023

受信
貴下

1. 韓國原爆被害者의 實情

　　저희들은 日本軍國主義가 挑發한 太平洋戰爭 末期에 日本國 廣島市와 長崎市에 聯合軍이 投下한 原子爆彈으로 人類歷史上 最大의 慘酷史를 비쳐내게 하여

　　其當時 우리 同胞의 全般 徵用 徵兵 挺身隊等의 名目으로 强制로 動員 日本 侵略戰爭의 道具로 酷使를 當하다 原子爆彈에 被爆되어 無辜한 우리 同胞가

無慮 10萬名에 가까운 人員이 被爆을 當하여

異域萬里 他國 땅에서 故國의 父母兄弟 妻子를 목메어 부르짖따 無慘히 죽어간 同胞가 李鍋公을 비롯 5, 6萬名에 達하고 其 生地獄에서 千辛萬苦로 살아남은 者中 一部는 日本에 머물러 있고 全般이 祖國으로 還國하여 不具가 된 病身의 몸과 原爆後遺症으로 긴긴 歲月을 病苦에 呻吟하다 病治療에 家産을 蕩盡하고 病에 시달리다 지쳐 社會를 咀呪 怨望하며 억울하게 숨져간 怨靈이 헤아릴 수 없읍니다.

이러한 悽慘한 苦難 속에서도 살아 남아 있는 被爆者가 現在 韓國에 約 2萬名 可量으로 推算되며 本協會에 登錄된 人員이 9,362 名이 되고 이 被害者數는 日本全體被爆者의 약 一割以上을 차지하고 있으며 더욱이 우리 韓國被爆者는 日本軍國主義 侵略戰爭에 强制로 끌려가서 戰爭遂行道具로 酷使되다가 慘禍를 當한 二重, 三重의 被害를 입은 억울한 被害者입니다.

그리고 只今 生存해 있는 被爆者들도 이 瞬間 이 時刻에도 千秋의 恨을 품고 世上을 恨歎하며 억울하게 쓰러져가고 있는 實情입니다.

이 얼마나 피눈물 나는 억울한 痛憤할 일입니까?

2. 原爆被害者의 特異性

그리고 原爆後遺症은 外傷이 없이 겉으로는 아무렇지 않은 것 같아도 늘 疲勞하기 쉽고 모든 病에 걸리기 쉬우며 一般病에 걸리면 잘 낫지를 않고 特히 白血病, 癌等, 難治病에 걸리는 率이 一般사람보다 越等히 높습니다.

最近, 動物實驗 結果 後孫에 對한 遺傳도 立證되어서 原爆被害者는 活動力이 없고 自身과 後孫에 對한 不安感으로 恒常 恐怖에 떨고 있읍니다.

우리 韓國內에서도 核의 實驗取扱者들이 손이 썩어가고 눈이 失明을 한 實證의 例가 있읍니다.

이러한 然由로 韓國原爆被害者中 約八, 九割은 病苦 食困의 惡循環으로 悲慘한 죽엄만을 期待리는 生活속에서 허덕이고 있는 形便입니다.

3. 日本被爆者의 現況

그러나 加害國인 日本에 있어서는 原環被害者들의 이러한 特異性을 國家에서 法的으로 認定하고 年間 150億圓以上의 國家豫算으로 被爆者의 健康管理를 政府가 하고 있으며 原爆病院 療養所 養老院 等 各種醫療施設과 生計支援을 하고 있음에도 그래도 이것으로는 救護가 不足하다 하여 被爆者援護法(國家補償)을 推進하고 있읍니다.

日本은 自己네들 自身이 挑發한 侵略戰爭 때문에 입은 被害임으로 어느 程度의 諦念도 할 수 있겠지만 우리는 其當時 나라 없는 百姓으로 强制로 끌려가 戰爭의 道具로 酷使中 慘酷한 죽음과 被害를 입었으니 日本政府로서는 自己네 國民보다 몇 倍, 몇十培의 被害補償과 救護를 해주어야 할 責任이 있고 人類道義上 마땅히 責任을 져야함에도 이제와선 韓日會談時 請求權協定을 口責로 모든 責任이 淸算되었다고 내세우는 日本政府의 破廉恥한 天人共怒할 非人道的 處事가 있을 수 있습니까.

韓日會談時 우리 被爆者에 對한 補償 및 救護對策에 對해 一言半句도 言及조차 않고 擧論, 論議, 協議조차 안된 問題를 韓日請求權協定으로 被害補償請求權利가 消滅되었다고 千不當 萬千當한 論法을 내세우며 본척만척 헌신짝 내버리듯 하며 責任이 없다고 하니 이 얼마나 억울하고 憤激痛嘆할 일입니까.

그리고 日本政府는 우리에 對한 補償責任을 整理할 때까지 政府對政府間의 節次上 時日이 所要된다면 于先 現今 自己네 日本被爆者에게 施行하고 있는 原爆醫療法 同措置法에 依한 國家豫算 150億圓(今年一年間) 中 全日本被爆者數의 一割以上을 占하고 있는 우리 被爆者에게 豫算額의 一割인 15億은 勿論 施行初부터 今日까지 遡及하여 支給해 주어야 마땅하며 우리는 마땅히 支給받아야 하지 않습니까.

그러나 日本政府는 28年이 지나도록 오늘에 이르기까지 단돈 한푼의 補償커녕 救護조차 없었으며 救護策에 對한 公式的인 言及조차 一言半句도 없읍니다.

왜! 우리 國民이! 우리 民族이 이렇게도 억울하게 蔑視를 當하고 無視를 當해야 되겠습니까?

우리 政府 當局은 日本政府에 補償請求와 救護對策을 徹底히 强力한 要求를 해주시기 懇曲히 要望합니다.

4. 日本民間社會의 關心

이러한 이 억울한 實精에 對해 韓日 各 매스컴은 눈으로 보다 못해 義憤에 넘쳐 앞장서서 P.R을 해주고 國內外의 與論을 喚起시키었고 本協會서도 1970年부터 每年 協會代表가 訪日하여 韓國 被爆者의 實情을 日本 各界에 呼訴 嘆願하였든바 日本國民의 關心이 漸高되어 日本의 個人 또는 社會團體等에서 過去 罪責感을 못 이겨 訪韓被爆者慰問, 醫師團派遣, 患者無料招致治療等 若干의 民間이 慈善的 後援을 하고 있으며 日本全國에서 韓國原爆被害者를 救援해야

되겠다는 與論이 沸騰하고 있으며 또 一部團體에서는 本協會가 日本 田中首相에게 提出한 要望書를 支援 百萬人을 目標로 署名運動을 推進하려고 하고 있으며 日本各地(東京, 大阪, 京都, 名古屋, 廣島, 德山, 神戸, 長崎, 福岡等)에는 本協會를 支援하는 團體들이 생기고 있읍니다.

그러나 이러한 民間人의 慈善을 意味하는 微弱한 救護運動으로는 到底히 根本的인 解決은 遼遠無望하며 結局 政府의 政治的인 措置만이 切實히 □望되는 바입니다.

5. 日本 地方法院의 判示

지난 1974年 3月 30日 日本 福岡地方裁判所는 日本政府에 對해서 自身의 原爆披害에 對한 治療를 要求하는 福岡縣을 相對로 訴訟을 提起한 韓國人 孫振斗氏에게 勝訴를 判決하였으며 福岡地方裁判所는 「原爆治療法 立法趣旨와 法條文이 直接 間接으로 그 權利主體를 日本社會의 構成員에 局限시키지 않고 있어 原爆被害者라면 그가 外國人일지라도 現在 日本國內에 있는 것만으로써 이 法의 適用을 받는 것이다.」 라고 判示하고 따라서 日本에 觀光目的으로 一時入國한 外國人이나 不法入國者等에 對해서도 原爆被害者라면 原爆醫療法의 適用을 받는다.) 라고 밝히고 있고.

6. 日本政府의 關心

그리하여 本協會는 數年間 日本政府와 駐韓日本大使에게 우리의 救護를 要請하였으나 番番히 默殺되어 오던 中

㉠ 1972年 8月 30日 本協會 代表가 日本 三木副總理를 訪問 田中首相에게 要望書를 傳達하고 善處를 要望하였든바 至極히 好意的으로 對하면서 善處를 約束받았으며

㉡ 또 1972年 10月 8日에는 本協會를 支援하는 市民會會長(本吉義宏氏)이 日本 大平外相을 訪問하고 前 要望書와 市民會가 日本人 立場에서 "韓國被爆者는 政府가 救護해 주어야 한다."는 要望書를 같이 傳達하였든바 同席上에서 大平外相은 韓國被爆者에게 對한 關心을 表明 政府로 하여금 立法措置하겠다고 公言하였으며

㉢ 駐韓後宮日本大使도 韓國被爆者에 對해 깊은 關心을 가지고 大使館 書記官 手島氏를 本件에 對한 擔當者로 指名하고 1972年 9月 5日 韓日閣僚會議時 非公式席上에서 本件에 對해 日本閣僚에게 進言한바 있읍니다. 以上 말씀한 外에도 本協會가 日本厚生省 增田政務次官, 外務省北東亞課長, 日赤 外

事部長을 各各 訪問 陳情하였을 때도 모두가 肯定的이고 同情的이며 무엇인가 對策을 세워야겠다는 것이었으며

㊀ 特히 1972年 11月 7日 日本外務省 北東亞課 次席은 駐日韓國大使館 禹一等書記官을 招致하여 日本政府는 韓國人被爆被害者에 對해 人道的 見地에서 救濟措置를 取하려고 하는바 日外務省側은

① 그들이(우리 被爆者들) 原爆披害를 입게 된 歷史的 經緯는 어떠하던 間에 現在로서는 韓國人이라는 外國人이고 또한 그들의 被害補償權利는 請求權協定으로 消滅되었기 때문에 韓國政府의 要請없이 日本政府가 自進하여 "이니시아티브"를 取하기가 어렵다고 하면서 韓國政府가 "이니시아티브"를 取하여 주길 바란다고 하고 이어서 駐韓日本大使館으로 하여금 韓國人原爆被害者 實態를 調査할 것인바 韓國政府가 이를 지원하여 주길 希望하였으며

② 日本側은 自己側(日本側)의 經費負擔下에

가: 韓國人醫師의 日本에서의 原爆患者 治療修練

나: 日本 專門醫師의 派韓治療

다: 韓國原爆患者의 日本에서의 治療等을 考慮하고 있는 것으로 보였으며 (아측) 우리측의 交涉如何에 따라서는 上記 세 가지 外에 韓國에 原爆患者治療쎈타 建立에도 外務省으로서는 應할 것으로 感觸되었음.

라: 禹書記官은 日本側의 要請을 政府에 報告하겠다고 答한 후 韓國政府가 "이니시아티브"를 取하기로 決定하는 境遇 日本政府에 대하여 韓國政府의 要請을 提起하는데 있어 政府의 意圖는 모르겠으나 하나의 方法으로서 (예컨대 大使께서 外相이나 次官에게) 口頭로 하는 方法도 無妨하겠는가고 問議하였든바 엔도오 次席은 口頭要請이라도 좋다는 答이었음.

마: 本件에 關한 政府方針을 至急 下示 바람. 以上과 같이 日本 外務省의 公式發議가 28年만에 처음 있었으나 其後 近一年 이 지난 至今까지 아무런 計劃과 施行의 證左가 없으니 五里霧中이 되지 않을까 憂慮 되는바입니다.

特히 日本政府가 내세우는 被害補償權利가 韓日請求權協定으로 消滅되었다는 主張은 前述한 바와 같이 있을 수 없는 言語道斷이며

이는 日本政府가 過去의 罪科를 隱蔽抹殺 하려는 政治的 廻避用語에 지나지 않습니다.

　　以上 日本의 政府나 民間, 그리고 各政黨, 會社團體들도 右에서 左에 이르기까지 모든 團體가 韓國被爆者 救援問題에 對해서 마는 反對하는 곳이 없이 極히 協調的이며 援護하여 주려는 用意가 되어 있는 實情입니다.

7. 우리 政府의 立場

　　以上과 같이 日本側에 比하여 우리 國內의 모든 機關이나 社會實情은 至極히 冷靜하고 理解가 없습니다.

첫째 日本에서 法的으로 認定받고 있는 被爆者의 健康上의 特殊性을 우리 醫學界는 勿論 一般社會가 理解를 못하고 있읍니다.

둘째 우리나라는 建國途上에 6.25의 動亂으로 廢墟化되었든 國家를 再建途上에 있음으로 해야할 일이 너무 많으며 特히 保社行政面의 豫算은 極히 乏薄하여 保社當局에 數次 支援을 呼訴하였으나 實務官들은 우리의 딱한 處地를 十分 理解同情하면서도 制度上 또는 豫算上 救護할 根據조차 없어 어떻게 할 道理가 없이 束手無策으로 있읍니다.

　　本協會는 위의 保社當局의 딱한 立場을 보고 數次 靑瓦臺에 陳情하여 政策的으로 支援해 주시길 大統領閣下께 嘆願했으나 每番 聽聞됨이 없이 陳情書는 保社部로 赤十字社로 맴돌뿐 아무런 成果를 보지 못하여 왔읍니다.

8. 韓日 議員懇親會에 擧論處決要望

　　저희들 韓國被爆者는 被爆後 於焉 29年餘 歲月이 흘러갔고 其至間이 悲慘한 實情을 어디다 呼訴조차 할 곳 없이 끝없는 恨을 되씨부며 죽어가고 있읍니다.

　　被爆者 本人들은 날이 갈수록 하나 하나 쓰러져 갑니다.

　　그러나 이 뼈저린 怨恨은 날이 갈수록 커가고 늘어가고 있읍니다. 千秋의 恨을 품고 돌아가신 怨靈의 遺族 被爆者의 後孫은 10萬名 20 萬名으로 날이 갈수록 늘어나며 怨恨도 後孫들의 가슴 깊이 사모쳐 커가고 있읍니다.

　　子子孫孫 代代로 잊을 수 없는 抹殺될 수 없는 骨髓에 사모치는 일이오니 昨年에 東京에서 開催된 懇親會에도 兩國 議員님들 間에 附託 드리었든바 있으나

今般 5月 4日 서울에서 開催되는 韓日 議員懇親會에서 여러 議員任들께서 이 慘酷한 韓國原爆被害者들의 억울한 慘情을 깊이 깊이 通察하시어 韓日 兩政府에 建議 促求하시어 早速한 時日內에 具體的인 被害補償과 救護對策이 妥結되도록 아래와 같이 要望을 드리오니 極力 힘써 주시길 懇曲히 仰願하옵니다.

要望事項

우리 政府에 대한 要望事項

前述한바와 같이 우리 被爆者의 억울하고 慘酷한 實情을 깊이깊이 通察하시어 아래 要望事項을 日本政府에 强力히 要求하여 주시길 바랍니다.

1. 外務部로 하여금 韓日會談에서 擧論된바 없는 原爆被害者의 對한 被害補償을 日本對策에 强力히 要求하여 주시길 바랍니다.
2. 被害補償이 實現될 때까지 日本被爆者와 差別없는 救護對策을 實施해 줄 것을 日本政府에 要求합니다.
3. 國會로 하여금 原爆醫療法 및 同措置法과 援護法을 立法化하여주시길 바랍니다.
4. 全國被爆者에 대한 實態調査를 微低히 實施하여 實態를 把握하여 모든 對策을 施行할 수 있도록 하여 주시길 바랍니다.
5. 全國被爆者 및 遺族과 二世를 위한 自活福祉센타아 建立을 要望합니다.

이상과 같이 全國被爆者를 代表하여 要望하오니 格別히 配慮하시어 打開策을 講究하시어 貫徹되옵도록 處決하여 주심을 懇切히 仰願하옵니다.

1974年 5月 日

全國原爆被害者一同
서울特別市中區仁峴洞2街73의1
豊田商街3層(가列358)
社團法人 韓國原爆被害者救護協會
電話 (26) 4023
代表 會長 趙判石

74.5.14. 조선 日 廣島 한국 被爆者 위령탑 「國恥」碑文 수정작업

조선 74.6.15.閉門직전...原爆피해자 診療所, 매일 30餘환자 헛걸음

○건물과 시설은 1급이나 약과 운영비가 없어 개점휴업상태인 원폭피해자진료소. 순회진료용 앰뷸런스도 운행허가가 나지않아 묶여있다

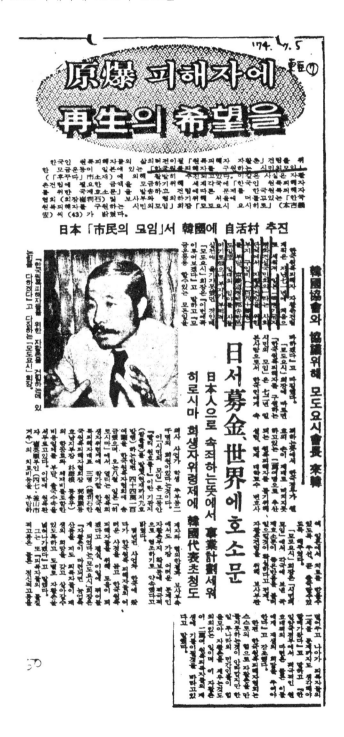

74.7.10. 경향 韓國人 原爆피해자, 日서 처음 治療받아

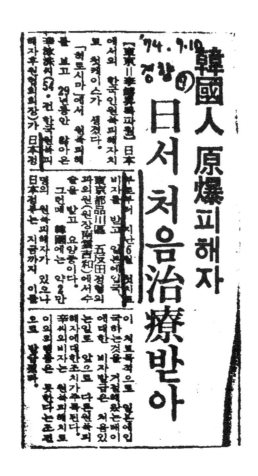

14. 외무부 공문(착신전보)—신문 보고및 진위 조사 보고

외무부
번호 JAW-07402
일시 230935
발신 주일대사
수신 장관

1. 22일 아사히 석간은 1면 4단 "한국의 피폭자에도 건강수첩을 교부"라는 제목으로 후생성이 지금까지 외국의 피폭자에게 피폭자건강수첩교부를 인정하지 않았으며 미노베 동경도지사가 한국인 피폭자에 대하여 동수첩을 교부할 방침으로 금일(22일) 아침 관계당국에 지시하였다고 보도하고 그러나 이러한 도지사의 자세가 정부방침과 대립되고 있기 때문에 수속 기타 금후 정부의 행방이 주목되고 있다고 보도함.

2. 상기에 관하여 동경도 의료대책과 관계관에게 알아본 바, 상기 기사는 미노베지사가 22일 기자들에 대한 코멘트에서 한국인 피폭자에게 건강수첩을 교부할 의향을 비친데 따라 보도된 것으로 국내법상 지방청장에게 동수첩 발급권이 있으므로 동경도로서는 한국에 거주하고있는 원폭피해자로서 단기 여행목적으로 일본에 입국한 자에 대하여도 동 건강수첩을 교부하는 문제를 검토하고 있으며, 현재 이에 관하여 후생성 의견을 문의중으로 동 회보를 기다려 정식 결정하게 될것이라고 함.

(일정-북일, 정모)

15. 신문기사

74.7.23. 한국일보 日, 被爆한국인 치료
74.7.23. 서울韓國人原爆被害者에 『건강 수첩』, 日서 치료받게 조처

16. 한국원폭피해자구호협회 공문—한일친선 히로시마 折鶴の會 소녀단 귀부 예방에 관한 건.

서울 特別市 中區 仁峴洞 2街 135의 4 社團法人 韓國原爆被害者救護協會
電話 26-4023番
KOREA ATOMIC BOMB GASUALTY RELIEF ASSOCIATION
NO.135-4 · 2KA INHYENDONG. CHOONG · KU, SEOUL. KOREA
Date: 1974.7.25
受信 外務部 長官 貴下
題目 韓日親善 廣島 折鶴の會 少女團 貴部 禮訪에 關한 件.

　　위에 件에 關해 今般 日本 廣島에 있는 折鶴の會 少女團이 四回에 걸쳐 韓日親善을 爲해 젊은 世代文流의 一環으로 韓國을 來訪함에 있어 其日程中 別紙 日程表와 같이 貴部를 禮訪할것을 仰願하옵기

　　이에 國際親善의 士氣昻揚을 爲해 引見激勵하여주심을 仰請하옵니다.

1. 別紙 日程表 添附 1部

　　　　　서울 特別市 中區 仁峴洞 2街 73의 1號
　　　　　社團法人 韓國原爆被害者救護協會
　　　　　電話 (26) 4023號
　　　　　會長 趙 判 石

별지 − 일정표

廣島 折鶴會 訪韓 日程表(1974.8.15)				
日字	時間	行事內容	協助處	備考
8.17 (土)	- 17:00	훼리號 釜山倒着	釜山支部	
	18:00 - 19:00	釜山J.C.訪問	釜山J.C.	
	19:00 -	民泊(宿所行)		

8.18 (日)	10:00 - 12:00	協會會員 및 비둘기團 懇談會	釜山支部	
	12:00 -	中食		
	13:00 -	陜川行發		高速버스
	18:00 - 19:00	陜川 到着後 陜川支部 訪問	陜川支部	
	19:00 -	民泊 宿所行	陜川J.C.	
8.19 (月)	10:00-11:00	陜川郡守禮訪	陜川支部	
	11:00 - 12:00	陜川女子中高校見學및座談會	仝	
	12:00 - 13:00	中食		
	15:00 - 14:00	비둘기團과 懇談會	陜川支部	
	14:00 - 17:00	被爆者訪問 診療所 訪問	仝	
	17:00 - 18:00	陜川J.C. 訪問	陜川J.C.	
	18:00 -	民泊宿所行	仝	
8.20 (火)	10:00 - 12:00	大邱到着		뻐스
	12:00 - 13:00	中食		
	13:00 - 18:00	서울到着		高速뻐스
	18:00 - 19:00	原爆協會 訪向	車輛支援	마이크로뻐스1臺
	19:00 -	民泊宿所行	J.C.	
日字	時間	行事內容	協助處	備考
8.21 (水)	10:00 - 11:00	保健社會部 訪問 (禮訪)	協會	마이크로 뻐스
	11:00 - 12:00	外務部 禮訪	仝	〃
	12:00 - 13:00	中食	仝	〃
	13:00 - 14:00	文化公報部 禮訪	仝	〃
	14:00 - 16:00	勝共館 見學	學校	〃
	16:00 - 19:00	市內觀光		
	19:00 -	民泊宿所行	J.C	
8.22 (木)	10:00 - 11:00	J.C. 本部 訪向	J.C	마이크로뻐스
	11:00 - 12:30	비둘기團 懇談會	J.C	
	12:00 - 13:30	中食		
	13:30 - 14:30	□地會長 禮訪	協會	마이크로뻐스
	14:00 - 16:00	梨花女高 座談會	〃	〃
	16:00 - 18:00	被爆者 慰問	〃	〃
	19:00 -	民泊宿所行	J.C	

8.23 (金)	午前中	自由 時間 (서울)		
	13:00	觀光□便 一釜山向發		釜山 (旅館□□)
8.24 (土)	10:00 -	훼리號便으로 歸國		

17. 외무부 공문(착신전보)–건강수첩 교부

외무부
번호 JAW-07467
일시 260938
수신시간 1974.7.25. 10:30
발신 주일대사
수신 장관

연: JAW-07402

1. 25일 저녁 동경도 의료대책과 관계관이 당관 김춘호 2등 서기관에게 알려온 바에 의하면, 연호 한국인 원폭 피해자로서 단기여행 목적으로 일본에 입국한 자에 대하여 건강수첩을 교부하는 문제에 관하여 동일 후생성이 동의하여 왔으며 동경도에서 후생성의견을 문의하게된 것이 신용소(핸드빽 제조업 서울 성북구)의 신청에 기한것으로 동인을 최초의 선례로하여 앞으로 한국인이 치료목적으로 방일하여 건강수첩교부를 신청할경우 이를 발급하게될 것이라고함.

2. 이문제에 관하여 외무성 관계관(북동아과 차석)에게 확인한바 동 수첩을 발급받기 위하여는 원폭 피해자로서 치료목적으로 입국하여 1개월 이상의 치료기간이 필요하다는 당지 의사의 진단을 받을것등을 요건으로하고 있으며, 동 수첩 발급에 소요되는 기간은 4-5일 정도로 족하다고 함. (일정-북일)

18. 외무부 공문(착신전보)–신문보도

외무부

번호 JAW-07508

일시 271040

수신시간 1974.7.27. 11:29

발신 주일대사

수신 장관

1. 금 26일 아사히 조간은 한국인 원폭 피해자로서 치료 목적으로 방일한 자에 대하여 후생성과 동경도에서 건강수첩을 교부키로 한데 대하여 "신씨에 피폭 수첩, 후생성 인정, 법적용에 있어 궁이지책, 일개월의 체재로 일본의 구성원으로 판단"이라는 제목 하에 이를 보도함과 아울러, 처음으로 동수첩을 교부받은 한국 원폭 피해자 원호협회 전회장 신영수 씨와의 인터뷰 기사를 사진과 함께 게재함.

2. 동 보도에 의하면 주재국 출입국 관리령이 "국가 또는 지방 공공단체의 (비용등) 부담이 될 우려가 있는 자"에 대하여는 입국을 인정하지 않고 있으므로 원폭의료법에 의한 치료목적으로 입국하는 경우에도 동법령에 저촉되지 않는 형식을 취하여 입국하지 않으면 안된는 문제가 있다고 하므로, 이문제에 관하여 외무성 북동아과 관계관에게 문의한바, 동 출입국 관리령 29조에 비추어 원폭 피해자로서 동건강 수첩 발급대상이 되는 경우에도 입국할 당시에는 일본 정부의 비용부담을 주지않는다는 보증인 보증 하에 일단 치료목적으로 입국하게하고, 입국후 의사진단에 의하여 새로이 일본정부의 부담이 되게되는 사정이 발생함에 따라 건강수첩을 발급한다는 형식으로 법의 운용을 기하기로하고 있다고 함. (일정-북일)

19. 외무부 공문(발신전보)–의료협력조사단 상세 내용 보고 지시

외무부

번호 WJA-07335
일시 311350
발신 장관
수신 주일대사

대: JAW-07512
대호 3항 의료협력 조사단의 방한건에 관하여 방한 일정, 조사단 구성, 방
한 목적 기타 상세한 내용을 파악, 보고하시기 바람. (북일-   )

20. 외무부 공문(착신전보)-의료협력조사단 상세 내용 보고

외무부
번호 JAW-08010
일시 011616
수신시간 1974.8.1. 16:57
발신 주일대사
수신 장관

대: WJA-07335
1. 외무성 북동아과 차석에 의하면 대호 조사단은 재단법인 노동과학 연구소의
사이또 하지메 씨를 단장으로 하여 단원 4명으로 구성되며 (대학교수, 후생성,
OTCA 노동과학연구소 각 1명), 금 1일부터 15일간 일정으로 방한한다고 함.
2. 동조사단은 주로 기술협력문제 일반에 관하여 한국측과 협의하는 한편 특히
금년도 예산 문제와 관련한 기술협력계획의 재검토 우선순위 결정등을 위하여
방한한 것이며 이미 산업 재해문제에 관하여 한국측과 협의하고 있고 이번 방
한 일정에 관하여도 7월 중순 과학기술처의 동의를 얻은 한편 식품 영양연구쎈
터, 연세대학 암쎈터등의 협력을 얻고 있다고 함.
3. 원폭피해자 구호 문제에 관하여는 한국측이 특히 이문제에 열의를 가지고
있음에 비추어 이들 조사단에게 피해상황조사등 필요한 협력을 요망하여 협력

토록 할 수 있는것이라고 말하였음.

(일정, 북일)

21. 한국원폭피해자원호협회 공문-위령제 집행위원장 명의 정정 통보의 건

번호 한원피협 제　　호
일시 1974.8.1
발신 회장 조판석
수신 外務部 亞洲課長 귀하
제목 위령제 집행위원장 명의 정정 통보의 건

　　　위의 건 금번 실시하옵는 한국인 원폭희생자 위령제 봉행에 있어 집행위원
장 임병직씨 명의로 귀하에게 안내장을 발송한바 있으나 집행위원회 사정에
의하여 집행위원장 임병직씨를 고문으로 추대하고, 위원장에는 배상호씨를 모
시기로 결정했으므로 이를 정정 통보합니다.

　　　　　　　서울 特別市中區仁峴洞 2街73의 1號
　　　　　　　農田商街3層 가列358號(電話26-4023)
　　　　　　　社團法人 韓國原爆被害者援護協會
　　　　　　　會長 趙列石

22. 기안-한국인 원폭 피해자 구호문제

번호 북일700-1550
시행일자 1974.11.2.
기안책임자 이재춘 동북아 1과
경유수신참조 보사부 장관, 의정국장

제목 한국인 원폭 피해자 구호문제

연: 북일 700-671(74.4.26.)

1. 한국인 원폭 피해자 치료쎈타 건립 추진 계획과 관련하여 당부는 이미 연호 공문으로 동 쎈타 설립에 관한 구체적인 계획서를 귀부에 요청한바 있으며, 그간 수차에 걸친 구두 독촉을 한바 있으나 6개월 이상 경과된 11.2. 현재까지도 동 계획서를 접수치 못하였읍니다.

2. 당부가 요청한 계획서는 동쎈타 건립 교섭 추진에 관건이 될뿐 아니라 일본정부도 동 계획서의 제시가 필요하다는 것을 강조하고있음을 이미 귀부에 통보한 바 있읍니다.

3. 치료쎈타 건립은 정부가 시급히 추진하여야할 중요한 사업임에 비추어 당부에 요청한 계획서를 최단 시일내에 송부하여 주시기 바랍니다.

23. 외무부 공문-한국인 원폭 피해자 구호 문제

외무부
번호 북일 700-   ,70-2317
일시 1874.11.2.
발신 외무부 장관
수신 보사부 장관
참조 의정국장
제목 한국인 원폭 피해자 구호문제

연: 북일700-671(74.4.26)

1. 한국인 원폭 피해자 치료쎈타 건립 추진 계획과 관련하여 당부는 이미 연호 공문으로 동 쎈타 선립에 관한 구체적인 계획서를 귀부에 요청한바 있으며, 그간 수차에 걸친 구두 독촉을 한바 있으나 6개월 이상 경과된 11.2. 현재까지도 동 계획서를 접수치 못하였읍니다.

2. 당부가 요청한 계획서는 동 쎈타 건립 교섭 추진에 관건이 될뿐 아니라

일본 정부도 동 계획서의 제시가 필요하다는 것을 강조하고 있음은 이미 귀부에 통보한바 있습니다.

    3. 치료쎈타 건립은 정부가 시급히 추진하여야 할 중요한 사업임에 비추어 당부가 요청한 계획서를 조속 송부하여 주시기 바랍니다. 끝.

외무부 장관

24. 보건사회부 공문-한국인 원폭 피해자 구호 문제

보건사회부
번호 의정1427-32
일시 1974.11.25.
발신 보건사회부 장관
수신 외무부장관
제목 한국인 원폭 피해자 구호문제

    1. 북일 700-671(74.5.3.) 및 700-1550(74.11.17)와 관렵됩니다.
    2. 한국인 원폭피해자 구호를 위한 진료병원 설치계획 자료를 별첨과 같이 제출합니다.
    첨부: 한국원폭피해자 진료병원 설치 계획 1부. 끝.

보건사회부

제3부
일본의 출입국관리법 제/개정에 따른 재일한인 문제

해방이후 재일한인 외교문서 해제집

┃제5권┃ (1970~1974)

1951년 10월에 시작된 한일예비회담의 교섭에서 1965년 6월 22일 한일기본조약이 체결되기까지 14년의 세월을 거친 한일회담의 본래 취지는 한국에 대한 일본의 불법지배가 남긴 유산을 법적으로 청산하고 한일 양국 간의 새로운 정치·경제 관계를 구축하는데 있었다. 그렇기 때문에 단순한「우호·통상조약」이 아닌「기본관계조약」이라는 명칭을 사용하게 되었고, 재일한인의 지위 및 처우 개선에 관한 조약의 경우에도 일본측은 재일한국인의「대우」라는 표현을 사용하자고 주장했지만, 한국측은 처음부터「법적지위」에 집착했다고 볼 수 있다.

일본측은 한일회담 초반에는「법적지위」라는 용어는 그 개념이 광범위하기 때문에 협정의 표제를 일본국에 재류하는 대한민국 국민의「대우」에 관한 협정으로 할 것을 주장하였으나, 한국측은 교섭의 경위나 협정에 규정되는 내용으로 보아「법적지위」라는 용어 사용을 강력히 주장하여 한국측 입장을 관철시켜「법적지위 및 대우에 관한 협정」으로 체결되었다.

법적지위협정 제1조(영주권 관련)는 1945년 8월 15일 이전부터 일본국에서 계속 거주하던 자(1항-a)와 그들의 직계비속으로 본 협정 발효일로부터 5년 이내(1971년 1월 16일)에 일본국에서 출생하고 계속 일본국에 거주하고 있는 자(1항-b), 그리고 이들의 자녀로서 1항의 협정영주권 신청만료일이 경과한 후에 일본국에서 출생한 자(2항)에 대하여 신청이 있는 경우 영주권을 부여하도록 하고 있다. 영주신청 시에 제출하는 서류는 (1)영주허가신청서, (2)국적증명서, (3)사진, (4)가족관계 및 일본국 거주경력 진술서, (5)외국인 등록증명서 등인데, 국적증명서에 관해서는 대한민국 여권 또는 재외국민 등록증을 제시할 수 있는 신청자는 대한민국 국적을 갖고 있다는 진술서를 신청시에 우선 제출하고 일본정부 당국의 조회에 관해 한국정부의 확인으로 간소화하는 절차를 취하고 있다. 이러한 간소화 절차를 토대로 재일한인 중에 조총련계에 속해 있는 자에 대해서도 폭넓게 포용하는 길이 열려 있다는 점을 홍보하기도 하였다.

또한, 일본은 재일한인의 법적지위에 관련하여 주로 강제퇴거에 치중하여 외국인에 대한 강제송환권이 주권국가의 자주적 권한임을 내세워「출입국관리령」에 따라 퇴거강제처분을 취할 수 있도록 하고 있다.[1] 이에 대해서 한국은 재일한인에 대해

---

1) 일본정부는 독립국 지위회복을 앞둔 1950년 11월 외무부 출입국관리부를 출입국관리청으로 개편하고, 1951년 11월에는 입국자 관리에 있어서 법무대신의 재량권을 강화한 출입국관리령을 제정하였다. 재일한인의 출입국과 강제퇴거를 보다 철저히 시행하기 위해 외국인등록령에서 출입국관리령을 독립시킨 것으로 볼 수 있다. 외국인등록령 역시 1952년 4월 외국인등록법으로 개정하여 재일한인을 외국인으로서 단속하는데 활용되었다.

서는 일본의 국내법과 관계없이 그 지위의 특수성에 상응하는 대우가 부여되어야 한다는 점을 강조하고, 강제퇴거 사유에 대해서는 일본의 「출입국관리령」과는 별도로 협의가 필요하다는 입장을 견지하고 있었으나 진전된 결과를 얻어내지 못했다.

그리고 법적지위협정의 체결과 더불어 협정 시행에 수반되는 출입국관리특별법[2]이 1966년 발표되어 이른바 협정영주권이 한국 국적을 선택한 재일한인에 부여되었으며, 이 법의 강제퇴거 관련 조항은 다음과 같다.

(퇴거 강제)

제6조 제1조의 허가를 받은 자에 대해서 출입국관리령 제24조의 규정에 의한 퇴거강제는 그 자가 이 법률 시행일 이후의 행위에 따라 다음 각호의 하나에 해당할 경우에 한하여 할 수 있다.

①형법(메이지 40년 법률 제45호) 제2편 제2장 또는 제3장에 규정하는 죄에 의해 금고 이상의 형에 처해진 자, 다만 집행유예 언도를 받은 자 및 동법 제77조 제1항의 죄에 의해 형에 처해진 자를 제외한다.

②형법 제2편 제4장에 규정하는 죄에 의해 형에 처해진 자

③해외의 국가원수, 외교사절 또는 그 공관에 대한 범죄행위에 의해 금고 이상의 형에 처해진 자로 법무대신이 그 범죄행위에 의해 일본국 외교상 중대한 손해를 입었다고 인정한 자

④영리목적으로 마약단속법(쇼와 28년 법률 제14호), 대마단속법(쇼와 23년 법률 제124호), 아편법(쇼와 29년 법률 제71호) 또는 형법 제14장에 규정하는 죄를 범하여 무기 또는 3년 이상의 징역에 처해진 자, 다만 집행유예 언도를 받은 자를 제외한다.

⑤마약단속법, 대마단속법, 아편법 또는 형법 제14장에 규정하는 죄에 의해 3회(이 법률의 시행일 이전의 이들 죄에 따라 3회 이상 형에 처해진 자에 대해서는 2회) 이상 형에 처해진 자

⑥무기 또는 7년 이상의 징역 또는 금고에 처해진 자

(출입국관리령의 적용)

---

2) 이 조약의 정식 명칭은 「일본국에 거주하는 대한민국 국민의 법적지위 및 대우에 관한 일본국과 대한민국 간의 협정 실시에 따른 출입국관리특별법(日本国に居住する大韓民国々民の法的地位及び待遇に関する日本国と大韓民国の間の協定の実施に伴う出入国管理特別法)」이다.

제7조 제1조의 허가를 받은 자의 출입국 및 재류에 대해서는 이 법률에 특별 규정이 있는 것 외에는 출입국관리령에 따른다.

(성령에 대한 위임)

제8조 이 법률의 실시를 위한 절차와 그밖의 집행에 대해서 필요한 사항은 법무성령으로 정한다.

(벌칙)

제9조 다음 각호의 하나에 해당하는 자는 1년 이하의 징역 또는 3만엔 이하의 벌금에 처한다.

　　①허위 신청을 하여 제1조의 허가를 받거나 받게 한 자

　　②위력을 이용하여 제1조의 허가 신청을 방해한 자

(부칙)

이 법률은 협정의 효력발생일부터 시행한다.

위의 강제퇴거 요건을 살펴보면, 7년 이상의 징역 또는 금고형이 확정된 자로 제한되어 사실상의 강제퇴거 위험에서 벗어날 수 있었으며 실제로 추방된 사례도 중대 범죄자 몇 명을 제외하고는 없었다. 그러나 법적지위협정에 의한 협정영주권 신청 과정을 통해서 재일한인 사회에서는 영주권 취득자와 미취득자로 나뉘게 된다. 한국 국적을 가진 자는 법적지위가 어느 정도 확보된 반면에 한일수교에 줄곧 반대해온 총련 지지자나 조선적을 선택한 자들은 무국적자로서의 불안정한 상황에 직면하게 된다. 그리고 부적격자에 대해서는 새로운 출입국관리법 제정을 통해서 외국인, 즉 재일한인에 대한 통제를 강화하고자 하는 일본 정부의 움직임이 시작된다.[3]

법적지위협정의 논의를 진행하는 과정에서 재일한인의 영주권 부여 범위를 확대하자는 한국측의 입장에 대해 일본측은 영주권의 부여 범위가 확대되면 강제퇴거 사유도 확대되어야 한다고 줄곧 주장해왔다. 이러한 주장은 재일한인 통제를 강화하고자 하는 일본측 입장의 연장선상에 있는 것으로 볼 수 있을 것이다. 이러한 재일한인 통제 강화를 목적으로 일본정부는 1969년 출입국관리법의 제정을 시도한다.

---

3) 1969년 3월 31일, 일본 정부는 재일한인들이 입법화에 반대하고 있는 「출입국관리법안」을 국회에 제출했다. 동 법안에 대해 재일한인들은 그들의 생활을 위협하는 악법이라고 판단하여 대대적으로 반대하는 움직임이 일게 되었다.

다음은 이와 관련한 외교문서 내용이다.[4]

일시 : 1969.02.26.

수신 : 외무부장관

발신 : 주일대사

제목 : 일본국 출입국관리법 개정안

1. 일본 법무성 당국자와 접촉한 바 3월 상순경 출입국관리법 개정안을 국회에 제출하기 위하여 처리 중에 있음이 확인되었으며,

2. 동 관계자의 말에 의하면 현재 일본 사회당, 공명당 및 공산당 등 야당은 (가) 중공 등 일본과 국교가 없는 국가와의 인사교류를 방해한다 (나) 정치 망명자의 보호는 국제적 관습인데 동 규정 설정이 없다는 이유 등으로 반대하고 있다고 하며,

3. 그러나 현재 법무성 당국은 전기 당 간부와 개별 이면공작 중에 있으니 동 법안이 상정되면 통과될 것으로 낙관하고 있었음.

4. 출입국관리법 개정안의 중요내용은 아래와 같음.

   가. 현재 관광사증(60일간), 운동경기, 가족방문 등을 단기체류사증으로 하여 90일간의 체류기간을 연장케 한다.

   나. 법무대신은 재류자격의 구분변경, 기간의 연장, 자격의 취득 허가에 있어 필요성을 인정할 때 재류하는데 지켜야 할 조건을 가하며 신원 인수인의 선임을 명한다(이는 새롭게 입국하는 자에만 해당된다).

   다. 지방입국관리관서장이 특별상륙허가를 법무대신에게 상신할 수 있으며 외국인으로부터의 직접 출원의 길도 연다.

   라. 기항지 상륙허가를 현행의 72시간에서 5일간으로 통과 기간을 인정하며 선원인 경우는 15일까지 인정한다.

   마. 자격의 활동자, 재류조건 위반자, 정당한 이유없이 상당기간 재류활동을 하지 않는 자에 서면으로 필요한 명령을 할 수 있다(중지명령 위반시 강제퇴거 대상이 된다).

   바. 외국인등록증명서를 소지하지 않은 자는 여관업자에 외국인 숙박계

---

4) 주일영(1) 425.1-723 「일본국 출입국관리법 개정안」, 1969년 2월 26일
   주일영(1) 725.1-940 「일본의 출입국관리법」, 1969년 3월 17일

를 제출케 한다.

사. 재류기간의 연장을 허가하지 않는 경우에 출국준비에 필요하다고 인정할시 60일 내의 출국유예기간을 정할 수 있다.

아. 영주자가 재입국 허가의 유효기간 내에 재입국이 불가한 이유가 있을 시 1년을 넘지 않는 범위 내에서 유효기간을 연장 허가한다.

자. 영주자의 배우자에 대한 방문(동거자)을 독립적인 자격을 부여 3년 기간의 체류기간을 부여한다(현행 6개월 또는 1년).

차. 용의자에 대한 상당한 사정이 있는 자에 한하여 수용영서 발부없이 처리할 수 있다.

카. 구두심리 및 의의신립 수속 중 용의자를 최장 40일간 수용(현행 60일간)

타. 강제퇴거 시 본국송환이 원칙이나 본국송환을 할 수 없거나 송환이 적당하지 않다고 인정되는 상당한 사정이 있을 시 타국을 송환선으로 지정할 수 있다.

파. 지방입국관리관서는 사실조사를 위하여 필요시 관계인의 영업소 출입, 관계인의 출두, 문서 제출 등을 요구할 수 있다(신규 입국자에만 해당).

하. 행정청은 외국인의 사업 등의 허인가에 있어 그 외국인이 그 사업 등을 하는 것이 자격의 활동금지규정 위반시 또는 재류조건 위반시 그 허인가를 하지 않는다(신규 입국자에 해당).

유첨물 : 출입국관리법안 요강 1부. 끝.

일시 : 1969.03.17.

수신 : 외무부장관

발신 : 주일대사

제목 : 일본의 출입국관리법

연호로 보고한 바 있는 일본의 출입국관리법안을 별첨과 같이 송부하오니 참고하여 주시기 바라며, 동 법안은 차관회의에서 외무성과 법무성 간의 의견 조정이 어려워 상당히 논란한 결과 법무성 원안 중 가장 주목의 대상이 되고 있던 몇 가지 항목 즉, 「체일 중의 외국인이 준수할 조건」을 단지 「준수할 사항」으로 정정하고, 「일반영주 허가요건에 10년 재류」라 한 것을 「5년」으로 수정하였으며 또 「법상 권한에 의한 신원 인수인의 선임」제를 비롯하여 「외국인 숙박계」제, 「영업의 허인가」, 「영업소 출입 조사권」 등 항목을 대폭 삭제하고 있음을 아울러 보고합니다.

별첨 출입국관리법안 요강 중,

제3 상륙 1. (2),(5), 2. (2),(4), 3. (2),(5),

제4 재류 1. (2),(4), 2. (2),(5),

제5 출국 3.

제9 관리기관 6.

제10 보칙 등이 이번에 수정된 부분임을 첨언합니다.

첨부 : 출입국관리법안 및 동 요강 각 2부. 끝.

상기 외교문서를 통해서도 알 수 있는 바와 같이, 재일한인 사회는 물론이고 사회당을 비롯한 야당들은 출입국관리법안에는 인권 문제가 될 수 있는 내용이 상당히 들어 있다는 점을 지적하며 개정 법안을 일제히 반대하고 나섰다. 일본 법무성에 따르면 기존의 출입국관리령이 이미 마련되어 있지만, 항공수송의 눈부신 발전으로 일본 출입국자가 지속적으로 증가하여 기존의 선박 중심의 출입국관리령으로는 항공기 시대에 대처할 수 없고, 사증면제 등의 국제적인 흐름에도 부응할 수 없다는 것이다. 그리고 재류자격 제도의 기능이 충분히 이루어지지 못하고 있다는 등의 이유를 들고 있다. 그러므로 재류자격에 「단기체재자」 제도를 신설하여 그 재류기간을 기존의 60일에서 90일로 연장하고 사증을 필요로 하지 않는 일시상륙의 폭을 넓히고자 한다고 개정 의도를 설명하고 있다. 그러나 이들 개정사항은 출입국관리법안 개정의 표면적인 이유에 불과하며, 외국인의 재류관리 체제를 새롭게 정비하고 강화하는데 초점이 맞추어져 있었다. 이러한 법안 개정 움직임에 대해 재일한인들을 비롯하여, 재일중국인들이 반대운동에 돌입했고 일본 각지의 변호사회와 법률학자들도 이 법안에 대한 비판이 빗발쳤는데, 이는 법안 개정의 주된 목적이 「외국인관리」체제 구축에 있었기 때문에 인권 경시로 이어지는 시대착오적 발상이라고 비판하고 나섰다.

그리고 또 하나의 문제점은 기존의 출입국관리령에 비하여 법무대신의 권한이 지나치게 강화되었다는 점이다. 예를 들면, 「법무대신은 필요하다고 인정되는 경우에 미리 상륙허가를 받고자 하는 외국인에 대해 일본 체재에 있어서 반드시 준수해야 할 활동 범위와 그 밖의 사항을 정할 수 있다」는 「준수사항」 제도가 새롭게 추가

되어 있다는 점을 지적하고 있다. 이 준수사항 제도는 일반적인 의미에서의 불량외국인에 대한 대책 마련의 측면이 아니라 오히려 일본의 정치적인 입장에서 신설된 것으로 의심받을 수 있는 제도였다. 준수사항 위반자에게는 중지명령이 내려지고 이를 이행하지 않을 경우에는 벌칙이 적용되어 강제퇴거에 의한 국외추방 처분이 내려질 수도 있는 문제였다. 이러한 중차대한 문제를 일본 법무대신의 자유재량권에 맡겨 놓았다는 점에서 문제의 소지가 있는 것이었다. 이 준수사항 제도는 일본 입국시에 적용될 뿐만 아니라, 종래부터 일본에 거주하고 있는 재일한인 등에 대해서 재류자격을 변경할 경우나 재류기간을 연장할 경우, 그리고 재입국 허가를 받아야 하는 경우에도 적용되도록 하고 있는데, 이 또한 기존의 출입국관리령에는 없었던 신설 규정이었다. 특히, 법무대신의 재량재량권에 따른 준수사항에 위반했다는 이유로 강제퇴거를 당할 수 있다는 점은 재일한인들의 생활과 인권에 대단히 위협적인 요소라는 점을 충분히 가늠하고 있었다.

재일한인의 대부분은 본인들이 원하여 일본에 거주하게 된 것이 아니라, 일본의 식민지정책의 희생자였으며 일본인은 가해자였다. 그럼에도 불구하고 출입국관리 법안에서 볼 수 있는 인권을 경시하는 경향은 위에서 언급한 준수사항 제도에 그치지 않았다. 우선, 기존의 출입국관리령에 비하여 강제퇴거 절차를 간소화하고 있는데, 강제퇴거 처분에 대해서 행정소송을 제기하는 길을 사실상 봉쇄하는 것이 아닌지 우려하고 있었다. 이러한 우려는 강제퇴거 명령서 발부 처분과 법무대신의 재류허가가 실질적으로 별개의 처분이 되는 것에 원인이 있었다. 만일, 강제퇴거 처분을 받게 되는 용의자가 사실상 재판을 받을 권리를 빼앗기고 강제송환이 되는 경우에는 그야말로 중차대한 인도적 문제이기 때문에 이러한 점에 대해서 일본 법조계의 철저한 해명을 요구하고 나섰다. 이 밖에도 강제퇴거를 당한 자의 송환처를 지방입국관리관서의 장이 재량으로 조치할 수 있도록 맡겨진 규정을 담고 있기 때문에 수용소 수용자들에 대한 면회의 제한 또는 금지가 가능하다는 점에서 재일한인들은 인도적 견지에 반하는 개악이라고 보고 출입국관리법안 개정에 대해 격렬한 반대 시위를 펼쳤다.

이와 같은 출입국관리법안 개정의 국회 상정 시도는 재일한인들을 비롯하여 일본의 사회당, 공명당, 공산당 등 야당을 중심으로 한 대대적인 반대에 부딪히게 된다. 이와 관련한 대대적인 반대운동은 재일민단의 기관지인 『한국신문』의 기사를 통해서도 확인할 수 있다.

게재일자	게재면	기사제목
1969년 2월 5일	5면	분신자살, 수용소에서 자살
1969년 3월 25일	2면	민단측과 일본 국회의원과의 간담회
1969년 3월 25일	5면	입관법 반대 투쟁위원회 설치
1969년 4월 25일	1면	입관법 저지 궐기대회
1969년 4월 25일	3~4면	출입국관리법안 전문
1969년 5월 15일	2면	일본정부는 재일한인의 인권을 무시한다.
1969년 6월 5일	1면	입관법 반대 중앙민중대회
1969년 6월 5일	2면	대대적인 항의시위
1969년 6월 15일	1면	박 대통령 민단 청원 수락
1969년 6월 15일	2면	반대 강연
1969년 6월 15일	3면	입관법 항의 기사
1969년 6월 25일	1~2면	일본정부의 입관법 폭거 규탄대회
1969년 7월 5일	1면	입관법 반대 단식 투쟁
1969년 7월 15일	1면	입관법 수정안에 불만
1969년 8월 5일	1면	입관법 수정안, 벌칙 삭제 및 보증금 인하
1969년 8월 5일	1면	입관법에 대한 대책 정리

재일민단의 기관지인 『한국신문』의 기사를 통해서도 알 수 있는 바와 같이 법적 지위협정 시행 과정에서 일본 정부의 출입국관리법 개정 시도는 재일한인들에게 많은 문제점들을 야기하게 된다. 일본정부는 국회에 제출된 출입국관리법안은 당시의 실정에 부합하도록 입국절차를 간소화하기 위한 내용이라고 주장하고 있지만, 재일민단은 출입국관리법안이 재일한인에 대한 규제를 강화하는 것으로 판단하고 법안 추진에 강력히 반발하면서 전국적인 반대투쟁에 돌입하였다. 재일민단 중앙본부 이희원 단장은 5월 16일 일본 법무대신과 국회 법무위원장에게 출입국관리법 개악 법안에 반대하는 항의문을 제출했다.[5] 이어서 5월 17일에는 기자회견을 열어「목숨

---

[5] 항의문의 주된 내용은 다음과 같다. 첫째,「준수사항」은 재일한인의 재류규제가 필요 이상으로 강화되어 있다. 둘째,「행정조사권」은 재일한인의 공・사를 막론하고 일방적인 강제권 발동으로 기본적인 인권 및 공적인 권리가 박탈되는 것은 명확하다. 셋째, 퇴거강제 사유의 확대, 강화 및 동 절차의 간소화는 재일한인 강제추방이 강화되어 구제수단을 차단하고 있으며, 동시에 빈곤자를 추방의 대상으로 하는 것은 국제적 견지에서 용납될 수 없는 것이다. 넷째,「벌칙」도 그 내용이 여러 가지로 세분화되어 재일한인 추방의 기도가 숨어 있다. 다섯째, 이 모든 것이 법무대신의 소위 「자유재량」에 의해 좌우되며 재일한인에 대한 일방적인 권익의 여탈권을 갖고 있다. 이와 같은 이유에 의거,「재일한인들은 출입국관리법안의 국회통과를 도저히 용인할 수 없으며, 국제법, 일본

을 걸고 법적지위요구 관철운동을 펼치겠다」는 자신의 소신을 밝히고 법적지위위원회 상임위원회를 개최하여 법적지위요구 관철운동을 전개할 구체적인 방안에 대한 의견을 모았다. 그리고 일본 각지의 민단장회의를 소집하여 일본 전국의 민단장을 중심으로 한 진정단을 본국으로 보낼 것을 결정하게 된다.[6] 재일민단은 출입국관리법안이 재일한인에 대한 규제를 강화하는 법안으로 보고 동 법안의 추진에 강력히 반대하면서 6월 2일과 6월 16일 대통령에게 탄원서를 제출하여 본국 정부의 관심을 촉구하고 나서는 등 대대적인 반대 투쟁을 전개했다. 일본의 출입국관리법 제정이 재일한인들에게 어떠한 문제들을 야기하게 되는지는 다음의 대통령에게 보내는 민단의 탄원서를 통해서도 잘 알 수 있다.

박 대통령에게 보내는 멧세지

경애하는 박 대통령 각하

오늘 우리 재일본 대한민국 거류민단 전국 대표 약 5천명은 이곳 동경 문경공회당에 집결하여, 일본 정부의 비우호, 비인도적인 출입국관리법안에 대하여 반대하는 중앙민중대회를 개최하고 본 대회 이름으로 대통령 각하에게 멧세지를 보내는 바입니다.

경애하는 대통령 각하

한·일 양국 간의 국교가 정상화됨에 따라 재일한국인의 법적지위 및 대우에 관한 협정에 의거하여 우리의 영주권 신청이 개시되어 이미 3년여의 기간이 경과하고 있습니다. 그러나 영주권 신청은 일본 정부의 협정 실시에 있어서의 우리에 대한 비우호적, 비인도적인 처사로 말미암아 아직 10여 만명에 불과하고 우리의 법적지위 문제는 중대한 단계에 이르러 있습니다. 이 때에 있어서 일본 정부는 설상가상식으로 다시 재일한국인의 9할을 점하는 우리를 대상으로 하여 부당한 출입국관리법안을 국회에 상정하고 있습니다.

이는 그 내용에 있어서 재일한국인의 생활을 극히 압박하며, 대부분의 동포를 추방하려는 의도로 일관되어 있다는 철저한 배외적인 것입니다.

경애하는 박 대통령 각하

국헌법 및 재일한인의 일본사회와의 역사적인 특수관계를 고려하여 재일한인들의 민권을 옹호하는 입장에서 동 법안의 국회 상정 중지를 강력히 요구한다」는 것이다.
6) 한교통신 제2367호, 1969년 5월 19일

각하께서는 이미 우리의 법적지위 문제에 관하여 일본 정부에 대한 강력한 교섭을 지시하시었고, 계속하여 우리의 생활권 옹호에 커다란 관심을 가지고 계심을 우리는 잘 알고 있습니다.

우리는 대통령 각하의 그와 같은 강력한 옹호를 받아 앞으로 일본에 있어서의 우리의 생활권 확보를 위하여 우선은 이 출입국관리법안을 철회시키고 계속하여 우리의 응당한 법적 지위를 쟁취할 때까지 재일동포의 총력을 결집하므로 강경한 투쟁을 전개할 것을 이에 다짐하는 바입니다.

끝으로 대통령 각하의 건승을 기원하오며 앞으로 우리의 투쟁에 대하여 절대적인 옹호를 하여 주시기 바라는 바입니다.

1969. 6. 2.
재일본 대한민국 거류민단
출입국관리법안 반대 중앙민중대회
회장단 이 희 원
박 근 세
장 총 명
정 재 준
김 재 숙
김 신 삼

상기의 탄원서에서도 확인할 수 있듯이 출입국관리법안에 대한 재일한인 사회는 일본 정부에 대한 강경한 투쟁을 전개하고 있다. 출입국관리법안에 대한 재일한인 사회의 반대 사유[7]와 이에 대한 일본 정부의 해명을 요약하면 다음과 같다.

첫째, 출입국관리법안의 목적이 입국 절차를 간소화하고자 하는데 있다고 주장하고 있지만, 입국 후의 준수사항을 통해서 재류 관리 체제를 강화하려는 의도가 있다는 점을 민단측은 지적하고 있다. 이에 대해서 일본 정부는 이미 일본에 거주하고 있는 재일한인들은 동 법안 적용에서 제외된다고 설명하고 있다.

둘째, 민단은 동 법안이 강제퇴거 사유를 확대하여 빈곤자를 추방하려 하며, 강제퇴거 절차를 간소화함으로써 이들의 추방을 용이하게 하려는 의도가 깔려 있다는

---

7) 외무부 제13750호 「일본 출입국관리법안에 관한 문제」, 1969년 7월 30일

점에서 반대하고 있다. 이에 대해 일본측은 법안의 퇴거 사유는 기존과 동일하며 현재까지 재일한인의 경우에 빈곤자, 정신병자, 나환자라는 사유로 퇴거시킨 바가 없다고 해명하고 있다.

셋째, 행정조사권 및 벌칙(불진술, 문서 및 물건의 불제시, 허위진술에는 벌금을 부과함)을 신설함으로써 재일한인 인권(일본 헌법상의 묵비권)을 유린할 수 있다고 민단측은 주장하고 있다. 이에 대해 일본측은 현재도 행정조사를 하고 있으며, 동 행정조사는 재류 자격에 관련해서만 행사할 것이라고 해명하고 있다.

넷째, 일본 법무대신의 자유재량권 확대는 재일한인들 권익에 대한 여탈을 자유롭게 할 수 있는 우려가 있다고 민단측은 지적하고 있다. 이에 대해서 일본측은 법무대신의 자유재량권은 당사자를 구제하기 위한 경우가 많으며, 당사자에게 불리하다고 할 수 있는 일본의 이익이나 공안에 관한 사항과 준수사항의 부가는 재일한인에게는 영향이 없다고 해명하고 있다.

이에 일본 자민당은 동 법안에 관한 제반 사항을 고려하여, 영주권 취득자 및 이들 자녀에 대한 적용 제외, 빈곤자, 나환자, 마약중독자 등의 강제퇴거를 실시하지 않을 것을 명문으로 규정한 수정안을 제출하였으나 재일민단은 법안의 완전 폐기를 요구하였다. 이러한 자민당 수정안은 중의원 법무위원회 심의 도중 국회 회기 종료로 인해 동 법안은 자동 폐기되었다.

그러나 1969년도 정기국회에서 폐안되고 다시 1970년도 특별국회에 제출하고자 하였으나 제출하지 못한 출입국관리법의 신법안을 국회에 제출하려는 움직임이 다시 일어났다.[8] 구법안 중에서 문제가 되었던 입국 후의 준수사항 등을 삭제하여 수정된 출입국관리법안을 자민당 강경파 의원들을 중심으로 국회에 상정하려는 움직임이 있었다. 외국인의 정치활동 제외 규정을 철회하고 규제 강화를 위한 정치활동 중지명령제도 조항을 추가했다. 이는 재일한인들 중 법률 126호 2조 6항에 의한 영주권 취득자 및 한일협정에 의한 협정영주권 취득자도 정치활동 규제를 받게 되는 것이었다. 이것은 영주권 신청 재일한인들이 모두 정치활동의 규제 대상이 되는 것을 의미하는 것이기 때문에 재일한인 사회는 새로운 투쟁을 돌입할 수밖에 없었으며, 사회당 등 야당측의 반발이 예상되는 상황이었다. 이러한 상황에서 출입국관리법안은 1971년도 국회 회기 만료일인 5월 24일 법무위원회에서 계속 심의를 주장하는 자민당과 이에 반대하는 야당의 의견이 충돌하여 결국 폐안되고 말았다.[9]

---

8) 주일영(1) 725-1101 「일본의 출입국관리법 송부」, 1971년 3월 18일

일본정부는 1972년 3월 영주권을 신청하지 않은 외국인도 정치활동을 규제하지 않는다 등의 내용을 개정하여 다시 출입국관리법안의 국회 제출을 예정하고 있는 바, 한국정부는 일본의 출입국관리법안이 재일한인의 영주권 우대 조항이 유지되고 민단계 재일한인의 지위에 불리하게 되거나 조련계에 유리한 결과가 초래되지 않도록 적극적인 외교 교섭을 경주하라고 주일대사에게 지시하게 된다.[10] 그러나 일본정부가 추진해온 출입국관리법안의 개정은 일본 내 야당측의 강한 반대와 국철운임 인상법안, 긴강보험 개정인 등 긴급을 요하는 법안 처리에 밀려서 국회 심의조차 하지 못하였다.[11]

1965년 한일회담 이후 협정영주권자는 재일한인 2~3세들이 주축을 이루면서 이들은 자손대대로 일본에 영주한다는 정주의식을 갖게 된다. 이러한 정주의식으로의 변화는 1960~70년대의 외국인등록법이나 출입국관리법 개정 등 일본정부의 행정차별에 대한 다양한 차별철폐운동으로 이어졌다. 1969년 일본정부의 출입국관리법 제정 시도는 다양한 반대운동에 부딪혀 폐안되었고 그 이후에도 여러 번에 걸쳐 시도했지만 번번히 반대에 부딪혀 심의조차 하지 못하는 상황을 맞으면서 1981년 출입국관리 및 난민인정법을 비준하기에 이른다.

재일한인들은 법적지위협정 시행기간 5년 동안 재일한인들의 협정영주권 확대와 거주권, 생활권 보장 등을 지속적으로 주장했다. 이에 대해 일본측은 출입국관리법 개정을 통해 강제퇴거를 강화하는 것이 재일한인들의 영주권 확대에 대처할 수 있는 유일한 방법으로 인식했던 것이다. 그리고 재일한인들의 집회 및 정치 참여를 금지하기 위해 일본정부와 여당 정치인들은 더욱 강경한 대응으로 일관했다.

본 연구에서는 일본의 출입국관리법 제정에 대한 재일한인들의 반대투쟁과 이 법 제정이 그들에게 어떠한 문제들을 야기했는지 등에 대해서 개론적인 측면에서 살펴보았다. 한국정부의 미온적인 대처로 일관해온 과정 속에서도 재일한인들의 처절한 투쟁과 노력이 결과적으로는 일본의 출입국관리법 제정의 변화를 촉진시켜 다문화사회 이행과정 등에서 출입국 법률 개정에 기여한 바가 대단히 크다고 평가할 수 있을 것이다.

---

9) JAW-05304, 1971년 5월 26일

10) 대비정 840-29 「일본정부의 출입국관리법 개정 움직임에 관한 지시」, 1972년 3월 18일

11) JAW-05438, 1972년 6월 1일

① 일본의 출입국관리법 제정에 따른 재일 교민문제, 1969

● ● ●

기능명칭: 일본 출입국 관리법 제정에 따른 재일교민문제, 1969

분류번호: 791.2, 1969

등록번호: 3354

생산과: 교민과

생산연도: 1969

필름번호: P-0007

파일번호: 03

프레임 번호: 0001-0185

1. 외무부 공문(착신전보)–법무성 입관국 참사관과 면담 내용 보고

외무부
번호 JAW-10238
일시 161200
발신 주일대사
수신 장관

　　대: WJA-10126
　　연: JAW-10166, 10145
아래의 문제에 관하여 안공사는 10.14. 18:30시 일법무성 다쯔미 입관국 참사
관과 면담한 바 그 요지를 보고함.
1. 조총련계의 북괴 왕래문제:
기 보고한 바와 같이 금번 북괴의 기념 식전에 참석할 목적으로 조총련이 신청
한 재입국 신청을 일 법무성이 불허한 데 대해서 동경 지방재판소에서 정부가
패소한 바 이는 담당 재판장이 사회당계통의 사람이어서 여사한 판결이 났으
며 이심에서는 문제가 없으리라 본다 하였음. 법무성은 일본의 국가이익과 한
일 관계로 보아 조총련계의 북괴 왕래를 용허하지 않는다는 방침에는 계속 변
동이 없다고 하였음.
다쯔미 참사관은 상기 재판판결에 언급하면서 사실은 일심에서 정부가 승소하
였더라면 고령자의 성묘관계의 북괴 재입국에 관하여서는 고려할 수 있다는
의견도 있었으나 금번 판결은 오히려 법무성 태도를 경화시켜 여사한 성묘 관
계의 왕래도 일체 고려않기로 하였다고 하였음.
2. 입관 법안:
현재 법무성이 담당 국회에 제안을 목적으로 법제국과 심의 단계에 있는 출입
국 관리법(안)에 관하여서 그 주안점은 중공을 비롯한 비 우호 국가에서 타 목
적으로 입국한 후 목적 외의 활동 특히 정치 활동을 할 때 이것을 규제하는
방법이 없기 때문에 이점을 반영하도록 하고 기타는 신문에 보도된 바와 같은
사증의 간소화 재입국의 연장(1년에서 2년) 등이 고려되고 있다고 함.
그 밖에 재일 한국인에 관련되는 사항으로서는 10년 이상의 거주자에 대하여
서는 그간의 거주력을 참작하여 일반 영주권을 부여하는 여지를 마련하고 또

한 협정 영주자의 배우자의 동거를 용이하게 하는 점 등이 배려되어 있다고 함.

3. 동 참사관은 상기를 너무 선전하지 말아 달라고 부탁하면서 상기 법초안은 후일 대사관의 관계관에게 주기를 약속함(아교, 아북)

2. 외무부 공문(발신전보)–법무성의 국회 제출 서류 확인 확인 요청

외무부
번호 WJA-10181
일시 171730
발신 장관
수신 주일대사

대: JWA-10238

1. 대호, 일 법무성이 국회에 제출키 위하여 작성 심의중에 있다고 하는 관리 법안에 "교포의 법적 지위 및 대우에 관한 협정의 시행에 관한 양국 관계 실무자 간의 양해 사항"에 명시되어 있는 재일 교포 자녀의 일본국외유학을 위한 재입국 허가 기간의 연장에 관한 사항이 반영되어 있는지 보고 바람.

또한, 본부의 참고로 동 법률안이 입수되는 대로 송부 바람. (아교)

3. 외무부 공문(착신전보)–법무성의 국회 제출 서류 확인 보고

외무부
번호 JAW-10351
일시 231335
수신일신 1968.10.23. PM 2:05
발신 주일대사
수신 외무부 장관

대: JWA-10181

연: JAW-10238　　주일영 1-725-3743(67.12.20)

대호 전문1항에 관하여 상기 법개정안중 입수된 아국과 관련된 조항을 다음과 같이 발취 보고함.

1. 영주자의 가족(배우자 및 미성년자로 배우자가 없는 자)에 대하여 재류자격, 재류기간을 정할 것.

2. 영주자에 대한 재입국 허가기간은 원칙으로 1년 이내로 하나 부득이한 사정이 인정될 경우에는 재외공관에서 1년을 넘지 않는 범위 내에서 연장을 허가할 것.

3. 1952년(소화27년) 법률 제126호 제2조 제6항은 존치할 것. (일영1-아교)

4. 신문기사

2.24. 朝日新聞朝刊 出入国管理法案 要綱なる 滞在中の規制強化「政治亡命保護」は
設けず

5. 외무부 공문(발신전보)–일간지 보도(외국인 체제자 활동 규제 강화) 확인 지시

외무부
번호 WJA-02279
일시 241740
발신 장관
수신 주일대사

1. 당지 일간지 보도에 의하면, 일본 법무성은 외국인 체제자의 활동에 대한 규제를 강화하는 "출입국 관리법 개정안"을 오는 3월 10일경 국회에 제출할 예정이라고 하는 바, 동 사실의 진부를 확인하시고
2. 동 사실이 보도내용과 부합되는 경우, 동 법안의 주요내용, 처리 전망 등을 조사 보고하시기 바랍니다. 가능하면 동 법안의 유인물을 입수, 송부하시기 바랍니다. (아교)

6. 부전–일간지 보도(외국인 체제자 활동 규제 강화) 확인 보고

부전지
제목 금번 일본 국회에 상정 예정인 "일본국 출입국 관리법 개정안"임

本 法案은 69.3.13. 日本政府次官會議를 通過, 14日 閣議를 거쳐 國會에 提出豫定.

7. 주일대사관 공문–일본국 출입국 관리법 개정안

주일대사관
번호 주일영(1)725.1-723
번호 1969.2.26.

발신 주일대사

수신 외무부 장관

제목: 일본국 출입국관리법 개정안

대: WJH-02279

1. 일본 법무성 당국자와 접촉한 바 래3월 상순경 출입국관리법 개정안을 국회에 제출하기 위하여 처리중에 있음이 확인되었으며,

2. 동 관계자의 말에 의하면 현재 일본 사회당, 공명당 및 공산당 등 야당은 (가) 중공 등 일본과 국교가 없는 국가와의 인사교류를 방해한다. (나) 정치 망명자의 보호는 국제적 관습인데 동 규정 설정이 없다는 이유 등으로 반대하고 있다고 하며,

3. 그러나 현재 법무성 당국은 전기 당 간부와 개별 이면공작 중에 있으니 동 법안이 상정되면 통과될 것으로 낙관하고 있었음.

4. 출입국 관리법 개정안의 중요 내용은 다음과 같음.

　가. 현재 관광사증(60일간), 운동경기, 가족방문 등을 단기체류 사증으로 하여 90일간의 체류기한을 연장케 한다.

　나. 법무대신은 재류자격의 구분변경, 기간의 연장, 자격의 취득 허가에 있어 필요성을 인정할 때 재류하는 데 지켜야 할 조건을 가하며 신원 인수인의 선임을 명한다(이는 새롭게 입국하는 자에만 해당된다).

　다. 지방 입국관리관서장이 특별상륙허가를 법무대신에게 상신할 수 있으며 외국인으로부터의 직접 출원의 길도 연다.

　라. 기항지 상륙허가를 현행의 72시간에서 5일간으로, 통과기간을 인정하며 선원인 경우는 15일까지 인정한다.

　마. 자격의 활동자, 재류조건 위반자, 정당한 이유 없이 상당기간 재류활동을 하지 않는 자에 서면으로 필요한 명령을 할 수 있다(중지 명령에 위반시 강제퇴거 대상이 된다.)(신규 입국자에 해당).

　바. 외국인등록증명서를 소지하지 않는 자는 여관업자에 외국인숙박계를 제출케 한다.

　사. 재류기간의 연장을 허가하지 않는 경우에 출국 준비에 필요하다고 인정할시 60일 내의 출국유예기간을 정할 수 있다.

　아. 영주자가 재입국 허가의 유효기간 내에 재입국이 불가한 상당한 이유가

있을 시 1년을 넘지 않는 범위 내에서 유효기간을 연장허가 한다.

자. 영주자의 배우자에 대한 방문(동거자)을 독립적인 자격을 부여 3년 기간의 체류기간을 부여한다(현행 6개월 또는 1년)

차. 용의자에 대한 상당한 사정이 있는 자에 한하여 수용영서 발부없이 처리할 수 있다.

카. 구두 심리 및 의의신립 수속중 용의자를 최장 40일간 수용(현행 60일간)

타. 강제퇴거시 본국 송환이 원칙이나 본국 송환을 할 수 없거나 송환이 적당하지 않다고 인정되는 상당한 사정이 있을 시 타국을 송환선으로 지정할 수 있다.

파. 지방입국관리관서는 사실조사를 위하여 필요시 관계인의 영업소 출입, 관계인의 출두, 문서 제출 등을 요구할 수 있다(신규 입국자에만 해당)

하. 행정청은 외국인의 사영 등의 허인가에 있어 그 외국인이 그 사업 등을 하는 것이 자격의 활동금지 규정 위반시 또는 재류조건 위반시 그 허인가를 하지 않는다(신규 입국자에 해당)

유첨물: 출입국 관리법안 요강 1부. 끝.

주일대사 엄민영

8. 외무부 공문(착신전보)-일본국 출입국 관리법 개정안 국회 회부 보고

외무부

지급 종별

번호 JAW-03185

일시 141430

발신 주일대사

수신 장관

연: JAW-03181

연호 출입국 관리 법안은 금14일 각의를 통과하여 국회에 회부되었으며 내주 초부터 국회 심의가 시작될 것이라고 함. (아교)

9. 주일본국 대한민국 대사관 공문–일본의 출입국관리법

주일본국 대한민국 대사관
번호 일영(1)725.1-940
일시 1969.3.17.
발신 주일대사
수신 장관
참조 아주국장
제목 일본의 출입국 관리법

연: JAW-03181 및 03185호
연호로 보고한 바 있는 일본의 출입국 관리법안을 별첨과 같이 송부하오니 참고하여 주시기 바라며, 동법안은 차관회의에서 외무성과 법무성간의 의견조정이 어려워 상당히 논난한 결과 법무성 원안 중 가장 주목의 대상이 되고 있던 몇가지 항목 즉 "체일중의 외국인이 준수할 조건"을 단지 "준수할 사항"으로 정정하고 "일반영주 허가 요건에 10년 재류"라 한 것을 "5년"으로 수정하였으며 또 "법상 권한에 의한 신원 인수인의 선임"제를 비롯하여 "외국인숙박계"제, "영업의 허.인가" "영업소 출입 조사권" 등 항목을 대폭 삭제하고 있음을 아울러 보고합니다.
별첨 출입국 관리법안 요강 중
제3 상륙 1. (2), (5), 2. (2), (4), 3. (2), (5)
제4 재류 1. (2), (4), 2. (2), (5)
제5 출국 3.
제9 관리기관 6.
제10 보칙 등이 이번에 수정된 부분임을 첨언합니다.
첨부: 출입국 관리법안 및 동 요강 각 2부. 끝.

주일대사

10. 한교통신–출입법개정안에 대한 여론

7 第三種郵便物許可 韓僑通信 第2362号 1969. 4. 28月曜日

新聞論調
　　◎出入国管理法案に対する与論
　　在日韓国人は、法的地位協定内容の矛盾と不合理を〝是正すべし〟との中央委員会の決議を見て、間もない現在、今度はまた日本政府法務省は在日韓国人の、人権蹂躙と退去強制を簡素化する等、その内容たるや、前時代的な、出入国管理法案を国会に提出、その審議通過を待つているのである。
　　これに対し、我々は勿論反対の態度を明らかにするものであるが、日本国内の我々韓国人はもとより、日本言論機関及び知識層の大くの人々からの判断は厳しいものが数多くある。
　　ここに、昭和四十四年四月十四日付、北海道新聞の社説を紹介することにしよう。

　　　　出入国管理法案と人権軽視
　　出入国管理法案が今国会に提出され、審議待ちの形になつている。これはいわゆる重要法案のひとつに数えられているが、この重要という意味は、問題にすべき点が多いということでもある。事実、管理法案には人権問題として見のがすことのできないような内容がもられている。
　　今回の出入国管理法案は、占領下の昭和二十六年にポツダム政令として制定された現行の出入国管理令にとつて代わるものである。この改正について、法務省によれば、航空輸送のめざましい発達によつてわが国への出入国者が年々ふえ、現行令では①出入国の手続きが船舶中心のため航空機の時代に即応できない②査証免除の国際的傾向に順応できない③在留資格制度の機能が十分

果たされていない、などの理由があげられている。そこで、在留資格に「短期滞在者」を新設して、その在留期間を現行の六十日から九十日に延長、また査証を必要としない一時上陸の幅をひろげることになつている。たしかに、こうした措置は査証の取得、上陸手続きの簡素化とともに、時代の要請に対応するものということができる。

しかし、これらの改正点は出入国管理法案のいわば"表向きの顔"である。改正の重点は、外国人の在留管理の体制を整備し、強化することに憶かれている。すでに、在日韓国人ならびに在日中国人が共同して反対運動を展開し、各地の弁護士会や法律学者のなかからこの法案にたいする批判が行なわれているが、それは改正のおもなねらいとする「管理」の面に、人権の軽視に通じる危険な"裏の顔"がのぞいているからにほかならない。

法相の権限強化

まず指摘できるのは、現行の管理令にくらべて法務大臣の権限が一段と強化されていることである。たとえば「法務大臣は、必要があると認めるときは、あらかじめ、上陸許可を受けようとする外国人に対し、その者が本邦に在留するについて順守すべき活動の範囲その他の事項を定めることができる」という「順守事項」制度が新たに設けられている。もちろん、国際旅行の容易化にともなつて、いわゆる"不良外人"の入国もふえるであろうし、それをなんらかの方法で規制することも必要であるに違いない。だが、順守事項制度は一般的意味での不良外人対策というよりも、従来の例からいつて、むしろもつばら政治的見地から新設されたとみるべきものである。

これまでも、中国など国交のない国からの入国者に対して、政府は「政治活動の制限ないし禁止」などのきびしい条件をつけてきたが、このことがどれほど国交正常化に逆行するものであつたかは、いまさら指摘するまでもない。そして、そうした"条件づけ"の法制化によつてわが国と国交回復の国との関係がますます悪化することも、およそ否定の余地のないものであろう。

順守事項の違反者には中止命令が出され、これに従わないときには、罰則が適用されるほか、退去強制による国外追放の処分がとられる。しかも、この守るべき事項の内容は、法務大臣のまつたくの任意. 裁量になつているのである。

無視される人権

つまり、法務大臣の一存でどのような "条件" でもつけられるわけである。さらに、この順守事項制度は入国に際して適用されるだけでなく、従来から日本に居住している人たちについても、在留資格を変更する場合、在留期間を延長する場合、出生とか日本国籍喪失などにより新たに在留資格を取得する場合、再入国許可を受ける場合には同じように適用されることになつている。これも、現行の出入国管理令にはない新設の規定である。

現在、約六万の在日韓国人のうち、講和条約発効日以後に生まれた人が十三万六千余おり、この人たちは三年を限度として期限延長という形で日本に在留している。したがつて、今回の法案が成立すれば、少なくとも三年内には順守事項の対象者になるわけである。ということは、在日韓国人の約四分の一が、こんご法務大臣の一存による守るべき事項に束縛され、しかも違反を理由に強制退去さえもあり得ることになり、それがこの人たちの生活と人権をいかに脅かすものになるかは、想像にあまりあるといわねばならない。

この際、われわれ国民は、在日韓国人の多くが自ら好んで日本に居住するようになつたのでなく、かつての日本の植民地主義の犠牲者であるという事実を想起すべきであろう。日本人は加害者であつた。この罪悪感を忘れて、逆に被害者をさらにムチ打つようなことは、非人道国家の名を高めるだけである。

世界人権宣言への逆行

にもかかわらず、今回の法案にみられる人権軽視の傾向は、右の順守事項制度だけに限らない。まず第一に、現行管理令にくらべて退去強制手続きを簡素化しているが、退去強制処分にたいして行政訴訟を起こす道を事実上封じるものではないかという懸念さえもたれることである。この懸念は、退去強制令書発付処分と法務大臣の在留許可が実質的に別個の処分になつていることに原因する。もし、退去強制の該当容疑者が事実上、裁判を受ける権利を奪われて強制送還されることにでもなれば、それこそゆゆしい人道問題であり、この点、法曹(ほうそう)界の徹底的な解明を期待したい。

このほか、現行法と異なるものとしては、退去を強制された者の送還先を、出先機関の地方入国管理官署の長の自由裁量による措置にまかせる規定を設けたこと、収容所の収容者への面会制限または禁止ができることなどがあげ

られる。明らかに人道に反する改悪である。さらに、政府の前宣伝にもかかわらず、先進各国のような政治亡命者の庇護(ひご)についての規定がこの法案になんらもられていないのも大きな問題である。

　　世界人権宣言には「各締結国はその領土内におり、その管轄権に服しているすべての個人に対して人種、性、言語、あるいは宗教、政治的その他の意見、出生国、出身社会、財産、出生その他による身分、その他いかなる事由によつても差別することなく、この契約のなかに認められている権利を尊重し、これを保障する」との契約がある。わが国憲法はこの宣言を尊重すべきことを義務づけているのである。人権軽視の傾向は〝暗い時代〟の招来を意味する。

　　　　(注)原文中の「朝鮮」はすべて「韓国」と改めた。その他は原文の通りである。～編集部

11. 한교통신-2367호

韓僑通信

一九六九．五．一九(月)第二三六七号(月金発行)
(大韓民国広報部、国内支社設置並びに頒布許可,第一五号)

　　　　　　　目次
◎全国団長会議を召集ー六月十三日
　　　　七月中旬頃には陳情団入国か … 1
◎民団中央が「入管令改悪法案」に反対抗議
　　　　法務大臣などに抗議文手渡す … 2
◎中央民団長が〝金圭南事件〟に談話を発表 … 6
◎東京商銀創立十五周年記念祭
　　　　十七日、日比谷公会堂で盛大に開催 … 6

1　第三種郵便物許可　韓僑通信　第2367号　1969.5.19　月曜日

　　　　◎全国団長会議を召集—六月十三日
　　　　　　七月中旬頃には陳情団入国か
(東京発＝韓僑)
　　民団中央本部の李禧元団長は十七日午前十一時、中央会議室で記者会見を行ない、団長選に立候補の時"生命をかけて法的地位要求貫徹運動に取り組む"といつた堅い所信を具体的に実践するため、就任後はじめて次のように運動方針を述べた。

　　執行部構成及び一部改編と直選中央委員の選任のため今までの期間を要したが、既にさる九日の発表につづき法的地位委員会を構成した。

　　十四日、「法地委」常任委員会を開いたが、来たる六月十三日に全国民団長会議を召集して法的地位要求貫徹運動の具体策を討議し、七月なかば頃には全国民団長を中心とした挙団的な陳情団が本国へ入国する予定だ。その事前協議のため二十一日に中央三機関長が入国して、政府関係当局の意向を打診するとともに協力を要請する。同時に来年、大阪で開かれる「万博」にともなう在日同胞の"本国親知招請"事業に関しても具体的に話合う予定だ。この度の三機長の入国は、この二つの目的のほかに就任の挨拶もかねて行く。

　　なお、この日に発表された「法的地位委員会」の構成員は次の通りである。
委員長＝李禧元
副委員長＝朴根世・張総明・兪錫□
常任委員＝朴性鎮・鄭□和・金允中・李彩雨
　　　　　東京本部民団長，大阪本部民団長・愛知県本部団長・韓青委員長・韓学同委員長・婦人会中総会長・商工会会長・事務総長・民生局長・

組織局長

委員＝各地方本部団長・中央各局長・傘下団体各機関長

◎民団中央が「入管令改悪法案」に反対抗議
　　法務大臣などに抗議文手渡す

(東京発＝韓僑)

李禧元中央団長は十七日の記者会見で、さる十六日、法務大臣並びに国会法務委員長を訪ね、入管令改悪法案に反対する抗議文を手渡したが、直接会えなかつたので十九日に再度訪ねて、同法案の阻止の意向を明らかにするとともに抗議文を提出すると、語つた。

　また、同法案の阻止のために、全国各地方本部でも日本の衆参各議員、各団体等に、抗議、陳情要請を展開するとともに文書活動するよう指示する方針であると述べた。

　　　　抗議文の全文

　今般、日本国政府が在日外国人の管理に名を借りて、現行の出入国管理令を出入国管理法に改訂し、今国会での通過を企図していることに関して、在日外国人の約九割を占め、同法案の圧倒的な影響を受ける在日韓国人を代表し本委員会は次の通り強く抗議する。

　在日韓国人の法的地位問題が、韓日協定発効後すでに三年有余の歳月が経過した今日、未だ協定前文にうたわれた基本精神が生かされてないまま、一方的に在日韓国人に対する差別と、強制追放及び同化政策が強化されている事実に加えて、同法案が出現したことは在日韓国人の日本に於ける生存権を不必要に規制し、それに連らなる追放を強化するという、極めて非友好、非人道的な措置であると断ぜざるを得ないのである。

　もとより、在日韓国人の法的地位問題を円満に解決するためには、基本的に現行出入国管理令の合理的な改正が必要であるが、改訂法案の内容の殆んどは、あくまでも在日韓国人に対する排外、追放的なものに終始している。

即ち

一、「遵守事項」では、在日韓国人の在留規制が必要以上に強化され

二、「行政調査権」では、在日韓国人の公、私を問わず、一方的な強権発動のも

とで基本的な人権並びに公的な権利が剝奪されることが明らかであり

三、退去強制事由の拡大、強化及び同手続きの簡素化では、明らかに在日韓国
　人の強制追放が強化され、特に救済手段を封じたこと、並びに貧困者を追
　放の対象としていることは、国際的見地からも許されないことであり

四、「罰則」でも、その内容が各種に細分化され、在日韓国人の追放が企図され
　ており

五、すべてが法務大臣の、いわゆる″自由裁量″によつて左右され、在日韓国
　人に対する一方的な権益の与奪権が盛られている。

　以上の通りの理由により、われわれは出入国管理法案の国会通過を、到底
容認し得ないものであり、国際法、日本国憲法及び在日韓国人の日本社会との
歴史的な特殊関係に照らして、われわれの民権を擁護する立場から、同法案の
国会上程中止を強く要求するものである。

　一九六九年五月十六日
　　在日本大韓民国居留民団　法的地位委員会
　　　委員長　　李禧元

　　◎中央民団長が″金圭南事件″に談話文を発表
(東京発＝韓僑)

　李禧元中央団長は十七日、中央情報部がさる十四日発表した金圭南ら北韓
スパイ事件にからむ十六人逮捕事件に関して談話文を発表し、本国の関係当局
を通じて事件の真相を究明しているが、全団員は同事件に関する流言蜚語に動
揺されることなく、より一層の結束を固めるよう呼びかけている。

　　◎東京商銀創立十五周年記念祭
　　　　十七日、日比谷公会堂で盛大に開催
(東京発＝韓僑)

　東京商銀(許弼奭理事長)では、さる十七日午後一時から、日比谷公会堂にお
いて、駐日大使、民団中央団長など、来賓多数の参席のもとに、同組合の理
事、組合員など在東京同胞三千余名を招待して、創立十五周年の記念祭を盛大

に行なつた。

　記念祭は、第一部式典、第二部景品抽選会、第三部アトラツクションの三部に分かれて行なつた。

　第一部の式典では、許弼奭理事長の挨拶のあと嚴敏永大使、李禧元中央団長、李源万議員、韓国外換銀行金奉殷理事、大和銀行頭取、全国信用協同組合連合会理事長、民団東本鄭在俊団長の順に祝辞がつづき、駐日大使から同商銀の現旧全役員に表彰状の授与、また許理事長から民団などの団体、個人に感謝状、永年勤続職員に表彰状がそれぞれ授与された。

　第二部では景品の抽選を行なつた結果、特賞〇〇五、金賞四三五、銀賞九九〇、銅賞五二九、ラツキー賞四九、ハツピー賞二九番がそれぞれの当選番号となつた。

　第三部のアトラツクションでは、ローヤルレコード専属歌手、韓国古典歌謡団及び流行歌手などの出演による多彩なプログラムがくり広げられたが、午後八時すぎ色あざやかなフイナーレとともに、記念祭の全予程を終了した。

　◎韓学同中央総本部大会開かる
　　　新委員長に許東郁君を選出
(東京発＝韓僑)

　在日韓国学生同盟中央総本部(委員長徐啓作)では、さる十八日午後一時から、機械振興会館第一研究室で、第四十五回定期中央委員会及び第三十回定期中央大会を開き、経過報告・活動方針案審議等に引き続いて、任期満了にともなう新委員長の改選を行ない、旧執行部の推薦により、許東郁君(早大)が、満場一致で選出された。また新執行部の構成は、新たに選出された新委員長に一任することになつた。

　大会は、秩序ある中にも和気あいあいな雰囲気のうちに進行され、学生らしい熱気を帯びた、真剣な討論の中に終始された。大会終了後、御茶の水「コペンハーゲン」で、新旧委員長を慰労激励する祝宴が行なわれた。

　なお来賓として、駐日大使館から金容煥首席奨学官、民団中央から朴根世議長、丁栄沢監察委員、池雲竜文教局長、民団東京本部からは、鄭在俊団長、李馬致監察委員長、許南明文教部長ら関係者多数が参席した。

支部だより

◎各支部の定期総会開催状況

△葛飾支部

　民団葛飾支部(申鳳権団長)の第十六回定期総会が、さる十八日午後〇時四十五分から、同支部の会議室で開かれ、経営報告、予算案審議、役員改選などが行なわれた。

　この日は管内団員一五〇余名が出席、東京支部からも鄭在俊団長、羅鍾卿副団長、朴性鎮法地委東本副委員長、金声浩宣伝部長らが参席し、同支部の総会としては結成以来もつとも活気にあふれ熱気のこもつた総会であつた。梁議長の開会辞と団長、鄭監察委員長の挨拶に至るまで「法的地位」、「入管法案」などの問題が強くアピールされるなど民団組織活動への期待と焦燥感が敏感に反映されていた。また鄭東本団長の挨拶、朴副委員長の「入管令改悪法案」についての要旨解説と問題点の指摘には全員が傾聴していた。

　なお、この日新たに選出された三機関役員は次の通り。

　団長　　　　申鳳権(再選)
　副団長　　　石壽星
　議長　　　　梁昌玉(再選)
　監察委員長　金昌植
　事務部長　　秋元植

　　　(其他の人事は三機関長に一任)

△江戸川支部

　民団江戸川支部(李権弼団長)では、さる十八日午後一時から同支部の会議室で、第十一回定期総会を開催し、経過報告、予算案並び活動方針案の審議、及び任期満了にともなう役員改選を行なつた。管内団員約六〇余名が出席したが、東京本部からは、鄭在俊団長、羅鍾卿副団長、朴性鎮「法地委」副委員長、金声浩宣伝部長らが先刻にはじまつた葛飾支部総会から急きょ参席した。この総会においても、朴副委員長が「入管令改悪法案」について要旨を解説するとともに同法案の底流をなしている日本政府の在日同胞に対する露骨な追放政策を指摘し今後の闘争のための結束を促した。

なお、新たに選出された三機関役員は次の通り。

団長	鄭昌煥	副議長	権寧機・殷寛植
副団長	金聖祚・金日錬	監察委員長	李権弼
事務部長	金永純	監察委員	崔聖根・金敬天
議長	姜富遠		

12. 외무부 공문(착신전보)—신구 참사관의 법무성 방문 보고

외무부
번호 JAW-05071
일시 071655
수신일시 69.5.7. 23:30
발신 주일대사
수신 장관

1. 정국욱 및 신정섭 양참사관은 작5.6일 이임 및 신임 인사차 법무성 입관관리 국장 나까가와 및 동 차장 다끼가와를 각각 방문하고 동 국장에게 지난 3.15일 국회에 제출된 일본의 출입국 관리법안의 국회심의 전망에 관하여 문의한바 나까가와 국장은 현재 동 법안은 국회 내외에서의 저항(자민당 일부에서도-때문에 이번 국회기(5.25 종료)중으로는 심의가 곤란한것으로 보인다고 말하고 회기가 연장되는 경우라도 외무성에서 제출된 여권법 등 우선순위가 앞선 건이 많으므로 동법안의 심의 통과는 난망시되는 것으로 보고있다고 그의 사견을 말함
2. 차기정기 국회는 오는 12월에 시작될 것이나 동 법안이 차기국회에 계속 심의한 것으로 취급될 것인지 그 여부ㅜ도 자기로서는 판단하기 어렵다고 말하였음. 당관으로서는 이문제의 추이를 예의 관찰하여 필요사항을 수시로 보고위계임
3. 정·신 양참사관은 지난 5.1 일부로 업무 인계인수 하였음을 추가 보고함(일영1-아교)

13. 외무부 공문(착신전보)–민단중앙총본부 "출입국관리법 개정반대 민중대회" 보고

외무부
종별 지급
번호 JAW-06015
일시 021635
수신일시 69.6.2. 21:15
발신 주일대사
수신 장관

발행보고:
1. 금 2일 민단중앙본부는 일본 전국의 각 지방본부 대표단을 동경으로 소집
아래와 같이 "출입국 관리법 개정반대 민중대회"를 가졌는바 동 대회는 일정의
동법 "개악"을 반대한다는 결의를 채택하고 동 내용을 본국정부에 보내는 멧세
지에 수록, 당관에 전달키로 하는 한편 일본국 여, 야정당(사회당, 민사당) 및
법무대신에게 보내는 멧세지는 대회에서 지명된 민단 중총 법적 지위 대책위,
부인회 중앙본부 대표로 하여금 대회 진행중에 전달시키기로 한 다음 "입관법
개악 반대" 등의 푸라카드를 들고 시가행진에 들어갔음.
개최 일시: 6.2 정오 - 2:30 하오.
참가 인원수: 3,000 명 정도 추산됨.
장소: 도오꾜오도 "분꾜" 공회당
시가행진 코스: 동경도내 "유우오오" 및 "치요다"구 일원(법무성앞 통과)
2. 상세사항은 파우치편으로 추보 위계임(일영1 - 아교)

14. KPI 통신

1969年6月4日 水曜日 發行
NEWS AND VIEWS OF KOREA　KPI 通信
THE KOREA PRESS INTERNATIONAL

No. 4712. A版

（本日22頁）

寸評　世相近時片々

　出入国管理法案反対デモ、韓国人は右も左も挙つて。韓国人以外の外国人も反対。悪法たる所以。外国人とて人権には変りなし。

　　　　　　　××

　戦後一時帰国を密入国扱いにするなど全くのこじつけ。入国令さえなかつた時代に遡るとは法律不遡及の原則にも反する。虚心担懐たれ。

沖縄返還で愛知外相とニクソン会談。その返答打てば響くようなものでなかつた様子。戦争に敗けたのは日本ではなく米国見たいな感。

金日成首相が国家首班を兼ねても一寸とも不思議じゃない感じ。どうせ上には誰も居ないんだもの。首領、首相、首班と首の好きな人。

仏大統領選挙過半数ならず決戦投票になる。多数党国家の常道。それにしても中道派の惨敗は中道の困難さを示すもの。イエスかノーの世の中。

〈ニュース〉
　　◎崔外務、日本と永住権促進交渉
　　　　県毎に指導員配置、遊説班も
（ソウル発＝KPI）
　崔外務長官は三十一日「政府は在日僑胞の永住権申請を促進させるための総合計画を作成、現地大使館と民団を通じての活動を強化すると共に八月の第三回韓日定期閣僚会談で永住権協定運営を円滑に進めるための具体的対日交渉を始める」と語つた。協定永住権申請満了期間中に約四十万人に一たんすべて永住権を申請させる予定で韓日法務長官会談も開き日本政府の審査基準も緩和させるよう交渉する計画である。

　また崔長官によると、政府は予備費十万ドルを駐日大使館に緊急令達し各県毎に四人の指導員を配置することになり、これら指導員が戸別訪問や代書を引き受け永住申請を促進し、大使館と民団の担当者らは遊説班を構成し各地を巡回しながら啓蒙にあたることになつた。

　なお協定永住権申請期限は七一年一月十七日で満了となるがこれまで十一万六千人が申請している。

　　　　　　　　　　（중략）

僑胞

◎全国代表五千が集まり反対決議、デモ行進

民団が出入国管理法案反対中央民衆大会

(東京=KPI)

　民団(李禧元団長)は二日正午東京の文京公会堂に全国代表五千余を集め日本政府の非友好、非人道的出入国管理法案に反対する中央民衆大会を開いた。同法案に不満を抱く僑胞が早期から続々つめかけ定刻には会場がはちきれんばかり。大会は七人の議長を選出し鄭東本団長の開会のあいさつで始まり、朴根世、朴性鎮氏の講演は同法案の狙いを徹底的に暴き大きな感銘をあたえ婦人会員によるカンパに即席で三十三万円が集まつたほどだつた。熱気を帯びた雰囲気の中で、同案阻止のためあらゆる方法で戦うとの決議をはじめ朴大統領あてのメッセージや佐藤首相、石井衆院議長、衆院法務委員長、自民、民社、公明各党に対する請願書や抗議文を採択し午後二時閉会した。

　請願書や抗議文を手渡す体表団を送つたあと直ちに整然たるデモ行進にうつり新橋土橋で流れ解散したが解散の際学同兵庫県委員長金隆男君が公務執行妨害で逮捕された。

　大会決議は、同法が「非友好、非人道に一貫」しているばかりでなく韓日協定の基本精神に基づく生存権を危くするものであるため「絶対反対」であり、「韓国人の生活圧迫と追放をねらう治安的」なものであるため「居住と生活の自由を確保」するため「断乎反対」すると共に、道理にはずれた横暴な一方的処事であるため「徹底糾弾」しながら「総力を集結して総決起し同法案が撤回されるまで引きつゞき強く闘争することを固く決意する」としている。

　　　◎在日韓国新聞通信協会も反対声明

　在日韓国新聞通信協会は「出入国管理法案」に反対する声明を二日中央民衆大会席上で李慶守会長が朗読発表した。声明全文は次の通り

　われわれ在日韓国新聞通信協会は、日本国政府が国会に上程している「出入国管理法案」が、「外国人の出入増大に伴う手続の簡素化」に名をかりて、実際においては、現に日本国に居住している在日韓国人に対する規制の強化と強制追放を企図している治安立法的性格に注目し、同法案の上程中止を求めて来た。しかるに日本国政府は六〇万在日韓国人はもとより、日本国民の間にも強い批判と反対がある同法案を、強行成立させる構えをみせている昨今の重大な

情勢にかんがみ、緊急臨時総会の決議によつて同法案の撤回を強く要求する。

一、法案は在留活動に対する管理と規制の強化、そのための「遵守事項」の制度を新設している。これは新たに入国しようとする外国人に対してだけではなく、現に日本に居住している在日外国人が、在留資格を変更する場合、在留期間を延長する場合、出生によつて在留資格を取得する場合、再入国許可を受ける場合にも適用され、中止命令に違反した場合は処罰はもちろん退去強制をも可能にしている。このことは同法適用の主な対象が在日韓国人であることを如実に示すものにほかならない。

二、法案は現行令にある退去強制事由のほかに、中止命令違反をも加えて無制限に退去強制の幅を拡大する一方、特別在留許可を至難にして、司法的救済の道を事実上封じている。

三、法案は新たに行政調査権を設け、立入検査を任意に行うなど、基本的人権まで侵害する条項を含んでいる。

四、法案は罰則を一層加重し、すべて法務大臣の事由裁量によつて事実上外国人の生殺与奪の権を任意に行使できる仕組みになつている。

日本国政府は法的地位協定前文において「多年の間、日本国に居住している大韓民国国民が、日本国と特殊な関係を有するに至つたことを考慮し、これらの大韓民国国民が、日本国の社会秩序の下で安定した生活を営むことができるようにすることが、両国間及び両国民間の友好関係の増進に寄与すること」を謳つている。

しかるに、この法案は同協定の基本精神にそつて、世界で類例のない悪法といわれる現行令を合理的に改善しようとするものでなく、逆に改悪した極めて非友好的、非人道的なものといわざるをえない。

在日韓国人が日本国で安住できないところに、両民族の真の友好はありえない。

われわれは以上の理由により、日本国政府が同法案を即時撤回するよう強く要求する。

一方、われわれは六〇万同胞の権益を保護する義務を負う本国政府が、日本国のこのような非友好的企図に対し、重大な関心をもつて対処することを要請する。

また、われわれは全六〇万同胞が自己の権益を守るため同法の成立阻止へ

総力をあげて立上るよう訴えるとともに、両民族の友好を願う理解ある日本国民の広汎な支援を強く要望する。

◎在日韓国新聞通信協会長に李慶守氏

在日韓国新聞通信協会は五月二十八日臨時総会を開き、金允中会長の後任に李慶守東和新聞社長を選出した。

◎法的地位で特別政治会談も

民団李禧元団長に同行し本国政府と協議にあたつた朴根世議長によると、崔外務長官は在日僑胞法的地位問題が来る八月の韓日閣僚会議で解決が見られない場合は法的地位に関してだけの特別な政治会談を開きたいとの熱意を示したという。

◎朴大統領への法的地位に関する請願書(五・二〇)

韓日協定はその前文に「大韓民国と日本国は多年間日本国に居住している大韓民国国民が日本国の社会と特別な関係をもつことを考慮しこれら大韓民国国民が日本国の社会秩序下で安定した生活を営為できるようにするのが両国間及び両国民間の友好関係増進に寄与することを協定し」と明記されておりますが未だに日本国の韓日協定精神に忠実でない施策により在日僑胞の法的地位問題解決に一大支障となつているので本団は第三十三回定期中央大会の方針に依拠し

一、協定永住権は「継続居住」に関し日本国が解放後生活の本拠を日本においたまま本国に一時往来したのを不法出入国だと協定永住権を付与しない等一方的で不当な見解を固執することで永住権申請が不振状態にあるため現在一二六ー二ー六の外国人登録証の所持者には無条件協定永住権が付与されなければなりません。

二、一般永住権に関しては一九五二年四月二十八日まで入国した者に対し日本国法相声明には好意的に取扱うとなつていますが日本国出入国管理令により審査されることになるので実際には許可された者が殆んどなく許可をうけることが極めてむずかしいので、この期間に入国した者に対しては申請すればそのまま一般永住権が付与されるよう本国政府と日本政府の協議に依る決定が必

要であります。

　三、一九六五年六月二十二日まで入国した者がすでに多年間日本国に居住実績をもつて定住しているに拘らず強制退去をうけているがこれら当事者の家族構成其他からして人道上及び韓日協定の精神に依拠し日本国で安住できる居住権が付与されなければなりません。そこで本請願書第一、二、三項が解決されるまでは被退去者に対する引受けを拒否するようお願い致します。以上の通り請願致しますので在日僑胞の深刻な事情を高察され、すでに問題が時限的段階に至つているのにてらし格別配慮することを期待するものであります。

　　　在日本大韓民国居留民団中央本部団長　李禧元

　　　　　　　　　　　(후략)

15. 외무부 공문(착신전보)-신문 보고

외무부
번호 JAW-06038
일시 041420
수신일시 1969.6.4. 15:09
발신 주일대사
수신 장관

　　출입국관계법안: 신문보고
　　금4일자 아사히 조간은 특파원 발신을 인용 2면 1단계 기사로 "일본국회에 제출되고 있는 출입국 관리법안은 사회, 공명 등 양당만이 아니라 일본에 있는 외국인의 약 9할을 차지하는 재일 한국인의 강력한 반대를 받고 있는데 한국의 박대통령은 최근 회의후 장관에게 재일 동포 중 일본에 영주할수 있는 대상자에게는 영주권을 기타 일본 입국자에게도 재류자격을 부여하도록 일본정부와 교섭하라고 지시하였다."고 보도하고 "회의후 장관은 9일부터 열리는 아스팍에 한국 수석대표로 출석하므로 그 기회를 이용하여 박 대통령의 지시를 일본 정

부에 전달할 것으로 보인다"고 보도함. (아북, 아교)

16. 외무부 공문(착신전보)– 법무성 입관국장 면담 내용 보고

외무부
번호 JAW-06049
일시 041640
수신일시 1969.6.4. 21:40
발신 주일대사
수신 장관

금 6.4. 오전 10시 30분부터 약 1시간반 동안 강공사는 법무성 나까가와 입관
국장의 요청에 의하여 동국장을 방문, 면담하였는 바 아래와 같이 보고함.
(다까가와 입관국 차장 동석)
1. 먼저 나까가와 국장은 금번 일정부가 국회에 제출한 출입국 관리법안에 대
하여 사회당 및 공산당등 양당과 조총련계 등이 반대하고 있는 것은 종래의 그
들의 태도로 보아 그러하다고 할수도 있으나 최근 민단에 동법안을 반대하는
집회를 열고 각정당에 대해서 진정을 하는등 하는 움직임을 표시하고 있는 것
은 이해하기 어렵다고 하고 일정부로서는 적어도 재일 한국인에 대하여서는
호의적인 태도를 취하고 있는 것으로 알고 있기 때문에 민단에서 구체적으로
어떠한 점에 불만을 가지고 있는지 알고 싶어서 면담을 요청한 것이라고 해서
민단에서 불만을 가지고 있는 점에 대하여서는 가능한한 해명하고저 한다고
하였음.
2. 이에 대하여 강공사는 민단의 집회 및 각정당에 대한 진정이 대사관과의 사
전 협의에 의하여서 행하여 진 것이 아님을 우선 설명하고 민단에서 본 법안을
개정하더래도 개악이 되면 곤란하고 개선이 되는 방향으로 개정될 것을 강하
게 희망하고 있는 것은 사실인데 민단이 불만으로 생각하는 점이 기우에 불과
한 것이라면 그것보다 더 좋은 것은 없다고 진정한 다음 아측 내지 민단에서
불만을 가지고 있는 점을 다음과 같이 열거하였음.

가. 상륙거부(6조 특히 10,11항)

나. 준수상항(8조)

다. 퇴거 강제자의 수요 절차(39,40,41조 37조4항)

라. 법무대신의 자유 재량권 확대(8,10,30조 등)

마. 보증금 인상(53조 5항)

바. 밀입국자의 시효 문제

3. 니끼가와 국장은 금번 출입국 관리법안은 일반적으로 말한디면 재일 한국인에 대하여 유리하면 유리하지 불리한 점은 없는 것으로 보며 특히 이번 법안의 취지고 기본적으로는 이미 일본에 합법적으로 정착하고 있는 외국인에 대하여는 조금이라도 영향을 가하지 않고 새로히 입국하는 사람의 입국에 관하여 명확하게 규정하려는데 있으므로 이미 재류하고 있는 재일한국인의 지위에 불리한 영향을 가하는 점은 없을 것으로 생각한다는 것을 전제한 다음 아측이 제의한 전기 각 문제에 대하여 다음과 같이 설명하였음.

가. 상륙거부:

강제퇴거된 자가 일본에 재입국하려는 경우 지금까지 1년으로 되어 있는 것을 3년간 재입국할 수 없는 것으로 개정하려는 것은 어디까지나 퇴거된 자가 새로히 입국하는 케이스임으로 합법적으로 일본에 정착하고 있는 사람에게는 조금도 문제되는 것이 아님.

나. 준수사항:

준수사항은 원칙적으로 새로히 입국하는 자에 대하여 부과할수 있도록 되어 있는데 그러한 준수사항은 (1)동일한 입국 자격 항목 내의 입국 목적 변경 금지(예를 들면 현행 제16조9항은 흥행을 목적으로 한 입국재에 대한 것인데 동 항목에는 스포츠 관계, 음악 관계, 연극 관계 등 여러 목적의 입국자가 전부 해당됨으로 가령 스포츠 관계 입국자가 음악관계 활동을 하는 것을 금지 하려는데 목적이 있음.

(2) 어떤 외국이 일본인의 동 외국내에서 있어서의 여행에 제한을 가하는 경우 상호주의에 의하여 동 해당 국민의 일본 입국시 일본국내에 있어서의 여행에 제한을 가할수 있는 여지를 남김(중공 쏘련 등 일부 공산국의 경우)

(3) 정치활동의 금지등의 목적에서 설정하려는 것이며 그러한 조건을 부과하는 것은 실제로 현재 행하고 있는 것임. 이미 일본에 합법적으로 재류하고 있는 자의 경우에 문제가 된다면 법조문을 그대로 해석한다면

1)정령 제126호 해당자의 자식의 재류기간연장시와 2)특별재류 허가자의 기간 연장시 준수사항을 부과할수 있다고 해석할수 있으나

1) 정령 제126호 해당자의 자식의 경우에는 법조문이 그러하다고 하드라도 일정부로서 준수사항을 부가할 방침을 가지고 있지 않으므로 국회 심의과정에서 정부측이 그러한 뜻을 국회에서 답변할 예정이며 필요에 따라서는 그러한 뜻의 국회 부대결의로 수락할 용의가 있으며 (조문에 그러한 것을 명시함은 기술적으로 어려운 점이 있다고 함)

2) 특별 재류자격자에 대하여는 적어도 재일 한국인의 경우에는 부가하지 않을 방침임.

다. 퇴거 강제자의 수용절차:

용의자를 재판소의 영장없이 행정관이 수색, 인검, 수송등을 행할수 있는 것은 현재 행하고 있는바를 법제화하는 것에 불과하고 행정관이 그와 같은 행위를 할수 있는 것은 각국의 입법에도 그러함

라. 보증금 인상:

보증금을 현행의 30만원에서 최고액 100만원까지 인상하려고 하는데 17년전 현행 관리령 제정시의 30만원과 현재의 100만원을 비교한다면 실질적으로 오히려 인하되었다고 볼수 있으며 최고액이 100만원 있으로 실제로 납부하도록 요구하는 보증금은 납부자의 노력에 따라 얼마든지 적은 액수를 요구 할수도 있는 것이기 때문에 현행보다 특별히 더 가중된다고는 볼수 없음.

마. 법무대신의 자유재량권:

어디까지나 현상을 유지하는 정도에 불과함.

바. 밀입국자의 시효문제:

밀입국자는 계속해서 입국관계 법령을 위반하고 있는 상태에 있으므로 처음부터 시효 문제는 있을수가 없다고 봄.

4. 나까가와 국장은 전기 설명과 같이 일본정부로서는 본법안이 현재 합법적으로 재류하고 있는 재일한국긴의 지위에 하등 영향을 끼치는 것이 아니라고 확신하고 있기 때문에 필요하다면 민단관계자에 대하여 직접 해명할수도 있다고 하였음으로 법무성과 대사관이 검토하여 민단관계자에 대한 설명이 필요하다면 추후 그와같은 기회를 만들기도 하였음. (영일 아교 아북)

17. 외무부 공문(착신전보)- 민단 시가행진 계획 보고

외무부
번호 JAW-06206
일시 161420
수신일시 1969.6.16. 15:23
발신 주일대사
수신 장관

    거류민단에서는 중화민국 재일거류민단측과 합동으로 약 5,000명이 일본의 출입국 관리법안 반대 궐기대회를 69.6.19일 12시부터 당지 히비야 공회당에서 개최한 다음, 아까사까에 있는 시미즈다니 공원까지 약 3키로의 거리를 시가행진을 하고 있어 일본정부 및 국회 보도에 항의진정서를 제출할 계획이라 함을 보고함.
    (아교)

18. 외무부 공문(착신전보)- 민단 시가 행진 보고

외무부
번호 OSW-0609
일시 171600
수신일시 1969.6.18. 0:15
발신 주오오사까영사
수신 장관

    1. 일본 출입국 관리법안 반대를 위한 민단 근기 협의회 주최의 민중대회가 금 16일 1230시부터 약 2시간 당지 오오사까 나까노지마 소재의 중앙 공회당에서 근기지방 민단원 약6,500명이 참석한 가운데 개최되었으며 대회 후 동 법안에 대한 반대 시위데모 행진이 약 4시간 계속되었는바 한청원 1명이 경찰에 연행

된 일 이외에는 별다른 큰 혼란은 없었음을 보고함.

2. 동 대회 및 데모에는 관동지방으로부터 약 70명의 의원단이 참석하였으며 전기 경찰에 경찰에 연행된 한청원도 동 응원단원 중의 일원이라 함.

3. 동 한청원 연행에 대하여는 당관이 경찰에 조회한바 단순한 공무집행 위반으로 인한 연행이라 하며 48시간 내에 방면 또는 서류송검으로 처리될 것이 예상된다고 한다. (아북)

19. 외무부 공문(착신전보)- 윤동춘 석방 보고

외무부

번호 OSW-0616

일시 191200

수신일시 1969.6.19. 14:15

발신 오사까총영사

수신 장관

연: OSW-0609

연호 전문으로 보고한 바 있는 관당지방에서 내□한 한청원 윤 동춘(영주권 취득자이며, 요꼬하마 민단 지부의장 윤 원근의 차남)은 당관의 오사카 부경과 교섭한 결과 작18일 오후 9시반 석방되었음을 보고함. (아북)

20. 외무부 공문(착신전보)- 출입국관리법안 신문보고

외무부

번호 JAW-06278

일시 201120

수신일시 19.69.6.20. 13:15

발신 주일대사

수신 장관

출입국관리법안(신문보고)

법무성은 중의원 법무위에서 자민당 의원의 질문에 답하는 형식으로 표기법안에 관하여 요지 다음과같은 방침을 밝힘

1. 1) 법적지위협정에 의하여 영주허가를 받고 있는 한국인, 2) 출입국관리령상의 영주허가를 받고 있는 외국인, 3) 출입국관리령에 의한 재류자격이 없이 전전부터 계속해서 일본에 살고 있는 한국인 및 대만인(소위 126호 해당자)에 관하여는 처음부터 제8조의 규정이 적용되지 않으며 126호 자녀에 관하여는 일본에 재류하고 있는 특수성을 고려 준수사항에 관한 규정을 적용하지 않기 때문에 종래와 조금도 변함이 없음.

2. 정치적 행위의 제한에 관하여는 예를 들면 일본국의 기관에서 결정한 정책의 수행을 방해하기 위하여 집회나 시위운동을 조직하고 이에 참가하여 연설하거나 문서를 배포함을 금지함. 또한 일본의 국제적 우호관계를 저해할 위험이 있는 집회를 금지함.

3. 재류자격 범위내에서의 활동을 지정함에 있어서는 같은 상용자라 할지라도 무역에 종사하는 자와 기업, 기타 영리사업의 관리업무에 종사하는 자를 구분하여 지정하고 기술 연수생에 관하여는 받는 기관이나 연수장소 등을 지정함. 또한 흥행의 종별 및 장소 등을 지정함. (아북, 아교)

21. 외무부 공문(착신전보)- 민단 시가 행진 보고

외무부
번호 JAW-06282
일시 201920
수신일시 1969.6.20. 16:00
발신 주일대사
수신 장관

발생보고

1. 거류민단 및 중국 거류민합동에의한 "출입국관리법안" 반대 군중대회가 19일(하오0시반) 당지 히비야 공회당에서 개최되었는 바 약2시간의 항의 성토에 이어 참석인원 약 5,000명이 데모에 진입, 도심지 가두를 반대 푸라카드를 들고 행진함.

2. 동 데모 행진중 한청소속 강승대(제비강, 이을승, 클태)가 일경 기동대원에 대하여 폭력을 행사하였다는 이유로 검거된 사건 이외에는 별고 없이 하오4시경 산회함.

3. 상기 피검 교포에 대하여는 금20일일경 당□에 선처를 요망한바 있으며 결과는 추후 보고위계임(아교)

22. 출입국관리 법안에 관한 동향

출입국관리 법안에 관한 동향

1. 주일대사관의 조치
   6. 4 강공사, 입관국장 방문
   6. 7 강공사, 민단 간부 대사관에 초치
   6. 11 민단 간부로 하여금 일 법무성의 설명 청취
2. 법안에 대한 대사관 의견
   신설조항(준수사항, 행정조사권, 퇴거 강제등)과 관련하여
   가. 영주권자, 126 해당자는 문제시할 필요 없고 협정영주권 신청 촉진에 주력토록 함.
   나. 126 해당자의 자에 관하여 좀더 강력한 형태로 보장토록 요구함(법안 부칙, 또는 특별법 등)
   다. 특별재류자를 위한 일본 영주권 신청을 용이케 하는 방법 강구를 요구함.
   라. 대신의 자유 재량권 남용을 방지케 하는 대책 강구를 요구함.
   마. 민단의 항의 데모를 민주적인 방식으로 지도할 것임.

23. 주일본대한민국대사관 공문—일본출입관리 법안에 관한 일본 동향

주일본국대한민국 대사관
번호 일영(1)725.2-2256
발신 주일대사
수신 장관
참조 아주국장
제목 일본 출입국 관리 법안에 관한 일본 동향

연: JAW-06015 및 06049

1. 연호로 보고한 민단의 일본 출입국 관리 법안 반대 민중대회에서 사용 내지 결의된 선전·항의문, 대통령 각하에게 보내는 멧세지 등을 별첨과 같이 송부하오니 참고하여 주시기 바라며,

2. 69.6.4 10:30부터 약1시간 동안 강공사가 일본 "나까가와" 입관국장을 방문하여 동법안에 대한 민단의 입장 내지 불만으로 생각하는 점등을 설명하고 이에 대하여 일본측이 해명한 내용에 관하여는 이미 연호 보고한바 있으나, 동 보고 4항에서 약속된 "필요시 입관측의 민단 관계자에 대한 직접 해명의 기회"를 마련하고자, 69.6.7 14:00부터 19:00 까지 민단의 이희원 단장, 박근세 의장(양인은 민단 법적지위위원회 위원장, 부위원장을 각기 겸임하고 있음)을 대사관에 초치하여 강공사는(신정섭 참사관, 정창 서기관 동석) 동법안에 대한 일본측의 입장을 일응 설명하고 민단측에서 원한다면 일법무성측과 사전 화합을 거쳐 6.11경 일 법무성측의 직접 해명을 듣도록 종용하였는바, 민단측에서도 이의없이 이를 찬성하여 민단측의 참석범위, 질문사항의 정리 등은 구체적으로 민단에서 결정키로 하였음.

3. 6.10. 10:30부터 12:45경까지 일본 국회 중의원 법무위원회에서 동 법안의 심의가 있었으나 법무성측의 제안 설명이 있은 다음 구체적인 호의에 들어가기전, 야당측에서 정족수 미달을 이유로 퇴장하여 동 회의가 유회된 바 있었으며,

4. 일법무성측과의 사건 합의에 의하여 69.9.11. 14:00부터 17:30까지 일본 법조회관(法曹會館)에서 동 법안에 관한 일법무성측의 민단 관계자에 대한 직접 해명을 대사관 참석하에 청취 내지 이에 관한 질의응답을 가졌는 바, 동

회합 참석자는 다음과 같으며 해명 경과 내용을 별첨 보고합니다.

　　　　　참석자: 대사관측 ----- 신정섭 참사관, 정창 서기관

　　　　　법무성측 ----- "다끼가와" 입관 차장, "다쓰미" 입관 참사관 외 1명.

　　　　　민단측 ----- 이희원 민단 단장, 박근세 의장, 장총명 감찰위원장 김

　　　　　　　　금석 상임고문, 윤한학 법적지위 위원회 사무국장, 이성

　　　　　　　　보 민단 사무총장

첨부: 선전, 합의문, 멧세지, 해명 경과 내용, 기타 참고자료 사본 각기 1부. 끝.

주일대사

일본 출입국 관리 방안의 일본 국회 상정과 문제점

196□.□.□.

1. 경과 (일□과 국회 회부)

　　1) 현행 출입국 관리령

　　　　1936년　"비 일본인의 입국 및 등록에 관한 각서(미군정)

　　　　　　　　"구 외국인 등록령" (칙령207호)

　　　　　　　　"인양에 관한 각서" "일본에의 불법입국 □□에 관한 각서" (미

　　　　　　　　군정)

　　　　　　　　"불법 입국자의 취체에 관한 건" (일본 차관 회의)

　　　　1947년　"외국인 등록령"

　　　　1949년　"출입국 관리 사무국 설치에 관한 각서"

　　　　　　　　"출입국 관리에 관한 정령"

　　　　　　　　"출입국 관리 연락 협의 회□"

　　　　1950년　"세관, 출입국 및 검역사무에 관한 각서"

　　　　　　　　"출입국관리령" (정령31　　　행 법)

　　　　　　　　(이상에서도 알 수 있는 바와 같이 주로 한국인의 밀항 방지와

　　　　　　　　관련하여 출입국 관리에 관한 규제를 강화하여 온 것이라고

　　　　　　　　생각됨)

　　2) 현행 관리령 개정에 관한 법무성안

가. 개정취지

현행 입국 관리령은 "포쓰담" 정령으로 제정되어 법체제의 미비점이 많고 선박 중심의 시대로부터 항공 중심의 시대로 변천하는 것에 보조를 맞추며 년간 40만명의 외국인이 입국하고 50만명의 일본인이 외유하는 최근의 정세에 부합시키고저함. (일본측의 설명) 신법안은 전문 11장. 91조 부칙 25조로 되어 있음.

나. 당초안

당초에는 1) 입국, 재류활동에 대한 조문을 부여하고, 2) 영업허가에의 법무대신의 개입, 3) 재입국 허가의 조건 부여와 허가 취소, 4) 행정 절차의 강화, 5) 외국인 숙박계 제도 신설, 6) 신병의 수용 절차 간소화, 7) 가방면 제도의 명칭 변경(수용의 일시 해제, 8) 집행정지 9) □□ 제한 금지, 10) 퇴거강제사유의 확대, 11) 송환 목적지의

(이하 식별 불가)

라. 국회 회부

최종안은 69.3.14 각의 결정을 거쳐 즉일로 국회에 제출되었으며 동 3.27. 중의원 법무위원회에서 제안 이유의 설명이 끝나고 국회운영의 정상화와 아울러 실질적인 심의가 시작되려 하고 있음.

2. 민단의 태도

출입국 관리 법안에 대하여는 조총련은 물론 일본의 야당 진영에서 일제히 반대를 하고 있으며 민단 진영에서도 이에 관한 태도가 애매하였으나 현재

가. 현행의 출입국 관리령 개정은 기본적으로 인정하며 (조총련은 전면 부정)

나. 단지 그 내용의 "개선"을 강력히 요구하며

다. 이 경우에 마땅히 "개선"을 요구하는 것이 일본에 대한 내정 □□□

(이하 식별 불가)

4. 대사관의 견해

민단에서 염려하는 준수사항의 부가, 행정조사권, 준수사항 위반시의 퇴거강제 등 제반 신설 조항에 관련하여

1) 협정 영주권자, 일반영주권자, 재류자격 126-2-6 해당자에 관하여는 상기 신설 조항의 어느 것에도 해당되지 않도록 동법안 자체에서 부칙16, 17조에 명기하고 있으므로 처음부터 문제시할 필요가 있고 다만 영주권 신청 촉진에 더욱 역점을 두어야 할 것으로 생각됨.

2) 재류자격 4-1-16-2(126-2-6 해당자의 자녀)에 관하여는 법률상 일응 상기 신설 조항의 적으을 받는 것으로 되는 것이나. 일본 정부의 방침으로서 한·일 양국의 특수사정을 감안하여 본 조항을 적용하지 않을 의향이며 이러한 의향을 국회의 부대 결의로서 보장하여도 좋다는 태도를 모이고 있으나, 좀더 강력한 형태로 보장하는 방법을 강구하여 줄 것을 계속 교섭

둘째 통제의 방향에서 재량 규제하는 일본국의 이익, 공안 사항의 경우로서 이 경우의 재량권은 대개 특수한 경우에만 문제가 되겠으나 역시 특수한 경우라는 이유로 소홀히 다루지 못하도록 올바른 재량권을 행사하도록 주의를 게을리 하지 않은 것이 가하리라고 생각됨.

5) 기타 동 방안내에 이는 요건이나 규정상의 모순, 엄격성, 반 인도성 등을 계속 일본 측에 지적하고 시정토록 조치하여 줄 것을 요구 고수함이 가하리라고 생각됨.

6) 법안 통과 등을 저지하기 위한 민단의 대중 운동에 대하여 대사관으로서 관여할 일은 아니나 그 방법에 있어서는 최소한 조총련계에서 하는 방식과는 달리 첫째 자유 민주주의 이념에 부합하고, 둘째 준법정신을 살려, 셋째 국시를 준수하는 입장에서 할 것이며, 특히 민단 운동이 용공 세력에 의하여 사수를 받거나 또는 그런 인상이 있는 일이 절대 있어서 안되며 일본 정부나 외부 일반인에게 여사한 인상을 주는 일이 있어서는 안될 것임. 따라서 대사관은 이런 점을 주시하고 민단을 지도할 것임.

出入国管理法案に対し在日韓国人はなぜ反対するか

在日本大韓民国居留民団
中央本部

一、基本的な理由

　まず在留外国人の管理を目的とした、出入国管理法案の影響は、その対象の約九〇％を占めている在日韓国人にとって、極めて重大であり、更に出入国管理法案は、韓日協定にともなう、在日韓国人の法的地位問題と、密接、不可分の関係にあることを強調する。

　即ち、戦後二十数年が経過した今日、在日韓国人の法的地位問題は、韓日両国間における基本協定の不合理性により、未だに解決をみておらず、永住権申請は一九六六年一月十七日、協定が発効して以来、三年有余の歳月が経過したにも拘らず、わずか十一万余に過ぎない状況である。

　その原因は、協定そのものが持つ不合理性のほか、協定の実施における日本国際係当局の非友好、非人道的な措置によるところ大であるが、同時に、基本協定の第五条並びに出入国管理特別法第七条に明記されている通り、在日韓国人の法的地位にともなう出入国及び在留が内容的に極めて不当な、現行の出入国管理令の適用を受けていることにも、原因がある。

　つまり、在日韓国人の法的地位問題において、最も重要な焦点となっている、永住権付与条件の「継続居住」につき全在日韓国人の正当な要求が受入れられず、その結果、多数の在日韓国人が、現行の出入国管理令により、追放の対象となっている現状において、現行の出入国管理法令を一□と改□し、基本的に□□□社□における□□、自由の普遍的な思潮にまで逆行する排外主義を基調として、抑圧と□放の強化を露骨的に企画した今般の出入国管理法案が成立すれば、それの在日韓国人にもたらす影響は、余りにも大きいというものである。

　したがって在日韓国人は、その法的地位問題の合理的解決のためにも、現行の出入国管理法令の改定を望むものであるが、しかし、それはあくまでも、在日韓国人の、日本社会との歴史的な特殊関係から、法的地位問題が合理的に解決され、更にその法的地位委の特殊性にかんがみ、それに相応する出入国及び在留その他に関する処遇が出入国管理法案において、何らかの形で保障されることを、前提条件とすることが、妥当であると判断するのである。

　　二、出入国管理法案内容の問題点
　前記の通り、在日韓国人の法的地位問題が、その内包している不合理性か

ら、現状において、多数の在日韓国人が現行の出入国管理令により、追放の対象となっている事実を□にして、今般の出入国管理法案内容を検討した場合、その結論はおのずから明白であるが、ここにその主要問題点を指摘すると、次の通りである。

1．「尊守事項」

　法律第八条の尊守事項は、新たに入国する者以外に□□□□に対しても□入□□□□□、□□□□□、在留期間の延長、出生又は日本国籍の喪失による在留資格取得の際、などにおいて適用され(第三三条)、在留活動の管理と規制(第二三、二四、二五条)が強化されると同時にこれに違反すると、中止命令及び行為命令(第二七条)が出され、更に処罰(第八六条)と、過去強制(第三七条)をすることになっているが、これは在日韓国人に対する不必要な抑圧と追放を企図する、□懲的な意思の表現である。即ち、現在留者が長期間にわたる日本在留によって得た既得権を、本法案によって規制することは、全く不当といわねばならない。

2．「行政調査権」について

　違反調査(第三八条)並びに事実調査(第七三条)という強力な行政調査権では、在日韓国人の生活権を、根底から蹂りんすることが明らかで、これによれば、公私を問わず、任意ともいうべき、全く一方的な判断により、容疑者に対する捜索、□検、差押のほか、容疑者の関係人に対しても陳述、報告を強要(第三七条四項、三九、四〇、四一条)することになっているが、これでは個人の人権は勿論、在日韓国人の公的団□及び□□における、公的な□□□てもが□りん□れ、ひいては「関係人」に□□されて、在日韓国人と□□する日本人の各□□体、又は個人を□□□の為□とすることも必至で、法□が成立すれば、□□民団の□善と交流の自由までが、それだけ制約されることになる。またこれに関する細分化された罰則のほか、不陳述罪、不提示罪などを適用(第八八、八九条三項)していることは、個人に対しては、まさに、黙秘権を有する犯人以下の扱いであり、または在日韓国人の公的団□及び□□をも、□□にに至らしめる重大な措置と言わねばならない。

3．「追放」の強化について

　まず□□(退去強制)の対象を広範囲に拡大し(第三七条)特に貧困者を追

放の対象(第三七条一二項)にしていることは、国際的な通念(□例)からしても不当である。また特別在留許可を受けることが至難で、追放される者の司法的救済手段が事実上において封じられていること(第五二、五三、五五、七八条)、更に、追放の手続が簡素化(第七二条)され、人権無視の強制収容(逮捕)とか(第四八条)、保証金の大□な増額(第五三条五項)など、本法案の中には、徹底した追放への理不尽な模□性が一貫して示されている。

4.「自由裁量」について

　　在日韓国人の人権と生活を□□、□□んし、その公的□□及び□曲の公的活動をも□□し、ひいては□□に至らしめる場合の□□が、すべて□□大□(□□は□□官□□)□いわれる「自由裁量」□□□□こと□なっているが、(第八、一〇、三〇条など)、これは極めて一方的で、危険な発想であり、まさに在日韓国人を「煮て食おうと、焼いて食おうと自由」という、前近代的な暴挙といわざるを得ない。

　　三、結び

以上の通りで、在日韓国人は今般の出入国管理法案に対し、徹底して反対するものであり、なお、この反対は、在日韓国人の日本社会との歴史的な特殊関係、並びに普遍的な国際慣例、及び日本国憲法などに照らしても、当然であることを強調する。

　　同時に日本国が、真に韓日協定の友好精神に立脚して、現行の出入国管理令を改善するよう望むものであるが、具体的には、在日韓国人の法的地位問題の現状にからみ、今般の出入国管理法案を撤回し、改めて、在日韓国人の法的地位及び処理の保障を明確にした、新たな法案を検討するよう、強く望むものである。以上

一九六九年六月九日
在日本大韓民国居留民団
中央本部長
李禧元

日本 出入國管理法案 中 問題되는 條文

民團이 問題視하는 法　　日本側의 解明・其他 內容檢討

1. 民團의 同法案反對 集會

2. 同法案은 日本의 "同化 追放政策"의 發現임

3 上陸 拒否(6條, 특히 10, 11項)

6條10項 - 痲藥犯, 火藥犯 등으로 因하여 上陸許可를 받을 수 없거나, 또는 上陸 申請은 하였으나 口頭審査의 結果, 異義 申立의 機會가 賦與된 경우에 同異議 申立 등은 하지 않으므로서 退去命令을 받아 退去한 者는 當該 退去日로부터 一年이 經過하지 않은 者

6條11項 - 退去 强制事由(37條1~22項)에 依하여 退去를 當한 者는 當該 退去日로부터 3年이 經過하지 않은 者.

4. 尊守事項(8條)

1) 新規入國者

入國時 在留上의 尊守事項을 附加할 수 있게 함으로써 在留規制가 强化됨.

2) 現在留者

· 在留其間의 延長

· 在留資格의 變更

1. 日本政府로서는 적어도 "在日 韓國人에 對하여는 好意的인 態度를 取하고 있음. (中川入管局長)

2. 同法案은 "在日韓國人"에 對하여는 有利하면 有利하지 不利한 点은 없는 것으로 보며, 특히 同法案의 趣旨가 基本的으로는 이미 日本에 새로이 入國하는 사람의 入國에 關하여 明確하게 規定하려는데 있으므로 이미 在留하고 있는 在日韓國人의 地位에 不利한 影響을 加하는 点은 없을 것으로 생각함(中川入管局長)

3. 强制退去된 者가 在入國하려는 경우 (6條 11項)

지금까지 1年으로 되어 있는 것을 3年間 在入國할 수 없는 것으로 改正하려는 것은 어디까지나 强制退去된 者가 새로이 入國하는 "케이스"이므로 이미 合法的으로 日本에 定着하고 있는 사람에게는 조금도 問題되는 것이 아님. (中川入管局長)

※强制退去事由(37条1~22項)에 依하여 退去를 當한 사람은 在入國하는데 所要되는 經過其間을 從前의 1年에서 3年으로 改正하므로써 新規(再)入國의 規制를 强化하려는 것임.

4 尊守事項은 原則的으로 새로이 入國하는 者에 對하여 附加할 수 있도록 되어 있는데 그러한 尊守事項은 (1)同一한 入國資格 項目 內의 入國目的 變更禁地 (例: 現行 第16條92項은 "興行"을 目的으로 한 入國者에 對한 것인데 同項目에는 "스포츠" 關係, 音樂關係, 演劇關係 등 여러 目的의 入國者가 全部 該當되므로 假令 "스포츠" 關契 入國者가 音樂關係 活動을 禁止하려는데 目的이 있음)

· 出生 또는 國籍喪失로서 在留資格取得 혹은 再入國許可 등을 하는 경우에 尊守事項을 附加할 수 있게 함으로서 現在留者의 在留規制를 强化함.
· 在留(資格) 規制
(23, 24, 25 條)

(2)어떤 外國이 日本人의 同外國에 있어서의 旅行에 制限을 加하는 경우에 相互主義에 依하여 同該當國民의 日本入國時, 日本國에 있어서의 旅行에 制限을 加할 수 있는 餘地를 남김(例: 中共, 쏘聯 등 一部 共産國家의 경우)
(3)政治活動의 禁止등의 目的에서 設定하려는 것이며, 그러한 條件을 附加하는 것은 實際로 現在 行하고 있는 것임.
이미 日本에 合法的으로 在留하고 있는 者의 경우에 問題가 된다면, 法條文을 그대로 嚴格히 解釋할 때 (1)政令 第126號 該當者의 子息의 在留 其間延長時와 (2)特別在留許可者의 其間延長時 尊守事項을 附加할 수 있다고 볼 수 있으나, (1)政令126號 該當者의 子息의 경우에는 法條文이 그렇다고 하더라도 日本政府로서 尊守事項을 附加할 方針을 가지고 있지 않으므로 國會審議過程에서 政府側이 그러한 뜻을 國會에서 答辯할 豫定이며, 必要에 따라서는 그러한 뜻의 國會 附帶決議도 受諾할 用意가 있음(단, 條文에 그러한 것을 明示함은 技術的으로 어려운 点이 있다고 함)
(2)特別在留者에 對하여는 적어도 在日韓國人의 경우에는 그러한 尊守事項을 附加하지 않을 方針임(中川入管局長)

3) 尊守事項 附加의 自由裁量權

· 附加與否의 裁量에 關하여는 現在도 實際로 行하고 있는 것을 成文化한 것이고 어디까지나 現狀을 維持하는 程度에 不過한 것임.

4) 尊守事項違反時의 中止命令(27條), 罰則(86條), 强制退去(37條)

· 尊守事項違反時에 바로 退去를 强制하는 것이 아니고 一應 그 違反의 中止命令을 내리고 그리도 同命令에 違反하는 경우에 비로소 退去를 强制 當하는 것이므로(37條9項), 現在 實際로 行하여지는 것과 같이 條件違反-退去보다는 合理的인 것으로 생각됨.

5. 行政調査權
1) 任意의 被疑者에 對하여 違反調査를 自由로 하며, 이를 위하여 搜索, □

5. 現在 實際로 施行하고 있는 것을 規定한 것이며, 처음 草案에 있던 營業許可關與權, 營業所出入調査權 등 强化規定은 이미 削除되어 特別한 問題性이 없어진 것임, 그리고 關係人을 包含하

檢, 差押, 陳述報告要求를 하며, 關係人도 包含함(39, 40, 41 37條4項, 72, 73條)

2) 拒否時 不陳述罪, 不呈示罪(86, 88條)

였으나 이는 質問, 文書 惑은 物件의 提示에 그침.

6. 追放의 强化
1) 追放對象 擴大(37條)
2) 特히 貧困者가 對象(37條17項)

6. 民團에서 意味하는 "追放"은 退去强制를 指稱한 것으로 해석되며 同退去强制의 對象을 擴大하였다고 하나 實在的으로 內容을 整理한 것에 不過한 것임. 貧困者에 對하여는 現行法에도 規定이 되어 있는 規定이며, 또 實際로 現在까지 問題된 事例는 없었음. 法案37條에 規定된 退去强制事由中, 協定永住權取得者에게 該當된 것은 痲藥犯 以外에 普通犯罪라도 7年 以上의 懲役 또는 禁錮에 處해진 者에 限하며 그 以外의 어떠한 事由에 依하여도 退去를 强制 當하는 일은 없는 것임.

3) 特別在留許可 받기가 至難함 (52, 53, 55, 78條)

特別在留許可는 地方入管의 長이 法務大臣에게 上申할 수가 있으며, 아울러 外國人에게 直接的인 出願의 길도 열고 있으므로 同許可 받기가 至難하다고만은 할 수 없는 것임.

4) 追放手續의 簡素化(72條)

72條는 單純히 地方入管의 長의 有故時의 職務代行을 規定함에 그치며, 追放手續들을 簡素化한 條文이 아닌 것임.

5) 收容義務化 (52條12項) 假放免의 名稱을 "收容의 一時解除"로 變更 (53條1, 2項)

52條12項은 收容이 이미 決定된 경우에 限하는 것이며. 오히려 例外的인 경우를 明示(45條2項 各號의 1-〉 ①刑事事件에 關聯 ②老幼疾病 ③逃亡의 念慮 없는 경우 등)한 것을 現行法보다 明確히 된 点은 있으며, 被收容者가 반드시는 普通犯罪人이 아니므로 刑事法上의 假放免이란 語句보다 "收容의 一時解除"라는 表現이 妥當한 것으로 생각되는 것임.

6 保證金 100萬円 (53條 5項)

保證金을 現在의 30萬円에서 100萬円까지 引上하였으나, 이는 17年前 現行 管理令 制定時의 30萬円과 현재의 100萬円을 比較하면 實質的으로 오히려 引下되었다고도 볼 수 있으며, 最高額이

100萬円이므로 實際로 納付하도록 要求하는 保
證金은 納付者의 能力에 따라 얼마든지 적은 額
數를 要求할 수도 있는 것이기 때문에 現行보다
特別히 負擔이 더 加重된다고는 볼 수 없음(中川
入管局長)

7 法務大臣의 自由裁量權 擴大 (8, 10, 30條 등)

現行法과 조금도 다름없이 規定되어 있으며, 特
別히 改正法案만이 自由裁量權을 擴大한 것은
아니고, 同自由裁量權도 어디까지나 現狀을 維
持하는 程度에 不過한 것임(中川入管局長)

※日本의 出入國管理法 改定에 있어서의 民團의 基本的 態度
1) 現行의 出入國管理令 의 改定을 基本的으로 認 定하여,
2) 단지, 그 內容의 "改善" 을 强力히 要求함.
3) 民團의 "改善" 要求는 內政干涉이 아님. 그 理由 로는 同法案의 適用對象 의 90%가 在日韓國人이 기 때문임.

民團에서 同法案의 改定을 認定하되, 단지 內容
의 "改善"을 要求하는 것은 當然한 主張이라고
생각됨. 日本에 對한 內政干涉이 되지 않는 範圍
에서 積極 "改善" 交涉을 展開하여 나감이 可하
다고 생각됨.
**日本政府로서는 本法안이 現在合法으로 在
留하고 있는 在日韓國人의 地位에 何等 影響을
끼치는 것이 아니라고 確信하고 있기 때문에 必
要하다면 民團關係者에 對하여 直接 解明할 수
도 있음(中川入管局長)

일본 출입국 관리 법안에 대한 일본측의 해명, 질의 응답 (1969.6.11. 14:00~17:30)

1. 법무성측 해명("다쓰미" 참사관)

  1) 문제점에 관하여 민단에서 제시한 순서에 따라 법무성 측에서 답변을 하
    는 형식을 취하며, 법무성 측에서 이해가 된다면 앞으로도 충분히 조정
    할 것을 고려하고 있음.

  2) 준수 사항의 부가에 관하여:

    민단에서 첫째로 문제시하는 입국허가시, 재류자격 변경시 부가할 수
    있는 준수사항 조항(8조)의 신설에 관하여 이는 주로 새로이 일본에 입
    국하는 외국인의 재류자격에 의거한 활동 범위를 규제하기 위한 것이며,
    본 조항을 신설하드라도 법률적으로 준수사항을 도저히 부가할 수 없는
    경우를 설명하면, 첫째 협정 영주권자는 물론이고 일반 영주권자, 재류

자격 126-2-6 해당자에 대하여는 하등 문제시될 수 없으며, 둘째 재류자격 4-1-16-2 (1261의 자녀) 해당자는 법률상은 일응 준수사항을 부가할 수 있는 것으로 되어 있으나, 일본 정부의 방침으로서는 한·일 양국의 특수사정을 감안하여 본 조항을 적용하지 않을 것이며, 이 취지를 법무대신이 국회에서 충분히 설명할 것을 예정하고 있고, 셋째 특별 재류 허가 받은 자에 대하여도 법률적으로 일응 준수사항을 부가할 수 있게 되어 있으나, 특별 재류 허가 제도의 원래의 성질상, 즉 강제퇴거키로 이미 결정된 자에 대하여 인도적인 면을 고려하여 그 자의 특별 재류를 인정한 것이므로 여기에 다시 준수사항을 부가할만한 실익이 없는 것이며 이는 현행 관행으로도 실제로 그 예가 없었던 것임.

3) 행정 조사권에 관하여:

법안 38조와 73조의 행정 조사권의 실제 활용되는 분야는 첫째 자격의 활동 여부의 조사, 둘째 준수사항 위반 여부의 조사 등의 경우인 바, 본 행정조사가 특별히 중지명령을 내리기 위해서 있는 것은 아니며, 새로이 입국하는 자가 제출한 자료가 불충분한 경우에 이 조사를 통하여 충분한 심증을 얻고자 하는데 그 의의가 있는 것이며, 이 경우에도 역시 영주권자 및 126 해당자는 원래 자격의 활동이란 것이 성질상 있을 수 없으므로 적용대상에서 제외되며 또 4-1-16-2 해당자도 준수사항을 부가하지 않으니까 조사도 불가한 것이고 이들은 영주자의 자녀의 신분을 보고 자격을 부여한 것이므로 자격의 활동이라는 것도 있을 수 없는 것임. 다음에 특별 재류를 허가 받은 자는 행정조사의 대상이 되나 이들은 인도적 견지에서 특별 재류를 허가받고 있는 것이기 때문에 재류갱신은 자동적으로 인정되므로 동 조사의 적용은 실제로 안되는 것임.

참고로 첫째 협정 영주권자의 지위에 관하여는 동법안 부칙16내지 17조에 규정하고 있으며, 영주자의 재입국이 부득이 불가능한 경우의 동기간 1년 연장에 관하여도 36조 5항에 규정하고 있고, 둘째 재류자격 126-2-6의 지위에 관하여도 동 법안 부칙 14내지 15조에 규정하고 있음.

4) 소위 "추방"의 강화에 관하여:

현행 입관령에도 빈곤자가 들어 있으나, 현재까지 협정 영주권 취득자 126해당자, 16-2 해당자 중 빈곤하다는 이유로 퇴거당한자는 1명도 없으며 이들에 관하여는 과거에 일외무성(오카사키 씨)이 국회에서 빈곤하다는 이유로 퇴거시키는 일은 없을 것이라고 말한바 있었고 정신병자나 라환자 퇴거의 경우도 1건도 없었으며 금번 법안에서도 종래대로 방침을 취해나갈 것을 법무대신이 언명할 것임.

퇴거 강제범위를 확대하였다고 하나 중지명령의 활용은 현행 입관령의 자격의 활동 규정에 대응하는 것이며, 이 경우에도 영주권자나 126 해당자나 16-2 해당자에게는 하등 문제시될 것이 없는 것임.

퇴거 강제수속이 간소화되어 있다고 하나 현행의 강제되거 결정의 순서는 입국 경비관 - 심사관 - 특별 심의관(고등 심의) - 특별신립에 의한 대신의 재결로 되어 입국 경비관의 심사에 이어 불필요한 심사관의 심사를 생략하고 1대 1로 심사하며, 증인을 부를수도 있는 특별 심의에 접목시켜 합리화를 도모하였으며, 특별 재류허가도 개인이 직접 법무대신에게 출입하는 길을 알게 하여 현행령이 이를 인정하지 않으므로서 생기는 불편을 알고자 한 것임. 현행령에 의하면 반드시 이의 신립을 먼저 하게 되어 있어 출원자에게 불필요한 절차를 강요하게 되어 있는 것임. 현재 한국인의 특별재류 허가는 출입자의 평균 70%를 해주고 있으며 이는 다른 경우에 비하여 상당히 후한 대우를 해주고 있는 증거인 것임.

인권 무시의 강제수용이라고 하나 현재의 입관령에서는 필요적 수용을 하여 어떠한 경우에든지 반드시 일응 수용을 하여 가방면을 하는 경우에도 즉일 수용, 즉일 가방면을 하는 등 변법을 사용하고 있음에 반하여 동 법안에서는 도망의 염려가 없다는 등 몇 가지 예외적인 경우에는 처음부터 수용을 하지 않게 되어 오히려 일보 더 진전된 것임.

보증금이 50만원에서 100만원으로 증액되어 수용의 임시 해제를 곤난하게 하였다고 하나, 현행령 제정 당시와 비하여 그간에 물가의 상승이 있었던 것을 고려한 것이며 또 실제로 39만원을 적립하고도 도망하는 경우가 대단히 만해졌으며, 형소법의 보석금은 한정이 없음에 반하여 이 보증금은 100만원을 최고한으로 정한 것으로서 불합리한 점은 없는 것임. 그리고 이와 관련하여 현행 가방면 제도에서는 본인이나 친척의 신청이 있어야 하며 그 경우에 반드시 보증금을 주어야 할 것으로 되어 있으나 동 법안의 수용의 일시 해제(가방면에 해당) 제도에서는 본인 등의 신청이외에 직권으로도 할 수 있게 하고 신청, 직권 양 경우에 보증금이 없이도 수용을 임시 해제할 수 있도록 하여 보다 더 인권 옹호를 기한 것임.

　사법적 구제수단이 봉쇄되어 있다고 하나 이의 신립 이외에 특별 재류를 본인이 직접 법무대신에게 출원할 수 있는 경우 외에도 별도로 사법적 구제가 충분히 가능할 것임. 그러나 실제로 사법적 구제를 호소하는 경우에도 그 내용이 특별 재류 허가를 달라는 소송은 승소할 수가 없는 것이고 현재 약 60건의 소송이 계속되어 있으나 (주로 조총련계) 한국인의 경우에는 사법적 규제까지 가게 전에 이미 행정면에서 신청자와 □□에게 특별 재류를 허가 해주고 있는 실정임

5) 자유 재량에 관하여:

동법안에는 현행 입관령과 같이 자유 재량 규정이 대단히 많으나 이것은 오히려 좋은 면에만 있는 것이며, 특별 재류 허가의 경우를 보아도 오히려 규제하는 방향에서 규정되어 있으며, 특별 상륙 허가의 경우를 보아도 역시 그렇다는 것을 알 수 있는 것임.

　나쁜 면에서 규정되어 있는 곳이 있다면 예컨데 일본국이 이익·공안 조항이나 준수사항 부가 조항 등을 들 수 있는 바, 이 경우들은 오히려 일반적인 것은 아니며 특수한 경우에만 고려되는 것임.

2. 민단측 설명

1) 단장…해방 직후에 당지 동포들이 인양하고자 한 것은 당연한 실정이었으며 단지 생활상, 가족구성상 할 수 없이 머물게 된 경우가 많았던 것이므로 협정은 사실상 현실상 부합되지 않는 점이 많은 것임. 이러한 부족된 부분을 금번의 입관법 개정에서 충분히 고려하여 줄 것을 기대하였으나 당초 법무성 원에 넣었다가 삭제된 영업 허가에 대한 법무대신의 개입권 등 4가지 조항의 규제정신이 동 조항 삭제 후의 법안에도 그대로 관철하고 있지 않나하는 의문이 나며 최소한 협정을 체결한 국민에 대하여서만이라도 호의적인 고려를 하여 특별법에 규정하는 등 방법을 강구하여 주기를 바람.

2) "다쓰미" 참사관…동 법안에 영주권자에게 유리한 규정을 둘 수 없으나 생각한 끝에 두 가지 면에서 이를 고려하였는바, 첫째 영주권자의 가족의 재류에 관하여 2조2항12호에 분명히 3년으로 재류자격을 인정하고 둘째 재입국 허가 기간의 연장을 36조5항에 규정하였고 나아가서

126-2-6 해당자에 대한 적용 제외 규정을 부칙17조2항에 둔 것 등임. 기타의 경우에 실제로 특별히 규정할만 것이 있었으나 곳곳에 최대한의 고려를 하였으며 평화조약 발효 전의 일시 귀국자에 일반 영주허가 신청에 관하여도 합리성을 기하고 있는 것이며 (5년간이라는 거주기간을 명시하므로서 현행령의 애매한 점을 재기함) 4-1-16-2에 관하여도 특별 재류자와 함께 일반 영주허가 신청 가능성이 많아진 것임. 다음에 협정 상의 거주 경력에 관하여도 이를 임격히 해석하면 일보라도 일본 밖으로 나가면 안되는 것이나 실재로 이를 완화하여 조사를 하지 않는 방향으로 나갈 생각이며 단지 전후 연결이 잘 안되는 경우(성명, 사진 등의 상이)에 이를 조사하는 정도이며 그외에는 조사하는 일이 없고 다음에 사상적으로 곤난한 경우(이재원의 경우 등)에 조사를 하는 일은 있으나 앞으로 실무자 회담에서 이를 더욱 완화하는 방향에서 고려할 방침임. 또 일반영주 허가에 관하여 이를 분명히 알아줄 것이 요망되며 소위 전후 입국자로서 협정 영주허가 신청을 하는 경우가 있는데 이 경우에 불허가 나는 것은 당연하나 곧 이어서 일반 영주 허가 신청을 하지 않는 경우가 대부분인 바, 앞으로는 이러한 사람은 조속 일반영주 허가를 신청하여 주기를 바람. 다음에 126해당자 중 결격사유가 있는 경우에 협정 영주 허가 신청을 못해도 일반영주 허가를 신청할수가 있는데 이를 하지 않고 오히려 126해당 자격의 "얼굴"을 하고 있으면 안심할 수 있다고 생각하는 경향들이 많은 것 같음. 이들을 구제할 길은 특재나 전후입국자에게 일반영주를 얻도록 지도하면 좋을 것으로 생각하며 그 수는 약 3,000내지 5,000명은 될 것으로 간주됨. □□□□로 가면 협정 영주허가 신청 기한을 연장하는 것이 불가피하게 될 것으로 생각하나 그 경우의 조총련 등 반대세력의 반응이 걱정됨.

3) □ 감찰위원장…법무대신 성명에, 토의적인 배려를 한다는 말은 결국 출입국 관리법에 의하는 경우를 의미하는 것이며 그렇게 되면 다른 외국인의 경우와 하등 다른 것이 없는 경우로 생각되며, 또 "다쓰미" 참사관이 말한 바와 같이 성명 혹은 사진이 상이한 호적 등본 등을 가지고 있기 때문에 126 해당이라는 '베일'로 가리고 우선 피신하고 있으며 이러한 사실이 탄로날 것이 대단히 두려운 것임. 이러한 인상을 감안하여 오히려 입관의 창구에서 협정 영주허가등을 신청하도록 권유함이 가하다

고 생각되며 나아가서 126 해당자에게는 거주력에 상관없이 협정 영주 허가를 줌이 가하다고 봄.

4) 윤 사무국장…조총련의 선전을 우리가 그대로 받아들이는 것은 결코 아니며, 126 해당자에게는 성명이나 사진 이외에도 거주력 때문에 문제가 되는 경우가 많으며 법안 33조에 의하여 재류 자격 변경을 할때는 준수 사항을 부가할 수 있는 것이므로 126 해당자라도 협정 영주허가 신청을 하여 어떠한 흠점이 발로되면 그 대로 126 해당에서 특별 재류 허가자로 전환된다고 생각되는데 ("다쓰미" 참사관이 그렇게 된다고 답변함) 이러한 점이 대단히 어려운 것이라고 생각됨. 다음에 행정 조사권에 있어서 126 해당자가 관계인이 되는 경우 인 바, 관계인이 되었다고 하여 부진술 등 벌칙을 적용받는 경우에 이 사람도 특별 재류 허가자로 전락할 우려성이 있는 것임. (관계인의 해석에 있어서 지면이 있는 사람, 용의자 등만으로도 안되고 "직접적인" 관계가 있는 경우에 만이 관계인이 된다는 것을 "다쓰미" 참사관이 행명함) 그리고 수용의 임시 해제의 경우에 긴급할 때에는 영장 없이 수용할 수 있다고 한 것이나, 법상 성명들을 말단기관에서 잘 이행하지 않는 것 등을 생각할 때 어떠한 확실한 보장을 주어야 된다고 생각함. 자유재량에 있어서도 현재까지 적용된 예를 보면 좁은 면으로 혜택을 입기 보다는 실제로 해를 받는 경우가 오히려 많은 것이었음. 또 126행다라도 해방 후 일시 귀국하고 돌아온 경우에 협정 영주권 신청을 할 수가 없으므로 동 영주권 신청 기간이 경과한 이후의 지위가 문제되는 것임

5) 신참사관…관계인의 경우를 고려하면 동 관계인이 만약 일본인 회사의 사장인 경우에 피고용인으로서의 한국인이 문제가 되어 동 관계인이 일본인 사장이 출두 기타 진술을 하여야 하는 등 번잡을 당하는 경우 한국인의 고용에 지장을 초래하는 예가 허다하다라고 생각하며, 제3자에 대한 증언 진술 요구를 할 수 있게 되어 있는데 아이가 밀입국□이와서 아버지가 제3자의 입장에서 진술하여야 할 때 헌법이나 형법상의 일반 원칙인 묵비권을 행사 못하도록 부정하는 것은 타당하다고 생각할 수 없는 것임

6) "다쓰미" 참사관…무엇 때문에 문서외 지시나 진술의 요구가 필요한가를 생각하면 스스로 이해가 될 것으로 알며, 예컨데 이제 기술 습득을 하기

위하여 입국하는 사람이라든지 새로이 입국하는 경우에만이 문제되므로 그렇게 우려할 것이 못되는 것으로 생각됨. 그리고 묵비권이라는 것은 정당한 이유가 있을 때 묵비라는 것을 인정하자는 것이고 그렇지 않은 경우까지 보호하자는 것은 아닌 것임.

7) "다끼가와" 차장…일반조사의 경우와 행정조사의 경우와는 구별하여 생각하는 것이 좋으리라고 생각됨.

8) 경고문…과거에 126 해당 신청을 하였을 때 이미 불확실하게 한 예가 허다하였으므로 오늘날 문제가 복잡하게 된 것은 오히려 당연한 것이며, 그 당시 일반 교포들을 대리하여 신청해주었던 책임감에서라도 오늘날 이러한 문제를 순조로히 해결해 주었으면 싶음. 외무성(오가사키) 외 국회 답변(빈곤자의 추방 제한)은 법률적인 효과까지는 없는 것이 아니냐 그리고 법상 성명도 성명에 그쳤지 오늘날 시행되고 있지 못한 것은 역시 불합리한 것임. 따라서 앞으로 특별 재류자가 증가될 것이 예견되므로 법상 성명들을 구체화하여 법률적으로 명기함이 좋을 것으로 생각함. 협정 영주 허가 신청 부진 원인 중의 하나로 예실할 수 있는 것은 영주 허가를 얻기 전에는 말썽이 없던 재입국 허가가 영주권을 얻은 후에 오히려 불리해진 것 (경미한 범죄등은 문제시함) 등 임.

9) 박 의장…출입국 법안 자체를 고차원적인 입장에서 즉, 자유진영을 보호하고 자유를 실리는 방향에서 조치하여 주기 바라며, 협정상에 귀속 거주의 범주에, 해방 직후의 일시 귀국이 왜 결격사유가 되는 지도 기본적으로 문제시 않을 수 없다고 생각함.

10) "다쓰미 참사관"…협정에서 "계속" 거주할 것이 규정되어 있으니 동 거주 사실이 절단된 자라는 것이 명확히 된 경우에는 부득이 하나 그렇지 않는 경우에 구태여 일일히 "이잡듯이"조사할 생각은 조금도 없는 것임.

11) 박 의장…일시 귀국이라는 것은 이곳에 계속 거주하면서 일시 여행하고 돌아왔다고 할 수 있는 것이며 이렇게 생각할 때 일시 귀국이 계속 거주의 결격사유가 된다고 하는 것은 비합리적인 것으로 보며 이러한 것은 입관법의 개정에서도 충분히 고려해줄 것을 바람. 그리고 첫째 126 해당자에게는 신청에 응해서 전부 협정 영주를 인정하고, 둘째 일반 영주권 신청도 그 요건에 너무 구애되지 말고 허가해주기 바람.

12) "다쓰미" 참사관…루차 말을 한 것이나, 거주□에 관하여 이를 꼬치 꼬

치 캘 생각은 조금도 없으며 지금까지의 실례로 보면 협정 영주권이 허가된 자가 11만명이 넘는데 불허가 된 사람은 불과 800명 정도 밖에 안되며 그 불허가 내용도 사실상 특별 재류 해당자가 협정 영주권을 신청하여 불허가 된 것으로서 이는 오히려 처음부터 불허가를 예견하고 신청한 것이니 담름 없다는 말로도 되는 것임(물론 전부가 그렇다는 것은 아님). 다음에 일반 영주허가 요건에 있어서 첫째 일본의 이익 운운한 것은 단적으로 말하여 조총련이냐 아니냐 하는데 판단의 기준을 둔다고 하여도 좋으며, 둘째로 독립의 생계 유지 운운에 관하여는 그 기준을 일본 정부로부터 생활보호만 받고 있지 않으면 되는 것으로 대단히 완화 해석을 하고 있으므로 과히 염려할 것은 없는 것으로 생각하며, 셋째 소행의 선량에 관하여는 예컨데 같은 교통법규 위반이라도 살상을 한 경우와 사소한 차량 손실, 주차 위반등을 한 경우와는 판이한 판단을 하며 1년형 정도의 전과등은 문제시를 하지 않는 방향으로 고려하고 있음.

13) 박 의장…해당자에게는 일반 영주권을 반드시 주어야 한다고 하는 법률을 특별히 제정할 의향이 있는지 알고 싶음.

14) "다쓰미" 참사관…이를 규정하는 것은 정치적인 배려나 법기술상 불가능함.

15) 박의장…일반 영주권을 신청하였다가 취하되는 경우가 많은데 이는 심사가 엄한 것이 아니냐 하는 생각이 들며, 특히 일반 영주 허가에 관하여는 출관법의 적용 제외를 하거나, 최대한으로 완화하여 대다수의 사람이 일반영주 허가를 받아 구제받을 수 있도록 조치하여 주기 바람.

16) 신 참사관…계속 거주 등등 용어상의 애매성을 없애기 위하여 이러한 용어에 관한 양해사항을 두면 좋을 것으로 생각됨.

17) "다쓰미" 참사관…이러한 것은 협정이나, 법안의 적당한 곳에 이미 그 해석 기준 등을 둔 경우가 대부분이므로 별도로 그러한 양해사항을 둘 필요는 없다고 생각함.

18) 단장…종전에도 실제운용면에서 실행되지 않은 예가 많았으므로 이를 확실히 보장하기 위하여 출입국 관리법 특별법에 규정해 주었으면 좋다고 생각함.

19) "다쓰미" 참사관…행정 조사권이라 하지만 밀입국 일반 조사에는 없는 것이고 재류자격에 관련되어서만 행사되는 것임. 거주 경력에 관하여는

운용면에서 충분한 고려를 할 것이고 일반법인 출관법에 특별한 경우만 제외 규정을 둘수는 없는 것이며, 어디까지나 행정운용을 신용하여 주기 바라고, 그러한 신용의 기초 위에서 앞으로 잘해 나가도록 희망함. 그리고 민단□에서 반대나 항의 운동을 할 때에 조총련계와 똑같은 표현을 하면 대단히 곤란한 것이며, 예컨데 "동화 - 추방" 운운하는 표현 등은 조총련에서 말하는 내용은 우리가 통상 의미하는 내용과는 전혀 다른 의미에서 사용하고 있는 것임. 오히려 당당하게 한국의 입장을 주장하면서 항의하는 것은 좋으나 조총련계와 동조하는 것은 같은 표현을 쓰면서 항의운동하는 것은 오직 조총련계만을 기쁘게 하는 것과 밖에 없는 것임.

20) 윤 사무국장···우리의 관점은 일본측에서 생각하는 것과 약간 다른 것이며, 협정 영주권 수속이 까다롭다, 조사가 엄하다는 등 제반 사례가 우리로 하여금 그러한 표현을 쓰게 하는 것이며, 동화냐 추방이냐 하는 용어도 실제로 그러한 예가 있기 때문인 것임.

21) "다쓰미" 참사관···귀화하는 경우 등은 인간 사회의 본질상 어쩔 수 없는 것으로 생각되는데 조총련계에서는 이를 절대 반대하고 있는 것임.

22) 단장···양국의 친선을 최대한으로 도모하면서 "자유"를 옹호하는 적극적인 자세를 가지고 운용면의 실제적인 고려는 물론이고 이를 법률화시켜서 충분한 보장을 하여주기 바람.

23) 다끼가와" 차장···서로 친선을 도모하며, 사이좋게 하여 나가는 이상 완전히 일본측을 신용하여 주기 바람.

24) 박 의장···동법안이 일반법이기는 하나 실제적용을 받는 사람의 90%는 한국인이기 때문에 상호 친선을 도모하는 뜻에서도 출입국 관리법 특별법 같은 곳에 일괄해서 보장 규정을 넣어주기를 바람.

25) "다끼가와" 차장···출입국 관리법 특별법은 협정에 의하여 특별히 제정된 것이므로 동법에 일괄 규정을 돕는 것은 불가능한 것임.

26) "다쓰미" 참사관···금년도에는 한 · 일 실무자 회담이 있을 것으로 알고 있는데 상호간에 충분히 의견을 부합시켜 성과를 올릴 생각이며, 구체적으로는 협정영주권의. 경우에는 결점을 눈감아주는 방향으로, 일반 영주권의 경우에는 신청요건을 완화시켜 주는 방향으로 해줄 작정이며, 기술적으로 볼 때 출관법과 결부시키서 요건 등을 완화시키는 것은 오

히려 역효과를 내어 법안 내지 규제조항 자체가 폐기될 가능성이 더 많은 것임. 반대 세력도 강하다는 것을 항상 염두에 두고 생각하여 주시기 바람.

27) 박 의장…근본적으로 상호 공통점이 있음을 발견한 것은 큰 진전으로 생각하나, 앞으로 첫째 126 해당자는 신청하면 무조건 협정 영주허가를 주도록 하며, 둘째 일반 영주허가도 신청하면 40%가 도로 취하된단느 점을 감안하여 이를 특별법에 넣지는 못하드라도 어떠한 형태를 취하든 요건을 완화하여 신청하면 100% 허가되도록 기술적으로 고려하여 주기 바람. 우리가 정치가에게 말을 하면 모두 이해하는 점을 실무자 수준에서도 총완성시킨다는 의미에서 충분히 노력하여 주기 바람.

28) "다끼가와" 차장…이러한 것은 법안 여부의 문제가 아니고 운용의 문제라고 생각함.

29) 이 사무총장…첫째 협정 영주권 신청 기간이 잔여 1년여 정도 남기고 이 기간에 결말이 나느냐가 문제인 바, 계속 거주력 문제와 외국인 등록 소지자 등에 대한 고려를 충분히 하면 협정 영주권 신청은 훨씬 만해질 것으로 생각하며, 둘째 일반 영주허가에 있어서도 일본 측에서 진정으로 호의적 배려를 하여 준다면 동 기한내에 좋은 결말이 날 것으로 기대함.

30) "다쓰미" 참사관…협정 영주 허가의 경우에 불허가 된 자의 수도 극히 적은 것이며, 가족 구성도 충분히 고려하여 특별재류를 인정하여 주고 있으며, 일반 영주 허가의 경우에 있어서도 전부는 못받고 있으나 평화 조약 이전에 온 사람으로서 특별히 나쁜 전과가 없는 이상 퇴거를 강제 당한 자는 현재까지 한 사람도 없으며, 최소한 특별 재류는 허가 받고 있는 것임. 일본이라는 나라는 좌. 우 라는 것을 명언하지 않고 묵묵히 하는 것이 오히려 효과적이며, 126 해당자는 100%는 허가 못될지라도 최소한 일부러 흠점을 도출시킬 생각은 조금도 없고, 일반 영주 허가에 있어서도 법안을 수용을 시키지 않고도 일반 영주를 얻을 수 있는 길도 열려 있는 것임. 법률 제정이라는 것은 기술적으로 어려운 점이 많은 것임.

31) 박 의장…협정 영주권을 신청하면 완전히 허가된다고 생각한 사람은 거의 다 이미 신청했다고 생각하며, 나머지는 무슨 흠이 있기에 이를 조

저하고 있는 것으로 생각하니 이를 구제할 필요가 많은 것임.

32) "다쓰미" 참사관…계속 거주력에 관하여 완화시키겠다는 등 말은 너무 공인하여 주지 않기를 바람.

33) 장 감찰 위원장…협정 영주권을 신청하여 호적상의 기재에 오기가 있는 경우이기는 하나 2년이 경과하여도 아직 아무런 통지가 없는 것은 무슨 이유인지 알수가 없음.

34) "다쓰미" 참사관…요건상에 흠점이 있는 것은 그때 그때 즉시 불허가 조치를 취하고 있으나 그렇지 않은 것은 좋은 뜻으로 보유하고 있는 것이므로 앞으로 생기는 유사한 '케이스'를 몰아 선처할 생각임.

35) 단장…결론적으로, "재일 한국인"만은 어떠한 일이 있드라도 □□□ 할 수 있도록 더욱 협조하여 주기 바람.

36) 산 참사관…귀중한 시간을 준데 대하여 감사하며, 영주 문제는 후에 □□□ 과제이며 또 협정 성부의 바로메타 라는 것을 잘 인식하여 더욱 협조 노력을 해주기 바람.

37) "다끼가와" 차장…앞으로도 언제든지 법무성측과의 회합을 대사관을 통하여 요청하여 오면 응할 응의가 있음. 끝.

일본 출입국 관리 법안

외무부 아주국

1. 입법취지
   현행 "포츠담" 정령을 법률화, 증가하는 국제교류, 상응하는 간소화, 불량 외국인 재류 관리 강화
2. 주요 개정점
   1) 단기 재류자의 자격 신설(90일간)
   2) 외국인 재류 관리
      가) "준수사항"의 부여
      나) 자격외 활동에 대한 중지명령 신설
      다) 출국 준비기간의 신설(60일간)

3) 해정 사무의 개정

　　가) 영주자에 대한 재입국 기간의 연장

　　나) 수용의 완화 및 기간의 단축 완화규정(45조 2항) 30일-20일로

　　다) 특별 상륙 및 재류의 출원

4) 정치 망명

　　"적당하지 않다고 인정하기에 족한 상당한 사정"

3. 재일 거류민단의 반대점

1) 초기의 반대사유

　　"준수사항"의 포괄적 적용, 영업허가 등 협의, 외국인의 숙박계

2) 현재의 문제점

　　가) "준수사항"으로 규제강화

　　나) 행정조사권의 강화로 인권 유린

　　다) 퇴거 강제사유의 확대, 간소화로 추방 강화

　　라) 벌칙의 세분화로 압박과 추방 기도

　　마) 법상의 "자유재량"으로 권익 여탈의 자유화

4. 문제점에 관한 법안 규정

1) "준수사항"(8조)

　　- 영주권자, 126(협정 영주권 신청) 제외

　　- 126의 □(4-1-16-2)는 정책적으로 제외

2) 퇴거 강제사유의 확대, 간소화

　　퇴거사유 - 현행령과 동일

　　간소화 - (현행)위반조사 - 심사, 구두심리- 이의 신립

　　　　　　(개정안)　 〃 　- 구두심사- 이의 신립

3) 행정 조사권의 강화

　　"사실 조사"(73조)를 신설

　　질문, 문서제시 거부, 허위진술-1만"엔"의 벌금

4) 상륙 거부 조항의 강화, 개정

　　가) (현행) 불법입국자 1년이내 상륙거부

　　　　(개정)　　 〃　　　 3년이내 상륙거부

　　나) (현행) 1년이내 형에 처벌된 자 - 영주거부

　　　　(개정)　　　　　　　〃　　　　 - 10년간 〃

5) 벌칙의 세분화

   가) 신설

      (1) 퇴거령 후 불퇴거- 3년이하, 20만"엔" 이하

      (2) 경비관의 질문 불응, 허위진술, 문서, 물건 제시 거부- 1만"엔" 이하

  나) 개정

   자격 외 활동- (현행) 3년 이하, 10만엔 이하

           (개정) 6개월 〃 , 5만엔 〃

5. 교섭 사항 중 반영된 점

  1) 영주권자의 재입국 기간 연장(2년까지)

  2) 일반 영주권의 확대

   전후 입국자 이외의 특재자에게 혜택

  3) 밀항 피의자의 입증 책임, 폐지

   현행령 46조

6. 당부의 입장

  1) 법적 지위협정 정신, 존중 (법 운영)

  2) 강제퇴거자의 송화선 심중 결정

  3) 조총련의 침투 유의(민단의 항의 데모)

日本出入國 管理 法案에 關한 "토킹 페이퍼"

1 在日 韓國人 社會의 不安感

  現在 日本國會에서 審議中에 있는 上記 法案에 關하여 在日外國人의 90% 以上을 占하는 韓國人社會는 不安이 여기고 本國政府에 陳情하고 있는 實情 이며 國內 言論界에서도 이를 問題視하고 있다.

2 問題되고 있는 点

  따라서 特히 問題點으로 提起되고 있는 아래에 關한 日本政府의 見解를 듣고 싶다.

  가. 尊守 事項

    1) 法案 第8條에 規定된 尊守 事項은 永住許可者, 126 號 該當者는 그 適用에서 除外된다는 바 그 根據

2) 126 號 該當者의 子, 特別在留許可者는 어떻게 되는 것인가.

나. 退去強制事由

1) 退去強制事由가 擴大되어 있다고 한다. 또한 退去手續이 簡素化되어 退去強制가 容易化되었다고 한다.

2) 이와 關聯하여 貧困者는 退去事由로 되어 있음. 韓國人의 경우 好意的 考慮가 이루어질 것을 希望한다.

다. 行政調査權의 強化

1) 從來의 「違反調査」外에 새로히 「事業의 調査」를 할 수 있도록 되어 있고 이에 따라 韓國人을 雇傭하는 企業, 韓國人이 進學하고 있는 學校, 또는 韓國人이 經營하는 事業體는 日本稅官當局에 報告 또는 調査를 받게 되어 雇傭, 進學 또는 事業의 길이 좁혀진다는 바, 「事業의 調査」에 關한 條項은 무엇을 뜻하는 것인가.

2) 또한 이와 關聯하여 日本의 權限 있는 官憲의 調査에 不應時에는 不陳述, 不提示로 罰金(1 萬円以下)刑에 處하는 것이 新設된 바, 이는 默否權을 否定한 것이라고 한다.

라. 上陸拒否

從來 不法入國으로 強制退去된 자는 1年 以內에는 上陸이 不許되었으나 法案에서는 3年으로 된 것은 苛酷하다고 하고 있다.

마. 行政訴訟

法安은 많은 權限을 出入國管理 當局에 附與하고 있어 行政訴訟의 길을 좁혔다고 하고 있다.

바. 假放免時의 保證金

從來 30滿円까지로 되어 있던 保證金이 100萬円까지 引上되어 이것도 過重하다고 하고 있다.

3. 法的地位 協定의 精神 尊守

日本內의 韓國人社會의 歷史的 背景을 考慮하여 日本 政府의 充分한 配慮가 要望된다.

出入國管理法安에 對한 日本關係當局則 說明 要旨
1969. 6. 26

1. 政府의 關心表明

　가. 法案 起草 段階에 있어서 政府는 이미 關心을 表明(法的地位□□第5條
　　　와 關聯하여 現行令의 改正은 協定上의 內容과 關聯됨)

　나. 在日韓國人 60 萬의 法的地位에 關聯되는 法案

2. 問題點에 對한 日本側 說明 要望

　(6.4. 中川 入管局長과 姜公使, 6.11. 瀧川辰巳 vs. 大使館 民團代表)

　가. 一般的으로 보아 在日韓國人에게 有利한 法安

　　　基本的으로 旣히 合法的으로 定着한 外國人에게는 影響이 없음, 새로히
　　　入國하는 外國人의 地位의 明確化

　나. 尊守 事項

　　1) 原則的으로 新規入國者에 對하여 賦課할 수 있으며

　　(가) 同日資格內의 入國目的 變更 禁止

　　　　(2-2-9는 興行을 爲한 資格인 바, 이 속에는 스포츠, 音樂, 演劇 等
　　　　여러가지가 있음)

　　(나) 日本人에게 旅行의 制限을 加하는 外國에 對한 相互主義에 依한 制
　　　　限을 加할 수 있는 餘地(쏘聯, 中共等 一部共産國의 경우)

　　(다) 政治活動의 禁止等 目的으로 設定

　　　　　(現在 이미 行하고 있음)

　　2) 이미 合法的으로 在留하고 있는 者의 경우

　　(가) 126號 該當者의 子의 在留其間 延長時

　　(나) 特別在留許可者의 在留其間 延長時, 各々 該當된다고 解釋할 수 있
　　　　으나 日本政府는 126 號의 子에 同事項을 附加할 方針을 갖고 있지
　　　　않음을 國會 答辯에서 名言 豫定. 國會 附帶 決誠 受諾 用意.
　　　　　特在者는 그 本來의 趣旨로 보아 尊守 事項을 附加할 意義가 없으
　　　　므로 在日 韓人의 경우 附加치 않을 方針

　　3) 永住者, 126號 該當者는 除外規定 있음. (附則16, 17條, 14-15條)

　다. 退去强制의 擴大, 簡素化

　　1) 退去事由

　　　　現行令과 同一, 貧困者(生活保護對象與否)는 退去의 事由로 現行令
　　　　에도 되어 있으나 在日韓國人에게는 不適用(外務省 岡崎氏 答辯), 精
　　　　神病者, 患者의 경우도 全與.

2) 簡素化 問題

　　가) 不必要 段階를 省略(審査)

　　나) 特別在留의 出願制를 新設, 不必要한 경우 異議 申立을 省略

라. 行政調査權의 强化

　　가) 違反調査(既存38條)와는 別途의 □□의 調査(73條)=行政調査

　　나) 行政調査는 在留 資格과 關聯하여서만 行使됨. (在留資格外活動, 준수사항 위반)

　　다) 不法入國의 調査는 行政調査가 아님. (違反調査)

　　라) 質問, 文書 또는 物件의 提示에 限定

　　　　(默秘權은 正當한 理由가 있을 때 認定되며 그렇지 않을 경우까지 保護하는 것은 아님)

　　마) 永州者는 資格外活動 없음(126號도 同一) 特在者는 實際的 適用 없음(理由 上述한 바와 同一)

마. 司法救濟

　　1) 異議申立. 特別在留의 出願 新說

　　2) 行政 訴訟(特在를 擧訴)-60件, 主로 朝總聯係

　　3) 在日韓國人(民團系)은 司法的救濟 以前에 特在로 解決. 70%가 許可.

바. 法務大臣의 自由裁量

　　1) 現行과 大同小異

　　2) 救濟的 方向에 裁量

　　3) 否定的인 方向-日本의 公安, 利益 條項 尊守事項 附加 等 特別한 경우.

사. 收容의 一時解除 (現行令上의 假放免)

　　1) 保證金 引上-17年前의 30萬円과 현재와의 物價 上昇 考慮

　　2) 現行令은 必要的 收容 制度. 따라서 卽日受容. 卽日 假放免의 形式을 取함.

　　3) 法案은 逃走의 염려가 없을 경우, 其他 少年犯, 婦女子 etc의 경우는 不收容

　　4) 職權에 依한 不收容 可能. 保證金 없이도 一時 解制可能. (申請, 職權 □□共□)

日本의 出入國管理法에 關한 國會答辯

1. 政府의 關心表明

가. 起草段階부터 法的地位協定 第5 條의 規定(協定에 規正된 外는 日法令
   에 依함)과 關聯, 我側의 關心 表明

나. 我側의 措置 경위

   1) 68.11.의 第2次 法的地位 實務者 會議에서 言及

   2) 外交經路를 通하여 계속 說意 關心을 表明

   3) 外務部長官과 愛知 外相과의 會談(69.6.11.)에서 關心 表明

   4) 69.6.27 亞洲局長 등으로 하여금 駐韓日大使館을 通하여 政府의 關心
      의 所在를 밝히고 日側에 反映될 것을 要請

2. 法案 趣旨

가. 1951年 制定된 現行政令의 現實化(出入國者의 增加)를 期하기 爲한 簡
   素化

나. 短期在留(現行 60日-90日)로의 容易化를 期하기 爲한 資格 新設

다. 外國人 在留 管理의 合理化
   尊守事項, 在留 資格外 活動에 對한 中止命令, 出國準備期間(60日間)의
   新設

라. 行政事務의 改正
   永住者의 在入國許可期間의 延長, 收容의 緩和, 期間 短縮, 特別在留,
   上陸의 出願 制度 新設

3. 問題에 關한 規定

가. 尊守事項 (法案 第8條)

   1) 新規의 上陸者에 原則的으로 附加

   2) 在日韓國人(僑胞)에 對한 適用與否

      가) 協定 永住權者 및 一般永住權者 (約12萬名)

      나) 法律 126 號 該當者(約43萬名)
         法案附則 14-15, 16-17□로 □□ 制外

      다) 126號 該當者의 子(上記 43萬□□)

      라) 特別在留許可者(2,657名)
         政策上 除外

나. 强制退去 事由의 擴大, 簡素化

　　　　1) 退去事由의 擴大 與否

　　　　　　가) 退去事由는 現行令과 同一

　　　　　　나) 貧困者, 精神病者, 疾患者의 경우

　　　　　　　　(在日 韓國의 경우, 現在까지 없음)

　　　　2) 退去 手續의 簡素化

　　　　　　節次에 있어서 簡素化되어 있으나 「特別在留許可의 出願」을 新設

　　　　　　하므로서 現實化하고 있음.

　　다. 行政調査權의 擴大(法案73條)

　　　　1) 「權限에 □하는 事項의 處理」를 통하여 「필요할 때」에는 「事項의 調

　　　　　　査」를 行할 수 있다고 함.

　　　　　　日本側은 國會答辯에서 同調査를 在留資格과 關聯하여서만 行使한

　　　　　　다고 함.

　　　　2) 日本이나 我側은 同調査가 擴大될 수도 있다는 憂慮를 表明하고 있

　　　　　　으며 在日韓國人의 權益에 制約이 加하져 지지 않도록 要請

　　　　3) 特히 이 調査와 關聯하여 不陳述, 文書, 物件의 提示拒否時 日貨 1

　　　　　　萬円의 罰金을 課할 수 있음은 默否權을 否定할 憂慮있음을 表明

　　　　　　(日側은 國會答辯에서 正當한 理由가 있으면 默否權은 保護된다고

　　　　　　解明)

4. 我側의 交渉 內容이 反映된 点과 改正点

　　가. 永住權者의 再入國期限의 延長

　　　　(現行 1年이 2年으로)

　　나. 一般永住權의 範圍 擴大

　　　　(戰后入國者-1945~1952 入國者를 指稱-에 限定된 同永住權이 在留歷5

　　　　年以上者로 擴大)

　　다. 收容의 一時解除의 緩和

　　　　從來의 必然的 解除의 緩和

　　　　(職權에 依한 解除其間의 短縮)

　　　　但 保證金은 30萬円에서 □○○萬円으로 引上, 17 年前 現行令制定時와

　　　　　　의 物價上昇 理由)

　　라. 不法入國被疑者의 立證責任 廢止

5. 政府 立場

　　가. 協定의 精神의 尊守를 期함

　　나. 現法案中 行政調査 및 이에 따른 罰則을 問題視(日側 說明과 같이 制限
　　　될 것과 正當한 黙否權의 保障)

24. 외무부 공문(착식전보)—민단의 민중대회 개최 보고

외무부
번호 SIW-0605
일시 250940
수신일시 69.6.25. 11:25
발신 시모노세끼 영사
수신 장관

　　사본: 주일대사
　　민단 야마구치 지방 본부는 아래와 같이 민중대회를 개최하였음을 보고함.
　　목적: 출입국 관리 법안에 대한 반대
　　재일 한국인의 법적 지위 요구 관철 및 조련계 학교 인가 저지
　　가: 일시: 69. 6.24.
　　나: 장소: 야마구치 시
　　다: 동원된 인원: 약 2,500명(구아 정보)

25. 면담기록—출입국관리법안 문제

면담기록
일시: 1969.6.26. 09:30-10:10
장소: 아주 국장실

면담자: 한국측…김 아주국장, 공 교민과장(배석)

　　　　일본측…"마에다" 참사관

제목: 출입국 관리법안 문제

　　"마에다" 참사관에게 요지 아래와 같이 말함

　1 김국장은 "최근 국내 신문에 재일 한인의 출입국 반대 데모 기사가 자주 보
　　　도됨에 따라 해설 기사 및 사설을 통하여 일본의 출입국 관리 법안에 관한
　　　문제가 크게 취급되고 있으며 일반 국민의 관심이 많다. 이러한 보도와 해
　　　설 가운데에는 일부 오해도 있어, 그러한 오해는 시정되어야 할 것으로 생
　　　각되며, 한편 거론되고 있는 문제점에 대하여서는, 그간 주일대사관을 통
　　　하여 일본 당국의 설명도 듣고 있다. 그러나, 오늘 특히, 초치한 것은 이러
　　　한 사태의 진전에 대한 한국 정부의 관심을 표명함과 동시에, 문제점에 대
　　　한 일본 정부의 설명, 또는 해명을 듣고저 한 것"이라고 함.

　2 이에 대하여 "마에다" 참사관은 주한 일본 대사관은 상금, 동 법안의 주요
　　　개정점, 입안취지, 특히 재일 한국인과 새로히 입국할 한국인이 어떠한 영
　　　향을 받는 것인지에 대하여 듣고 있지 않다고 전제하고, 따라서 오늘은 우
　　　선 한국측 입장을 듣고, 이를 본국 정부에 보고 하기로 대사와도 상의되어
　　　있다고 말하였음.

　　　그러나, 동 법안에 관하여서는 일본의 21일자 "요미우리" 및 24일자의 "아
　　　사히" 신문에 정부측을 대변하여 "사이고" 법상, 반대측을 대표하여 사회당
　　　의 "가메다"씨의 논의가 게재된 바 있어, 신문을 통하여 알고 있다고 함.

　3. 김 국장은 이 문제가 일본의 국내 문제이나, 재일 한국인의 문제와 관련된
　　　다는 견지에서 국내 신문에서도 크게 취급하고 있는 것으로 아는데 정부로
　　　서도, 특히 동 법안이 협상보다 불리하게 된다고 비판되고 있음에 비추어
　　　관심을 표명하지 않을 수 없다고 아측 입장을 피력함.

　4. "마에다" 참사관은 이와 같은 한국 정부의 관심의 소재에 대하여서는, 6.29
　　　(일) 아세아 공관장회의 참석차 귀일하는 "가네야마" 대사가 직접 관계 대
　　　신을 만나 한국측 입장을 전달할 것이며, 한국측 입장에 도움이 될 수 있을
　　　것으로 본다고 함. 한국 신문에 독소조항이라고 지적되어 등골이 오싹한 바,
　　　기실 이러한 독소 조항 중의 하나인 준수 사항에 대하여서, 법무 대신은 국
　　　회 제안 설명에서 재일 한국인에게는 적용되지 않음을 분명히 밝히고 있는

것으로 알고 있으며, 반대 비판 속에는 일본 내 좌익 계열의 Demagogue 가 상당히 있는 것으로 본다고 하였음.

5 김국장은 현재의 여건으로 보아 이 법안이 성립되드라도 결과적으로 유리한 것보다는 불리한 것이 많다는 인상을 일반에게 줄 것으로 본다고 하고, 구체적으로 비판되고 있는 사항을 아래와 같이 지적하였음.

　가. 즉 준수사항은 결과적으로 재일 한국인의 생활을 구속 또는 제약할 것으로 일반적으로 보고 있다고 하고, 특히 126호 해당자의 자녀와 특별 재류 허가자는 어떻게 되는지 문제로서 제기되고 있다.

　나. 퇴거 강제가 간소화되어 있는 바, 이는 퇴거를 신속화(expedite)하기 위한 것이며, 또한 사유도 확대되었다고 한다.

　다. 행정 조사권이 확대되었고, 특히 질문에 대한 불응, 문서 제시의 거부, 허위 진술은 벌금형이 부과되는 바, 이는 일본 헌법에 보장되어 있는 묵비권을 인정치 않는 것이 아닌가고 한다.

　라. 사법 구제의 길이 좁혀졌다고 하며,

　마. 종전에 1년이던 상륙 거부 조항이 3년으로 확대되어 있다.

　일반론으로서 법률이라는 것은 현상보다 좋아지지 않는 한 저항이 있는 법이며, 한국측으로서는 이러한 면을 일본 정부가 고려하여 재일 한국인이 저항을 느끼지 않도록 조치하여 주기 바란다고 하였음. 그리고 실질적인 내용이 저항이 있을 수 없는 것이며, 그러한 면을 계몽해서 저항이 없는 방향으로 개선하거나 조치되기 바라며, 그렇지 않는 한 문제가 남을 것으로 본다고 함.

　특히, 이와 관련하여 국내 신문이 이 문제를 크게 취급하고 있는데 유의하여 주기 바란다고 부언하였음.

6. "마에다" 참사관은 위의 내용을 본국 정부에 보고하여, 한국측의 관심의 소재에 관하여서는 이곳에서, 또는 동경에서 적절히 해명되도록 하겠다고 함. 끝.

26. 외무부 공문(발신전보)—주한 일본 대사관 초치 및 동향 전달

외무부
번호 WJA-06306
일시 261840
발신 장관
수신 주일대사

    1 금 26일 09:30 아주국장은 주한 일본 대사관 "마에다" 참사관을 초치하여 재일 한국인이 출입국 관리법안에 대하여, 강한 저항을 보이고 있을 뿐만 아니라 국내 신문이 논설, 해설 기사 등을 통하여 재일 교포에 불리한 것이라고 비판하고 있는 점을 지적하고, 재일 한국인에 대하여 불리한 조항은 시정되기 바란다는 입장을 표명하였음.
    2 이에 대하여 "마에다" 참사관은 문제시되고 있는 점에 대한 한국 정부의 관심을 본국 정부에 전달하여 반영되도록 할 것이며, 본국으로부터 회답이 있는 대로 문제점에 대한 일측 입장 표시 또는 해명을 하겠다고 하였음.
    3 상기와 관련하여 최근 2,3일간 국내 신문에 특파원 기사를 계기로 해설 기사, 사설 등에서 동 법안이 취급되어 국내의 관심이 높아지고 있음을 참고로 알립니다.

27. 외무부 공문(착신전보)—주일대사 입수 노트 확인 요청 및 기타

외무부
번호
일시
수신일시 1969.6.27. 12:16
발신 주일 신정섭
수신 김정태 국장

참조: 공□명 교민 과장

1 당지에서 입수된 미확인 정보에 의하면 본부에서 일 출입국 관리 법안에 관련된 노트를 주한 일대사에게 수교하였다고 하는 바 이에 강한 진부 및 동 내용을 조속 회시하여 주시기 바라오며

2 영주권 신청 촉진을 위한 간행물(제1집) 원고는 현재 결재 중에 있음을 우선 보고함(일영 아교)

28. 외무부 공문(발신전보)–주일대사 입수 노트 확인 요청에 대한 답변

외무부
번호
일시
발신 아주국장 김정태
수신 주일대사관 신정섭 참사관

노-트를 수교한바 없고, WJA-06306호의 내용과 같이 국장이 "마에다" 참사관을 초치하여 구두로 관심 표명하였음.

29. 외무부 공문(착신전보)–일본 출입국관리법 국회상정에 대한 정부의 공식 견해 요청

외무부
번호 JAW-06408
일시 281355
수신일시 1969.6.29. 5:47
발신 주일대사
수신 장관

연: 일영(1) 2232, 2256

1 연호 보고의 견해(첨부된 "일본 출입국 관리법안의 국회 상정과 문제점" 4항) 에 따라서 당관은 동 법안에 대하여 주재국 관계요로에 관심을 표명하거나 문제점에 관하여 시정을 촉구하여 왔으나, 앞으로의 대일 교섭, 대교민 시책 등에 대비코자 하오니 동 법안에 대한 정부의 공식 견해를 회시하여 주시기 바라며

2 본부에서는 물론 당관은 전기와 같이 구두 혹은 면담 등을 통하여 일본 정부 관계 당국 또는 외교 경로를 통하여 관심표명, 시정촉구 등을 하여 왔으나 본부에서 외교 경로를 통하여 문서로서 아측의 견해를 전달하여 둠이 좋을 것으로 사료됨.

3 현재로서는 동 법안은 반드시 이번 국회 회기 내에 통과될 전망이 밝은 것만은 아닌 것으로 보는 편도 있음을 참고로 보고함(아교)

30. 외무부 공문(착신전보)–민단 단식 투쟁 중지 보고

외무부
번호 JAW-06418
일시 301055
수신일시 1969.6.30. 11:06
발신 주일대사
수신 장관

연: JAW -06381
연호 민단의 단식 투쟁은 상금도 계속되고 있으나 명7.1 일 1700-1800 사이에 종료될 예정이라 함을 보고함. (아교)

31. 외무부 공문(착신전보)–민단 단식 투쟁 미중지 보고

외무부

번호 JAW-07035
일시 031032
수신일시 1969.7.03. 10:57
발신 주일대사
수신 장관

    연 JAW-06381, 06418
    1 연호 입관법 반대 단식 투쟁은 예정 종료일 7.1에도 해산하지 않고 계속하고
    있는 바 민단 3 기관장을 비롯하여 간부진이 단식을 종료할 것을 종용한바 있
    으나 이에 응하지 않고 있으며
    2 이에 대하여 민단에서도 금일11시부터 민단관동지구 협의회를 개최하여 금
    일중으로 철수시키기 위한 대책을 논의하기로 되어 있음.
    3 동□간에 대하여 추후 통보 위계임 (아교)

32. 외무부 공문(착신전보)-민단 단식 투쟁 상황 보고

외무부
번호 JAW-07063
일시 041725
수신일시 1969.7.04. 17:48
발신 주일대사
수신 장관

    연 JAW- 06381, 06418, 07035
    1 연호 입관 법안 반대 단식 투쟁은 상금도 해산하지 않고 계속되고 있는 바
    어제 개최된 관동 지방 협의회에서도 결론을 보지 못하고 오히려 일부 단식 투
    쟁 지지세력은 (주로 □지 간담화파) 동 단식 투쟁을 이용하여 사태를 더욱 악
    화시킬 염려도 있음을 우선 보고함.
    2 동 사태 진전사항을 계속 예의 관찰 보고위계임(아교).

33. 주일대사관 공문－일본 출입국 관리 법안에 대한 자료 송부

주일대사관
번호 일영(1)725.2-2365
일시 1969.6.30.
발신 주일대사
수신 장관
참조 아주국장
제목 일본 출입국 관리 법안에 대한 자료 송부

　　　연: 일영(1)725.2-2232
　　일본의 출입국 관리 법안에 관하여 일본 법무성 당국에서 민단 중앙본부
　앞으로 보낸 해명서를 별첨과 같이 송부하오니 집무에 참고하여 주시기 바랍
　니다.
　　첨부: 일본 출입국 관리 법안에 관하여 1부. 끝.

주일대사

34. 외무부 공문－일본 출입국 관리법안에 대한 자료 전달

외무부
번호 아교725
일시 1969.7.5.
발신 외무무 장관
수신 법무부 장관
제목 일본 출입국 관리법안에 대한 자료

　　　일본의 출입국 관리법안에 관하여 일본 법무성 당국에서 민단 중앙본부 앞
　으로 보내온 해명서를 별첨과 같이 송부하오니 참고하시기 바랍니다.

후첨: "일본 출입국 관리 법안에 관하여" 3부. 끝.

외무부 장관

35. 외무부 공문(착신전보)–민단 단식투쟁 성황 보고

외무부
번호 JAW-07134
일시 091145
수신일시 1969.7.9. 13:12
발신 주일대사
수신 장관

연: JAW-07095
소위 단식 투쟁을 수습하기 위하여 작8일 오후1시 (처음에는 오전11시 예정)부터 오후6시까지 중앙집행위원회가 개최되었으며 동 회의에서는 민단 중앙본부의 위신을 생각하여서라도 동 단식을 종료하여야 한 것이라고 결정을 보았으며 특히 김재숙 한청 위원장은 본 단식 사태가 그 구성원이 주로 한청원이며 일부 불순세력에 의하여 이용당하는 결과 밖에 되지 않는 것이라고 극력 주장하여 주목을 끌었음.
한편 민단 동경 본부에서도 관하 각지부 3기관장 역원과 사무부장급 연석회의가 작8일 오후4시(처음 예정은 오후3시부터 중앙집행위원회의 결과를 보고 시작할 예정이었음)부터 오후6시까지 개최되어 역시 동 단식 사태에 관하여 논의하였는 바 민단 중앙본부의 강력한 방침과 주위의 여론을 참작하여 일응 소위 단식투쟁을 종료시키기로 합의를 보았으며 그 대신 7.15일 까지 대대적인 민중대회를 개최키로 하고 이를 위하여 금 9일 오후 1시부터 관동지방 협의회를 소집하여 일본 출입국관리법안 반대운동 경과보고와 금후의 방침을 논의키로 결의하였다고 함. 따라서 단식 투쟁단은 금 9일 1500-1530 시경 해산할 예정이라고 함. (아교)

36. 외무부 공문(착신전보)–민단 단식투쟁 해산 보고

외무부
번호 JAW-07156
일시 101040
수신일시 1969.7.10. 11:20
발신 주일대사
수신 장관

　　연: JAW-7134
　　소위 단식 투쟁은 예정데로 작9일 1700시에 해산하였으며 1시부터 개최된 관
동지방 협의회에서는 가까운 시일내에 민중대회를 개최키로 중앙본부에 건의
키로 결정하고 종료하였음(일영1-아교)

37. 자민당 측 출입국관리법안 수정안

　　7월 11일, 일 법무성측(다끼가와 차장)에서 확인된 바에 의하면 현재 국회
에서 심의중인 "출입국 관리법안"에 관하여 일 자민당 측에서 수정안을 제시
채택될 가능성이 있음.

수정안
1. 가. 전전부터 계속 거주자(한국인, 대만인)에 관하여는 라병환자, 마약 중독
　　자, 빈곤자, 방랑자, 기타 생활보호가 필요한 자는 당분간 그 이유만으로 강
　　제퇴거 당하지 않을 것을 부칙 15조에 명시
　　나. 전전부터 계속 거주자의 자녀에게도 상기의 이유만으로 강제퇴거 당하
　　지 않을 것을 명기
2. 평화조약 발효후에 출생한 전전부터 계속 거주자의 자녀에 대하여도 준수
　　사항을 부가할 수 없는 것을 명문화
3. 불진술, 불제시 죄의 벌칙 삭제

4. 이의 신립 기간을 3일간에서 7일간으로 연장

5. 가방면 보증금을 100만원에서 50만원으로 감액

6. 가상륙할 때에 부가 보증금을 50만원에서 30만원으로 감액

38. 외무부 공문(착신전보)– 출입국관리법안 수정안 보고

외무부

번호 JAW-07178

일시 111335

발신 주일대사

수신 장관

금 11일 일 법무성측(다끼가와 차장)에서 확인된 바에 의하면 현재 일 중의원 법무 위원회에서 심의중인 출입국 관리법안에 관하여 자민당측에서 일부 수정 안이 법무성 측에 제시되어 검토중에 있으나 대체로 이를 채택될 가능성도 있다고 하며 동 수정내용은 다음과 같음을 보고함.

1 전전부터 계속 일본에 재류하고 있는 한국인, 대만인(소위 126-2-6 해당자)에 관하여는 라병환자, 마약중독자, 빈곤자 방랑자 기타 생활보호가 필요한 자(법안37조10,11,12항 참조)는 당분간 그 이유만으로서 퇴거 강제당하지 않을 것을 동 법안 부칙 15조에 명시하고, 아울러 126-2-6 해당자의 자녀(소위 4-1-16-2 해당자)도 상기의 이유만으로는 당분간 퇴거 강제당하지 않을 것을 명시함.

2 전전부터 계속 일본에 체류하고 있는 한국인, 대만인(126 해당자)뿐이 아니고(현 법안에는 협정 영주권자, 일반 영주권자 및 126 해당자 만으로 한정하고 있음) 평화조약 발효 후에 출생한 그들의 자녀(4-1-16-2 해당자)에 대하여도 당분간 "준수사항"(동법안8조)을 부가할 수 없는 것으로 명문화함.

3 현 법안의 소위 불진술적, 불정시죄(동 법안 89조2,3항)의 벌칙을 삭제함.

4 퇴거강제를 당하게 되어 이의 신립을 하여 특별 재류허가를 출원하는 기간을 현 법안 3일에서 7일간으로 연장함. (동 법안 58조2항 참조)

5 수용의 일시 해제(현재의 소위 가방면)의 경우에는 적립하는 보증금의 액수를 현 법안에 100만원으로 되어 있는 것을 50만원으로 감액함. (동 법안 53조5항 참조)

6 가 상륙을 허가할 때에 부가할 수 있는 보증금의 액수를 현 법안에 50만원으로 되어 있는 것을 30만원으로 감액함. (일영1-아교)

39. 공람– 출입국관리법안 수정안 회부 예정 및 관련 사항

공람

1 다끼가와 차장의 피력

    가. 자민당의 수정안을 7.15. 중의원 법무 위원회에서 통과시켜 본회의에 회부, 8.5 국회 회기 만료까지 참의원에서도 통과시킬 예정

    나. 참의원 법무 위원장이 공명당 출신이므로 통과가 약간 의문시됨

2 주한 일본 대사관에 문서로서 아측 입장을 전달함이 효과적임

3 수정안은 공람 1과 동일

40. 외무부 공문(착신 전보)–자민당 확정 수정안 입수 보고

외무부

번호 JAW-07181

일시 111650

수신일시 1969.7.11. 22:17

발신 주일대사

수신 장관

    연: JAW-06408, 07091, 07178

1 일본 법무성으로부터 비공식적으로 일출입국 관리 법안에 관한 자민당의 확

정된 수정안을 입수하였기에 그 내용을 다음과 같이 보고하며 동안에 대하여 자민당은 내주 화요일(7.15)에 있을 중의원 법무위원회에서 가능하면 통과시키도록 하고 그 익일 중의원 본회의에 회부할 생각이라고 하며 나아가서 동 법안을 국회 회기가 만료하는 8.5일까지 참의원에서도 통과시킬 예정이라고 하나 동 참의원 법무 위원장이 공명당 출신이며 공명당에서는 동 법안에 대하여 비판적으로 자민당 계획대로 통과시킬 수 있을지 여부는 약간 의문시된다는 비공식 견해를 "다끼가와" 차장이 피력하였음을 아울러 보고함.

2 연호로 보고한 바 있는 주한 일본 대사관에서 일측의 입장과 견해를 본부에 해명하여 오는 경우에는 즉시 동 내용을 업무 참고상 회시하여 주시기 바라며 동 해명이 만약 문서에 의하여 표시토록 하게 하기 위하여서도 연호로 건의한 바와 같이 본부에서 아측의 견해를 문서로서 일측에 전달하여 두는 것이 더욱 효과적일 것으로 생각함.

3 동법안 수정안 내용은 다음과 같으며 그 내용은 연호 전문과 동일함.

제14조 제4항중 "50만원"을 "30만원"으로 개정하는 것.

제53조 제5항중 "100만원"을 "50만원"으로 개정하는 것.

제58조 제2항 중 "3일"을 "7일"로 개정하고

제8항 중 "100만원"을 "50만원"으로 개정하는 것.

제60조 제3항 중 "3일"을 "7일"로 개정하는 것.

제89조 제3호를 삭제하는 것.

부칙에 제15조 제3항 중 "전조의 규정에 의한 개정 후의 법률 제126호 제2조 제6항에 해당하는 자의 자로서 법율 제126호의 시행의 일 이후 본방에서 출생한 자"를 "전항에 규정한 자"로 개정하고 동항을 동조 제5항으로 하며 동조 제2항의 다음에 다음 2항을 추가하는 것.

3 제1항에 규정하는 자에 관하여는 당분간 신법 제37조에 제10호에서 제12호까지의 규정을 적용하지 않음.

4 전조의 규정에 의한 개정후의 법율 제126호 제3조 제6항에 해당하는지의 자로서 법율 제126호의 시행의 일 이후 본방에서 출생한 자에 관하여는 당분간 신법 제8조 제2항(신법 제33조에 있어서 준용하는 경우를 포함함) 및 선법 제37조 제10호에서 제1호까지의 규정을 적용하지 않음. (아교)

41. 협조전 —진정서 처리 의뢰

협조전
번호 기획125-510
일시 1969.7.12.
발신 기획관리실
수신 동북아 과장
제목 진정서 처리 의뢰

1 별첨 진정서에 대하여 즉시 조회하시고 그 결과를 진정인에게 확인하는 동시에 당실로 회보하여 주시기 바랍니다.

2 유의사항:

※ 대비민 125.4-3896 으로 이송한 것임.

첨부: 진정서(접수번호 20753호) 1부. 끝

기획관리실 민원 처리 담당관

박 대통령에게 보내는 멧세지

경애하는 박 대통령 각하

오늘 우리 재일 대한민국 거류민단 근기 지방 대표 1만 5천명은 이곳 대판 □지로 공회당에 집결하여 일본 정부의 비우호, 비 인도적인 출입국 관리 법안에 대하여 이를 반대하는, 그기지방 민중 대회를 개최하고, 본 대회의 이름으로 대통령 각하에게 삼가 멧세지를 드리는 바입니다.

경애하는 대통령 각하

한일 양국의 국교가 정상화됨에 따라, 재일 한국인의 법적지위 대우에 관한 협정에 의거하여 우리의 영주권 신청이 개시된지 이미 3년여의 기간이 경과되었습니다. 그러나 영주권 신청은 일본 정부의 협정 심사에 있어서의 우리에 대한 비우호, 비 인도적인 처사로 말미암아 아직 겨우 10여만명에 불과하고, 우리의 법적지위 문제는 이제야 중대한 단계에 이르렀습니다. 마침 이때에 있어서 일본 정부는 설상 가상식으로 다시 재일 외국인의 약 90%를 점하고 있는 우리를 대상으로 하여 부당한 출입국 관리법안을 국회에 상정하고 있습니다.

　　경애하는 대통령 각하

각하께서는 이미 우리의 법적지위 문제에 관하여 일본 정부에 대한 강력한 외교 교섭을 지시하였고, 커다란 관심을 가지고 계심을 우리는 잘 알고 있습니다. 우리는 대통령 각하의 그와 같은 강력한 옹호를 받아 앞으로 일본에 있어서의 우리의 생활권 확보를 위하여 우선은 이 출입국 관리법안을 철회시키고 계속하여 우리의 응당한 법적지위를 쟁취할 때까지 재일 동포회 총력을 결집하므로 강경한 투쟁을 전개할 것을 이에 다짐하는 바입니다.

끝으로 대통령 각하의 건승을 빌며 앞으로 우리의 투쟁에 대하여 절대적인 옹호를 하여 주시기를 바라마지 않는 바입니다.

서기 1969년 6월 16일
재일본 대한민국 거류민단
출입국 관리 법안 반대 근기지방 민중대회
회장단 대판 지방단장 김진근
경도 지방단장 이상권
병고 지방단장 최영성
내랑 지방단장 이태옥
자가 지방단장 권녕호
화가산 지방단장 신길수

42. 외무부 보고사항-일본 출입국 관리법안 대통령 보고

外務部 報告事項
일시 1969. 7. 16.
발신 외무부
受信 大統領閣下
題目 일본출입국관리법안

다음과 같이 報告 합니다.

1969.7.2일 일본 출입국 관리 법안 반대 재일 거류민단 대회와 1969.7.16
일 오오사카 지방대회에서 요지 다음과 같이 대통령 각하에 멧세지를 보내왔
습니다.

다음

1. 동 멧세지의 요지

일본 정부의 재류 외국인 관리를 목적으로 국회에 제출한 출입국 관리 법안
은 그 내용에 있어서 90%를 점하고 있는 재일 한국인의 생활을 압박하며,
추방하려는 의도로 일관되어 있으므로 동 법안이 철회될 때까지 계속 재일
반대 투쟁을 전개할 것이라고 하고 아래의 문제점을 제기하고 있음.

가. "준수사항"은 재일 한국인에 대한 규제를 강화하고 있음.

나. "행정 조사권"의 강화로 인권 유린을 기도하고 있음.

다. 퇴거 강제사유를 확대 또는 간소화하여 재일 교포의 추방을 강화하고
있음.

라. 법무 대신의 "자유 재량"을 확대시켜 재일 한국인의 권익 여탈을 자유롭
게 하고 있음.

2. 당부의 조치

가. 강 주일 공사는 1969.6.4. 일본 "나까가와" 입관 국장을 방문하여, 동 법
안에 대한 민단의 입장 내지 불만을 설명하였고, 일본측의 해명을 요구
한 바 있음.

나. 1969.6.11. 민단 간부로 하여금, 일 법무성의 설명을 청취시켰음.

다. 김정태 아주국장은 1969.6.26. 주한 일본 대사관 "마에다" 참사관을 초
치, 동 법안에 대한 재일 한국인의 의구심을 지적하고 이에 대한 정부의
관심을 표명하면서, 일본 정부의 해명과 필요시에는 적절한 시정 조치
가 취하여 질 것을 해명요구 하였음.

3. 동 법안에 관한 최근 동향

자민당 측에서는 7.11. 다음과 같이 수정안을 제출하였음.

가. 준수사항

종래 적용에서 제외되어 있던 영주허가자 및 협정 영주 허가 신청 유자
격자(법률 126호 해당자)외에 상기126호 해당자의 자로 부칙에서 제외
될 것을 명기함.

나. 강제퇴거 사유

상기 126호 해당자 및 그 자녀들은 당분간 라병환자, 마약중독자, 빈곤자, 방랑자, 기타 생활 보호를 필요로 한 자라는 사유로 퇴거되지 않음을 부칙에서 명문으로 규정함.

(현재도 정책적으로 퇴거시키지 않고 있음)

다. 불진술, 불제시 죄에 대한 벌칙 철회

묵비권을 침해한다는 비난을 받고, 또한 낭부가 시성을 요구하였던 일본 입관 관헌의 조사에 대한 불진술, 문서, 물건의 불제시에 대한 벌칙 (벌금 1만원 이하)을 삭제하였음.

라. 기타 아래와 같은 수정이 있음.

1) 위반 재결에 대한 이의 신립기간을 3일에서 7일간으로 연장(현행도 3일간)

2) 가방면 보증금 100만원을 30만원으로 (현행 30만원)

3) 가상륙 허가시 보증금을 50만원에서 30만원으로

4. 전망

일본 자민당은 상기 수정안을 8.5. 금번 일본 국회 기간 만료일까지 통과시킬 예정이라고 함.

43. 외무부 공문(착신전보)−한국관계 신문기사 보도

외무부(재타자본)

번호 FRW-0749

일시 171200

발신 주불대사 1969.7.12. 8:03

수신 장관

　　사본: 청와대 공보비서관, 중앙정보부장

한국관계 신문기사 보도

당지 16일자 르몽드지는 일본의회에서 심의중인 외국인 통제법안 및 재일한국인 및 화교들에 관한 동경 특파원 ALAIN BOUC의 기사를 보도하였음. 일본은 한국 및 중국 국적 외국인 통제를 강화하고자 한다라는 장문의 동 기사를 아래와 같이 요약 보고함. 기송부한 16일자 르몽드 본문참조 바람.

기사내용

외국인 통제법안 철폐라는 공동구호를 내걸고 재일 외국인의 90%를 차지한 한국인과 상당수의 중국인들은 상호 적대적인 민단계와 조총련계 및 중공계와 국민당계로 분열되어 별도의 집회 및 시위를 갖고 동 법안 철폐투쟁을 전개하고 있다. 이 한,화 외국인들은 반공, 친공, 중립의 세가지로 구별되나 일본 잔류 희망과 정치적 문화적 면에서의 최소한도의 권리 부여를 공동 목표로 하고 있다. 동 법안은 외국인을 취재, 수색하는 일본 경찰의 권력을 강화하고 그 절차를 간소화하며 외국인들이 시위 집회등을 할 수 없도록 교정하고 있다. 바로 이점에 소수 외국인들의 현재의 불안이 있는 것이다.

재일 한국인들은 대부분 금세기 전반기 일본의 식민 정책으로 일본에 들어왔으며 특히 양차 대전 중 노동력으로서 조직적인 강제이민을 당한 것이며 그 일부는 한국의 취업문제등 어려운 경제상태로 말미암아 밀입국하였다. 약 60만 한국인 중 반 이상이 북괴 여권을 소지하고 있다. 즉 1960년에는 616,000인 중 445,000인이 현재는 580,000인 중 320,000인이 북괴 여권을 소지하고 있는 바 본국(전 한국)에서는 북괴가 한반도 인구 전체의 30% 밖에는 포용하지 못하고 있다.

친한 조직인 민단은 8내지 9만인을 포용하고 있으며 17개의 학교를 유지하고 있다(학생수 1,500명)이에 반하여 북괴의 강력한 물질적인 지원을 받고 있는 조총련은 23만여의 한국인을 포용하고 있으며 1개의 대학을 포함하여 135개의 학교(학생수 44,000명)를 관리하고 있다. 또한 조총련은 한국내에 북괴 파괴 공작을 조직 또는 지원하는 중개자의 역할을 하고 있다. 북괴는 취업, 주택, 아동 교육 등 여러가지 약속과 보장을 조건으로 1959~1961년 기간에 7만5천 입북희망자를 집단적으로 입북시켰는바 이는 공산국가 역사상 유례없는 일이었다. 물론, 이들이 북한에 도착할 때 북한을 천국이라고는 보지 않았겠지만 북송문제는 한국에 많은 문제를 야기시켰다. 이승만 전 대통령의 잘못을 인식한 박정희 장군 정부는 조총련에 큰 영향을 주지는 못하였지만 민단을 중요시하였다. 일본 정부는 사회당, 공산당 제휴하에 당선된 동경시장이 조선대학을 승인하였음을 일본 이익에 반하는 처사였다고 비난하였다. 이미 20만 한국인은 일본에서의 영주권문제, 자녀들의 모국어 상실문제 등 제반 어려운 문제를 피하기 위하여 일본인으로 귀화하였다. 민단이나 조총련계 학교에 다니지 않은 어린이나 젊은이는 한국말을 할 줄 모른다. 조국을 상실한 장래가 없는 상황하에서 또 과거 식민지인에 대한 일인들의 전통적인 종족주의 영향하에서 한국인 젊은이들은 허무주의 경향을 띄고 있으며 일본 범죄자 중에서 많은 자리를 차시하고 있다. 단식 투쟁 등 여러가지 수위를 하고 있는 한국인들은 일본에서의 잔류가능성, 의사표시의 자유, 외국에서 살 권리를 부여하여 주도록 요구하고 있다. 이것은 이주자들의 기본권리이다. (구주, 정보, 아주)

44. 외무부 공문(착신전보)–법안 통과 상황 보고

외무부
번호 JAW-07314
일시 230906
수신일시 1969.7.23. 12:40
발신 주일대사
수신 장관

1. 금 22일 일 중의원 법무위원회가 연려 입관법안 심의가 재개 되었으나 야당(사회당) 측의 대정부질의로 일관히였으며 다음 범무위원회는 오는 22일 29일 8.1일에 속개될 예정이라고함.
2. 9.1 동위원회에 회의에서는 동법안에 대한 공청회를 가질 예정이라고 함.
3. 상기 심의 예정을 보건데 금번 회기(8. 5 만료) 중으로 동법안의 통과 가망은 거의 없다고 판단되며 차기 회기에 계속 심의안건으로 이관될 가능성이 건의 결정적으로 보임.
상기 판단에 대하여는 일법무성 입관국 다키가와 차장도 동일한 견해를 취하고 있음을 아울러 보고함(아교 일영)

45. 외무부 공문(발신전보)—출입국관리와 실태 최신판 발간 현황 및 기타 보고 요청

외무부
번호 WJA-07308
일시 291450
발신 장관
수신 주일대사

다음에 관하여, 명 30일까지 보고 바람.
  1. "출입국 관리와 그 실태" (법무성 입 과국 편)의 최신판을 금년에 발간한다
     고 들은 바, 그 여부.
  2. 67. 68년도의 한국인 귀화자 수
  3. 69년 4. 5. 6.월의 일반영주 허가 상황. (아교).

46. 외무부 보고사항—일본 출입국 관리 법안에 관한 문제

번호 外13750號
일시 1969.7.30.
발표 외무부장관
수신 大統領閣下, 국무총리각하
제목 일본 출입국 관리 법안에 관한 문제

다음과 같이 보고 합니다.
  1. 일본 정부가 1969.3.14. 일본 국회에 제출한 출입국관리 법안은 현재 일본
     중의원에서 심의 중에 있는 바, 동 법안에 대하여, 재일 거류민 사회에서는
     일반적으로 반대하고 있으며, 그들의 반대 의사를 대통령 각하에게 호소하
     는 진정을 하여온 바 있읍니다.
  2. 이러한 교포 사회의 반대는, 법안 자체에 대한 오해와 일본 정부에 대한 불
     신에 연유한다는 사정이 있으며, 또한 민단 조직 내부의 정치적 동기에서
     이 문제가 다루어지고 있는 경향도 있으므로, 이에 대한 당부의 견해와 그

간의 조치를 별첨과 같이 보고 합니다.
첨부: 일본 출입국 관리 법안에 관한 문제점.

외무부 장관

첨부 – 일본 출입국관리 법안에 관한 문제점

일본 출입국관리 법안에 관한 문제점

1. 법안 개정과 그간의 경위
    가. 일본 정부는 2. 3년 전부터 현행 출입국 관리령이 제정된지18년이나 되어, 현 실정에 부합하지 않으므로, 이를 개정하려는 움직임을 보여왔음.
    나. 당부 및 주일대사관은 기회 있을 때마다, 동 개정의 움직임에 대하여 관심을 일측에 조명하면서, 특히 교포 자녀들의 외국 유학을 위하여 현행의 재입국 허가 기간 1년을 연장할 수 있도록 하고, 또한 재일 교포가 현행령상 불법 입국의 혐의를 받았을 때, 거증의 책임을 지도록 되어 있는 점 등을 시정하도록 요청하였으며, 일측은 법 개정시 고려 할 것을 확약(1967년 양례사항)한 바 있었음.
2. 개정의 내용
    가. 국회에 제출된 법안 골자
        일본 국회에 제출된 출입국관리법안은 입국 절차를 간소화하는 반면, 입국후의 재류 관리를 합리화(즉 강화)를 가하려는 생각에서 다음과 같은 점을 골자로 하고 있음.
        1) 단기 재류(현60일을 90일로) 의 용이화를 위한 자격의 신설
        2) 재류 관리를 위하여 준수사항, 자격의 활동에 대한 중지 명령의 신설
        3) 기타 현행령의 개정
            가) 재입국 허가 기간의 연장(1년에서 2년으로)
            나) 위반 시 혐의자에 대한 거증 책임 철회
            다) 수용의 완화(현행의 필연적 수용으로부터 재량권 인정)

라) 불법 입국자 (주로 밀항)에게 특별 재류 (상륙) 허가 출원 제도의 신설

나. 법무성 현안

   1) 상기와 같은 법률안은, 법무성이 마련한 원안과는 차이가 있는 바, 동 현안에는 아래와 같은 조항이 포함되어 있었음.

      가) 외국인이 숙박계 제도의 신설

      나) 외국인이 영업 허가를 출원하며는 관계 대신은 법무대신과 협의한다.

      다) 영업소에의 출입 조사권의 신설

   2) 위와 같은 조항은, 법무성 현안이 차관회의에서 논의될 때에 주로 외무성의 반대로 삭제되었는 바, 68년말에 일부 신문에 의하여, 그 내용이 보도된 바 있어, 교포 사회가 반발하는 하나의 원인이 되기도 하였음.

3. 민단의 반대 사유와 일본 정부의 해명

   공산국가 국민의 입국 규제강화를 기하고 있다하여(준수 사항을 가르킴) 반대하는 일본 내의 친공 세력(조총련 포함)과는 별도로 재일 거류민단도, 동 법안에 대하여 반대 입장을 취하고, 6. 16 및 19에는 관서 및 관동 지방 대회를 개최하여 별첨과 같은 대통령 각하 앞으로 된 멧세지를 채택, 송부하였고, 가□ 대표와 일부 교포의 단식 투쟁을 벌인바 있음.

   동 반대 사유와 이에 대한 일본측의 해명 요지는 다음과 같음.

   가. 준수 사항에 대하여:

      민단은 동 사항을 재일 한국인에 대한 규제를 강화하는 것으로 보고 반대하고 있음. 일본측은 이미 일본에 거주하고 있는 재일 한국인은 동 적용에서 제외된다고 설명하고 있음.

   나. 강제퇴거 사유의 확대 및 간소화에 대하여:

      민단은 현 법안이 강제퇴거 사유를 확대하여 빈곤자를 추방하려고 하며, 강제퇴거 절차를 간소화 하므로서 추방을 용이화하는 것이라 하여 반대하고 있음. 일본측은 법안의 퇴거 사유는, 현행령과 동일하며, 현재까지 재일 한국인의 경우, 빈곤자, 정신병자, 나환자라는 사유로서 퇴거시킨바 없다고 해명하고 있음.

   다. 행정 조사권의 확대에 대하여:

행정 조사권 및 그에 따르는 법칙(불진술, 문서 및 문건의 불제시, 허위 진술에 대하여 일화 1만원의 벌금)을 신설함으로서, 재일 한국인의 인권(일본 헌법상의 묵비권)을 유린하려 한다고 민단은 지적하고 있음. 일측은 행정 조사는 현재도 하고 있으며, 동 조사는 재류 자격에 관련하여서만 행사된다고 해명하고 있음.

라. 법무 대신의 자유 재량권 확대에 대하여:

법무 대신의 자유 재량권을 확대 하므로서, 재일 한국인 권익의 여탈을 자유롭게 하고 있다고 민단은 지적하고 있음. 일본측은 자유 재량권은 당사자를 구제하기 위한 것이 많으며, 당사자에게 불리하다고 할 수 있는 "일본의 이익, 공안"에 관한 사항 및 준수 사항의 부가는 최소한도 민단계 한국인에게는 영향이 없다고 해명하고 있음.

4. 당부의 조치 및 그후의 진전 상황

가. 주일대사관의 양측 입장 조정 노력

69.6.4. 주일대사관(강공사)은, 일 법무성 당국에 민단의 입장과 불만을 일측에 설명하고, 한국 정부의 관심을 표명한 바, 일측은 민단에 대한 해명의 기회를 마련하여 줄 것을 요청하였으므로, 6.11. 민단 중앙 간부(이회원 단장, 박근세 의장 등)와 법무성 입국관리 당국자가 상호 대화하는 자리를 마련한 바 있고, 민단측도 법안 내용과 동 운영에 관한 일측의 해명에 대하여 이해를 보인 바 있었음. 그러나, 민단 내에 반대 운동의 이면에는, 지난 3월의 민단 중앙본부 단장 선거에 근소한 표차로 패배한 유지 간담회 세력이 입관법 반대의 강경론을 주장하여, 민단원 다수의 지지를 받고 나아가서는, 현 집행부에 대한 불신임 사태를 초래케 하려고 의도한 사정이 있었으므로, 민단 내의 과격론을 무마, 납득시키지 못하였음.

나. 당부와 관심 표명

당부는 6.26. 아주국장으로 하여금, 주한 일본 대사관 당국자를 조치하여, 재일 한국인 사회의 불만과 불안을 설명하고, 문제시되는 조항에 대하여는 수정조치하거나, 필요한 해명을 하도록 요청하였음.

다. 일본 자민당의 수정안 제출과 동 내용

일본 자민당은, 동 법안에 관한 제반 사정을 감안하여, 수정안을 7.22. 제출하였으며, 다음의 내용을 수정하고 있음.

1) 준수 사항의 부가

영주권 취득자, 영주권 신청 유자격자뿐만 아니라, 이들의 자녀에 대한 적용의 제외를 부칙에서 명문으로 규정함.

2) 강제퇴거 사유에 대한 예외

가히 정책적으로 시행하지 않고 있는 빈곤자, 나환자, 마약 중독자, 방랑자의 강제퇴거를 계속해서 실시하지 않을 것을 명론으로 규정함.

3) 불진술, 불제시 죄의 벌칙 삭제

행정 조사에 따르는 상기 벌칙을 삭제함.

4) 기타

이의 신립 기간 3일간을 7일로, 가방면 보증금 100만원을 50만원으로, 가상륙 보증금 50만원을 30만원으로 수정함.

라. 수정안에 대한 민단 입장

상기 자민당이 수정안은, 재일 한국인에 관한한 종래 독소 조항이라고 지적된 부분은 삭제또는 완화하고 있으나, 민단은 법안의 완전 폐기를 주장하고 있음.

5. 법안에 관한 전망

동 법안은 상금, 중의원 법무 위원회에서 심의 중에 있으며, 8.1. 공청회를 가질 예정인 것으로 보아, 8.5.까지의 금 회기 중의 통과는 어려울 것이며, 차기 회의에 심의 안건으로 이관될 것으로 보여지고 있음.

6. 당부의 종합 견해

당부로서는 (가)출입국 관리 법안에 대한 수정안에 제출되어 교포 사회에서 지적하는 독소 조항이 제거 또는 완화되었으며, (나)민단의 반대 태도에는, 현 민단 집행부를 파괴하고, 좌파 세력의 확장을 도모하려는 불순한 저의가 작용하고 있으며, (다)일측의 법률 개정 이유에는 좌익계 외국인과 신규 밀 입국자에 대하여 규제를 강화하려는 의도가 있으며, (라)개정 법률안에는 현상보다 유리한 조항이 포함되어 있으며, (마)원칙적으로 볼 때에 이 문제 는 일본의 국내 입법이라는 점을 고려하여, 민단을 두둔하는 입장을 정부가 취하지 않는 것이 좋다고 생각함.

첨부: 1. 이회원 단장의 멧세지

2. 김진근 당장(오오사카)의 멧세지. 끝.

첨부-박대통령에게 보내는 멧세지

박대통령에게 보내는 멧세지

　　존경하는 박 대통령 각하

오늘 우리 재일본 대한민국 거류민단 전국 대표 약 5천명은, 이곳 동경 문경 공화딩에 집결하여, 일본 정부의 비우호, 비인도적인 출입국 관리 법안에 대하여 이를 반대하는 중앙민중 대회를 개최하고, 본 대회 이름으로 대통령 각하에게 멧세지를 보내는 바입니다.

　　경애하는 대통령 각하

한. 일 양국간의 국교가 정상화됨에 따라, 재일 한국인의 법적지위 및 대우에 관한 협정에 의거하여 우리의 영주권 신청이 개시되어 이미 3년여의 기간이 경과되고 있읍니다. 그러나, 영주권 신청은 일본 정부의 협정 실시에 있어서의 우리에 대한 비우호적, 비인도적인 처사로 말미암아, 아직 10여만명에 불과하고 우리의 법적지위 문제는 중대한 단계에 이르러 있읍니다. 이때에 있어서 일본 정부는 설상가상식으로 다시 재일 한국인의 9할을 점하는 우리를 대상으로 하여 부당한 출입국관리법안을 국회에 상정하고 있읍니다.

이는 그 내용에 있어서, 재일 한국인의 생활을 극히 압박하며, 대부분의 동포를 추방하려는 의도로 일관되어 있다는 철저한 배외적인 것입니다.

　　경애하는 박 대통령 각하

각하께서는 이미 우리의 법적지위 문제에 관하여 일본 정부에 대한 강력한 교섭을 지시하시었고, 계속하여 우리의 생활권 옹호에 커다란 관심을 가지고 계심을 우리는 잘 알고 있읍니다.

우리는 대통령 각하의 그와같은 강력한 옹호를 받아 앞으로 일본에 있어서의 우리의 생활권을 확보를 위하여 우선은 이 출입국 관리법안을 철회시키고 계속하여 우리의 응당한 법적지위를 쟁취할때까지, 재일 동포의 총력을 결집하므로 강경한 투쟁을 전개할 것을 이에 다짐하는 바입니다.

　　끝으로 대통령 각하의 건승을 기원하오며, 앞으로 우리 투쟁에 대하여 절대적인 옹호를 하여 주시기 바라는 바입니다.

1969.6.2.

재일본 대한민국 거류민단

출입국관리 법안 반대 중앙 민중 대회

회장단 이희원

박근세

장총명

정재준

김재숙

김신삼

박대통령 각하

첨부-박대통령에게 보내는 멧세지

박 대통령에게 보내는 멧세지

경애하는 박 대통령 각하

오늘 우리 재일본 대한민국 거류민단 전국 대표 약 1만5천명은, 이곳 대판 중지도 공회당에 집결하여, 일본 정부의 비우호, 비인도적인 출입국 관리 법안에 대하여 이를 반대하는 중앙민중 대회를 개최하고, 본 대회의 이름으로 대통령 각하에게 멧세지를 보내는 바입니다.

경애하는 대통령 각하

한. 일 양국간의 국교가 정상화됨에 따라, 재일 한국인의 법적지위 및 대우에 관한 협정에 의거하여 우리의 영주권 신청이 개시되어 이미 3년유여의 기간이 경과 되었읍니다. 그러나, 영주권 신청은 일본 정부의 협정 실시에 있어서의 우리에 대한 비우호적, 비인도적인 처사로 말미암아, 아직 겨우 10여만명에 불과하고, 우리의 법적지위 문제는 중대한 단계에 이르렀읍니다. 마침, 이때에 있어서 일본 정부는 설상가상식으로 다시 재일 외국인의 약 90%를 점하고 있는 우리를 대상으로 하여 부당한 출입국관리법안을 국회에 상정하고 있읍니다.

경애하는 대통령 각하

각하께서는 이미 우리의 법적지위 문제에 관하여 일본 정부에 대한 강력한 외교 교섭을 지시하시었고, 커다란 관심을 가지고 계심을 우리는 잘알고 있읍니다. 우리는 대통령 각하의 그와같은 강력한 옹호를 받아 앞으로 일본에 있어서의 우리의 생활권을 확보를 위하여 우선은 이 출입국 관리법안을 철회 시키고 계속하여 우리의 응당한 법적지위를 쟁취할때까지 재일 동포의 총력을 결집하므로 강경한 투쟁을 전개할 것을 이에 다짐하는 바입니다.

끝으로 대통령 각하의 건승을 빌며, 앞으로 우리 투쟁에 대하여 절대적인 옹호를 하여 주시기 바라마지 않는 바입니다.

서기1969년6월16일

재일본 대한민국 거류민단

출입국관리 법안 반대 근기지방 민중대회

회장단 대판 지방단장 김진근

경도　　　〃　　　이상권

병고　　　〃　　　최영성

내량　　　〃　　　이래옥

자가　　　〃　　　권녕호

화가산　　〃　　　신길수

47. 외무부 공문(착신전보)—출입국 관리 법안 폐기 보고

외무부

번호 JAW-08074

일시 051714

수신일시 69.8.5. 18:53

발신 주일대사

수신 장관

연: JAW-07314

연호로 보고한 중의원 법무위원회 심의중의 입관 법안을 금 8.5. 자로 금번 국회회가 종료함에 따라 동 법안은 폐안키로 정식 선언하였음. (아교)

② 일본의 출입국관리법 개정에 따른 재일본국민 문제, 1971

기능명칭: 일본의 출입국관리법 개정에 따른 재일국민 문제, 1971

분류번호: 791.23, 1971

등록번호: 4736

생산과: 교민과

생산연도: 1971

필름번호: P-0009

파일번호: 07

프레임 번호: 0001-0040

1. 외무부 공문(착신전보)—출입국 관리법 제출 관련

외무부
번호 JAW-01285
일시 211730
수신시간 71.1.21. 21:09
발신 주일대사
수신 장관
참조 영사국장

일본 법무성은 69년도의 통상국회에서 폐안되고 작70년도의 특별 국회에 제출
코저 하였으나, 재출체되지 않았던 "출입국 관리법" 안에 관하여, 금기 국회에
제출할 방향으로 전번의 법안내용을 전면적으로 재검토를 하여 신법안의 골자
를 작 20일에 개최된 자민당 "정조, 법무부회"에 설명하였다고 함. 그러나, 동
법안의 금기 국회에의 제출여부는 결론을 짓지 못하고 자민당 내에서도 "일중
관계"의 배려로서 신중론이 많아 최종적인 판단은 정부, 자민당 수뇌에 일임될
것으로 보고 있으나, 동 법안의 제출이 결정되면 야당 측의 대결법안의 제출등
으로 일대 논난이 있을 것으로 보고 있음을 우선 보고함.
(일영1-외민)

2. 외무부 공문(발신전보)—출입국 관리법안 관련 보고 지시

외무부
번호 WJA-01205
일시 221430
발신 장관
수신 주일대사

　　대: JAW-0338

오는 3월 개최되는 일 예산국회에 출입국 관리법안의 상정 가능 여부와 동 법안에 대한 일 관계당국의 동향 및 법안내용의 변동 추이를 조사보고 바람.(외민)

3. 외무부 공문(발신전보)—출입국 관리법안 입수 지시

외무부
번호 WJA-02276
일시 231100
발신 장관
수신 주일대사

대: JAW-01285
지난 1.20. 일 자민당 "정조, 법무부회"에서 설명되었다는 "출입국 관리법"안을 가능한 한 구득 송부 바라며, 동 법안의 금후 추이를 조사 보고 바람. (외민)

4. 요지—日本出入國管理 法案에 關한 駐日大使의 報告

題目: 日本出入國管理 法案에 關한 駐日大使의 報告
1. ○舊法案中 "遵守事項" 條項을 削除
   ○今國會 會期通過는 難望
2. 法案의 要綱
   가. 活動의 指定(活動種類, 場所, 機關)
               ("遵守事項"의 代案으로 생각됨)
   나. 指定外活動의 許可
   다. 中止命令
   라. 特別在留許可

마. 通報(補償金削除)

바. 自費退去와 送還(執行開始日부터 7日)

사. 送還國(入國前의 居住國 등)

아. 刑罰

3. 法案의 追後送付

一般 및 協定永住權者는 除外되어있음.

5. 외무부 공문(착신전보)―출입국 관리법안 중요 요강 송부

외무부

번호 JAW-03089

일시 101205

수신시간 1971.3.10. 15:55

발신 주일대사 대리

수신 장관

사본 이호 주일대사

1. 일 법무성은 69년도의 국회 심의과정에서 야당의 반대에 의하여 지연되어 나오다가 회기만료로 폐안되었고, 70년도에도 국회에 재제출이 촉진되다가 결과적으로는 제출에 이르지 못한 구 법안 중 문제의 준수 사항 등을 삭제하여 수정된 출입국 관리법안의 요강을 정리하여 작 9일 자민당 법무부회에 설명하여, 양승을 득하였다고 하며, 동 법안은 자민당 총무회를 경유, 오는 16일의 각의 결정을 거쳐 국회에 제출될 것이라고 하나, 국회 심의 일정의 과다 및 야당의 반대도 강할 뿐 더러 자민당 내에서도 심중론이 있으므로 금기 국회에서의 성립은 어려울 것으로 보고 있음.

2. 전기 법안의 요강 중 중요한 사항은 아래와 같음.

가. 활동의 지정:

교수, 상용활동자, 유학생, 기술연구생, 흥행활동자, 숙련 특수노동자 및 특정 재류자에 대하여는 상륙허가를 할 시 재류자격을 결정하는 바, 그때 필요하다고 인정되면 그 재류자격의 점위내에서 활동의 종류 또는 장소, 기관 등을 지정할 수가 있다.

　　나. 지정의 활동의 허가:

　　　　활동의 종류 또는 장소, 기관등의 지정을 받은 자는 지정된 종류, 장소 이외에서의 활동을 하고저 할 때는 법무 대신의 허가를 받아야 한다.

　　다. 중지 명령:

　　　　(1) 지방 입국관리관서의 장은 허가를 득하지 않고 자격의 활동을 한 외국인, 또는 활동의 지정을 받고 있는데 그 지정에 위반된 활동을 한 외국인 에 대하여 당해 행위를 중지하도록 또는 동종의 행위를 반복하지 않도록 명할 수 있다.

　　　　(2) 일본국의 기관에 있어서 결정한 정책의 실시에 반대하는 공개의 집 회, 집단시위운동의 주최, 또는 지도, 또는 상기 정책 실시에 반대하도록 공중 에 대하여 선동하는 연설, 문서 도화의 배포 등 일정의 정치 활동을 한 외국인 (영주자, 협정영주자 및 법율 126호 2조 6항 해당자는 재외)에 대하여 당해행 위를 중지, 또는 동종행위를 반복하지 않도록 명할 수 있다. 지방 입국관리관 서의 장이 차명령을 하고저 할 때는 법무대신의 승인을 받지 않으면 안된다.

　　　　(3) 정당한 이유 없이 상당기간 그 행하여야 할 재류 활동등을 하고 있 지 않는 외국인에 대하여는 당해 활동을 하도록 명할 수가 있다.

　　라. 특별 재류 허가

　　　　법무대신은 퇴거 강제사유에 해당하는 외국인에 대하여 그자를 재류 시킬 상당한 사유가 있을 때는 재류자격, 재류기간을 정하여 특별 재류를 허가 할 수가 있다.

　　마. 통보:

　　　　나라 또는 지방공공단체의 직원은 용의자를 알 때는 통보하지 않으면 않된다 (일반인의 통보와 이에 대하여는 보상금은 삭제됨)

　　바. 자비퇴거와 송환:

　　　　퇴거를 강재당하는 자는 퇴거강재의 집행이 개시된 날로부터 7일을 경 과되는 날까지 자비로서 퇴거하는 것을 희망할 때는 자비퇴거를 할 수 있다.

　　사. 송환국:

　　　　국비 송환을 할 때의 송환국은 본국을 원칙으로 하나, 본국으로 송환 할 수가 없을 때 또는 송환하는 것이 타당하지 않다고 인정되는 상당한 사정이 있을 때는 입국전에 거주하고 있던 나라, 또는 기타 나라에 송환한다. 송환국의 결정에 있어서는 가능한한 본인의 희망을 존중한다.

    아. 형벌:

        불법 입국자, 불법 상륙자, 가상류중의 도망자, 퇴거 명령 위반자, 재류자격 미취득자, 불법 잔류자, 불법 출국자, 피수용자로서 도주한자, 중지명령 등에 위반한자, 증언 거부자, 여권 등 불휴대자등에 대하여 형벌을 가한다.

3. 전기 출입국 판린법안 및 요강은 일측 즉시, 송부 하겠음.

(일영-외민)

6. 요지-일본출입국 관리법안에 관한 경향신문기사(71.3.11자)의 해명

    趣旨: 日本出入國管理法案에 關한 京鄕新聞記事(71.3.11자)의 解明

    1. 政治活動 規制 對象者

        法律126-2-6 該當者만 對象

        協定 및 一般 永住權者는 除外

        ※記事에는 上記 三者가 모두 對象이 되는 것으로 報導되었음.

    2. 法律126-2-6 該當者의 處遇

        가) 一般永住權 許可 申請 規定을 挿入코저 함.

        나) 野黨의 反撥이 甚하고, 또 16日의 閣議에서도 論難이 있어 通過는 難望 視됨.

7. 외무부 공문(착신전보)-법안 수정과 통과 가능성 보고

외무부
번호 JAW-03115
일시 111640
수신시간 71.3.11. 17:42

발신 주일대사
수신 장관

연: JAW-03089

　　1. 법무성 관계 당국에서 확인한 바에 의하면 자민당 법무부회는 작 10일에 전일 양승한 "출입국관리 법안"을 재검토한 결과 정치활동을 규제하기 위하여 새롭게 설정한 중지 명령 제도를 "전전부터 계속 거주하고 있는 한국인, 대만인 및 강화조약 발효 전에 출생한 그들의 자녀(법률 126호 2조 6항 해당자)에도 이를 적용할 수 있도록 법안요강을 수정하였다고 함. (협정 영주권, 일반 영주권 취득자가 제외됨은 연호 전문 보고 그대로임)

　　2. 이 수정은 자민당 강경파에 의하여 취해진 것이며 전기 해당자에게는 일반 영주 허가신청의 규정을 삽입하게 하였으나 이는 신청단계에서 일정부의 의도에 부합되지 않은 자에 대하여는 허가를 부여하지 않을 수도 있을 것이므로 야당의 반발은 한층 더 강해질 것으로 보며 래16일에 있을 각의에서도 동 법안 제출의 통과가 어려운 처지에 있는 것으로 보여짐.

(일영, 외민)

8. 신문자료

1971.3.11 경향신문 永住權 취득자에도 適用

永住權僑胞활동큰打擊

217

1971.3.12. 동아일보 日 政治活動규제「中止命令制」신설

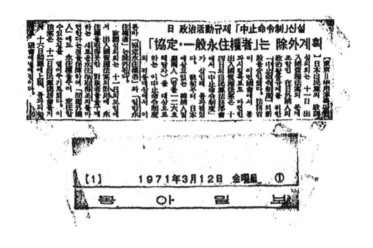

9. 외무부 공문(착신전보)—수정 법안의 당내조정 보고

외무부
번호 JAW-03147
일시 131250
수신시간 71.3.14. 9:12
발신 주일대사
수신 장관

　　연: JAW-03115
　　자민당은 12일 총무회의 출입국 관리법안 협의에서 정조심의회가 "재일 외국

인의 정치 활동을 규제하기 위하여 새로 설정한 중지명령 제도를 전정부터 일본에 거주하는 한국인, 대만인(법률126호 해당자) 에게도 적용" 하는 법무성 원안을 수정한데 대하여 이론이 있어 당내 조정을 위하여, 16일에 있는 총무회에서 결정하도록 하였다 함.(일영 1- 외민)

10. 요지-日本의 出入國管理法案의 審議 經過

趣旨: 日本의 出入國管理法案의 審議 經過

1. 自民黨 總務會와 閣議에서 國會에 提出키로 諒承(16日)
   ※法律126號 該當者에게 政治活動中止命令適用

2. 法律126號 該當者의 救濟措置로서, 一般永住權 取得을 配慮

3. 國會에는 오는 四月末頃 上程이 豫想됨.

4. 同法案등은 追後送付

11. 외무부 공문(착신전보)-수정법안 현황 보고

외무부
종별 긴급
번호 JAW-03194
일시 171355
수신시간 71.3.17. 15:54
발신 주일대사 대리
수신 장관

연: JAW-03147

1. 자민당 총무회는 "출입국 관리 법안"의 심의에서 작16일 동당 정조 심의회의 수정대로 정치활동의 규제를 강화하는 내용으로서 국회에 제출할 것을

양승(전전부터 일본에 거주하는 한국인, 대만인 등 법률 126호 해당자에도 정치활동에 대한 중지 명령조항을 적용) 16일 각의에서 양승되었으며 국회에 제출하기로 하였다고 함.

2. 금번의 수정내용은 특정외국인(법률 제120호 해당되는 자)에 대한 정치활동 규제를 강화한 것으로서 따라서 사회당 등 야당측의 반발이 강해질 것으로 보이며 다만 이들을 구제하기 위한 조치로서 일반 영주권 취득을 가능한한 인정하도록 배려하기로 하였다 함.

3. 동법안은 18일 국회 대책위에서 국회 상정시기를 결정할 것이라 하며 현재로는 4월말경에 상정할 것으로 예상된다 함.

4. 동 법안 및 관계 자료는 다음 파우치 편에 송부 위계임. (일여야외민)

12. 출입국관리법안 요강

출입국관리법안 요강(소화 44년 1월 법무성)

제1 총측

1. 이 법률안은, 본방에 입국하거나, 또는 본방으로부터 출국하는 모든 사람의 출입국을 공정히 관리하는 것을 목적으로 함.

2. 외국인이 본방에 재류할 수 있는 자격을 "재류자격"이라 하고, 외교관, 공용활동자, 상용활동자, 보도원, 교수, 선교사, 유학생, 기술연수생, 통행활동자, 숙련특수노동자, 영주자, 가족, 단기 체재자 및 특정 재류자로 구분함.

3. 재류자격을 갖는 외국인이 본방에 재류할 수 있는 기간을 "재류기간"이라 하고, 외교관 및 영주자 이외의 재류기간은, 3년을 초과치 않는 범위내에서 법무성명으로 정하도록 함.

제2 입국

외국인은, 유효한 여권 또는 승무원 수첩을 소지하지 않으면, 본방에 들어올 수 없다.

제3 상륙

　1. 상륙 허가

　　(1) 외국인은, 별도로 정한 경우를 제외하고는, 상륙허가를 받지 않으면, 본방에 상륙할 수 없다.

　　(2) 재류자격에 해당하고, 또한, 사증을 받고(조약 또는 정부간의 조치에 의하여 사증을 면제하고 있는 경우에는 사증을 요하지 않음) 또는 재입국 허가서를 소지하고 있는 외국인이 아니면, 상륙허가를 받을 수 없다.

　　　또한, 상용활동자, 교수, 유학생, 기술연수생, 흥업활동자, 숙련특수노동자, 가족 및 특정 재류자에 대하여는, 일측으로 법무대신으로부터 사전 인정서의 발행을 받고 있을 것을 요함.

　　(3) 전염병환자, 나병환자, 정신 장해자, 마약중독자, 공공부담의 우려가 있는 자, 형벌법령위반자, 마약취체법령 위반자, 매춘종사자, 불법입국방조자, 마약불법소지자, 총포 도검류 등의 불법소지자, 피퇴거 강제자, 폭력주의적 파괴활동자 또는 그 단체관계자 또는 이익 공안조항 해당자인 외국인에 대하여는, 상륙을 거부한다.

　　(4) 법무대신은, 상륙요건에 해당치 않는 외국인 또는 상륙거부 사유에 해당하는 외국인이라도, 그가 재입국 허가를 받고 있을 때 또는 특별히 상륙을 허가할 사정이 있다고 인정할 경우에는, 특별히 상륙허가를 할 수가 있다.

　　(5) 법무대신은, 필요가 있다고 인정할 경우에는, 상륙허가를 받으려고 하는 외국인에 대하여, 미리, 본방에 재류함에 있어 지켜야 할 조건을 붙이거나, 또는 신원 인수인의 선임을 명할 수 있도록 한다.

　2. 상륙 허가의 수속

　　(1) 상륙허가를 받으려는 외국인은, 출입국항에서, 입국 심사관에게, 상륙 신청을 하여 심사를 받지 않으면 안된다.

　　(2) 입국 심사관은, 심사의 결과, 상륙요건에 해당하고, 또한, 상륙 거부사유에 해당치 않는 외국인에 대하여는, 그의 재류자격의 구분 및 재류기간을 결정하여 상륙허가를 하지 않으면 안된다.

　　(3) 지방입국관리관서의 장은, 입국 심사관으로부터 상륙허가의 증인을 받을 수 없는 외국인에 대하여 구두 심리를 행함.

구두심리에 있어서는, 입회인을 무고, 증거를 조사하며, 증인을 심문한다.

(4) 구주 심리의 결과, 상륙요건에 해당치 않거나, 또는 상륙 거부 사유에 행당한다고 인정된 외국인은, 법무대신에 대하여 이의 신립을 할 수 있다.

(5) 징방입국관리관서의 장은, 특별 상륙허가를 법무대신에게 상신할 수 있노록 하며, 외국인으로부터의 출원의 길도 열어둔다.

(6) 지방입국관리관서의 장은, 상륙수속 중의 외국인에 대하여, 특히 필요가 있다고 인정할 경우에는, 가상륙을 허가할 수 있도록 하며, 가상륙해 있는 외국인이 도망하리라고 의심할 만한 상당한 이유가 있을 때에는, 입국경비관에 수용할 수 있다.

(7) 지방입국관리관서의 장은, 상륙심사, 구두심리 및 이의 신립 등의 수속을 거처 상륙허가를 받지 못한 외국인에 대하여, 퇴거명령서를 교부하여 본방으로부터 퇴거를 명한다.

3. 일시 상륙

(1) 입국심사관은, 외국인인 승무원 또는 본방을 경유하는 통과자에 대하여, 법무성령으로 정한 기간, 출입국항의 주변에 기항지 상륙을 허가할 수 있도록 한다.

(2) 입국심사관은, 외국인인 승무원 또는 본방을 경유하는 통과자에 대하여, 법무성령으로 정하는 기간, 본방 통과를 위한 통과 상륙을 허가할 수 있다.

(3) 입국 심사관은, 질병 기타 이유에 의한 생명 신체의 위험을 피하기 위하여 긴급히 상륙할 필요가 있는 외국인에게, 긴급 상륙을 허가할 수 있다.

(4) 입국심사관은, 조난한 외국인에게, 피난 상륙을 허가할 수 있다.

(5) 지방입국관리관서의 장은, 임시 상륙의 허가를 받은 외국인이 허가의 조건에 위반하였을 때, 또는 재류활동자가 행할 활동을 하거나, 직업을 얻거나 혹은 보수를 받는 활동을 하였을 경우에는, 그 허가를 취소할 수 있다.

4. 항공기로 본방을 직행 통과하는 외국인이 임시적으로 머무는 장소로서 출입국 항내에 "직행통과구역"을 둔다.

제4 재류

1. 재류의 원측

(1) 외국인은, 별도로 정한 경우를 제외하고, 재류자격을 갖지 않으면 본방에 재류할 수 없다.

(2) 재류활동자(공용활동자, 상용활동자, 보도원, 교수, 선교사, 유학생, 기술연수생, 통행활동자 및 숙련특수 노동자를 말함.)은, 각각의 재류활동을 해야할 자로서 재류하는 것으로 하며, 다른 재류활동을 하거나, 또는 직업을 갖거나 혹은 보수를 받는 활동을 하려고 할 경우에는, 법무대신의 허가를 받지 않으면 안된다.

(3) 가족은, 재류활동자가 하여야 할 활동을 하거나, 취업 또는 보수를 받는 활동을 하려고 할 때에는, 법무대신의 허가를 받지 않으면 안된다.

(4) 단기 체재자는, 법무대신의 허가를 득하지 않으면 재류활동자가 할 활동을 하거나, 취업 또는 보수를 받는 활동을 하여서는 안된다.

(5) 지방입국관리관서의 장은, 자격의 활동을 한 외국인, 재류의 조건에 위반한 외국인 또는 재류활동자로서 정당한 이유 없이 상당기간 전혀 재류활동을 하지 않고 있는 외국인에 대하여, 서면으로, 중지명령 기타 필요한 명령을 할 수 있다.

(6) 외국인은, 항상 여권 등을 휴대하고, 입국심사관등의 요구에 응하여 제시하지 않으면 안된다.

(7) 외국인등록증명서의 교부를 받지 않은 외국인은, 여관업자에 대하여, "외국인 숙박계"를 제출하지않으면 안된다.
여관업자는, 외국인 숙박계를 보관하며, 입국심사관등의 요구에 응하여 제시치 않으면 안된다.

2. 재류자격의 구분의 변경 등

(1) 법무대신은, 재류활동자, 가족 또는 특정 재류자에 대하여, 재류자격의 구분의 변경을 허가할 수 있다.

(2) 법무대신은, 재류활동자, 가족 또는 특정 재류자로서 계속 10년이상 본방에 재류하고, 그 소행이 선량하며, 독립의 생계를 영위함에 족한 자산 또는 기능을 갖인 외국인에 대하여, 그의 영주가 일본국의 이익에 합치한다고 인정할 경우에는, 영주를 허가할 수 있다.

(3) 법무대신은, 재류기간의 연장을 허가할 수 있다.

재류기간의 연장을 허가하지 않을 경우에도, 출국 준비를 위해 필요하다고 인정할 경우에는, 60일의 범위내에서 출국유예기간을 정하여 재류를 허가할 수 있도록 한다.

(4) 일본국적의 상실, 출생등의 사유에 의하여 상륙수속을 하지 않고 본방에 재류케되는 외국인은, 당해 사유가 발생한 날로부터 60일 한 재류자격을 갖지않고 재류할 수 있도록 하며, 법무대신은 그 외국인이 30일 이내에 재류자격의 취득을 신청할 경우에는, 이를 허가할 수 있다.

(5) 법무대신은, 재류자격의 구분의 변경, 재류기간의 연장 또는 재류자격의 취득을 허가할 경우에 필요하다고 인정할 경우, 재류함에 지켜야할 조건을 부과하거나, 또는 신원인수인의 선임을 명할 수 있다.

제5 출국

1. 본방으로부터 출국하려는 외국인(임시 상륙자를 제외.)은, 출입국항에 있어서, 법무성령으로 정한 바에 의하여, 입국 심사관으로부터 출국의 확인을 받지 않으면 안된다.

2. 입국심사관은, 사형, 무기 또는 장기 3년 이상의 징역 또는 금고에 해당하는 죄로 소추된 외국인 등에 대하여, 관계기관으로부터의 통지에 의하여, 24시간 한, 출국의 확인을 보류할 수 있다.

3. 법무대신은, 재류기간의 만료일 이전에 보방에 재차 입국할 의사를 가지고 출국하려는 외국인에게, 1차 또는 수차 왕복의 재입국의 허가를 할 수 있다.

재입국허가를 받고 출국한 영주자가 재입국허가서의 유효기간내에 재입국할 수 없는 상당한 이유가 있을 때에는, 1년을 초과하지 않는 범위내에서, 유효기간의 연장을 허가할 수 있다.

재입국의 허가를 받은 외국인이, 도항선 기타 조건에 위반하였을 경우에는, 이를 취소할 수 있다.

제6 퇴거강제

1. 퇴거강제의 대상자

불법 입국자, 불법 상륙자, 가상륙중의 도망자, 퇴거 명령 위반자, 재류 자격 미취득자, 불법 잔류자, 중지명령 등에 위반한자, 나변환자, 정신장 해자, 마약 중독자, 공공 부담자, 외국인 등록법령 위반자, 마약 취제 법령 위반자, 매춘방지 법렵 위반자, 형벌 법령 위반자, 불법입국 방조자, 폭력주의적 파괴 활동자, 또는 그 단체 관계자 또는 이익 공안 조항 해당자인 외국인에 대하여, 본방으로부터의 퇴거를 강제할 수 있다.

2. 위반 조사
   (1) 입국 경비관은 용의자가 있을 때에는, 위반 조사를 할 수 있다.
   (2) 누구라도, 용의자를 알았일 경우에는 지방 입국 관리 관서의 장에 게 통보할 수 있다.
   국가 또는 지방 공공단체의 직원은, 용의자를 알았을 경우에는 통지 하지 않으면 안된다.
   (3) 입국 경비관은, 위반 조사를 하기 위하여 필요할 때에는, 용의자 또 는 참고인에게 출두를 요구하고 조사를 하며, 또는 그 제출 등에 관 계되는 물건을 영치할 수 있다.
   (4) 입국 경비관은 위반 조사를 위하여 필요할 때에는, 재판관의 허가 를 얻어, 임검, 수색 또는 차압을 할 수 있다.
   (5) 입국 경비관은, 용의자에 대하여 의심할 만한 상당한 이유가 있을 때에는, 지방 입국 관리관서의 장이 발부하는 수용 영서에 의하여, 수용할 수 있다.
   (6) 지방 입국관리관서의 장은, 용의자가 형사 소송에 관한 법령 등의 규정에 의하여 신체가 구속되었을 때, 신체의 보장에 의하여 수용 키 곤란하다고 인정할 경우, 또는 도망할 우려가 없으며, 또, 수용 을 유예할 사정이 있다고 인정될 경우에는 수용 영서를 발부치 않 을 수 있도록 한다.
   (7) 입국 경비관은, 수용 영서에 의하여 용의자를 수용할 때에는 수용 영서를 용의자에게 제시치 않으면 않된다.
   (8) 입국 경비관은 위반 조사를 마쳤을 경우에는 위반 사건을 지방 입 국 관리 관서의 장에게 인도하는 것으로 하며, 용의자를 수용했을 경우에는, 신체를 구속했을 때부터 48시간 내에 용의자를 인도하지 않으면 안된다.

3. 구두 심리 및 이의 신립
    (1) 지방 입국관리 관서의 장은, 인도 받은 위반 사항에 대하여 구두 심리를 행하도록 하며, 구두 심리에 있어서는, 입회인을 두어 증거를 조사하고, 증인을 심문한다.
    (2) 구두심리의 결과, 퇴거 강제 대상자라고 인정된 용의자는 법무 대신에게 이의 신립을 할 수 있다.
    (3) 지방 입국관리 관서의 장은, 구두 심리 및 이의 신립 수속중, 용의자를 최장 40일간 수용할 수 있다.
    (4) 지방 입국관리 관서의 장은, 직권으로, 용의자 등의 청구에 의하여 수용을 일시 해제할 수 있도록하며, 수용을 일시 해제한 자가 도망하거나, 또는 호출에 응하지 않을 경우에는, 이를 취소할 수 있다.
4. 퇴거 강제령서의 집행
    (1) 퇴거 강제는 지방 입국관리 관서의 장이 발부하는 퇴거 강제령서에 의하여 행하도록 하며, 지방 입국관리 관서의 장은, 퇴거 강제의 대상자라는 뜻의 인정에 복한자, 이의 신립이 이유 없다고 재결된 자 등에 대하여, 퇴거 강제령서를 발부하지 않으면 않된다.
    (2) 퇴거 강제령서는, 입국 경비관이 집행하는 것으로 하며, 입국 경비관이 부족하여 지방 입국관리 관서의 장이 의뢰하였을 경우에는, 경찰관 또는 해상 보안관도 집행할 수 있다.
    (3) 입국 경비관은 퇴거 강제된 자를 송환선에 송환하는 것으로 하나, 지방 입국관리 관서의 장의 허가가 있을 경우에는 자의로 퇴거 시킬수 있다. 이 경우에 있어서, 즉시 송환할 수 없을 때에는 송환 가능할 때까지, 입국자 수용소 등에 수용할 수 있다.
    (4) 퇴거 강제된 자의 송환선은 본국을 원칙으로 하나, 본국에 송환할 수 없을 때, 또는 송환하는 것이 적당치 않다고 인정함에 족한 상당한 사정이 있을 때에는, 지방 입국관리 관서의 장이 기타 국을 송환선으로 지정할 수 있도록 한다.
    (5) 지방 입국관리 관서의 장은, 또는 입국자 수용소장은, 직권에 의하거나 또는 퇴거가 강제된 자 등의 청구에 의하여, 송환 또는 수용을 정지시킬 수 있는 것으로 하며, 수용을 정지된 자가 도망하거나, 또는 호출에 응하지 않을 경우에는 수용의 정지를 취소할 수 있다.

5. 특별 재류 허가
    (1) 법무 대신은, 퇴거 강제된 자라도, 그가 영주 허가를 받고 있는 자일 때, 전에 일본인으로서 본방에 본적을 가진 일이 있을 때, 또는 특별히 재류를 허가할 사정이 있다고 인정할 경우에는 특별히 재류를 허가할 수 있다.
    (2) 지방 입국관리 관서의 장은 특별 재류허가를 법무 대신에게 상신할 수 있도록 하며, 외국인으로부터의 출원의 길도 열어 둔다
    (3) 법무 대신은, 특별 재류허가를 할 경우에는, 재류 자격의 구분 및 재류기간은 검정하는 것으로 한다.

제7 선장 등 및 운송업자의 책임
  1. 선장 등 또는 운송 업자는, 입국 심사관에게, 사전 통보를 하고, 입출항게, 승무원 명부 또는 승객 명부를 제출치 않으면 않된다.
  2. 선장 등 또는 운송 업자는, 불법 입국자 또는 불법 출국자가 있을 때에는, 입국 심사관에게 보고하여야 한다.
  3. 선장 등 또는 운송 업자는, 불법 입국자가 상륙하는 것을 방지하여야 한다.
  4. 선장 등 또는 운송 업자는, 퇴거 명령을 받은 자, 가 상륙중의 도망자, 일시 상륙의 불법 잔류자 등을 그 외 책임과 비용으로 송환하여야 한다.
  5. 선장 등 또는 운송업자는, 입국 심사관의 직무 집행상의 지시에 따라야 한다.

제8 일본인의 출국 및 귀국
  1. 본방 외의 지역으로 갈 의도로 출국하려는 일본인은, 유효한 여권을 소지하고, 출입국 항에 있어서, 법무성령이 정하는 바에 따라, 입국 심사관으로부터 출국 확인을 받아야 한다.
  2. 본방 외의 지역으로부터 본방에 귀국하는 일본인은 유효한 여권을 소지하고 출입국 항에서, 법무성령이 정하는 바에 따라 입국 심사관으로부터 귀국의 확인을 받아야 한다.
  3. 일본 선박 등의 승무원으로 선원 수첩을 소지하는 자 등에 대하여는, 출국 및 귀국 수속을 요하지 않는다.

제9 관리 기관

1. 입국 관리 사무소에 입국 심사관을 두고, 입국자 수용소 및 입국관리 사무소에 입국 경비관을 둔다.

2. 입국 심사관은, 그 직무를 행함에 있어 필요할 때에는 선박 등에 승선, 관계인에게 질문하거나, 또는 여권 등의 제시를 요구할 수 있다.

3. 입국 경비관은 불법 상륙을 방지키 위해 필요할 때에는 선박 등에 승선, 관계인에게 질문하거나, 또는 여권 등의 제시를 요구할 수 있으며, 불법 상륙이 실제 행하여 지고 있음을 인정하였을 때에는, 예방을 위해 관계인에게 필요한 경고를 발하거나, 또는 그 행위를 제지할 수 있다.

4. 입국 심사관은, 소형 무기를 휴대할 수 있다.

   지방입국관리 관서의 장, 입국 심사관 및 입국 경비관은, 제복을 착용하며, 또한 증표를 휴대하여야 한다.

5. 지방 입국관리 관서의 장은, 법무 대신이 지정하는 입국 심사관에게 구두 심리를 취급 시킬수 있다.

6. 법무 대신은 그 권한에 속하는 사항을 처리키 위해 사실의 조사를 명할 수 있도록 하며, 지방 입국관리 관서의 장은, 그 권한에 속하는 사항을 처리키 위해 사실조사를 할 수 있다.

   지방 입국관리 관서의 장은, 사실조사를 위하여 필요할 때에는, 관계인의 영업소등에 출입, 관계인에게 출두를 요구하며, 질문을 하거나, 문서의 제시를 요구하거나, 또는 입국 심사관 혹은 입국 경비관으로 하여금 이를 행하게 할 수 있다.

제10 보측

1. 행정청은, 외국인에게 사업 등의 허 인가를 할 경우에 있어서, 그 외국인이 그 사업 등을 함이 자격외 활동 금지 규정에 위반하거나, 또는 재류 조건에 위반하는 것으로 될 때에는, 그 허 인가를 하여서는 아니된다.

2. 형사 소송법 특례 및 퇴거 강제수속과 형사 수속 등과의 관계에 대하여 규정할 것.

3. 지방 입국관리 관서에 수용령서 또는 퇴거 강제령서의 집행을 받는 외국인을 수용할 수용장을 설치할 것.

4. 입국자 수용소 또는 수용장에 수용된 외국인의 처우에 대하여 규정할 것.

5. 재류 자격 구분의 변경 등의 허가를 받은 외국인이 납부할 수수료에 관하여 규정할 것

6. 용의자를 통보한 자에 대하여 교부할 보상금에 관한 규정을 할 것

7. 법무 대신의 권한을 정령이 정하는 바에 따라 지방 입국관리 관서의 장에게 위임하는 규정을 할 것.

8. 이 법률의 심사를 위한 수속 기타 그 집행에 관하여 필요한 사항을, 법무 성령으로 정한다.

제11 벌측

1. 불법 입국자, 불법 상륙자, 가상륙중의 도망자, 퇴거 명령 위반자, 재류 자격 미 취득자, 불법 잔류자, 불법 출국자, 피 수용자로서 도주한자, 중지 명령 등 위반자, 증언 거부자, 여권 등의 불 휴대자, 입국 심사관등의 조사에 당하여 질문에 응하지 않은 자, 외국인 숙박기를 제출치 않는자 등에 관한 벌측을 둘것.

2. 사전 통보 기타 의무를 태만한 선장 등 또는 운송 업자에 대한 과료를 과할 것.

3. 불법 입국에 제공된 선박 등을 몰수할 것.

제12 부측

1. 이 법률을, 공포일로부터 기산하여 6개월을 초과하지 않는 범위내에서 정령으로 정한 날로부터 시행한다.

2. 출입국 관리령을 폐지한다.

3. 우에 따른 경과 규정을 두며, 관계법령의 일부 개정을 행한다.

13. 요약―출입국 관리법 제정의 필요성 및 신법안의 특징

要約

○出入國管理法 制定의 必要性

1. "포쓰담" 政令의 整理

2. 出入國者의 激增(1970年→77萬名)

1950年에 比해 43倍

3. 航空機利用(97%)時代에 對備

4. 不良外國人의 多數入國規制

○新法案의 特徵

1. "短期滯在者" 資格의 新設

2. 活動의 種類, 場所의 指定

× 指定→中止命令→强制退去

× 永住權者, 法律126號該當者 除外

3. 政治活動 規制

× 國策實施 反對의 集會, 示威, 演說등

× 制限→中止命令→强制退去

× 永住權者는 除外

× 法律126號 該當者는 規制對象임.

4. 其他

× 特別在留許可의 □□

× 再入國許可의 便宜

× 送置先의 擴大

× 法律126號 該當者의 保護

14. 주일대사관 공문—일본 출입국 관리법안 송부

주일대사관

번호 일영(1)725-1101

일시 1971.3.18.

발신 주일대사

수신 장관

참조 영사국장

제목 일본 출입국 관리법안 송부

연: JAW-03194

연호로 보고한바 있는 일본국 출입국 관리 법안 및 관계자료를 별첨과 같이 송부합니다.

첨부:

    1. 출입국 관리법안 2부.

    2. 새 출입국 관리법안의 해설 2부.

    3. 출입국 관리법안 요강 2부. 끝

추신: 출입국 관리법안에 한하여는 일법무성 당국으로부터 본법안이 국회에서 통과할 때까지는 외부 발표 또는 누설하지 않도록 하여 달라는 요청이 있아오니 "대외비"로 하여 주시기 바랍니다.

주일대사

15. 신문자료

「出入國法」과 우리의 姿勢

16. 외무부 공문(착신전보)-법안 폐안 보고

외무부
번호 JAW-05304
일시 251445
수신시간 71.5.25. 10:49
발신 주일대사
수신 장관

　　연: JAW-03194
1. 당 대사관 노재조 서기관이 일법무성 고까다 참사관에게 확인한바 금년도 통상국회에 제출중 이던 "출입국 관리법안"은 회기 만료일인 작24일 오전에 법무 위원회에서 동 법안의 취급에 대하여 협의하여 계속 심의를 주장하는 자민당과 이를 반대하는 야당의 의견이 상반되어 결국 계속 심의의 결정을 보지 못하고 폐안되었다고 함.
2. 동 폐안된 법안을 차기 국회에 재제출 할 것인가에 대한 문제에 대하여 법무성은 내월중으로 성내의 의견을 조정하여 결정을 지을것이라고 하였음을 우선 보고함.
(일영 외민)

17. 외무부 공문(착신전보)-신문보도(법안 수정작업 착수)

외무부
번호 JAW-11134
일시 101701
수신시간 71.11.11. 10:27
발신 주일대사
수신 장관

1. 금 11.10 아사히 신문 조간은 법무성이 작년 및 금년 통상 국회에서 폐안된 출입국 관리법안을 오는 12월말에 소집되는 차기 국회에 다시 제출할 방침으로 동법안의 일부 수정작업에 착수하였다고 보도하였음.

2. 상기에 대하여 이남기 총영사가 법무성 입관국 차장에게 문의한 바 동 차장은 제출시기는 상금 미정이나 법안의 일부 수정작업을 하고 있음을 밝혔음.

3. 상기 신문기사는 다음 파우치편에 송부 하겠음.

(일영 외민)

18. 주일대사관 공문—출입국 관리법안 개정에 관한 기사송부

주일대사관
번호 주일영725-11330
일시 1971.11.11.
발신 주일대사
수신 외무부 장관
참조 영사국장
제목 출입국 관리법안 개정에 관한 기사송부

    연: JAW-11134
    연호로 보고한 11월 10일자 아사히 신문 조간이 보도한 기사를 송부합니다.
  첨부: 표기 기사 사본 1부

    주일대사

1971.11.10. 朝日新聞 入管法案三たび提出へ

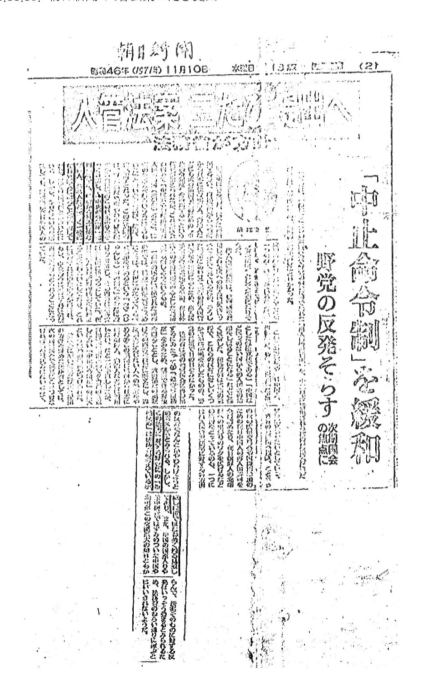

③ 일본의 출입국관리법 개정에 따른 재일본국민 문제, 1972

○ ○ ○

기능명칭: 일본의 출입국 관리법 개정에 따른 재일국민 문제, 1972

분류번호: 791.23 1972

등록번호: 5621

생산과: 재외국민과

생산연도: 1972

필름번호: P-0011

파일번호: 03

프레임 번호: 0001-0093

1. 외무부 공문(착신전보)–주재국 출입법안 최종수정

외무부
번호 JAW-03257
일시 151745
수신시간 72.3.16. 13:47
발신 주일대사
수신 장관

연: 주일영 725-1473(72.3.14)
　　1. 주재국 출입국 법안은 최종적으로 수정을 가하여 지난 3.14 각의에서 의결되었는 바, 앞으로 수일 후 통상국회에 상정될 것이라 함.
　　2. 상기 각의에서 의결되고 금일(3.15) 내각 법제국에서 자구 수정될 동 법안은 금후 파우치 편으로 송부위계임.
　　(일영-외민)

2. 주일대사관 공문–일본 출입국 법안 송부

주일대사관
주일영725-1535
일시 1972.3.17.
발신 주일대사
수신 외무부 장관
참조 영사국장
제목 일본 출입국 법안 송부

연: JAW-03257
　　1. 연호로 보고한 바와 같이 주재국 출입국 법안이 최종적인 수정을 가하여 지난 3.14. 각의에서 의결되었는 바 동 의결된 법안 사본을 별첨과 같이 송

부합니다.

2. 주재국 법무성 관계관에 의하면 동 법안은 앞으로 3-4일 후에 국회에 제출될 것이라 합니다.

3. 별첨 법안은 국회 제출을 기하여 수정을 가한 부분까지 포함하여 새로이 인쇄한다 하므로 동 인쇄가 완료되는대로 동 법안을 입수하여 충분한 부수를 송부하겠음을 첨언합니다.
첨부: 출입국 법안 1부 끝.

주일대사

첨부－출입국 법안

出入國法案

出入国法
目次
    第一章　総則(第一条—第三条)
    第二章　入国(第四条)
    第三章　上陸
        第一節　上陸許可(第五条—第九条)
        第二節　上陸許可の手続(第十条—第十五条)
        第三節　一時上陸及び直行通過区域(第十六条・第十七条)
    第四章　在留
        第一節　在留の原則(第十八条—第二十一条)
        第二節　在留資格の変更等(第二十二条—第二十八条)
    第五章　出国(第二十九条・第三十条)
    第六章　再入国(第三十一条・第三十二条)
    第七章　退去強制
        第一節　退去強制の対象者(第三十三条)

　　　第一章　総則

(目的)

第一条　この法律は、本邦に入国し、又は本邦から出国するすべての人の出入
　　国を公正に管理することを目的とする。

(定義)

第二条　この法律において、次の各号に掲げる用語の意義は、それぞれ当該各
　　号に定めるところによる。

　一　外国人　日本の国籍を有しない者をいう。

　二　乗員　船舶又は航空機の乗組員をいう。

　三　日本国領事官等　外国に駐在する日本国の大使、公使又は領事官をいう。

　四　旅券　日本国政府、日本国政府の承認した外国政府又は権限のある国際
　　　機関の発行した旅券又はこれに代わる証明書(日本国領事官等の発行し
　　　た渡航証明書を含む。)をいう。

　五　乗員手帳　船員手帳若しくは国際航空乗員証明書又はこれらに準ずる文
　　　書をいう。

　六　出入国港　外国人が出入国すべき港又は飛行場として政令で定めるもの
　　　をいう。

　七　運送業者　船舶又は航空機により人又は物を運送する事業を営む者(その
　　　者のために通常その事業に属する取引の代理をする者で法務省令で定め
　　　るものを含む。)をいう。

八　在留資格　外国人が次条の規定により決定された身分若しくは地位を有する者又は活動をすることができる者として本邦に在留することができる資格をいう。

九　在留期間　在留資格を有する外国人が本邦に在留することができる期間をいう。

(在留資格及び在留期間)

第三条　在留資格の決定は、次の各号のうち、第一号、第二号又は第十三号から第十六号までについては当該各号の区分により、第三号から第十二号までについては政令で定めるところにより当該各号に掲げる活動の一又は二以上の活動を定めて、するものとする。

一　日本国政府が接受する外国政府の外交使節団若しくは領事館の構成員又は条約若しくは国際慣行によりこれらの者と同様の特権及び免除を受ける者

二　本邦で外国政府又は国際機関の公務に従事する者

三　文化、スポーツ、経済、労働又は技術に関する国際交流を目的とする公私の団体の事業を管理する活動

四　宗教団体により本邦に派遣され、又は受け入れられて行なう布教その他の宗教上の活動

五　報道機関のために行なう取材その他の報道上の活動

六　本邦の学術研究機関又は教育機関において研究又は学習をする活動

七　本邦の学術研究機関又は教育機関において研究の指導又は教育をする活動その他政令で定める学術、芸術又は教育上の活動

八　本邦の公私の機関により受け入れられて産業上の技術又は技能の習得をする活動その他政令で定める専門的な技術又は技能の指導又は習得をする活動

九　貿易、投資又は営利事業の管理(専門的知識をもつて管理を補助する職務を含む。)に従事する活動その他政令で定める経済活動

十　演劇、演芸、スポーツ等の興行に係る活動で、政令で定めるもの

十一　熟練労働又は特殊事情の下において必要とされる労働に従事する活動で、政令で定めるもの

十二　社会福祉又は医療若しくは保健に係る活動で、政令で定めるもの

十三　観光、保養、スポーツ、親族の訪問、見学、講習若しくは会合への参
　　　加又は業務連絡その他これらに類似する目的をもつて、短期間本邦に滞
　　　在する者
十四　第二号から第十二号までに係る在留資格を有する者の配偶者又は二十
　　　歳に満たない子
十五　本邦で永住する者
十六　日本人又は前号に係る在留資格を有する者(以下「永住者」という。)の
　　　配偶者又は直系血族
　2　在留期間 (第一項第一号又は第十五号に係る在留資格を有する者につい
　　　ての在留期間を除く。)は、三年をこえない範囲内で政令で定める。

　　　第二章　入国
(入国)
第四条　外国人は、有効な旅券を所持しなければ本邦に入つてはならない。た
　　　だし、有効な乗員手帳を所持する乗員については、この限りでない。
　2　本邦を経由して本邦外の地域におもむく外国人で乗員であつたことが明らか
　　　なもの又は本邦若しくは本邦外の地城において乗員となることが明らかな
　　　外国人は、前項の規定の適用については、乗員とみなす。

　　　第三章　上陸
　　　　　第一節　上陸許可
(上陸許可)
第五条　外国人は、法律に別段の定めがある場合を除き、この節及び次節に定
　　　めるところにより、上陸許可を受けなければ本邦に上陸してはならない。
　　　(上隆許可の要件)
第六条　上隆許可は、第三条第一項各号(第十五号を除く。)に係る在留資格に
　　　よつて本邦に在留しようとする者で、日本国領事官等の有効な査証を受
　　　け、かつ、第九条第一項の事前認定を受けているものに対してすることが
　　　できる。ただし、条約又は政府間の取決めにより査証を免除されている者
　　　にあつては査証を、第九条第一項の事前認定を要しない者にあつては事前
　　　認定を受けていることを要しない。

第七条　次の各号の一に該当する外国人に対しては、上陸許可をすることができない。

一　伝染病予防法(明治三十年法律第三十六号)又はらい予防法(昭和二十八年法律第二百十四号)の適用を受ける患者

二　精神衛生法(昭和二十五年法律第百二十三号)に規定する精神障害者、覚せい剤の慢性中海者又は麻薬取締法(昭和二十八年法律第十四号)に規定する麻薬中毒者

三　貧困者、放浪者その他生活上の保護を必要とする者で、国又は地方公共団体の負担になるおそれのあるもの

四　日本国又は日本国以外の国の法令に違反して無期若しくは一年以上の有期の懲役若しくは禁錮又はこれらに相当する刑に処せられたことのある者(政治犯罪により刑に処せられたことのある者を除く。)で、その刑の執行を終わり、又は執行を受けることがなくなつた後十年を経過していないもの

五　麻薬、大麻、あへん又は覚せい剤の取締りに関する日本国又は日本国以外の国の法令に違反して刑に処せられたことのある者

六　売春又はその周旋、勧誘若しくは場所の提供その他売春に直接に関係がある業務を行なつたことのある者

七　他の外国人が不法に本邦に入り、又は上陸することをあおり、そそのかし、又は助けたことのある者

八　麻薬取締法に規定する麻薬、大麻取締法(昭和二十三年法律第百二十四号)に規定する大麻、あへん法(昭和二十九年法律第七十一号)に規定するけし、あへん若しくはけしがら、覚せい剤取締法(昭和二十六年法律第二百五十二号)に規定する覚せい剤若しくは覚せい剤原料又はあへん煙を吸食する器具を不法に所持する者

九　銃砲刀剣類所持等取締法(昭和三十三年法律第六号)に規定する銃砲若しくは刀剣類又は火薬類取締法(昭和二十五年法律第百四十九号)に規定する火薬類を不法に所持する者

十　前二号の規定に該当したことにより上陸許可を受けることができず、第十五条第一項の規定により退去を命ぜられて本邦から退去した者で、当

該退去の日から一年を経過していないもの

十一 第三十三条の規定により退去を強制されて本邦から退去した者で、当該退去の日から三年を経過していないもの

十二 日本国憲法又はその下に成立した政府を暴力で破壊することを企て、若しくは主張し、又はこれを企て、若しくは主張する政党その他の団体を結成し、若しくはこれに加入している者

十三 次に掲げる政党その他の団体を結成し、若しくはこれに加入し、又はこれと密接な関係を有する者

　　イ 公務員であるという理由により、公務員に暴行を加え、又は公務員を殺傷することを勧奨する政党その他の団体

　　ロ 公共の施設を不法に損傷し、又は破壊することを勧奨する政党その他の団体

　　ハ 工場又は事業場における安全保持の施設の正常維持又は運行を停廃し、又は妨げるような争議行為を勧奨する政党その他の団体

十四 前二号に規定する政党その他の団体の目的を達するため、文書図画を作成し、頒布し、又は展示することを企てる者

十五 前各号に掲げる者を除くほか、法務大臣において日本国の利益又は公安を害する行為を行なうおそれがあると認めるに足りる相当の理由がある者

2 前項各号に掲げる者に相当する者以外の日本人について特定の事由によりその上陸を拒否している国の国籍又は市民権を有する外国人のうち、当該事由に相当する事由で法務大臣が定めるものに該当する者に対しては、上陸許可をすることができない。

(特別上陸許可)

第八条 法務大臣は、前二条の規定にかかわらず、次の各号の一に該当する外国人に対し、特別に上陸許可をすることができる。

一 日本人の親族で、その扶養を受けているもの

二 本邦に本籍を有したことがある者

三 第三十一条第一項(第十三条第八項及び二十七条第八項において準用する場合を含む。)の再入国の許可を受けて出国していた者で、本邦に生活の本拠を有しているもの

四　前三号に掲げる者を除くほか、特別に上陸の許可を受けるべき事情があ
　　る者

(事前認定)

第九条　第三条第一項第三号から第十二号まで、第十四号又は第十六号に係る
　　在留資格の決定を受けて本邦に在留するため上陸新可を受けようとする外
　　国人は、あらかじめ、当該在留資格により本邦に在留することを適当であ
　　ると認める旨の法務大臣の事前認定を受けなければならない。ただし、政
　　令で定める要件に該当する者については、この限りでない。

2　法務大臣は、第三条第一項第六号から第九号まで又は第十一号に係る在留資
　　格の決定を受けて本邦に在留するため上陸許可を受けようとする者につい
　　て前項の事前認定をする場合には、それぞれ当該各号に掲げる活動に係る
　　行政の所管大臣に協議するものとする。

第二節　上陸許可の手続

(上陸許可の申請及び審査)

第十条　上陸許可を受けようとする外国人は、その者が上陸しようとする出入
　　国港において、入国審査官に対し上陸許可の申請をしなければならない。

2　入国審査官は、審査の結果、上陸許可をすることができると認めた場合には、
　　当該外国人の在留資格及び在留期間を決定して上陸許可をするものとする。

3　前項の上陸許可は、当該許可に係る外国人の所持する旅券に在留資格及び在
　　留期間を記載し、上陸許可の証印をして行なうものとする。

4　入国審査官は、第二項の上陸許可をすることができない場合には、直ちにそ
　　の旨を地方入国管理官署(入国管理事務所及び法務省令で定める入国管理事
　　務所の出張所をいう。以下同じ。)の長に報告しなければならない。

5　入国審査官は、第一項の申請について審査をする場合において、必要がある
　　と認めるときは、何人に対しても、許可を受けないで審査の場所に出入す
　　ることを禁止することができる。

(口頭審理)

第十一条　地方入国管理官署の長は、前条第四項の規定による報告を受けたと
　　きは、当該報告に係る外国人に対し、すみやかに口頭審理を行なわなけれ
　　ばならない。

2　当該外国人又はその代理人は、口頭審理に当たつて、証拠を提出し、及び証

人を尋問することができる。

3 当該外国人は、地方入国管理官署の長の許可を受けて、親族又は知人の一人を口頭審理に立ち会わせることができる。

4 地方入国管理官署の長は、口頭審理に当たつて、当該外国人の請求に基づき、又は職権に基づき、証人の出頭を命じて、宣誓をさせ、証言を求めることができる。

5 地方入国管理官署の長は、口頭審理の結果、上陸許可をすることができると認めた場合には、当該外国人の在留資格及び在留期間を決定して上陸許可をするものとする。

6 地方入国管理官署の長は、口頭審理の結果、上陸許可をすることができない場合には、当該外国人に対し、すみやかに、理由を示してその旨及び次条第一項の規定により異議を申し出ることができる旨を通知しなければならない。

7 前条第五項の規定は第一項の口頭審理について、同条第三項の規定は第五項の上陸許可について準用する。

(異議の申出)

第十二条 前条第六項の規定による通知を受けた外国人は、異議があるときは、その通知を受けた日から三日以内に、不服の事由を記載した書面を地方入国管理官署の長に提出して、法務大臣に対し異議を申し出ることができる。

2 法務大臣は、前項の規定による異議の申出を受理したときは、当該異議の申出が理由があるかどうかを裁決して、すみやかにその結果を、地方入国管理官者の長を経由して、当該外国人に通知するものとする。この場合において、異議の申出が理由がないと裁決した旨の通知は、当該外国人に対し第八条の上陸許可(以下「特別上陸許可」という。)をしない場合に限り、するものとする。

3 地方入国管理官署の長は、法務大臣から異議の申出が理由があると裁決した旨の通知があつたときは、当該外国人の在留資格及び在留期間を決定して上陸許可をするものとする。

4 第十条第三項の規定は、前項の上陸許可について準用する。

(特別上陸許可の手続)

第十三条 法務大臣は、上陸許可の申請をした外国人に対し特別上路許可をす

る場合には、当該外国人の在留資格及び在留期間を決定するものとする。

2　法務大臣は、特別上陸許可をする場合において、在留資格を決定することが できないときは、当該外国人に対し、三年をこえない範囲内でその者が本 邦に在留することができる期間を決定するものとする。

3　特別上陸許可は、地方入国管理官署の長に、当該許可に係る外国人の所持す る旅券に在留資格及び在留期間(前項の規定による決定を受けた外国人につ いては、その旨及び同項に規定する期間)を記載し、上陸許可の証印をさせ て行なうものとする。

4　地方入国管理官署の長は、上陸許可の申請をした外国人で、上陸許可をする ことができないと認められるものについて、法務大臣に特別上陸許可を上 申することができる。

5　法務大臣は、前項の規定による上申があつた場合において、特別上陸許可を しないときは、地方入国管理官署の長にその旨を通知するものとする。

6　法務大臣は、第二項の規定による決定を受けた外国人に対し、法務省令で定 めるところにより、活動の範囲その他の事項に関して必要と認める条を附 することができる。

7　法務大臣は、前項に規定する外国人が同項の規定により附された条件に違反 したときは、特別上陸許可を取り消すことができる。

8　第二十五条、第三十一条及び第三十二条の規定は、第二項の規定による決定 を受けた外国人について準用する。この場合において、第二十五条第一 項、第三十一条第一項並びに第三十二条第一項及び第二項後段中「在留資格」 とあるのは「第十三条第二項の規定による決定を受けた者として本邦に在留 することができる資格」と、第二十五条第二項から第四項まで、第三十一条 第一項及び第三十二条第二項後段中「在留期間」とあるのは「本邦に在留する ことができる期間」と読み替えるものとする。

(仮上陸)

第十四条　地方入国管理官署の長は、特に必要があると認める場合には、上陸 許可の申請をした外国人が上陸許可を受け、又は次条第一項の規定により 退去を命ぜられるまでの間、当該外国人に対し、仮上陸を許可することが できる。

2　仮上陸の許可は、当該許可に係る外国人に仮上陸許可書を交付して行なうも

のとする。この場合において、地方入国管理官署の長は、当該外国人の仮上陸中の住居を定めなければならない。

3　仮上陸の許可を受けた外国人は、前項の規定により定められた住居に居住し、地方入国管理官署の長から呼出しがあつたときは、これに応じなければならない。

4　仮上陸の許可をする場合には、地方入国管理官署の長は、当該外国人に対し、法務省令で定めるところにより、行動の範囲その他の事項に関して必要と認める条件を附し、又は三十万円をこえない範囲内で法務省令で定める額の保証金を本邦通貨又は外国通貨で納付させることができる。

5　前項の保証金は、次項の規定により国庫に帰属させない限り、当該外国人が上陸許可を受けたとき、又は次条第一項の規定により退去を命ぜられたときは、その者に返還しなければならない。

6　地方入国管理官署の長は、法務省令で定めるところにより、仮上陸の許可を受けた外国人が逃亡したとき、又は第三項の規定に違反して呼出しに応じないときは第四項の保証金の全部を、同項の規定により附された条件に違反したきはその一部を国庫に帰属させるものとする。

7　地方入国管理官署の長は、仮上陸の許可を受けた外国人が逃亡すると疑うに足りる相当の理由があるときは、収容令書を発付して、必要と認める期間、入国警備官に当該外国人を収容させることができる。

8　第四十八条第二項の規定は前項の収容令書について、同条第三項、第四項、第七項及び第八項並びに第五十条の規定は前項の規定による外国人の収容について準用する。この場合において、第四十八条第二項中「容疑者の氏名、居住地及び国籍、容疑事実の要旨」とあるのは「仮上陸の許可を受けた外国人の氏名及び国籍、収容すべき事由」と、同条第四項中「容疑事実の要旨」とあるのは「収容すべき事由」と読み替えるものとする。

（退去命令）

第十五条　地方入国管理官署の長は、上陸許可の申請をした外国人が次の各号の一に該当するに至つた場合には、その者に対し、出国期限を定めて、本邦からの退去を命じなければならない。ただし、特別上陸許可の上申をした場合において、第十三条第五項の規定による通知があるまでの間は、この限りでない。

一　第十一条第六項の規定による通知を受けた場合において、文書により異議の申出をしない旨を明らかにしたとき、又は通知を受けた日から三日以内に異議の申出をしなかつたとき。

二　異議の申出が理由がないと裁決した旨の第十二条第二項の規定による通知を受けたとき。

2　地方入国管理官署の長は、前項の規定により退去を命ずる場合には、第五十七条第一項に規定する船舶若しくは航空機の長又は運送業者にその旨を通知しなければならない。

第三節　一時上陸及び直行通過区域

(一時上陸)

第十六条　入国審査官は、本邦に入国した外国人で、乗員(本邦において乗員となることが明らかな者を含む。以下この条において同じ。)又は通過者(本邦を経由して本邦外の地域へおもむこうとする者で、乗員以外のものをいう。)であるものが、船舶若しくは航空機を乗り換えるため、又は臨時観光、買物、休養その他の一時的用務ため、出入国港の周辺に上陸する場合にあつては七日、他の出入国港におもむく場合にあつては十五日をこえない範囲内で上陸を希望するときは、その者の乗つている船舶若しくは航空機長又はその船舶若しくは航空機に係る運送業者の申請に基づき、当該外国人に対し、上陸の期間を定めて一時上陸を許可することができる。ただし、当該外国人が第七条に規定する者に該当する場合は、この限りでない。

2　入国審査官は、船舶又は航空機に乗つている外国人が疾病、遭難その他の理由により緊急に上陸する必要が生じたときは、その者の乗つている船舶若しくは航空機の長又はその船舶若しくは航空機に係る運送業者その他政令で定める者の申請に基づき、必要があると認めるときは厚生大臣又は法務大臣の指定する医師の診断を経て、当該外国人に対し、上陸の期間を定めて一時上陸を許可することができる。

3　入国審査官は、警察官又は海上保安官から船舶又は航空機の遭難により緊急に上陸する必要が生じた外国人の引渡しを受けたときは、当該外国人に対し、上陸の期間を定めて一時上陸を許可するものとする。

4　一時上陸の許可は、当該許可に係る外国人の所持する旅券にその旨を記載し、又は当該外国人に一時上陸許可書その他の法務省令で定める当該許可があ

つたことを示すものを交付して行なうものとする。

5　入国審査官は、一時上陸の許可をする場合には、当該外国人に対し、法務省令で定めるところにより、行動の範囲その他の事項に関して必要と認める条件を附することができる。

6　地方入国管理官署の長は、一時上陸の許可を受けた外国人が前項の規定により附された条件に違反したときは、当該許可を取り消すことができる。

7　第二項又は第三項の一時上陸の許可があつたときは、当該許可に係る外国人の乗つていた船舶若しくは航空機(遭難により一時上陸の許可があつたときは、遭難した船舶又は航空機)の長又はその船舶若しくは航空機に係る運送業者は、当該外国人の生活費、治療費、葬儀費その他一時上陸中の一切の費用を支弁しなければならない。

(直行通過区域)

第十七条　航空機により本邦に入国した外国人は、同一の出入国港において航空機を乗り換える場合その他政令で定める場合には、相当の期間、法務大臣が運輸大臣と協議して指定する出入国港内の区域(以下「道行通過区域」という。)にとどまることができる。

2　地方入国管理官署の長は、前項に規定する外国人で、正当な理由がないのに直行通過区域にとどまつているもの又は相当の期間を経過しに後も直行通過区域にとどまつているものに対し、出国期限を定めて、本邦からの退去を命ずることができる。

3　第十五条第二項の規定は、前項の規定により退去を命ずる場合について準用する。

4　第一項に規定する外国人で、直行通過区域を経由して直行通過区域以外の本邦の地域に立ち入るものに対するこの法律の規定の適用については、直行通過区域以外の本邦の地域に立ち入ることをもつて上陸とする。

　　　第四章　在留
　　　　第一節　在留の原則

(在留の原則)

第十八条　外国人は、法律に別段の定めがある場合を除き、在留資格に係る身分若しくは地位を有する者として、又は在留資格に係る活動(以下「在留活

動」という。)をする者として本邦に在留するものとする。

(資格外活動の許可)

第十九条　在留資格(第三条第一項第十五号又は第十六号に係る在留資格を除く。)を有する外国人は、在留活動をする場合を除き、第三条第一項に掲げる活動をしようとするときは、法務大臣の許可を受けなければならない。

(中止命令)

第二十条　地方入国管理官署の長は、次の各号の一に該当する外国人(永住者を除く。)に対し、書面をもつて、当該各号の一に該当することとなつた為を継続しないよう又は同種の行為を反復しないよう命ずることができる。

　一　日本国の機関において決定した政策の実施に反対する公開の集会又は集団示威運動の者又は指導をした者

　二　公衆に対し、日本国の機関において決定した政策の実施に反対することをせん動する演議 又は文書図画の頒布若しくは展示をした者

2　地方入国管理官署の長は、前項の規定による命令をしようとするときは、あらかじめ、法務大臣の承認を受けなければならない。

(旅券等の携帯及び提示)

第二十一条　本邦に在留する外国人は、常に旅券又は仮上陸許可書若しくは第十六条第四項の一時上陸の許可があつたことを示すもの(以下「旅券等」という。)を携帯していなければならない。ただし、外国人登録法(昭和二十七年法律第百二十号)による登録証明書を携帯する者及び十四歳に満たない者については、この限りでない。

2　前項の規定により旅券等を携帯していなければならない外国人は、入国審査官、入国警備官、警察官、海上保安官、税関職員その他法務省令で定める国又は地方公共団体の職員が、その職務の執行に当たり、旅券等の提示を求めたときは、これを提示しなければならない。

3　前項に規定する職員は、旅券等の提示を求める場合には、その身分を示す証票を携帯し、当該外国人の請求があるときは、これを提示しなければならない。

　　　第二節　在留資格の変更等

(在留資格の変更)

第二十二条　在留資格を有する外国人は、法務大臣に対し、在留資格の変更を申

請することができる。

2　法務大臣は、前項の申請について適当と認めるに足りる相当の理由があるときは、在留資格及び在留期間を決定して在留資格の変更を許可することができる。ただし、第三条第一項第十三号に係る在留資格を有する者の申請については、やむを得ない特別の事情に基づくものでなければ許可しないものとする。

3　法務大臣は、第三条第一項第六号から第九号まで又は第十一号に係る在留資格への変更について前項の規定による許可(以下「在留資格変更許可」という。)をする場合には、それぞれ当該各号に掲げる活動に係る行政の所管大臣に協議するものとする。ただし、第九条第一項ただし書の政令で定める要件に該当する者については、この限りでない。

4　在留資格変更許可は、入国審査官に、当該許可に係る外国人の所持する旅券に新たな在留資格及び在留期間を記載させて行なうものとする。

（永住許可）

第二十三条　第三条第一項第十五号に係る在留資格への在留資格変更許可(以下「永住許可」という。)は、当該外国人が次の各号に掲げる要件に該当し、かつ、その者の永住が日本国の利益に合すると認めたときに限り、することができる。

一　素行が善良であること。

二　独立の生計を営むに足りる資産又は技能を有すること。

2　永住許可は、入国審査官に、当該許可に係る外国人の所持する旅券に永住許可の証印をさせて行なうものとする。

（身分関係等を失つた者の在留）

第二十四条　第三条第一項第十四号又は第十六号に係る在留資格を有する外国人は、その有する在留資格の決定の基礎となつた身分関係その他の要件がなくなつたときは、当該事由が生じた日から六十日を限り、引き続き当該在留資格をもつて本邦に在留することができる。

（在留の延長及び出国猶予期間）

第二十五条　在留資格を有する外国人は、法務大臣に対し、在留の延長を申請することができる。

2　法務大臣は、前項の申請について適当と認めるに足りる相当の理由があると

きは、新たな在留期間を決定して在留の延長を許可することができる。

3　前項の規定による許可(以下「在留延長許可」という。)は、入国審査官に、当該許可に係る外国人の所持する旅券に新たな在留期間を記載させて行なうものとする。

4　法務大臣は、在留延長許可をしない場合でも、出国準備のため必要があると認めるときは、当該外国人の在留期間の満了後六十日の範囲内で出国猶予期間を定め、その者の在留を許可することができる。この場合において、法務大臣は、当該外国人に対し、法務省令で定めるところにより、活動の範囲その他の事項に関して必要と認める条件を附することができる。

5　前項の規定による許可は、入国審査官に、当該許可に係る外国人の所持する旅券に出国猶予期間を記載させて行なうものとする。

6　法務大臣は、第四項の規定による許可受けた外国人が同項の規定により附された条件に違反したときは、当該許可を取り消すことができる。

（在留資格の取得）

第二十六条　日本の国籍の喪失、出生その他の事由により前章の規定による上陸に関する手続を経ることなく本邦に在留することとなる外国人は、当該事由が生じた日から六十日を限り、引き続き在留資格を有することなく本邦に在留することができる。

2　前項に規定する外国人は、法務大臣に対し、第三条第一項第十五号に係る在留資格以外の在留資格の取得を申請することができる。

3　前項の申請は、第一項に規定する事由が生じた日から三十日以内にしなければならない。

4　第十三条第二項又は次条第二項の規定による定を受けた外国人について在留資格を取得することができる事情が生じたときは、当該外国人は、第二項に規定する在留資格の取得を申請することができる。

5　法務大臣は、第二項又は前項の申請について適当と認めるに足りる相当の理由があるときは、在留資格及び在留期間を決定して在留資格の取得を許可することができる。

6　前項の規定による許可(以下「在留資格取得許可」という。)は、入国審査官に、当該許可に係る外国人の所持する旅券に在留資格及び在留期間を記載し、在留資格取得許可の証印をさせて行なうものとする。

7 第二十二条第三項の規定は、在留資格取得許可をする場合について準用する。

(特別在留許可)

第二十七条　法務大臣は、外国人が第三十三条各号の一に該当する場合でも、その者が次の各号の一に該当するときは、その者に対し、在留資格及び在留期間を決定して特別に在留を許可することができる。

一　日本人の親族で、その扶養を受けているものであるとき。

二　本邦に本籍を有したことがあるとき。

三　第三十三条各号の一に該当した時において、永住許可を受けていた者であるとき。

四　前三号に掲げる場合を除くほか、特別に在留の許可を受けるべき事情があるとき。

2　法務大臣は、前項の規定による許可(以下「特別在留許可」という。)をする場合において、在留資格を決定することができないときは、当該外国人に対し、三年をこえない範囲内でその者が本邦に在留することができる期間を決定するものとする。

3　特別在留許可は、地方入国管理官署の長に、当該許可に係る外国人の所持する旅券に在留資格及び在留期間(前項の規定による決定を受けた外国人については、その旨及び同項に規定する期間)を記載し、特別在留許可の証印をさせて行なうものとする。

4　特別在留許可を受けた外国人については、当談許可をした際に明らかであつた第三十三条各号に係る事実によつては、第七章に規定する手続による退去強制をすることができない。

5　地方入国管理官署の長は、第三十三条各号の一に該当すると認められる外国人について、法務大臣に特別在留許可を上申することができる。

6　法務大臣は、前項の規定による上申があつた場合において、特別在留許可をしないときは、地方入国管理官署の長にその旨を通知するものとする。

7　第十三条第六項及び第七項の規定は、第二項の規定による決定を受けた外国人について準用する。

8　第二十五条、第三十一条及び第三十二条の規定は、第二項の規定による決定を受けた外国人について準用する。この場合において、第二十五条第一項、第三十一条第一項並びに第三十二条第一項及び第二項後段中「在留資

格」とあるのは「第二十七条第二項の規定による決定を受けた者として本邦に在留することができる資格」と、第二十五条第二項から第四項まで、第三十一条第一項及び第三十二条第二項後段中「在留期間」とあるのは「本邦に在留することができる期間」と読み替えるものとする。

(在留外国人身分証明書)

第二十八条　務大臣は、国籍を有しない外国人その他の外国人で、旅券を取得することができない特別の事情のあるものに対し、この節(第二十五条第二項については、第十三条第八項において準用する場合を含む。)に規定する許可又は第三十一条第一項(第十三条第八項において準用する場合を含む。)の再入国の許可をする場合には、当該外国人に対し、在留外国人身分証明書を発給するものとする。

2　在留外国人身分証明書の発給を受けた外国人は、新たに旅券を取得したときは、地方入国管理官署の長に当該在留外国人身分証明書を返納しなければならない。

3　在留外国人身分証明書は、この法律の規定の適用については、旅券とみなす。ただし、第四条第一項の規定の適用については、当該外国人が第三十一条第一項(第十三条第八項及び前条第八項において準用する場合を含む。)再入国の許可を受けている場合に限る。

　　第五章　出国

(出国の手続)

第二十九条　本邦に在留する外国人(一時上陸の許可を受けて本邦に在留する外国人を除く。)は、本邦外の地域におもむく意図をもつて出国しようとするときは、出入国港において、法務省令で定めるところにより、入国審査官から出国の確認を受けなければならない。

(出国確認の留保)

第三十条　入国審査官は、本邦に在留する外国人が本邦外の地域におもむく意図をもつて出国しようとする場合において、関係機関から、当該外国人が次の各号の一に該当する者である旨の通知を受けているときは、前条の出国の確認を受けるための手続がされた時から二十四時間を限り、当該外国人について出国の確認を留保することができる。

一　死刑若しくは無期若しくは長期三年以上の有期の懲役若しくは禁錮にあ
　　たる罪につき訴追されている者又はこれらの罪を犯した疑いにより逮捕
　　状、勾引状、勾留状若しくは鑑定留置状が発せられている者

二　禁錮以上の刑に処せられ、その刑につき執行猶予の言渡しを受けなかつ
　　た者で、刑の教行を終わるまで、又は執行を受けることがなくなるま
　　でのもの(当該刑につき仮出獄を許されている者を除く。)

三　逃亡犯罪人引渡法(昭二十八年法律第六十八号)の規定により仮拘禁許可
　　状又は拘禁許可状が発せられている者

2　入国審査官は、前項の規定により出国の確認を留保したときは、直ちに同項
　　の通知をした機関にその旨を通報しなければならない。

　　　第六章　再入国
(再入国の許可)

第三十一条　法務大臣は、在留期間の満了前に本邦に再び入国する意図をもつ
　　て出国しようとする外国人が、出国前の在留資格をもつて再び本邦に在留
　　しようとするときは、当該外国人の申請に基づき、再入国の許可をするこ
　　とができる。この場合において、法務大臣は、必要があると認めるとき
　　は、その者の申請に基づき、当該許可を数次再入国の許可とすることがで
　　きる。

2　法務大臣は、再入国の許可をする場合には、当該許可の日から一年をこえな
　　い範囲内においてその有効期間を定めるものとする。

3　法務大臣は、再入国の許可を受けて出国した者について、当該許可の有効期
　　間内に再入国することができない相当の理由があると認めるときは、その
　　者の申請に基づき、一年をこえない範囲内で、当該許可の有効期間の延長
　　の許可をすることができる。

4　前項の許可の事務は、日本国領事官等に委任するものとする。

5　法務大臣は、数次再入国の許可を受けている外国人で、再入国したものに対
　　し、引き続き当該許可を与えておくことが適当でないと認める場合には、
　　その者が本邦にある間において、当該許可を取り消すことができる。

(再入国の許可による特例)

第三十二条　再入国の許可を受けている者で、最後の出国時における在留資格をもつて本邦に在留しようとするものに対しては、第六条及び第七条の規定にかかわらず、上陸許可をすることができる。ただし、再入国の許可を受けた後に生じた事実により第七条第一項各号(永住者として本邦に在留しようとする者については、第一号から第三号までを除く。)の一に該当する者に対しては、この限りでない。

2　前項に規定する者に対し上陸許可をする場合には、第十条第二項、第十一条第五項又は第十二条第三項の規定による在留資格及び在留期間の決定を要しない。この場合において、上陸許可を受けた当該外国人は、最後の出国時における在留資格及び在留期間をもつて本邦に在留するものとする。

3　再入国の許可を受けている者のうち、日本の国籍を有する船舶若しくは航空機又は法務省令で定める船舶若しくは航空機の乗員は、出国の確認を受けることなく出国し、かつ、上陸許可を受けることなく本邦に上陸することができる。

　　　第七章　退去強制
　　　　第一節　退去強制の対象者
(退去強制の対象者)
第三十三条　次の各号の一に該当する外国人については、この章に規定する手続により、本邦からの退去を強制することができる。

一　第四条第一項の規定に違反して本邦に入つた者

二　第五条の規定に違反して本邦に上陸した者

三　仮上陸の許可を受けた者で、逃亡したもの又は第十四条第三項の規定に違反して呼出しに応じないもの

四　第十五条第一項の規定により退去を命ぜられたにもかかわらず、本邦から退去しない者

五　第十七条第二項の規定により退去を命ぜられたにもかかわらず、本邦から退去しない者

六　第二十六条第一項に規定する者で、在留資格取得許可を受けることなく同項に規定する期間を経過した後も本邦に残留するもの

七　在留期間(第二十五条第四項の出国猶予期間を含む。)を経過した後も本

邦に残留する者、在留資格変更許可を受けることなく第二十四条に規定する期間を経過した後も本邦に残留する者又は第二十五条第六項の規定により同条四項の規定による在留の許可を取り消された者

八　第十三条第二項若しくは第二十七条第二項に規定する期間(第十三条第八項又は第二十七条第八項において準用する第二十五条第二項の規定による許可を受けた場合にあつては、延長された期間)を経過した後も本邦に残留する者又は第十三条第七項(第二十七条第七項において準用する場合を含む。)の規定により特別上陸許可若しくは特別在留許可を取り消された者

九　一時上陸の許可に係る上陸の期間を経過した後も本邦に残留する者又は第十六条第六項の規定により一時上陸の許可を取り消された者

十　第十九条の規定に違反して、同条に規定する活動をもつぱら行なつた者

十一　第二十条第一項の規定による命令に従わなかつた者

十二　らい予防法の適用を受けているらい患者(永住者を除く。)

十三　精神衛生法第二十九条(同法第五十一条において準用する場合を含む。)の規定の適用を受け、同法第二十九条に定める精神病院若しくは指定病院に収容されている精神障害者若しくは覚せい剤の慢性中毒者又は麻薬取締法第五十八条の人の規定の適用を受け、同条に定める麻薬中毒者医療施設に収容されている麻薬中毒者(永住者を除く。)

十四　貧困者、放浪者その他生活上の保護を必要とする者で、国又は地方公共団体の負担になつているもの(永住者を除く。)

十五　外国人登録に関する法令に規定する罪により禁錮以上の刑に処せられた者。ただし、執行猶予の言渡しを受けた者を除く。

十六　麻薬取締法、大麻取締法、あへん法、覚せい剤取締法又は刑法(明治四十年法律第四十五号)第二編第十四章に規定する罪により刑に処せられた者

十七　売春防止法(昭和三十一年法律第百十八号)に規定する罪又は性病予防法(昭和二十三年法律第百六十七号)第二十六条若しくは第二十七条若しくは刑法第百八十二条の罪により刑に処せられた者

十八　少年法(昭和二十三年法律第百六十八号)に規定する少年で、無期又は三年をこえる(不定期刑の場合にあつては、その長期が三年をこえる)有

期の懲役又は禁錮に処せられたもの

十九　少年法に規定する少年を除くほか、無期又は一年をこえる有期の懲役
又は禁錮に処せられた者。ただし、執行猶予の言渡しを受けた者を除く。

二十　他の外国人が不法に本邦に入り、又は上陸することをあおり、そその
かし、又は助けた者

二十一　日本国憲法又はその下に成立した政府を暴力で破壊することを企て、
若しくは主張し、又はこれを企て、若しくは主張する政党その他の団体
を結成し、若しくはこれに加入している者

二十二　次に掲げる政党その他の団体を結成し、若しくはこれに加入し、又
はこれと密接な関係を有する者

イ　公務員であるという理由により、公務員に暴行を加え、又は公務員
を殺傷することを勧奨する政党その他の団体

ロ　公共の施設を不法に損傷し、又は破壊することを勧奨する政党その
他の団体

ハ　工場又は事業場における安全保持の施設の正常な維持又は運行を停
廃し、又は妨げるような争議行為を勧奨する政党その他の団体

二十三　前二号に規定する政党その他の団体の目的を達するため、文書図画
を作成し、頒布し、又は展示した者

二十四　前各号に掲げる者を除くほか、法務大臣において日本国の利益又は
公安を害する行為を行なつたと認定する者

第二節　違反調査

(違反調査)

第三十四条　入国警備官は、前条各号 (第四号を除く。以下同じ。) の一に該当
すると思料される外国人(以下「容疑者」という。)があるときは、調査をする
ことができる。ただし、強制の処分は、この節及び第五節特別の規定があ
る場合でなければすることができない。

(通報)

第三十五条　国又は地方公共団体の職員は、その職務を遂行するに当たつて容
疑者を知つたときは、所轄の地方入国管理官署の長に、その旨を通報しな
ければならない。

(容疑者の取調べ等)

第三十六条　入国警備官は、第三十四条の調査(以下「違反調査」という。) をするため必要があるときは、容疑者若しくは参考人に対して出頭を求め、これらの者を取り調べ、又はこれらの者が遺留し、若しくは提出した物件を領置することができる。

2　第十条第五項の規定は、入国警備官が容疑者又は参考人を取り調べる場合について準用する。

3　入国警備官は、違反調査について、公務所又は公私の団体に照会して必要な事項の報告を求めることができる。

(臨検、捜索又は差押え)

第三十七条　入国警備官は、違反調査をするため必要があるときは、その所属官署の所在地を管轄する地方裁判所又は簡易裁判所の裁判官の許可を受けて、臨検、捜索又は差押えをすることができる。

2　前項の場合において、急速を要するときは、入国警備官は、臨検すべき場所、捜索すべき場所、身体若しくは物件又は差し押えるべき物件の所在地を管轄する地方裁判所又は簡易裁判所の裁判官の許可を受けて、同項の処分をすることができる。

3　入国警備官は、前二項の許可を請求しようとするときは、違反調査の対象者が容疑者である　ことを示す資料を提出するとともに、次の各号に掲げる場合には、それぞれ当該各号に定める資料を添附しなければならない。

　　一　容疑者以外の者の住居その他の場所を臨検しようとする場合　その場所が違反調査の対象となつている事件(以下「違反事件」という。)に関係があると認めるに足りる状況があることを示す資料

　　二　容疑者以外の者の身体、物件又は住居その他の場所について捜索しようとする場合　差し押えるべき物件が存在し、かつ、その物件が違反事件に関係があると認めるに足りる状況があることを示す資料

　　三　容疑者以外の者の物件を差し押えようとする場合　その物件が違反事件に関係があると認めるに足りる状況があることを示す資料

4　第一項又は第二項の許可をする場合には、地方裁判所又は簡易裁判所の裁判官は、臨検すべき場所、捜索すべき場所、身体若しくは物件又は差し押えるべき物件、請求者の官職氏名、有効期間及び裁判所名を記載し、自ら記

名押印した許可状を入国警備官に交付しなければならない。

5 入国警備官は、前項の許可状を他の入国警備官に交付して、臨検、捜索又は差押えをさせることができる。

第三十八条 入国警備官は、臨検、捜索又は差押えをする場合には、これらの処分を受ける者に前条第四項の許可状を提示しなければならない。

2 入国警備官は、臨検、捜索又は差押えをするについて必要があるときは、錠をはずし、封を開き、その他必要な処分をすることができる。

3 入国警備官は、住居その他の建造物内で臨検、捜索又は差押えをするときは、住居主、所有者若しくは管理者又はこれらの者に代わるべき者を立ち会わせなければならない。これらの者を立ち会わせることができないときは、隣人又は地方公共団体の職員を立ち会わせなければならない。

4 臨検、捜索又は差押えは、旅館、飲食店その他夜間でも公衆が出入することができる場所でその公開した時間内にこれらの処分をする場合を除き、前条第四項の許可状に夜間でも執行することができる旨の記載がなければ、日没から日出までの間には、してはならない。ただし、日没前に開始した臨検、捜索又は差押えについて必要があると認めるときは、日没後も継続することを妨げない。

5 入国警備官は、臨検、捜索又は差押えをするに際し必要があるときは、警察官又は海上保安官の援助を求めることができる。

6 第十条第五項の規定は、入国警備官が臨検、捜索又は差押えをする場合について準用する。

(調書の作成)

第三十九条 入国警備官は、容疑者又は参考人を取り調べたときは、その供述を調書に記載し、容疑者又は参考人に閲覧させ、又は読み聞かせて、署名をさせ、かつ、自らこれに署名しなければならない。

2 入国警備官は、臨検、捜索又は押収をしたときは、その調書を作成し、前条第三項の規定による立会人に閲覧させ、又は読み聞かせて、署名をさせ、かつ、自らこれに署名しなければならない。

3 前二項の場合において、取調べを受けた者又は立会人が署名することができないとき、又は署名を拒んだときは、その旨を調書に附記すれば足りる。

(押収目録の交付及び押収物の返還)

第四十条　入国警備官は、押収をしたときは、その目録を作り、押収物の所有者、所持者若しくは保管者又はこれらの者に代わるべき者にこれを交付しなければならない。

2　入国警備官は、押収物について、留置の必要がないと認めたときは、すみやかにこれを還付しなければならない。

(違反事件の引継ぎ)

第四十一条　入国警備官は、違反調査を終えたときは、すみやかに書類及び証拠物とともに違反事件を地方入国管理官署の長に引き継がなければならない。

第三節　審査、口頭審理及び異議の申出

(審査及び口頭審理)

第四十二条　地方入国管理官署の長は、前条の規定による違反事件の引継ぎを受けたときは、直ちに入国審査官に対しご容疑者が第三十三条各号の一に該当するかどかの審査を命じなければならない。

2　入国審査官は、審査を終えたときは、すみやかに、理由を附した書面をもつて、地方入国管　理官器の長にその結果を報告しなければならない。

3　地方入国管理官署の長は、入国審査官から容疑者が第三十三条各号の一に該当すると認める旨の前項の規定による報告を受けたときは、当該容疑者に対し、時及び場所を通知してすみやかに口頭審理を行なわなければならない。

4　第十条第五項及び第十一条第二項から第四項までの規定は、前項の口頭審理について準用する。

5　地方入国管理官署の長は、口頭審理の結果、容疑者が第三十三条各号の一に該当すると認定した場合には、当該容疑者に対し、すみやかに、理由を附した書面をもつてその旨及び次条第一項の規定により異議を申し出ることができる旨を通知しなければならない。

(異議の申出)

第四十三条　前条第五項の規定による通知を受けた容疑者は、同項の規定による認定に異議があるときは、その通知を受けた日から三日以内に、不服の事由を記載した書面を地方入国管理官署の長に提出して、法務大臣に対し異議を申し出ることができる。

2　法務大臣は、前項の規定による異議の申出を受理したときは、当該異議の申出が理由があるかどうかを裁決して、すみやかにその結果を、地方入国管

理官署の長を経由して、当該容疑者に通知するものとする。この場合において、異議の申出が理由がないと裁決した旨の通知は、当該容疑者に対し特別在留許可をしない場合に限り、するものとする。

第四節　退去強制令書の執行

(退去強制令書)

第四十四条　外国人の退去強制は、退去強制令書によつて行なう。

2　地方入国管理官署の長は、外国人が次の各号の一に該当するに至つた場合には、退去強制令書を発付しなければならない。ただし、特別在留許可の上申をした場合において、第二十七条第六項の規定による通知があるまでの間は、この限りでない。

　　一　第四十二条第五項の規定による通知を受けた場合において、文書により異議の申出をしない旨を明らかにしたとき、又は当該通知を受け日から三日以内に異議の申出をしなかつたとき。

　　二　異議の申出が理由がないと裁決した旨の前条第二項の規定による通知を受けたとき。

　　三　第十五条第一項の規定により退去を命ぜられたにもかかわらず、本邦から退去しないとき。

3　去強制令書には、退去を強制される者の氏名、年齢及び国籍、退去強制の理由、第四十六条第六項の規定により送還する場合の送還先、発付年月日その他法務省令で定める事項を記載　し、かつ、地方入国管理官署の長がこれに記名押印しなければならない。

(送還先)

第四十五条　　条第六項の規定により送還する場合の送還先は、退去を強制される者の国籍又は市民権の属する国とする。

2　他方入国管理官署の長は、退去を強制される者を前項の国に送還することができないとき、又は送還することが適当でないと認めるに足りる相当の事情があるときは、退去を強制される者の希望する国を送還先に指定しなければならない。ただし、退去を強制される者が希望する国を申し出ないとき、又は希望する国に送還することができないときは、次に揚げる国のいずれかを送還先に指定することができる。

　　一　退去を強制される者の親族が居住している国

二　退去を強制される者が本邦に入国する前に居住していたことのある国
　　三　退去を強制される者が本邦に向けて船船又は航空機に乗つた港又は飛行
　　　　場の属する国
3　前項ただし書の規定により送還先を指定する場合には、できる限り退去を強
　　制される者の意思を尊重しなければならない。
4　送還先である国の特定の地域に送還することが相当である認められるときは、
　　第一項又は、
　　第二項の規定にかかわらず、その地域を送還先とすることができる。
　　(退去強制令書の執行)
第四十六条　退去強制令書は、入国警備官が執行するものとする。
2　警察官又は海上保安官は、入国警備官が足りないため地方入国管理官署の長
　　が必要と認めて依頼したときは、退去強制令書を執行することができる。
3　入国警備官(前項の規定により退去強制令書を執行する警察官又は海上保安官
　　を含む。以下この条及び第四十九条において同じ。)は、退去強制令書を執
　　行するときは、退去を強制される者に退去強制令書又はその写しを示さな
　　ければならない。
4　退去を強制される者は、退去強制令書の執行が開始された日から十五日を経
　　過する日(十五日を経過する日以前に第五十七条の規定により船舶若しくは
　　航空機の長又は運送業者が送還するときは、当該送還する日の前日)までの
　　間において、自らの費用により、自ら本邦を退去すること(以下「任意退去」
　　という。)を希望するときは、任意退去をすることができる。
5　入国警備官は、退去を強制される者を第五十七条の規定により船舶若しくは
　　航空機の長又は運送業者が送還するときは、これらの者に退去を強制され
　　る者を引き渡すものとする。
6　入国警備官は、退去を強制される者について退去強制令書の執行が開始され
　　た日から十五日を経過したとき、又はその者が任意退去をしないことが明
　　らかなときは、すみやかにその者を送還しなければならない。ただし、前
　　項に規定する場合又は次項の規定により地方入国管理官署の長が任意退去
　　を許可した場合は、この限りでない。
7　退去強制令書の執行が開始された日から十五日を経過した後において、退去
　　を強制される者が任意退去を希望するときは、地方入国管理官署の長は、

その者の申請に基づき、これを許可することができる。

(退去強制令書の執行停止)

第四十七条　地方入国管理官署の長（第四十九条第一項の規定により入国者収容所に収容されている者については、入国者収容所長。第五十一条第一項、第二項、第四項及び第五項において同じ。）は、退去強制令書の執行によって、退去を強制される者が健康を害するおそれがあるときは、その者の前条第五項の規定による引渡し又は同条第六項の規定による送還を停止させることができる。

第五節　収容

(収容令書による収容)

第四十八条　地方入国管理官署の長は、容疑者が第三十三条各号の一に明らかに該当すると認め　られる場合で、かつ、その者が逃亡し、又は逃亡すると疑うに足りる相当の理由があるとき　は、収容令書を発付して、入国警備官に当該容疑者を収容させることができる。

2　前項の収容令書には、容疑者の氏名、居住地及び国籍、容疑事実の要旨、収容すべき場所、有効期間、発付年月日その他法務省令で定める事項を記載し、かつ、地方入国管理官署の長がこれに記名押印しなければならない。

3　入国警備官は、第一項の規定により容疑者を収容するときは、収容令書を容疑者に示さなければならない。

4　入国警備官は、収容令書を所持しない場合でも急速を要するときは、容疑事実の要旨及び当該収容令書が発付されている旨を告げて、容疑者を収容することができる。ただし、当該収容令書は、できるだけすみやかに示さなければならない。

5　入国警備官は、容疑者が第三十三条各号の一に明らかに該当すると認められる場合で、収容令書の発付をまつていてはその者が逃亡すると信ずるに足りる相当の理由があるときは、収容令書の発付をまたずに、容疑事実の要旨を告げて、当該容疑者を収容することができる。

6　前項の規定により容疑者を収容したときは、入国警備官は、直ちにその旨を地方入国管理官署の長に報告しなければならない。この場合において、収容令書が発付されないときは、直ちにその者の身体の拘束を解かなければならない。

7　地方入国管理官署の長は、容疑者を収容したときは、すみやかに、本邦に在留する者で当該容疑者が指定するもの一人に対し、その旨を通知しなければならない。

8　容疑者を収容したときは、当該容疑者の指紋を採取し、身体若しくは体重を測定し、又は写真を撮影することができる。

9　容疑者を収容することができる期間は、収容を開始した日から起算して二十日以内とする。ただし、やむを得ない事由があるときは、二十日を限り延長することができる。

10　地方入国管理官署の長(第六十四条第二項の規定により第四十二条第三項から第五項までに規定する事務を取り扱う入国審査官を含む。)は、入国審査官から容疑者が第三十三条各号のいずれにも該当しないと認めた旨の第四十二条第二項の規定による報告を受けたとき、同条項の口頭審理の結果容疑者が第三十三条各号のいずれにも該当しないと認定したとき、又は法務大臣から異議の申出が理由があると裁決した旨の第四十三条第二項規定による通知があつたときは、直ちに当該容疑者の身体の拘束を解かなければならない。

(退去強制令書による収容)

第四十九条　入国警備官は、第四十六条第四項から第七項までの規定により、退去を強制される者が任意退去をし、又はその者を船舶若しくは航空機の長若しくは運送業者に引き渡し、若しくは送還するまでの間、退去強制令書により、その者を収容することができる。

2　前条第七項及び第八項の規定は、入国警備官が前項の規定により退去を強制される者を収容した場合について準用する。

(収容の場所及び留置の嘱託)

第五十条　第四十八条又は前条一項の規定により容疑者又は退去を強制される者を収容することができる場所は、地方入国管理官署の収容場、入国者収容所その他法務大臣又はその委任を受けた地方入国管理官署の長が指定する場所とする。

2　警察官は、地方入国管理官署の長が必要と認めて嘱託書により依頼したときは、容疑者を警察署に留置することができる。

(収容の停止)

第五十一条　地方入国管理官署の長は、第四十八条又は第四十九条第一項の規定により収容されている者が健康を害するおそれがあるときその他特に必要があると認めるときは、収容されている者又はその代理人、保佐人、配偶者、直系親族若しくは兄弟姉妹の請求に基づき、又は職権に基づき、その者の収容を停止することができる。

2　前項の規定による収容の停止をする場合には、地方入国管理官署の長は、当該収容の停止を受ける者の住居を定めなければならない。

3　第一項の規定による収容の停止を受けた者は、前項の規定により定められた住居に居住し、地方入国管理官署の長(入国者収容所長が収容を停止させた者については、入国者収容所長。次条において同じ。)から呼出しがあつたときは、これに応じなければならない。

4　第二項の場合において、地方入国管理官署の長は、当該収容の停止を受ける者に対し、法務省令で定めるところにより、行動の範囲その他の事項に関して必要と認める条件を附し、又は五十万円をこえない範囲内で法務省令で定める額の保証金を納付させることができる。

5　地方入国管理官署の長は、適当と認めるときは、収容の停止を受ける者以外の者の差し出した保証書をもつて前項の保証金に代えることを許すことができる。

6　前項の保証書には、保証金額及びいつでもその保証金を納付する旨を記載しなければならない。

(収容の停止の取消し)

第五十二条　地方入国管理官署の長は、前条第一項の規定による収容の停止を受けた者が逃亡し、若しくは逃亡すると疑うに足りる相当の理由があると認めるとき、又は同第三項の規定に違反して呼出しに応ぜず、若しくは同条第四項の規定により附された条件に違反したときは、当該収容の停止を取り消すことができる。

2　地方入国管理官署の長は、法務省令で定めるところにより、逃亡したこと又は前条第三項の規定に違反して呼出しに応じないことを理由として収容の停止の取消しをしたときは同条第六項の保証金の全部を、同項の規定により附された条件に違反したことを理由として収容の停止の取消しをしたときはその一部を国庫に帰属させるものとする。この場合において、同条第

五項の保証書を差し出した者には、国庫に帰属させる金額を納付するよう命ずるものとする。

3　前項後段の規定による命令は、強制執行に関しては、執行力のある債務名義と同一の効力を有する。

4　入国警備官は、第一項の規定により収容の停止を取り消さた者がある場合には、その者に地方入国管理官署の長が発付する収容停止取消書及び収容令書又は去強制令書を示して、その者を収容しなければならない。

5　入国警備官は、収容停止取消書及び収容令書又は退去強制令書を所持しない場合でも、急速を要するときは、第一項の規定により収容の停止を取り消された者に対し、収容の停止が取り消された旨を告げて、その者を収容することができる。ただし、当該収容停止取消書及び当該収容令書又は退去強制令書は、できるだけすみやかに示さなければならない。

第八章　船舶又は航空機の長及び運送業者の責任

(事前通報等の義務)

第五十三条　船舶(本邦の港と本邦外の港との間を運航する船舶をいう。以下同じ。)又は航空機(本邦の飛行場と本邦外の飛行揚との間を運航する航空機をいう。以下同じ。)の長は、法務省令で定めるところにより、あらかじめ、入港しようとする出入国港の入国審査官に対し、入港予定日時その他の事項を通報しなければならない。ただし、法務省令で定める船舶又は航空機については、この限りでない。

2　船舶又は航空機の長は、法務省令で定めるところにより、当該船舶又は航空機が出入国港に入港したときは直ちに、出入国港から出港するときはあらかじめ、当該出入国港の入国審査官に対し、入出港届を提出しなければならない。ただし、法務省令で定める船舶又は航空機については、この限りでない。

3　前項の場合において、船舶又は航空機の長は、入国審査官の要求があつたときは、乗員名簿又は乗客名簿を提出しなければならない。

(報告の義務)

第五十四条　本邦に入る船舶又は航空機の長は、有効な旅券を所持しない外国人(乗員又は第四条第二項に規定する者で、有効な乗員手帳を所持するもの

を除く。)が当該船舶又は航空機に乗つていることを知つたとは、直ちにその旨を出入国港の入国審査官に報告しなければならない。

2　本邦から出る船舶又は航空機の長は、第二十九条又は第五十九条の規定に違反して出国しようとする者が当該船舶又は航空機に乗つていることを知つたときは、直ちにその旨を出入国港の入国審査官に報告しなければならない。

(船舶又は航空機の長の行為の代行)

第五十五条　前二条の規定により船舶又は航空機の長がすべき行為は、これらの条に規定する船舶又は航空機に係る運送業者も行なうことができる。

(上陸防止の義務)

第五十六条　船舶又は航空機の長は、第五十四条第一項に規定する外国人が当該船舶又は航空に乗つていることを知つたときは、当該外国人が本邦に上陸することを防止しなければならい。

(送還の義務)

第五十七条　次の各号の一に該当する外国人が乗つてきた船舶若しくは航空機の長又はその船舶若しくは航空機に係る運送業者は、当該外国人をその船舶若しくは航空機又は当該運送業者に係る他の船舶若しくは航空機により、その責任と費用で、すみやかに本邦外の地域に送還しなければならない。

一　第十五条第一項の規定により退去を命ぜられた者

二　第三十三条第三号から第五号まで又は第九号に該当することを理由として同条の規定により退去を強制される者

三　第三十三条第一号又は第二号に談当することを理由として入国又は上陸後三年以内に同条の規定により退去を強制される者のうち、その者が乗つてきた船舶若しくは航空機の長又はその船舶若しくは航空機に係る運送業者において、その者が第四条第一項又は第五条の規定に違反して本邦に入り、又は上陸しようとしている者であることを明らかに知つていたと認められる者

四　第七条第一項各号に係る事実があることを理由として上陸後三年以内に第三十三条の規定により退去を強制される者のうち、その者が乗つてきた船舶若しくは航空機の長又はその船舶若しくは航空機に係る運送業者において、その者の上陸の際にその者について当該事実があることを明らかに知つていたと認められる者

2　前項の場合において、外国人を同項に規定する船舶又は航空機により送還することができないときは、運送業者は、その責任と費用で、すみやかに他の船舶又は航空機により送還しなければならない。

　　（指示に従う義務）

第五十八条　船舶又は航空機の長及びその船舶又は航空機に係る運送業者は、入国審査官がこの法律に規定する審査その他の職務の執行に当たり必要な指示をした場合には、これに従わなければならない。

　　　　第九章　日本人の出国及び帰国

　　（日本人の帰国）

第五十九条　本邦外の地域におもむく意図をもつて出国ようとする日本人は、有効な旅券を所持し、出入国港において、法務省令で定めるところにより、入国審査官から出国の確認を受けなければならない。ただし、日本の国籍を有する船舶若しくは航空機又は法務省令で定める船粕若しくは航空機の乗員で、有効な旅券又は乗員手帳を所持するものについては、この限りでない。

　　（日本人の帰国）

第六十条　本邦外の地城から本邦に帰国する日本人は、有効な旅券を所持し、出入国港において、法務省令で定めるところにより、入国審査官から帰国の確認を受けなければならない。前条ただし書の規定は、この場合について準用する。

　　　　第十章　管理機関

　　（入国審査官）

第六十一条　この法律に規定する職務に従事させるため、入国管理事務所に入国審査官を置く。

2　入国審査官は、この法律に規定する職務を行なうため必要があるときは、船舶又は航空機に乗り込むことができる。

3　入国審査官は、必要があるときは、その所属する入国管理事務所の管轄区域外においても、職務を行なうことができる。

　　（入国警備官）

第六十二条　この法律に規定する職務に従事させるため、入国者収容所及び入国管理事務所に入国警備官を置く。

2　入国警備官の階級は、政令で定める。

3　入国警備官は、国家公務員法(昭和二十二年法律第百二十号)第百八条の二の規定の適用については、警察職員とみなす。

4　入国警備官は、外国人が第五条の規定に違反して本邦に上陸することを防止するため必要があるときは、船舶又は航空機に乗り込むことができる。

5　入国警備官は、第五条の規定に違反して本邦に上陸しようとしていると疑うに足りる相当の理由のある者に□し、質問し、若しくは旅券、乗員手帳その他の身分を証する文書の提示を求め、又は周囲の事情から合理的に判断して外国人が不法に本邦に上陸しようとしていることについて知つていると認められる者に対し、質問することができる。

6　入国警備官は、第五条の規定に違反する行為がまさに行なわれようとするのを認めたときは、その予防のため関係人に必要な警告を発し、又はこれを制止することができる。

7　前条第三項の規定は、入国管理事務所に置かれた入国警備官について準用する。

(小型武器の携帯及び使用)

第六十三条　入国審査官及び入国警備官は、その職務を行なうに当たり、特に必要があるときは、小型武器を携帯することができる。

2　入国審査官及び入国警備官は、その職務の執行に関し、その事態に応じ、合理的に必要と判断される限度において、小型武器を使用することができる。ただし、次の各号の一に該当する場合を除いては、人に危害を与えてはならない。

一　刑法第三十六条又は第三十七条に該当する場合

二　第十四条第七項若しくは第四十八条の収容令書若しくは退去強制令書の執行を受ける者がその者に対する入国警備官の職務の執行に対して抵抗する場合又は第三者がその者を逃がそうとして入国警備官に抵抗する場合において、これを防止するために他の手段がないと入国警備官において信ずるに足りる相当の理由があるとき。

(地方入国管理官署の長の職務の代行等)

第六十四条　地方入国管理官署の長に事故のあるとき、又は地方入国管理官署の長が欠けたときは、その官署の入国審査官が、法務大臣の定める順序により、臨時にこの法律に規定する地方入国管理官署の長の職務を行なう。

2　地方入国管理官署の長は、法務大臣の指定する入国審査官に第十一条又は第四十二条第三項から第五項までに規定する事務を取り扱わせることができる。

(事実の調査)

第六十五条　法務大臣は、この法律の規定によりての権限に属する事項を処理するため必要があるときは、地方入国管理官署の長に事実の調査を命ずることができる。

2　地方入国管理官署の長は、前項の規定による命令を受けたとき、又はこの法律(これに基づく命令を含む。)の規定によりその権限に属する事項を処理するため必要があるときは、所属の入国審査官又は入国警備官に事実の調査をさせることができる。

3　地方入国管理官署の長は、前項に規定する場合には、公務所又は公私の団体に照会して必要な事項の報告を求めることができる。

(制服の着用又は証票の携帯)

第六十六条　入国審査官及び入国警備官は、この法律に規定する職務を行なうときは、制服を着用し、又はその身分を示す証票を携帯しなければならない。

2　前項の場合において、当該証票は、関係人の請求があるときは、これを提示しなければならない。

第十一章　補則

(刑事訴訟法の特例)

第六十七条　司法警察員は、第七十四条、第七十五条第一号又は第七十七条の罪に係る被疑者を逮捕し、又は受け取つた場合には、第四十八条第一項の収容令書が発付され、かつ、その者が他に罪を犯した嫌疑のないときに限り、刑事訴訟法(昭和二十三年法律第百三十一号)第二百三条(同法第二百十一条及び第二百十六条において準用する場合を含む。)の規定にかかわらず、書類及び証拠物とともに、当該被疑者を入国警備官に引き渡すことができる。

2　前項の場合には、被疑者が身体を拘束された時から四十八時間以内に、当該

破疑者を引き渡す手続をしなければならない。

(刑事手続等との関係)

第六十八条　刑事訴訟に関する法令、刑の執行に関する法令又は少年院若しくは婦人補導院の在院者の処遇に関する法令の規定による手続が行なわれている者について退去強制令書が発付された場合には、これらの法令の規定による手続が終了した後でなければ、その執行(第四十九条第一項の規定による収容を除く。)をすることができない。ただし、刑事訴訟に関する法令の規定による手続以外の手続が行なわれている場合で、関係機関の同意があつたときは、この限りでない。

2　前項本文に規定する場合において、第四十九条第一項の規定により収容された者に対する第四十六条第四項、第六項及び第七項の規定の適用については、これらの規定中「退去強制令書の執行が開始された日」とあるのは、同条第四項にあつては「第六十八条第一項本文に規定する手続が終了した日又は同項ただし書の同意があつたことを知つた日(以下「手続終了等の日」という。)」と、同条第六項及び第七項にあつては「手続終了等の日」とする。

(収容場の設置)

第六十九条　地方入国管理官署に、第十四条第七項若しくは第四十八条の収容令書又は退去強制令書の執行を受ける者を収容する収容場を設ける。

(被収容者の処遇)

第七十条　第十四条第七項若しくは第四十八条の収容令書又は退去強制令書により収容されている者(以下「被収容者」という。)には、第五十条に規定する収容の場所(以下「収容場所」という。)の保安上支障がない範囲内においてできる限りの自由が与えられなければならない。

2　被収容者には一定の寝具を貸与し、及び一定の糧食を給与するものとする。

3　被収容者に対する給養は、適正でなければならず、収容場所の設備は、衛生的でなければならない。

4　入国者収容所長又は地方入国管理官署の長(第四十六条第二項の規定により警察官又は海上保安官が退去強制令書執行している場合にあつては当該警察官又は海上保安官の属する官署の長、第五十条第二項の規定により容疑者を警察署に留置する場合にあつては警察署長(以下この条において同じ。)は、収容場所の保安上又は衛生上必要があると認めるときは、被収容者の

身体、所持品若しくは衣類を検査し、又は所持品若しくは衣類を領置することができる。

5　入国者収容所長又は地方入国管理官署の長は、収容場所の保安上必要があると認めるときは、被収容者と次に掲げる者以外の者との面会を制限し、若しくは禁止し、又はこれと発受する通信を検閲し、制限し、若しくは禁止することができる。

一　被収容者の国籍又は市民権の属する国の外交官又は領事官

二　被収容者の代理人又は弁護人である弁護士(依頼によりこれらの者になろうとする弁護士を含む。)

6　入国者収容所長又は地方入国管理官署の長は、被収容者から処遇に関して不服の申出があつた場合において、当該不服に係る事項を処理したときは、その結果を当該申出人に対し告知するものとする。

7　前各項に規定するものを除くほか、被収容者の処遇に関し必要な事項は、法務省令で定める。

(手数料)

第七十一条　外国人は、第十九条の活動の許可、在留資格変更許可、永住許可、在留延長許可、再入国の許可又は再入国の許可の有効期間を延長する第三十一条第三項の許可(第十三条第八項又は第二十七条第八項において準用する第二十五条第二項又は第三十一条第一項若しくは第三項の規定による許可を含む。)を受けようとする場合には、政令で定めるところにより、五千円をこえない範囲内において政令で定める額の手数料を納めなければならない。

(権限の委任)

第七十二条　この法律に規定する法務大臣の権限は、政令で定めるところにより、地方入国管理官署の長又は日本国領事官等に委任することができる。

(省令への委任)

第七十三条　この法律の実施のための手続その他その執行について必要な事項は、法務省令で定める。

　　　　　第十二章　罰則

第七十四条　次の各号の一に該当する者は、三年以下の懲役若しくは禁錮又は

十万円以下の罰金に処する。

一　第四条第一項の規定に違反して本邦に入つた者

二　第五条の規定に違反して本邦に上陸した者

三　仮上陸の許可を受けた者で、逃亡したもの又は第十四条第三項の規定に違反して呼出しに応じないもの

四　第十五条第一項の規定により退去を命ぜられたにもかかわらず、本邦から退去しない者

五　第二十六条第一項に規定する者で、在留資格取得許可を受けることなく同項に規定する期間を経過した後も本邦に残留するもの

六　在留期間(第二十五条第四項の出国猶予期間を含む。)を経過した後も本邦に残留する者又は在留資格変更許可を受けることなく第二十四条に規定する期間を経過した後も本邦に残留する者

七　第十三条第二項又は第二十七条第二項に規定する期間(第十三条第八項又は第二十七条第八項において準用する第二十五条第二項の規定による許可を受けた場合にあつては、延長された期間)を経過した後も本邦に残留する者

八　一時上陸の許可に係る上陸の期間を経通した後も本邦に残留する者

第七十五条　次の各号の一に該当する者は、一年以下の懲役若しくは禁錮又は十万円以下の罰金に処する。

一　第十九条の規定に違反して同条に規定する活動をもつぱら行なつた者

二　第二十九条又は第五十九条の規定に違反して出国し、又は出国することを企てた者

第七十六条　第十四条第七項若しくは第四十八条の収令書又は退去強制令書によつて身体を拘束されている者で、逃走したものは、一年以下の懲役又は五万円以下の罰金に処する。

第七十七条　第二十条第一項の規定による命令に従わなかつた者は、六月以下の懲役若しくは禁錮又は五万円以下の罰金に処する。

第七十八条　第七十四条から前条までの罪を犯した者には、懲役又は禁錮及び罰金を併科することができる。

第七十九条　第十九条の規定に違反して同条に規定する活動を行なつた者は、五万円以下の罰金に処する。

第八十条　次の各号の一に該当する者は、三万円以下の罰金に処する。

一　第十一条第四項(第四十二条第四項において準用する場合を含む。以下この条において同じ。)の規定による命令に違反して出頭せず、又は第十一条第四項の規定による宣誓若しくは証言を拒み、若しくは虚偽の証言をした者

二　第二十一条第一項又は第二項の規定に違反して旅券等を携帯せず、又はその提示を拒んだ者

第八十一条　次の各号の一に該当する者は、二十万円以下の過料に処する。

一　第五十三条第一項の規定に違反して通報せず、若しくは同条第二項の規定に違反して入出港届を提出しなかつた者又は同条第三項の規定に違反して名簿を提出せず、若しくは虚偽の記載をした名薄を提出した者

二　第五十四条の規定に違反して報告しなかつた者

三　第五十六条の規定に違反して上陸することを防止しなかつた者

四　第五十七条の規定に違反して送還を怠つた者

五　第五十八条の規定に違反して指示に従わなかつた者

　　　附　則

(施行期日)

第一条　この法律は、公布の日から起算して一年をこえない範囲内において政令で定める日から施行する。

(出入国管理令の廃止)

第二条　出入国管理令(昭和二十六年政令第三百十九号)は、廃止する。

(在留資格に関する経過措置)

第三条　この法律(以下「新法」という。)の施行の際現に前条の規定による廃止前の出入国管理令(以下「旧令」といら。)第四条第一項各号に掲げる者のいずれか一に該当する者(旧令第四条第一項第十六号に該当する者については、同項第五号、第十号から第十二号まで又は第十五号に係る者のうち、短期間本邦に在留しようとする者に限る。)としての在留資格を有する者は、新法の規定の適用については、それぞれ旧令の規定による在留資格に対応する新法の規定による在留盗格を有する者とみなす。新法の施行の日以後に

おいて附則第五条又は第十条の規定によりこれらの旧令の規定の例による在留資格を有することとなつた者についても、同様とする。

2 前項の場合において、旧令第四条第一項第五号から第十三号まで又は第十六号に該当する者(同項第十六号に該当する者のうち、同項第十五号に係る者を除く。)としての在留資格は、政令で定めるところにより、当該各号に規定する活動(同項第十六号については、同項第五号又は第十号から第十二号までに規定する活動)に対応する新法第三条第一項第四号から第十一号までに掲げる活動をすることができる者としての新法の規定による在留資格に対応するものとする。

3 旧令第四条第一項第五号から第十三号まで又は第十六号に該当する者(同項第十六号に該当する者のうち、同項第十五号に係る者を除く。)としての在留資格を有する者で、第一項の規定により、新法の規定による在留資格を有する者とみなされたものについては、旧令の規定による在留其間が満了する日までの間、新法第十九条中「在留活動」とあるのは、「その者の附則第二条の規定による廃止前の出入国管理令(昭和二十六年政令第三百十九号)の規定による在留資格に属する者の行なうべき活動」とする。

4 新法の施行の際現に旧令第四条第一項第十五号又は第十六号に該当する者としての在留資格を有する者で、第一項の規定により新法第三条第一項第十四号に係る在留資格を有する者とみなされたもののうち、旧令の規定による在留資格の決定の基礎となつた身分関係その他の要件がなくなつているものに関する新法第二十四条の規定の適用については、新法の施行の日に同条に規定する事由が生じたものとみなす。

5 第一項の規定により新法の規定による在留資格を有する者とみなされた者の新法の規定による在留期間は、旧令の規定による在留期間が満了する日までの期間(旧令第四条第一項第二号に該当する者としての在留資格を有する者については、新法の施行の日から一年を経過する日までの期間)とする。

6 新法の施行の際現に旧令の規定による在留資格を有する者で、第一項に規定する者以外のものは、新法第三条第一項第十六号に係る在留資格を有する者として本邦に在留することができる。新法の施行の日以後において附則第五条の規定により旧令の規定の例による在留資格を有することとなつた者で、第一項後段に規定する者以外のものについても、同様とする。

7 前項に規定する者の新法の規定による在留期間は、旧令の規定による在留期間が満了する日までの期間とする。

8 第六項に規定する者で、新法の規定による在留資格を決定することができるもの(新法第三条第一項第十六号に係る在留資格を決定することができる者を除く。)については、新法第二十五条の規定は、適用しない。

(旧令の規定に基づく処分又は手続の効力)

第四条　新法の施行の日前に旧令(これに基づく命令を含む。附則第十三条を除き、以下同じ。)の規定(旧外国人登録令(昭和二十二年勅令第二百七号)第十六条第二項において準用する場合を含む。)によつてした証明書の交付若しくはその申請、指定、許可若しくはその申請又は退去強制令書の発付その他の処分又は手続で新法(これに基づく命令を含む。以下この条において同じ。)に相当の規定があるものは、この附則に別段の定めがある場合を除き、政令で定めるところにより、新法の相当の規定によつてした相当の処分又は手続とみなす。

(上陸の手続に関する経過措置)

第五条　新法の施行の際現に旧令第六条第二項に規定する上陸の申請をしている者に関する旧令第三章第一節から第三節まで(第十条第八項及び第十一条第五項を除く。)の規定に係る事項(これらの事項に係る罰則の適用を含む。)については、なお従前の例による。この場合において、旧令の規定中「特別審理官」とあるのは「地方入国管理官署の長又は法務大臣の指定する入国審査官」と、「主任審査官」とあるのは「地方入国管理官署の長」とする。

(上陸許可の要件に関する経過措置)

第六条　旧令第四条第五項の許可があつたことを示す書類を所持している者については、新法第六条中「各号(第十五号を除く。)」とあるのは「各号」とする。

2 旧令第五条第一項第六号又は第八号の規定に該当して上陸を拒否された者は、新法第七条第一項第十号の規定の適用については、それぞれ同項第八号又は第九号の規定に該当したことにより上陸許可を受けることができず、新法第十五条第一項の規定により退去を命ぜられて本邦から退去した者とみなす。

(事前認定に関する経過措置)

第七条　新法第九条の規定は、新法の施行の日から三月を経過する日までの間

に新法の規定による上陸許可の申請をする者(旧令第四条第三項に規定する者を除く。)については、適用しない。

(退去命令に関する経過措置)

第八条　旧令第十条第七項の規定による認定に服した者及び主任審査官が旧令第十一条第三項の規定により受けた異議の申出が理由が理由がいと裁決した旨の通知に係る者のうち、新法の施行の日前に旧令第十条第八項又は第十一条第五項の規定による退去を命ぜられた者以外の者は、新法第十五条の規定の適用については、同条第一項に規定する外国人で、新法の施行の日に同項各号の一に該当するに至つたものとみなす。

2　附則第五条に規定する者で、旧令第十条第七項の規定の例による認定に服したもの又は地方入国管理官署の長が旧令第十一条第三項の規定の例により受けた異議の申出が理由がないと裁決した旨の通知に係るものは、新法第十五条の規定の適用については、同条第一項に規定する外国人で、当該認定に服した日又は当該通知を地方入国管理官署の長が受けた日に同項各号の一に該当するに至つたものとみなす。

(在留資格の取得に関する経過措置)

第九条　新法の施行の際現に旧令第二十二条の二第一項の規定により本邦に在留している者に関する新法第二十六条の規定の適用については、旧令第二十二条の二第一項に規定する事由が生じた日に新法第二十六条第一項に規定する事由が生じたものとみなす。

(永住許可に係る申請に関する経過措置)

第十条　新法の施行の際現に旧令第四条第五項の規定による永住許可の申請又は旧令第二十二条の二の規定による旧令第四条第一項第十四号に該当する者としての在留資格の取得の申請をしている者に関する当該申請に係る許可については、なお従前の例による。

(退去強制等に関する経過措置)

第十一条　旧令第二十四条各号の一に該当する者(旧令附則第四項の規定により旧令第二十四条第一号に該当する者とみなされた者を含む。)及び旧外国人登録令第三条の規定に違反した者に対する退去強制及び特別在留許可については、旧令第二十四条各号の一又は旧外国人登録令第三条に対応する新法第三十三条各号の一に掲げる者に該当てるものとみなして、新法の規定

を適用する。

2　前項の規定にかかわらず、新法の施行の際現に旧令第五章第二節の規定(旧外国人登録令第十六条第二項において準用する場合を含む。)により収容されている外一人又は同章第三節の規定(旧外国人登録令第十六条第二項において準用する場合を含む。)による手続が行なわれている外国人に関する旧令第五章第一節から第三節まで及び第五節中収容書の発付を受けている者に係る部分の規定に係る事項(これらの事項に係る罰則の適用を含む。)については、なお従前の例による。この場合において、旧令の規定中「特別審理官」とあるのは「地方入国管理官署の長又は法務大臣の指定する入国審査官」と、「任審査官」とあるのは「地方入国管理官署の長」と、「第五十一条の規定による退去強制令書」とあるのは「出入国法(昭和四十八年法律第□号)の退去強制令書」とする。

3　前二項に規定する外国人に対する退去強制は、その者に係る容疑事実が新法第三十三条各号の一に掲げる要件に該当する場合に限り、するものとする。

　　(送還の義務に関する経過措遣)

第十二条　旧令第十条第八項又は第十一条第五項の規定による退去を命ぜられた者に関する旧令第五十九条(第一項第二号及び第三号を除く。)の規定に係る事項(これに係る罰則の適用を含む。)については、なお従前の例による。

2　旧令第二十四条各号の一に該当したことを埋由として退去を強制される者については、新法第五十七条第一項第二号中「第三十三条第三号から第五号まで又は第九号に該当することを理由として同条」とあるのは「附則第二の規定による廃止前の出入国管理令(昭和二十六年政令第三百十九号。以下「旧令」という。)第二十四条第五号又は第六号に該当することを理由としてこの法律」と、同項第三号中「第三十三条第一号又は第二号に該当すること」とあるのは「旧令第二十四条第一号から第三号までの規定に該当すること」と、「同条」とあるのは「この法律」と、「第四条第一項又は第五条の規定に違反して」とあるのは「旧令第三条若しくは第九条第五項の規定に違反して、又は旧令第三章第四節の規定による許可を受けないで」と、同項第四号中「第七条第一項各号」とあるのは「旧命第五条第一項各号」と、「第三十三条」とあるのは「この法律」とする。

　　(入国審査官及び入国警備官に関する経過措置)

第十三条　旧令の規定に基づく入国審査官及び入国警備官は、それぞれ新法の規定に基づく入国審査官及び入国警備官となるものとする。

(ポツダム宣言の受諾に伴い発する命令に関する件に基く外務省関係諸命令の措置に関する法律の一部改正)

第十四条　ポツダム宣言の受諾に伴い発する命令に関する件に基く外務省関係諸命令の措置に関する法律(昭和二十七年法律第百二十六号。以下「法律第百二十六号」という。)の一部を次のように改正する。

題名中「措遣」を「措置等」に改める。

第二条の見出し中「経過規定」を「経過規定等」に改め、同条第六項中「出入国管理令第二十二条の二第一項」を「旧出入国管理令第二十二条の二第一項又は出入国法(昭和四十八年法律第□号)第二十六条第一項」に改める。

(日本国に居住する大韓民国国民の法的地位及び待遇に関する日本国と大韓民国との間の協定の実施に伴う出入国管理特別法の一部改正)

第十五条　日本国に居住する大韓民国国民の法的地位及び待遇に関する日本国と大韓民国との間の協定の実施に伴う出入国管理特別法(昭和四十年法律第百四十六号。以下「法律第百四十六号」という。)の一部を次のように改正する。

題名中「出入国管理特別法」を「出入国特別法」に改める。

第一条第一項中「出入国管理令(昭和二十六年政令第三百十九号)に定める本邦をいう。)」を削る。

第六条第一項中「出入国管理令第二十四条」を「出入国法(昭和四十八年法律第□号)第三十三条」に改め、同条第三項中「出入国管理令第二十七条、第三十一条第三項、第三十九条第一項、第四十三条第一項、第四十五条第一項、第四十七条第一項及び第二項、 第六十二条第一項並びに第六十三条第一項中「第二十四条各号」を「出入国法第二十七条第一項及び第五項、第四十二条第一項、第三項及び第五項並びに第四十八条第一項、第五項及び第十項中「第三十三条各号」とあり、同法第三十四条中「前条各号(第四号を除く。以下同じ。)」に、「出入国管理特別法」を「出入国特別法」に改める。

第七条(見出しを含む。)中「出入国管理令」を「出入国法」に改める。

(法律第百二十六号の適用を受ける者等の再入国の許可等に関する経過措置)

第十六条　附則第十四条の規定による改正後の法律第百二十六号第二条第六項の規定により本邦に在留する者は、新法第二十条第一項、第三十一条第一

項、第三十二条第一項及び第二項並びに第三十三条第十二号から第十四号までの規定の適用については、永住者とみなす。この場合において、第三十二条第二項中「最後の出国時における在留資格及び在留期間をもつて」とあるのは「ポッダム宣言の受諾に伴い発する命令に関する件に基く外務省関係諸命令の措置等に関する法律(昭和二十七年法律第百二十六号)第二条第六項の規定により」とする。

2 新法第二十二条及び第二十三条の規定は、前項に規定する者が新法第三条第一項第十五号に係る在留資格の取得を希望する場合について、新法第二十六条第二項及び第五項から第七項までの規定は、これらの者が同号に係る在留資格以外の在留資格の取得を希望する場合について準用する。

3 前項において準用する新法第二十三条第一項又は第二十六条第五項の規定による許可については、新法第二十八条第一項中「この節(第二十五条第二項については、第十三条第八項において準用する場合を含む。)に規定する許可」とあるのは「附即第十六条第二項において準用する第二十三条第一項又は第二十六条第五項の規定による許可」と、前項において準用する新法第二十三条第一項の規定による許可を受けた者については、新法第二十七条第一項中「永住許可」とあるのは「永住許可(附則第十六条第二項において準用する第二十三条第一項の規定による許可を含む。)」とする。

4 法律第百二十六号の施行の日以後本邦で出生し、引き続き本邦に在留する外国人(旧令第五十条第一項又は新法第二十七条第一項の許可を受けた者を除く。)で、出生の時においてその父母のいずれか一方が次の各号の一に該当するものは、新法の規定の適用については、新法第三条第一項第十六号に掲げる者のいずれか一に該当するもの(以下「永住者の家族」という。)とみなす。

　　一　法律第百二十六号第二条第六項の規定により本邦に在留する者
　　二　第二項において準用する新法第二十三条第一項の規定による許可を受けている者
　　三　法律第百四十六号第一条の許可を受けている者で、当該許可を受ける際法律第百二十六号第二条第六項の規定により本邦に在留していたもの

5 前項に規定する者については、再入国の許可を受けている場合における新法第七条第一項第一号から第三号まで並びに第二十条第一項、第三十三条第十二号から第十四号まで及び第七十一条中在留延長許可に係る部分の規定

を適用しない。ただし、新法第三条第一項第十六号に係る在留資格以外の在留資格を有することとなつた後は、この限りでない。

6　本邦で出生し、引き続き本邦に在留する外国人(旧令第五十条第一項又は新法第二十七条第一項の許可を受けた者を除く。)で、出生の時においてその父母のいずれか一方が第四項に規定する者に該当するものは、新法の規定の適用については、永住者の家族とみなす。

7　前項に規定する者については、新法第七十一条中在留延長許可に係る部分の規定を適用しない。ただし、新法第三条第一項第十六号に係る在留資格以外の在留資格を有することとなつた後は、この限りでない。

8　第一項又は第四項に規定する者の配偶者は、新法の規定の用については、永住者の家族とみなす。

　(法律第百四十六号第一条の許可を受けている者の再入国の許可等に関する経過措置)

第十七条　法律第百四十六号第一条の許可を受けている者は、新法第二十条第一項、第三十一条第一項並びに第三十二条第一項及び第二項の規定の適用については、永住者とみなす。この場合において、第三十二条第二項中「最後の出国時における在留資格及び在留期間をもつて」とあるのは「日本国に居住する大韓民国国民の法的地位及び待遇に関する日本国と大韓民国との間の協定の実施に伴う出入国特別法(昭和四十年法律第百四十六号)第一条第一項の規定により」とする。

2　本邦で出生し、引き続き本邦に在留する外国人(旧令第五十条第一項又は新法第二十七条第一項の許可を受けた者を除く。)で、出生の時においてその父母のいずれか一方が前項に規定する者(前条第四項第三号に掲げる者を除く。)に該当するものは、新法の規定の適用については、永住者の家族とみなす。

3　第一項に規定する者の配偶者は、新法の規定の適用については、永住者の家族とみなす。

　(地方自治法の一部改正)

第十八条　地方自治法(昭和二十二年法律第六十七号)の一部を次のように改正する。

　　　別表第三第一号七の二中「出入国管理特別法」を「出入国特別法」に、別

表第四第二号七の二中「出入国管理特別法」を「出入国特別法」に改める。

(法務省設置法の一部改正)

第十九条　法務省設置法(昭和二十二年法律第百九十三号)の一部を次のように改正する。

第十三条の十第一項中「出入国管理令(昭和二十六年政令第三百十九号)の規定による退去強制令書の執行を受けるを送還するため一時これらの者を」を「出入国法(昭和四十八年法律第□号)の規定により退去を強制される者を一時」に改める。

(外国人登録法の一部改正)

第二十条　外国人登録法の一部を次のように改正する。

第二条第一項中「出入国管理令(昭和に十六年政令第三百十九号)一を「出入国法(昭十八年法□第　号)に、「、寄港地上陸の許可、観光のための通過上陸の許可、転船上陸の許可、緊急上陸の許可、及び水難による上陸の許可」を「又は一時上陸の許可」に改め、同条第二項中「出入国管理令第二条第五号」を「出入国法第二条第四号」に改める。

第三条第一項中「出入国管理令第二十六条」を「出入国法第三十一条第一項」に、「六十日」を「九十日」に、「出入国管理令第三章に規定する上陸の手続」を「同法第三章の規定による上陸に関する手続」に、「三十日」を「六十日」に改める。

第四条第一項第十号中「出入国管理令」を「出入国法」に改め、同項第十四号及び第十五号及び次のように改める。

十四　在留資格(出入国法に定める在留資格をいう。以下同じ。)

十五　在留期間(出入国法に定める在留期間(同法第十三条第二項又は第二十七条第二項に規定する期間を含む。)をいう。以下同じ。)

第十二条第一項中「出入国管理令第二十六条」を「出入国法第三十一条第一項」に、「出入国管理令に定める」を「同法に定める」に改める。

第十二条の二第一項中「出入国管理令第二十六条」を「出入国法第三十一条第一項」に改める。

第十三条第二項中「出入国管理令」を「出入国法」に改める。

第十四条第二項中「出入国管理令」を「出入国法」に、「在留期間の更新」を「在留の延長」に改め、同条第三項中「在留期間の更新」を「在留の延長」に

改める。

(外国人登録法の一部改正に伴う経過措置)

第二十一条　前条の規定による改正後の外国人登録法第三条第一項の規定にかかわらず、新法の施行の日前に本邦に入つた者、本邦において外国人となつた者又は出生その他の事由により旧令第三章に規定する上陸の手続を経ることなく本邦に在留するととととなつた者の登録の申請

(これに係る罰則の適用を含む。)については、なお従前の例による。

(その他の経過措置の政令への委任)

第二十二条　この附則に定めるもののほか、新法の施行に伴い必要な経過措置は、政令で定める。

(罰則に関する経過措置)

第二十三条　新法の施行前にし行為に対する罰則の適用については、なお従前の例による。

理　由

最近における出入国に関する状況等にかんがみ、これらの状況に即応して、出入国管理令を廃止し、新たに本邦に入国し、又は本邦から出国するすべての人の出入国を公正に管理するための法律を制定する必要がある。これが、この法律案を提出する理由である。

3. 외무부공문(발신전보)—출입국 관리법 관련 지시

외무부
번호 WJA-03261
일시 221830
발신 장관
수신 주일대사

최근 일본 정부에서 추진중인 "출입국 관리법" 개정이 민단계 교포의 지위에 불리하게 되거나 조련계에 유리한 결과가 되지 않도록 적극적인 외교 노력

을 경주하고, 그 결과를 보고토록 지시가 있었으니, 이에 적극 노력하시고, 결과 보고 바람. (외민)

4. 대통령 비서실 공문—일본정부의 "출입국 관리법" 개정 움직임에 관한 지시

대통령 비서실
번호 대비정840-29(75-0030)
일시 1972.3.18.
발신 비서실장
수신 외무부 장관
제목 일본정부의 "출입국 관리법" 개정 움직임에 관한 지시.

      최근 일본 정부에서 추진 중인 것으로 알려진 "출입국 관리법" 개정이 민단계 교포의 지위에 불리하게 되거나, 조련계에 유리한 결과가 되지 않도록 적극적인 외교 노력을 경주하고, 그 결과를 보고하기 바랍니다. 끝.

      대통령령에 의하여 비서실장

5. 외무부공문(발신전보)—재일조선인 관련법 상세 문구 및 법안통과 일정 보고 지시

외무부
번호 WJA-03290
일시 241810
발신 장관
수신 주일대사

      대: 일영 725-1535, JAW-0306

1. 대호 전문 보고에 의하면, 출입국 법안 수정에 있어, 전전부터 일본에 거주하는 조선인 및 대만인과 그의 자녀까지도 중지명령 대상에서 제외되었다고 하였는 바, 대호 공문으로 송부한 동 법안 수정안의 제26조 2항과 동법안 제2조 제2항 11호가 수정전의 법안과 동일한 바 동 수정 내용을 조사하여 상세하게(조선인, 대만인 등 표현 어구까지도) 전문 보고 바람.

2. 동 법안의 금 국회회기중 통과전망 및 금 국회회기 만료일과 회기연장 여부도 조사 보고 바람. (외민)

6. 외무부공문(착신전보)—출입국 관리법 관련 보고

외무부
번호 JAW-03427
일시 231235
수신시간 72.3.27. 7:42
발신 주일대사
수신 장관

대: JAW-03290
대호 문의사항에 대하여 다음과 같이 보고함.
1. 중지명령 대상에서 제외되는 외국인은 제26조 1항 2호 말미 괄호 내에 +제2조 2항 11호의 재류자격(즉 영주자)을 가진 자를 제외한다.+ 라고 되어있어 동 법안 본문에서는 구 법안을 수정하지 않았으나 동 법안 부칙에서 수정하였음.

즉 부칙 제16조 6항 1-3호를 보면:
가. 제16호 6항 1호(법률 126호 2조 6항 해당자). 이는 제2차대전 종료 이전부터 계속 일본에 거주하고 있는 한국인 (협정영주 허가자와 신청자를 제외한 한국계 및 조총련계 전부) 및 대만인을 의미하는 것임.
나. 부칙 제6조 6항 2호(신법 29조 1항의 규정에 의거 영부허가를 받은 자) 이는 동 조항에 의거 영주권을 허가받은 일반영주자를 의미하는 것임.

다. 부칙 제6조 6항 3호(법률 제146호 1항의 허가를 받은 자) 이는 한일 간의 법적지위 및 대우에 관한 협정에 의거 협정영주허가를 의미하는 것임.

2. 작년에 제출하고서 파면된 법안 부칙 15조 5항 및 6항을 보면 동 법 제37조(강제퇴거) 10호에서 12호까지의 규정을 적용하지 않는다. 라고만 되어있고 제6조(중지명령)의 적용제외에 관하여는 언급하고 있지 않음을 참고바람.

3. 법무성 관계관에 의하면 동 법안의 금 국회회기는 동 파면만을 밟지 않는 것으로 불과하며 금 국회회기는 자년 12.26부터 금년 5.25까지임.

4. 회기연장 여부는 현재로서는 불확실하므로 앞으로의 추이에 따라 재차 보고하겠음.

(일영 외민)

7. 외무부공문(착신전보)−신문보고(출입국 관리법 국회 심의 무산)

외무부
번호 JAW-05438
일시 311725
수신시간 72.6.1. 7:27
발신 주일대사
수신 장관

연: JAW-03427

1. 금 5.31일자 일간지 보도에 의하면 지난 3.17일 국회에 상정되어 있는 출입국 법안 심의문제와 관련하여 5.25일로서 만료되는 금차 통상국회 회기가 오는 6.16. 까지 연기된 바 있으나 금차 회기에는 동 법안의 심의를 하지 않는 것으로 확정되었다고 보도하고 있음.

2. 법무성 관계관에 의하면 국회 상정당시부터 예상하였듯이 금차회기내 동 법안의 심의가능성은 극히 희박한 것으로 전망하고 있으며 다만 6월초순 중의원 법무위원회(5.17 법안 회부)에서 동법안의 취지 설명이 있을 것이라 함. 또한 차기 통상국회가 시작되는 12월 하순 이전에 소집될 임시국회에서의 동

법안 심의 가능성은 전혀 없을 것으로 보고 있음.

　　3. 출입국 법안의 금차 회기내 심의가 성립되지 못하는 이유로서는 야당측의 강한 반대와 국철 운임인상법안, 건강보험 개정안 등 긴급을 요하는 법안의 처리에 기인하고 있다 함. (일영-외민)

8. 주일대사관 공문—출입국 관리법 국회 심의 무산 보고

주일대사관
번호 일영725-5701
일시 1972.10.18.
발신 주일대사
수신 외무부장관
참조 영사국장
제목 일본 출입국 법안 송부

　　연: JAW-05438
　　연호 일본 법무성에서 추진하여 온 출입국 법안이 지난번 통상국회에서 심의되지 않아 폐기되었는 바 최근 주재국 입관당국은 다시 동 법안의 재검토를 시작하여 앞으로 있을 통상국회에 재삼 제출할 기미를 보이고 있으므로 지난번 폐기된 출입국 법안을 별첨과 같이 송부하오니 참고하시기 바랍니다. 동 법안의 국회제출 여부에 대하여는 추후 계속 보고 위계임을 아울러 첨언합니다.
첨부: 주재국 출입국 법안 4부 끝.

주일대사

제4부
재일본 민단 확대 간부회의

해방이후 재일한인 외교문서 해제집

┃제5권┃ (1970~1974)

본 문서철 『재일본민단확대 간부회의 개최 계획』(P-0013-06/7736/791.251)은 1974년에 세워졌던 재일본민 민단 확대 간부회의 개최에 관한 기록을 담고 있다. 1차에 해당하는 69년의 민단강화회의에서 박정희 대통령은 민단과 정부 간의 회의를 매년 개최할 것을 주문하였으나, 5년이 지난 74년에 이르러 겨우 회의 개최에 대한 논의가 시작되었다. 다만 결론부터 이야기하자면 본 회의는 계획에만 그치고 8월 15일 있었던 육영수 대통령 영부인의 저격 사건으로 인해 결국 무기한 연기된다. 다행스럽게도 안건이 이미 결정되었던 터라 회의의 의도나 결론은 대략적으로나마 도출해 낼 수 있다. 1차 강화회의는 그럴듯한 성과를 얻지 못한 채 종료되었기에, 세간의 평가 또한 냉혹하기만 하였다. 과연 2차 강화회의에서 다루려고 했던 의제는 어떤 것들이었고 어떤 목적으로 개최되었을까? 이하 본문에서는 이 회의의 성과와 과정, 의의에 대해 살펴보고자 한다.[1]

구성

177쪽으로 이루어진 본 문서철의 표제는 「재일본민단 확대간부회의」지만, 1974년 5월 21일에 기안된 문서(영민725-)에는 그 제목이 「재일거류민단 조직 강화 대책회의 개최」로 되어 있어, 이 회의가 1969년에 개최되었던 「재일본민단 강화대책회의」(관련문서는 『재일본민단 강화 대책회의. 서울, 1969.8.6.-9』(3358))의 후속임을 드러낸다.[2] 외교사료관 공개 사료 중 민단회의 관련 자료가 앞서 언급한 69년의 민단강화회의와 본 문서철에서 다루는 간부회의까지 포함하여 두 개뿐이기에, 이 자료가 외교사료관 소장 공개 자료 가운데 민단회의 관련 마지막 자료로 볼 수 있다. 간략하게 본 문서철의 구성을 살펴보면 아래와 같다.

구분	내용	비고
	표지	
	색인목록	
기안	74.5.21. 재일민단조직강화대책회의 개최	계획서 및 예정표 첨부
-	74.5. 민단강화대책회의조종계획	중정에서 수령(7.31.)
	74.5. 재일교포의 문제점과 대책	중정에서 수령(7.31.)

---

1) 필자의 좁은 식견에 따르면 아직 2차 회의를 다룬 연구는 없는 것으로 알고 있다.
2) 이에 관련해서는 지난 '동의대학교 동아시아연구소 편(2022), 『해방이후 재일한인 외교문서 해제집(1945~1969) 제2권』, 박문사.'에서 간략하게 다룬 바 있다 (p.327).

주일대사관 공한	74.6.20. 제2회 민단강화대책회의 개최	민단 개최 요청서 첨부
발신전보	74.7.6. 회의 개최 사항 관련 민단과 협의 지시	
협조문	74.7.16. 재일거류민단 강화대책회의	주일대사 건의 사항 첨부
주일대사관 공한	74.7.8. 민단강화대책회의	민단과의 협의 사항 첨부
협조문	74.7.16. 재일거류민단 강화대책회의(회의 개최 승인)	
	재일거류민단강화대책회의 개최 건의(주일 대사관)	주일대사 건의서(7,8) 첨부
발신전보	74.7.31. 민단회의 개최시기(8.28.~8.29.) 관련 주일대사 의견 보고 지시	
일정표	회의진행일정표(8.18.~8.21.)	
착신전보	74.8.11. 개최시기 관련 의견 보고	
기안	74.8.6. 민단확대간부회의 개최지원 계획	회의개최지원계획안 첨부
	회의개최계획안(74.8.2.)	위 첨부 문서의 수정안(?), 각 영사관별 의견 첨부
	민단확대간부회의 지원 계획 수정(참가 인원 증원 지시)	회의개최지원계획안 첨부
발신전보	74.8.7. 회의 개최일 통보, 증원 관련 민단 의 견 조사 지시	
착신전보	74.8.7. 증원관련 민단 의견 보고(산하기관장 초청 요청)	
	74.8.9. 민단회의 참석범위 확대 관련 중정 의견	
	74.8.8. 회의개최계획 2차안 발췌본	회의개최 지원계획안 (2차안) 첨부
	74.8.10. 민단강화대책회의조종계획	
	74.8.12. 회의개최 지원계획 (수정)	
	민단확대간부회의개최계획	
발신전보	74.8.12. 민단확대간부회의지원 계획 통보	
	74.8.16. 통화기록	민단간부회의 연기 검토
	74.8.21. 민단회의개최연기	
착신전보	74.8.14. 회의 대비 민단 중앙3기관장회의 보고	
착신전보	74.8.23. 간부회의 연기 조치 요청	

착신전보	74.10.25. 간부회의 개최 요청	
발신전보	74.10.26. 민단간부회의 개최일시 통보	
발신전보	74.11.09. 민단간부회의 일정 변경	
주일대사관 공한	74.11.12. 간부회의 개최 희망일 보고	
착신전보	74.11.11. 간부회의 개최 희망일 보고	
발신전보	74.11.12. 간부회의 차년도 개최 통보	

후반에 들어 5쪽 가량 밝기를 달리하여 재촬영된 페이지가 있다. 그런데 위 구성과는 달리 문서철에는 여타 문서철과는 달리 날짜순서가 조금 이해가 가지 않는 부분이 있다.

첫 기안이 올라간 것이 5월 21일이었는데, 이때 개최 예정 날짜는 6월 18일부터 19일로 되어 있는데, 뒤이어 등장하는, (중정에서 74년 5월에 작성한 것으로 추측되는) "민단강화대책회의조종계획"[3])에는 그 개최 예정일이 8월 18일부터 8월 26일로 되어 있다. 예정 날짜가 바뀌는 것이야 외교문서 상에서야 흔한 일이지만 여기에는 한 번에 이해가 가지 않는 부분이 나온다. 이에 관해 서술해 본다.

전술한 바와 같이 5월 21일에 첫 기안이 올라가고 한 달여가 지나, 6월 20일에 주일대사관이 외무부 장관 앞으로 보낸 공문(일영725-4035)을 보면 민단의 공문(韓居中組發第36-23號)이 첨부되어 있음을 알 수 있다. 이 첨부된 문서는 민단에서 6월 18일에 작성된 것인데, 그 내용은 강화회의를 개최하기를 희망한다는 것이다(개최 희망일 7월 10일). 이상한 점은 최초에 언급하였던, 5월 21일에 작성된 기안이나 중정의 문서에 실린 개최에 대해 화답하거나 개최일시를 민단이 가능한 날짜로 변경하겠다는 의사가 담겨 있지 않고, 순수하게 민단이 자발적으로 요청하는 형식의 문장으로 적혀 있다는 점이다.

1차 때를 보아도 알 수 있는 바와 같이 일반적인 수순이라면 외무부가 계획을 세운 후에, 외무부가 이에 관해 대사관에 대략적인 날짜와 주제를 통지하면, 주일대사가 민단 관계자들과 협의하여 개최일을 확정짓는 게 상례인데 여기서는 아무래도

---

3) "민단강화대책회의조정계획" 뒤에 "재일동포의 문제점과 대책"이라는 문서가 따라온다. 조종계획과 같이 첨부되었을 가능성이 큰데, 두 문서 모두 7.31.에 중정을 방문하여 받은 문서들이다. "재일교포의 문제점과 대책"은 5월 작성으로 되어 있으나, "민단강화대책회의조정계획" 은 뚜렷한 작성일이 기입되어 있지 않다. 그러나 굳이 7월에 교부한 문서를 5월에 작성된 문서와 같이 배열해 놓은 것을 보면 조종계획과 같이 작성되었거나, 비슷한 시기인 5월에 작성되었을 가능성이 높아 보인다.

앞뒤가 맞지 않는다.

억측이긴 하나 첫 번째 가능성으로서 기안은 올라갔지만 이 계획이 어떤 사정에 의해 내부적으로 무산되었는데, 이 이야기를 접한 민단이 다시금 개최를 요청하는 공문을 보냈을 경우를 상정해 볼 수 있다. 민단의 강화회의 개최 요청(일영 725-4035)에 대한 답신으로 외무부에서 작성된 문서(WSA-0777, 7월 6일)를 보면, 외무부가 주일대사에게 민단과 협의하여 개최 필요성, 효과, 개최 (희망)시기, 장소, 회의 형태 등을 작성하여 제출할 것을 지시하여, 7월 하순이나 8월초로 개최하고 싶다고 하는 민단의 요청에 대해서는 주일대사와 민단 간의 협의사항을 보고 추후 검토하겠다는 의견을 남기기 때문이다.

다른 하나의 가능성으로서는 기안이 올라간 후에 대사관이 민단이 먼저 요청하는 형식을 취하게끔 지시를 했을 수도 있다. 1차 강화회의 때에도 이런 형식을 취하지 않았는데 굳이 2차에 이처럼 처리를 한 이유로 유추해 볼 수 있는 것은, 개최가 결정되고 만들어진 기안(영민725-, 8월 6일)에서 찾아볼 수 있다. 이 기안에 첨부된 문서인 "회의계획 지원계획(안)"을 보면 그 명칭을 '강화회의'에서 '민단확대간부회의'로 변경하려고 하는데, 그 이유를 "정부가 민단간부를 소집하고 회의를 주관하는 것은 민단이 교포 단체이고 자치단체라는 점에 비추어 적당하지 않으므로 아래의 회의 형태를 고려하여 그 명칭을 '민단확대간부회의'라고 칭함."과 같이 들고 있기 때문이다. 즉 정부가 최초 기안의 내용대로 민단 간부를 소집하면 자치단체에 대한 간섭으로 여겨질 소지가 있기에 그 명칭을 변경했다는 내용으로, 같은 맥락이라면 개최에 대한 이야기를 먼저 꺼내는 것이 정부가 되어서는 곤란했을 것이다. 때문에 최초의 기안을 보류하고 먼저 주일대사를 통해 민단에서 개최를 요청하는 형식을 취했으리라 추측해 볼 수 있다. 민단의 회의 개최 요청에 대해 내부적인 회의를 거치는 과정 없이 바로 이를 수용하는 것을 보면 아무래도 두 번째 가능성에 더 무게가 실리나 그러기에는 뒷받침할 어떤 자료도 없어 이 또한 억측에 불과하다.

전개과정

문서의 순서에 따라 진행 과정을 재구성해 보고자 한다. 앞서 언급한 바와 같이 최초 6월 18일부터 19일 사이에 서울에서 민단 간부와의 연석회의 개최를 건의하는 기안이 올라간다(74.5.21.). 1차 회의 때에도 중정의 제안이 있어 연석회의가 개최되었으니, 아마 「민단강화회의 조종계획」은 흐름상 이 전에 작성되었을 가능성이 높다. 그리고 민단이 개최를 요청하는 공문을 작성하여 주일대사에게 보내고 주일대사는 이를 외무부에 전달한다(74.6.20.). 이 개최에 대한 요청을 받은 외무부는 (마치 정부 측에서 어떤 계획도 세우지 않았던 것처럼) 주일대사에게 민단과 잘 협의하여 건의 사항과, 개최에 대한 필요성, 개최의 효과, 안건별 문제점, 장소, 회의 형태 등을 작성하여 제출케 한다(74.7.6.).

이에 맞춰 주일대사는 민단과 협의를 거치고 이틀 후에 이에 대한 답신을 보낸다. 그리고 영사국장이 아주국장 앞으로 회의 배경 및 주일대사의 건의 사항을 첨부하여 회의 개최에 대한 의견을 요구하는 협조문을 보낸다(74.7.16.). 이후 31일이 되자 8.28.~29. 사이에 개최할 예정에 있으므로 '민단 측과 협의하여 개최 시기에 대한 의견을 제출'하라고 주일대사에게 지시하는 발신 전보가 발송된다. 서두에 언급한 「민단강화회의 조종계획」은 이날 중정에서 받은 것이다(74.7.31.).

외무부는 그리고 민단의 대답을 기다리면서 신속하게 민단확대회의에 대한 개최 계획안(74.8.2.)과 지원 계획을 세운다(74.8.6.). 1차 회의의 문서철에도 '지원'이라는 단어가 곳곳에 등장하는데 그야말로 회의를 보조적으로 지원하는 차량 수송, 비품 등을 의미하는 것이었다. 그런데 금번 2차 회의에는 외무부가 회의 자리만 마련해 주겠다는 형태를 취한 것인지, 회의 개최에 대한 외무부의 준비과정을 모두 '지원'이라는 단어로 표현한다.

민단의 대답이 도착하기 전에 외무부는 다시 한번 발신 전보를 보낸다(47.8.7.). 이는 '민단 중앙 본부의 지도체제를 강화하고 민단의 단합을 도모할 목적으로 민단 중앙간부는 물론 지방본부 3기관장을 동회의에 참석시키겠다.'는 것으로서, 주일대사는 당일 바로 무방하다는 취지의 답신을 보낸다(74.8.7.). 인원이 늘면 예산이 늘어나는 법으로 외무부는 이에 따라 다시 한번 회의 개최 계획과 지원 계획안을 수정해서 작성한다.(74.8.8.) 이후 인원이 늘어나는 문제에 관해 중정을 찾아가 회의 개최 계획을 제시하며 그 내용을 설명한다. 중정과 외무부가 가진 회의 개최 목적이 같지 않았음을 유추해 볼 수 있다.

중정은 최초에 반대했던 모양인데[4] 후에 이를 수용했는지 변경된 인원에 맞춰 『민단강화대책회의조종계획』이 새로이 작성된다.(74.8.10.) 그리고 이 와중에 주일대사가 시기적으로 문제 없음을 알리는 보고를 해 온다(74.8.11.). 변경된 인원에 따

---

4) 본 페이지는 문자의 식별이 용이치 않아, 정확한 판단이 어렵다.

라 다시 한 번 개최 계획과 지원계획안을 수정하고(74.8.12.), 주일대사에게 최종소집인원과 일정, 현지에서의 임무를 담아 보낸다(74.8.12.). 주일대사를 통해 이를 전해 받은 민단은 중앙3기관장을 소집하여 토의하고서, 전반적인 문제에 대해 8월 19일에 중앙집행위원회에서 토의하기로 결정한다(74.8.14.).

그리고 다음날 육영수 영부인의 사망사건이 일어난다. 이튿날 중정 8국은 전화로 회의의 연기를 검토할 것을 외무부에 요청한다.(74.8.16.) 내부 검토를 마친 외무부는 그리고 닷새가 지나 주일대사에게 회의의 연기를 통보하게 된다(74.8.21.).

흥미로운 지점은 이 회의 지연에 관해 외무부가 이미 통보를 하였지만[5], 23일에 들어 '마치 민단 단장이 회의를 연기해 달라고 요청해와서 이를 전달한다.'는 식의 전보가 주일대사에게서 도착한 것이다. 처음부터 정부가 개입하지 않고 민단이 알아서 하는 형식을 취하길 바랐기 때문에, 취소도 정부가 일방적으로 취소하는 것이 아닌 민단이 스스로 취소를 요청하고 외무부는 이에 응하는 형식을 따른 것처럼 보인다.

그리고 두 달이 지나 민단중앙본부가 다시 한번 개최를 요청한다며 주일대사의 전보를 보내오자(74.10.25.), 그 이튿날 외무부는 11월 20일 이전 개최는 불가능하니 날짜를 확정 짓고 다시 연락하라는 답신을 보낸다(74.10.26.). 앞선 문서들이 외무부가 먼저 통보를 하면 민단이 마치 자신들의 의견인 양 공문을 보내는 형식을 취했는데, 이 문서는 그러한 사전 교섭 없이 직접 요청을 하는 것을 보면, 이 요청이야말로 민단의 순수한 것이지 않았을까 생각된다.

보름이 지나 외무부는 이에 대한 화답으로 12월 12일부터 5일간 개최하겠다며 민단의 의견을 물어보라는 전보를 보낸다(74.11.09.). 이에 대해 민단은 주일대사를 통해 11월중에 개최할 수 없다면 내년 1월 하순이라도 상관없다며 연락을 해온다(11.11., 11.12.). 그러나 같은 날 외무부가 내년 3월초까지 회의 개최는 곤란할 것이라며 회의의 연기를 통보하는 발신전보를 마지막으로 본 문서철은 끝이 난다. 그리고 서두에 언급한 바와 같이 본 회의가 개최되는 일은 두 번 다시 없었다.

개최목적

앞서 언급한 5월 21일자 기안에 따르면 외무부는 그 개최목적을 '북괴의 재일교

---

5) 다만 이 문서는 메모 형식의 문서인데, 문서번호인 WJA-08279가 적혀 있다. 발신전보가 나갔으나, 문서철에는 누락된 것 같다.

포 사회 침투 봉쇄', '민단의 "대조총련" 투쟁력 함양', '재일교포의 사회, 경제적 지위 개선', '민단의 활동 및 조직 점검'과 같은 네 개로 설정하였고, 본 기안에 첨부된 「재일거류민단 조직강화 대책 회의」에서는 주요 안건을 민단의 조직 정비, 재정자립, 홍보 대책으로 꼽고 있다.

첫 번째 안건인 민단의 조직 정비에는 "가. 민단 중앙단장을 포함한 선임 간부진의 임기 조정(현행 2년에서 4년으로), 나. 7개 지방협의회의 기능 강화를 통한 민단조직의 취약점 제거와 조직 재정비. 다. 사무국의 정비강화를 통한 행정 질서의 확립, 라. 교포 2세에 의한 점차적 세대 교체 모색, 마. 민단 규약의 재정비"와 같은 다섯 항목이 들어있는데, 조직정비 이른바 조직의 효율화 방안6)은 1차의 강화회의에서도 가장 중요한 이슈였다.7) 두 번째 안건인 재정자립에는 "가. 자체사업에 의한 활로 타개, 나. 헌금제도의 확립, 다. 단비 수입의 제도화, 라. 정부 보조 기준 확정, 마. 경비지출 및 회계감사 제도 확립"이 들어있는데, 이 조직 정비와 재정자립의 문제는 1차에서도 꾸준히 제기되던 문제였다. 새로이 등장한 것은 세 번째 안건인 홍보 대책이었다. 이 안건에는 "가. 대"조총련" 투쟁력 함양, 나. 중앙본부 및 지방본부에 민족총화촉진특별위원회 설치 및 특별활동 전개, 다. 동 특별위원회 요원의 조직적 훈련 및 활용, 라. 중립계 및 "조총련"계 교포의 적극적 회유전향 운동 전개, 마. 교포언론의 육성 및 대중전달 체계의 확립, 바. 유신이념의 철저한 고취"가 들어있다. 개최목적과 주요 안건을 더불어 요약해 보자면 내부를 단속하고 강화하여 북괴의 재일교포 사회 침투를 봉쇄하겠다는 것인데, 새롭게 등장한 홍보대책이 눈에 띈다.

실제로 같은 달에 중정에서 작성해서 7월 31일에 수령한 「在日僑胞의 問題點과 對策」이라는 문서는, 최초 개최 희망일이었던 6월 18일부터 6월 21일에서 8월 18일부터 8월 26로 연기가 확정된 이후에 수령한 것이었는데, 문서 표지에 '74.7.31 中情側의 來訪要請에 따라 中情을 訪問한 자리에서 8局 日本課長로부터 本資料를 受取함'이라고 쓰여 있는 것을 보면 중정에서 따로 본 자료를 전달하기 위해 호출한 정황이 엿보인다. 7월 31일은 민단의 개최 요청을 받아(6.20.), 문건을 서로 주고받으며 주일대사의 의견을 수취(7.16.)하고 민단과의 협의사항이 다 취합된(7.8.) 와중

---

6) 1차 강화회의의 이름은 민단의 효율화 방안이었다.

7) 1차에서는 단장의 임기 연장에 대한 주문에 따라 71년도 연차회의에 본 문제가 상정까지 된 적이 있었는데, 금번에도 민단 중앙단장의 임기 연장을 다시 한 번 논하려는 것을 보면 69년의 논의는 지켜지지 않았음을 짐작할 수 있다.

으로, 굳이 이때 이와 같은 문건을 전달하는 것은 중정이 분명히 회의에 특정한 영향을 끼치려 했다는 생각이 들 수밖에 없다.[8]

회의 개최 몇 주 전에 건넨 이 자료는 그 목차가 "1. 민단과 조총련과의 현세 비교, 2. 조총련의 활동현황 - 통일사업부 동태 중심으로-, 3. 문제점과 대책 가. 민단의 문제점과 대책 나. 조총련의 문제점과 대책 4. 공관의 보안상 문제점과 대책 5. 건의사항"과 같은 다섯 항목으로 나뉘어 있다.[9] 중정에서 작성한 문서이므로 문서의 성격이야 작성한 기관의 특성에 따라 크게 좌우되었겠지만, 회의의 목적에 드러난 '조총련의 대착점으로서의 민단'이라는 면모를 본 문서가 여실히 보여주고 있음을 알 수 있다.

이 문건에 기입된 총련의 세력은 21만 명으로 민단의 29만 명에 비해 적긴 하지만 전임 조직간부, 간부임명제, 강력중앙집권제 등등 민단과는 비할 수 없을 정도로 조직력이 튼튼한 데에다가, 조선대를 비롯한 161개 교 2만 8천여 명의 학생을 보유하고 있어 야간을 넣어도 4천 명을 넘지 못하는 민단은 차세대를 준비하는 부분에 있어서도 명확히 불리한 위치에 놓여 있었다. 조직의 중요한 허리 역할을 하는 간부들에 대한 교육에 있어서도 민단은 별도의 교육기관 없이 부분적으로 실시하고 훈련된 조직간부가 없는 데에 비해, 총련의 경우에는 간부교육기관만(중앙정치학원, 지방정치학원, 경제학원, 조선신용조합학원, 통신교육, 이동학원)의 6곳에 달하며 훈련된 간부만 1만 명을 넘어갔다. 홍보 선전에 있어서도 총련은 35종 25만 부의 출판물을 간행하는데 민단은 21종 18만 부에 불과하여 총련의 세력에 한참 못미쳤고, 재정면 또한 민단은 22억 엔인데, 총련은 그 다섯 배인 100억 엔에 달해 있었다.

이 문건의 「2. 朝總聯의 活動現況(能動的側面)」의 「統一事業部」의 활동을 보면 조총련은 74년도를 '統一實現의 劃期的 轉換의 해'로 설정하고 '對南赤化統一의 與件을 造成'하고자 하였다. 이들의 주요한 활동은 한국내 군, 학원, 종교계, 언론계 등과 제3국 거주 교포들, 일본재류 한국인들, 친북괴 일본인을 대상으로 하여 민단원인 일본인들과 통일 전선을 형성하고, 연합전선을 형성함으로서 한국을 고립화시키는 데에 그 지향점을 두었다. 총련은 "교육활동의 확대"를 강화하여 학생수의 감

---

8) 1968년에 개최된 1차 강화회의의 시작 역시 중정의 협조전(정보770-53, 1969.2.26.)으로서 중정이 교포간부 인사를 본국에 초치하여 민단을 개편하기 위한 합동회의 개최 기본 계획을 통보하는 것으로 시작된다.
9) 다만 5번 항목은 없고, 조총련대남공작기구라는 도표가 삽입되어 있다.

소를 막고, "한국예금신장운동"을 펼쳐 북한계 은행들의 경영난을 극복시키고자 하였다. 또한 "민족권리옹호운동"을 펼쳐 출입국법 반대, 북괴자유왕래운동, 국적변경 반대 운동 등을 전개하고자 하였고, "조총련의 세포조직과 성인교육 강화"하고자 하였다.

상황이 이렇다 보니 중정은 대비책으로서 민단의 지도체제를 정비(임기연장, 중앙집권화, 지도체재 일원화)하고, 기구 및 제도를 손보는 방법(스텝들의 신분 보장, 대조총련 활동국 신설)[10]을 제시하기에 이른다. 이들을 보면 앞서 언급한 「재일거류민단 조직강화 대책회의」의 세 가지 안건이 선정된 이유가 더욱이 명확해진다.

68년도의 회의 당시 정부측은 민단을 조총련 등 공산세력과의 대결 투쟁을 위한 정치적 단체로 규정지었지만, 협정영주권 신청자를 늘리는 것이 큰 화두였다. 애초에 강화회의 개최의 계기도 국회에서 협정영주권 신청이 늘지 않는 원인으로서 민단의 비효율적 구성이 거론되었기 때문이었다.

이에 비해 이번 회의는 조총련에 대한 경계 일변도에 있음이 명확해 보인다. 6월 18일자로 민단중앙본부가 외무부에 보낸 문서(韓居中組發第36-23号)를 보면 민단 중앙본부가 설정한 회의 의제는 크게 세 가지로서 "가. 민단의 기본자세와 정부와의 관계, 나. 사업(1. 在日同胞의 賞勳關係 2. 未入団者 入団 運動. 3. 새마을 運動. 4. 幹部硏修問題, 5. 在日同胞 短期大學 創設 建議와 並行하여 自費母國 留學制度 再考, 6. 大使館教育官室과 本団文教局과의 事務推進에 対한 關係改善, 7. 在日二世青年育成指導問題, 8. 經濟交流問題, 9. 人的交流問題, 10. 海洋博問題, 11. 法的地位 및 待遇問題, 12. 公報 宣伝 活動問題, 13. 中央会館建設問題), 다. 北傀와 朝總連에 対한 情勢分析 및 이에 対備策"과 같다. 이 중에서 나. 사업 부문에 민단의 대정부 희망사항이 고스란히 담겨 있다.[11] 1차 회의 때에는 민단 자체에서 강화회의에 앞서 지역단장들의 협의를 거쳐 요망사항이 정리된 것이 있었으나, 2차는 이러한 절차를 걸치지 않았기에 이와 같이 상세한 내용은 알 수 없으나, 민단이 내세운 의제는 "1. 민단 신집행부의 운동 방침 및 목표, 2. 민단활동의 효율화 방안, 3. 본국과의

---

10) 이들은 모두 1차 강화회의 때에 논의되었던 내용인데, 회의 이후 아무런 변화가 없었던 것 같다. 이외에도 운영활동, 재정, 산하단체, 교육 등의 항목이 있다.

11) 참고로 1차 강화회의 때의 대정부 요망사항은 1. 조직에 관한 사항(정부의 민단에 대한 인식, 교민청 신설, 국회 옵써버, 대사관/공관과 민단조직의 질서 체계화, 민단 육성책), 2. 경제에 관한 사항(상공회 육성책, 재일한국인 재산 반입시의 특혜조치 실시, 신용조합 육성책, 기타) 3. 교육에 관한 사항(장학관실 확장, 재일 교육위원회 강화, 한국 고등학교 신설, 교육 사업 기금, 본국 대학의 일본 분교 설치, 대일본정부 교섭), 4 법적지위에 관한 사항(협정상의 영주권 범주, 일반 영주권 범주, 기타 거주권 부여)와 같았다

유대강화 방안, 4. 만박 가족초청 사업, 5. 협정영주권 신청"의 다섯 가지이다.

1차 강화회의 때와 마찬가지로 어김없이 민단본의 설정의제와 정부측 의제와의 큰 괴리를 느낄 수 있다. 실제로 1차 강화화의 때에도 가장 주력으로 삼았던 효율화 방안에 있어 외무부는 "표면에 노출됨이 없도록" 시종일관 지시를 하였던 것을 보면,[12] 금번에도 민단의 요구에 대한 올바른 청취와 이에 대한 해결 노력과는 거리가 있음을 어렵지 않게 예상할 수 있다.

이와 더불어 또 하나 석연치 않은 지점이 있다. 전술한 바와 같이 본 회의는 결국 육영수 영부인의 저격사건으로 인해 갑자기 중지가 되어 버린다. 본래 개최 예정일이 8월 29일이었고, 진행이 중지된 것이 15일이라고 보면 거의 정확하게 2주 전에 중지가 결정이 난 셈이다. 1차 강화회의는 8월 7일부터 8월 8일까지였으니 넉넉하게 7월 23일을 2주 전으로 보고, 당시의 준비상황과 대조해 보면, 1차 때에는 한 달 전(69.7.7.)에 이미 각 부처에 회의에 관해 안건을 알리며 그 의견을 구했고 회의 사무국을 꾸려 업무분장을 마친 뒤, 참석자들에 대한 조사 지시까지 끝난 상황이었다. 어떤 이유 때문인지 1차에 비해 2차는 그 준비가 턱없이 소홀하였음을 알 수 있다. 2차 회의를 재개하는 문제에 있어서도 익년으로 연기되었다고 해서 개최가 불가능한 것은 아니었을 텐데, 정부 측은 크게 신경을 쓰지 않았다. 민단이 10월에 재개를 요청한 것을 보면 민단은 자신들의 요청사항을 전달하기 위해 충분히 노력을 하고 있다. 그렇지만 회의에 냉담해진 정부측 태도는 정부측 기류에 어떤 변화가 일어났을 것이라 짐작할 수밖에 없을 것이다.

문서철의 의의

본 문서철은 1974년 8월 28일부터 29일 사이에 서울에서 민단 간부들을 모아 정부측 인사들과 회의를 열 예정이었다가, 육영수 영부인의 저격 사건으로 인해 연기되었다가 결국 개최되질 못한 강화회의에 관한 것이다. 구체적은 일정이 정해지면 민단 내에서도 회의를 통해 정부에 전달한 민단의 희망사항이 정해지는데, 아쉽게도 회의가 열리기 직전에 저격 사건이 벌어져 결국 회의도 열리지 않고 민단의 희망사항도 파악이 어렵게 되었다. 1차의 경우를 보면 민단의 희망사항과 이에 대한 정부의 입장이 일목요연하게 정리되는 좋은 자리인데, 이 부분이 삽입되지 않아 자

---

12) P-0007-07 [3358] 재일본민단 강화 대책회의. 서울, 1969.8.6.-9. 중 기안 아교725, 1969.3.17. 본 국 및 교포 간부 협동회의 개최 계획

료적으로 아쉬움이 있다.

그러나 회의 이면에 들어있는 정부가 민단에 바라는 사항을 엿볼 수 있다는 부분, 특히 1차와 함께 2차에서는 명확히 조총련의 대항수단으로 삼기로 했다는 점은 민단을 어떤 식으로 정부가 인식했는지에 대한 좋은 실마리를 안겨준다고 생각한다.

┃관련 문서┃

① 재일본 민단 확대 간부회의 개최계획, 1974

① 재일본 민단 확대 간부회의 개최계획, 1974

○ ○ ○

기능명칭: 재일본 민단 확대 간부회의 개최계획, 1974

분류번호: 791.251, 1974

등록번호: 7736

생산과: 교민과

생산연도: 1974

필름번호: P-0013

파일번호: 06

프레임 번호: 0001-0171

1. 기안

분류기호,문서번호 영민725-
시행일자 74.5.21.
기안책임자 김항경
경유수신참조 건의
협조 기획관리실장 아주국장 총무과장
제목 재일거류민단 조직 강화 대책회의 개최

     74년도 당부 운영계획에 따라 재일거류민단의 조직강화를 위한 민단간부와
의 연석회의를 하기와 같이 개최할 것을 건의합니다.
       -하기-
1. 개최 목적
    가. 북괴의 재일교포 사회 침투 봉쇄
    나. 민단의 대"조총련" 투쟁력 함양
    다. 재일교포의 사회, 경제적 지위 개선
    라. 민단의 활동 및 조직 점검
2. 개최 일자 및 장소
    가. 일자: 74.6.18(화)-19(수)(2일간)
    나. 장소: 서울(구체적 장소는 추후 결정)
3. 참석범위
    가. 관계부처(외무, 문공, 중정)관계관
    나. 민단중앙본부 간부 및 현본부 단장(약60명)
4. 주요안건 및 토의방향: (별첨)
5. 회의의 조직 및 운영
    가. 회의의 주최자는 재일거류민단이 되고 당부 지도하에 관계부처 관계관
       이 참석함.
    나. 회의의 조직은 전체회의(개회, 결의문 채택, 폐회)와 분과위원회로 구분
       하고, 분과위원회는 주요안건의 주재별로 조직정비위원회, 재정자립 위
       원회, 홍보대책위원회로 구성함.
6. 산업시찰 실시: 회의 종료후 2일(6.20-21)간 민단측 참석자에게 산업시찰 및

새마을 운동을 견학시킴.

7. 경비

　　가. 회의운영, 진행에 따른 경비와 산업시찰경비 및 민단측 참석자(약 60명)
　　　　의 5박 6일 체한 숙식비는 당부 교민육성비에서 부담함. (약 ₩350만원)

　　나. 민단측 참석자의 왕복 항공료는 참석자가 자담함.

첨부:

1. 주요안건 및 토의방향

2. 회의 일정 안. 끝.

첨부 - 재일거류민단 조직강화 대책회의(주요안건 및 토의방향)

재일거류민단 조직강화 대책회의

1974.6.18-19. 서울

1. 조직 정비

　　가. 민단 중앙단장을 포함한 선임 간부진의 임기 조정(현행 2년에서 4년으로)

　　나. 7개 자방협의회의 기능 강화를 통한 민단조직의 취약점 제거와 조직 재
　　　　정비

　　다. 사무국의 정비강화를 통한 행정 질서의 확립

　　라. 교포 2세에 의한 점차적 세대 교체 모색

　　마. 민단 규약의 재정비

2. 재정 자립

　　가. 자체사업에 의한 활로 타개

　　나. 헌금제도의 확립

　　다. 단비 수입의 제도화

　　라. 정부 보조 기준 확정

　　마. 경비지출 및 회계감사 제도 확립

3. 홍보대책

　　가. 대 "조총련" 투쟁력 함양

나. 중앙본부 및 지방본부에 민족총화촉진특별위원회 설치 및 특별활동 전개

다. 동 특별위원회 요원의 조직적 훈련 및 활용

라. 중립계 및 "조총련"계 교포의 적극적 회유전향 운동 전개

마. 교포언론의 육성 및 대중전달 체계의 확립

바. 유신이념의 철저한 고취

2. 민단강화대책회의 조종계획

(1974.7.31 中情으로부터 入手)

民団強化対策會議 操縱計劃

1. 目的
   가. 民団의 自助自立 協同的組織運營 能力 培養
   나. 組織活動의 求心点 確立
   다. 現執行部 士氣振作
2. 會議事項
   가. 開催期間 및 場所
      74.8.18~8.26. 아카데미 하우스
      ※會議進行日程別添
   나. 參席者
      民団側 74名(中央委員會場□受)
      ○ 政府側: 外務, 內務等 10個部文担当官
   다. 討議案件
      ○ 団勢拡張運動問題
      ○ 組織幹部養成
      ○ 새마을事業 參與問題等
3. 操縱事項
   가.

나. 民団幹部 스스로의 組織発展策 採擇□□操縱
　　　　○ 自発的 自助的 協同만이 民団의 発展策임을 스스로 自覚하는 會議
　　　　　로 誘導(基調演說內容에 提示)
　　　　○ 金組織員이 一心団結 매진하자는 □□同意案提起, 団結意識 提高
　　　　○ 北傀 總聯이 가장 큰 敵임을 認識시켜 反共姿勢 및 精神武裝 强化,
　　　　　團合促求
　　다. 硏修教育, 産業施設 見學 實施
　　　　○ 自助, 自立, 協同精神 함양
　　　　○ 祖國에 対한 자부심과 矜持提高,
4. 準備事項
　本會議対備. 8.2. 当部主營下에 關係部文 實務者會議開催、意見調整.
5. 予算: ₩150万원
　○ 教育費: 100,000원
　○ 産業施設見學: 1,400,000원
　　※ 會議經費는 外務部 負担

3. 재일교포의 문제점과 대책

*74.7.31 中情側의 來訪要淸에 따라 中情을 訪問한 자리에서 8局 日本課長으로
부터 本資料를 受取함.

在日僑胞의 問題点과 対策
〈1974. 5〉

目次
1. 民団과 朝總聯과의 現勢比較
2. 朝總聯의 活動現況 -統一事業部 動態中心으로-
3. 問題点과 對策
　가. 民団의 問題点과 對策

나. 朝總聯의 問題点과 對策

4. 公館의 保安上 問題点과 對策

5. 建議事項

1. 民団과 朝總聯과의 現勢比較

区分　　団体別	民團	朝總聯
性格	○ 自主, 自治, 任意團体(反共國是)	○ 北傀労働党의 在日分党(北傀駐日代表部 役割)
指導体制	○ 三權分立, 地方分權制 ○ 代議制 ○ 幹部大部分이 非常任	○ 强力한 中央集權制 ○ 幹部任命制 ○ 組織幹部는 專任
組織 및 勢力	○ 中央, 地方本部, 支部等 552個 組織 ● 韓國籍 38万名 ○ 民團勢力 29万名	○ 中央, 地方本部, 支部, 分會等 2,383個 組織 ● 朝鮮籍 25万名 ○ 朝總聯勢力 21万名
組織活動上의 特徵	○ 基本組織支部이며 下部組織 없음. ● 上部만있고 下部 大衆組織 없음. ● 內部問題惹起時 問題에 全組織陷入 活動 鈍化	○ 分會가 組織核 役割 末端 5戶 5人制 ○ 大衆組織体系 確立 ○ 內的 矛盾을 對外發散키 爲해 政勢的 姿勢로 変貌
2世敎育	○ 4個學園 11個校: 1,700名 ○ 26個 夜間學院: 2,000名	○ 朝大等 161個校 28,594名 ○ 分會單位 成人敎育 ※ 北傀 敎育援助金 37億円(前年比 2.5倍) 策定 總150億円 既令達
幹部敎育	○ 敎育機關 없고 部分的으로 実施 ○ 幹部任免에 敎育実績參酌 없음. ○ 訓練된 組織幹部別無	○ 幹部敎育機關: 6種 ① 中央政治學院 - 總聯班1組(3個月) - 總聯班2組(6 〃) - 朝靑班(3 〃) - 女盟班(1 〃) ② 地方政治學院(關東, 近畿, 九州) 　(3~6個月)班은 中央學院과 同一 ③ 經濟學院(關東, 關西)(1週) ④ 朝鮮信用組合學院(不定期) ⑤ 通信敎育

			⑥ 移動學院(對象찾아다님) ○ 通信敎育 義務化하고 幹部任免에 敎育実績 參酌 ○ 訓練된 精銳幹部 10,850名
財政	● 中央: 1億7,000万円 地方: 約 20億円 約22億円 ○ 商銀의 支援 殆無		○ 中央: 約30億円 地方: 約70億円 約100億円 ○ 朝銀 貸付金 30% 組織이 活用 ○ 基本財政 確立하고 事業体 經營, 高利貸金業, 商工人 說得으로 募金
弘報宣伝	○ 21種 18万部 韓國新聞(週): 5万部 統一日報(日): 3万部 東洋經濟日報(日): 15,000万部 同和新聞(週): 3万部 ○ 本國刊行物・配布 文公部: 19種 95,000部 情報部: 8種 43,000部 ○ 商銀 33 豫金高 2,000億円		○ 35種 5個國語 25万部 朝鮮新報(日): 6万部 朝鮮画報(月): 8万部 朝鮮時報(週): 8万部 朝鮮通信(日): 15,000部 ※ 機關紙 購讀義務化 ○ 中央芸術団 歌舞団 隨時 公演(年 約 150回) ○ 映画上映(年 約500回) ○ 信用組合 35 豫金高 2,270億円
生活保護 活動	○ 生協, 納稅組合 組織未洽 ※ 生活保護 指導事業 殆無		○ 納稅, 業種別 協同組合 活動 活潑 ※ 生活保護 指導事業 積極 展開(對 民團團合事業에 活用)
反体制 勢力	○ 韓民統, 傘下 6個團体 約 400名 ① 民團自主守護委(25) ② 旧民團東本(200) ③ 旧神奈川本部(50) ④ 韓青(50) ⑤ 韓學同(50) ⑥ 婦人會東本(25) ※ 朝總聯 連繫下에 反國家, 反民團 活動		○ 總聯 非主流 約300名 ① 金炳植系 約 200名 ② 總聯 바로잡기 鬪爭 委員會 約 100名 ※ 黑色으로 反体制活動하고 있으나 徹弱

2. 朝總聯의 活動現況(動態的 側面)

    가. 朝總聯 中央 및 地方 機構擴大

        ○ 議長 補佐官室 新設: 5名

○ 産業局, 出版局(74年), 企劃局(73年) 各各新設

○ 中央各局 副局長 增員: 各2~3名

○ 地方本部 副部長制: 各1~4名

○ 在外公館的 機能 遂行 爲한 品位 向上

나. 「統一事業部」活動

(1) 目的

北傀指令에 依拠, 74年度를 「統一實現의 劃期的 轉換의 해」로 設
定, 對南赤化統一 與件 造成

(2) 設置沿革 및 機構

○ 74.3.10 總聯中央委는 統一事業部 設置 決定

○ 總責任者: 鄭在弼 總聯副議長

○ 74.4.1

- 總聯中央: 「在日 朝鮮人 統一事業促進委員會」

- 中央各局(13): 統一事業部

- 地方組職(49): 統一事業担當責任命

- 傘下團体(13): 政治部

- 事業体(16):   〃

(3) 活動 重点方向

(가) 学習强化로 自体組織団合

(나) 民団員 및 日本人과의 統一戰線 形成

(다) 革命幹部 獲得, 派遣强化로 韓國內 革命力量 增大

(라) 日本人과 反韓聯合戰線 形成으로 韓國弧立化

(4) 事業目標

(가) 韓國內 軍, 学園, 宗教界, 言論界 및 知識人

(나) 美國, 獨逸等 第3國居住 僑胞

(다) 民団員을 包含한 日本在留 韓國人

(라) 親北傀 日本人

다. 教育事業의 擴大强化

○ 学生減少趨勢 挽回努力: 「朝鮮人찾기運動」, 「朝鮮人만들기運動」,
学校增設, 教育費增額, 商業科 新設

※ 不振原因:

① 学歷 不認定

② 共産主義教育의 日本生活 不適合타는 認識

③ 教師, 教科의 低質

④ 學費過多

學校別	學費(月)	備考
初級學校	10,000円	獎學生 若干名
中級 〃	15,000円	〃　　〃
高級 〃	20,000円	〃　　30%
朝鮮大學	30,000円	寄宿舍費 別途

라. 朝銀 豫金伸長 運動

　　○ 東京, 大阪等 6大都市 朝銀 經營難 逢着 「統一豫金」등 名目으로 猛
　　　運動.

　　※ 經營難 原因:

　　① 貸出高의 30% 組織 流用

　　② 資金不足, 貸出沈滯로 組合員 興味喪失 等으로 不振

마. 「民族權利擁護」運動

　　○ 出入國法 反對

　　○ 北傀自由往來運動

　　○ 國籍變更反對 運動等

바. 「祖國建設과 近代化」事業

　　外貨와 産業「프란트」보내기 運動

사. 朝總聯의 細胞組織과 成人教育强化

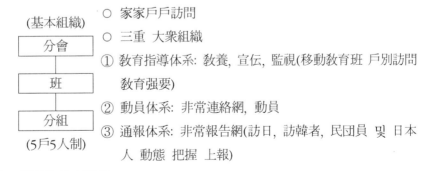

(基本組織)

　分會

　班

　分組

(5戶5人制)

　　○ 家家戶戶訪問

　　○ 三重 大衆組織

① 教育指導体系: 教養, 宣伝, 監視(移動教育班 戶別訪問
　教育强要)

② 動員体系: 非常連絡網, 動員

③ 通報体系: 非常報告網(訪日, 訪韓者, 民団員 및 日本
　人 動態 把握 上報)

아. 朝總聯 內部矛盾

① 朝鮮人学校 学生数의 激減

② 資金原委縮(商工人 反撥)

③ 北送僑胞의 慘状 流布로 北傀敬遠

④ 一世의 鄕愁心

⑤ 分派作用

3. 問題点 및 對策

　　가. 民団의 問題点 및 對策〈中情作成. 74.5〉

區分	問題点	對策
指導体系	○ 三權分立, 地方分權制 ○ 役員任期短期(2年) ○ 選擧圍繞 派閥釀成	- 指導体制一元化 - 中央集權制 - 任期延長(3~4年) - 機構增編(規約改正)
機構 및 制度	● 事務局長 等 中堅幹部의 身分, 生活保障 없음. ● 企劃, 對共機構 없음.	○ 人事(任命制), 報酬, 行政制度 確立(規約改正) ※ 中央~支部 事務担当責 434名 報酬(3億 3,888万円) 　中央事務總長 20万円×1名×12月=240万円 　地方事務局長 12万円×49名×12月=7056 〃 　支部事務部長 A: 10万円×60名×12月=7,200 〃 B: 8万円×80名×12月=7,680 〃 C: 4万円×244名×12月=11,712 〃 ○ 企劃 및 對朝總聯 活動局 新設 (企劃專門委員 本國派遣)
運営活動	○ 民生福祉活動 貧弱 ○ 幹部와 団員間 遊離 ○ 領事業務에 대한 不平	○ 生協, 納稅組合 運営 ○ 部下組織 確立 ○ 組織未加入者 誘致運動 展開 ○ 奉仕的 姿勢 指導
財政	○ 財政窮乏, 赤字累積 ○ 団費徵收 無誠意 ○ 無計劃한 贊助金 强徵	○ 中央會館建立, 自活能力 賦与 ○ 自活時까지 財政支援 ○ 団費徵收時 組織, 敎養 兼行 ○ 監査制度 確立(規約改正)
傘下団体	○ 傘下団体 組織微弱 ○ 民団과의 協助体制 未洽	○ 靑年會組織, 敎育强化 ○ 婦人會組織, 　〃

	○ 商銀과 民団의 乖離	○ 制度的 協力体制確立
		○ 本國政府의 對民団窓口 一元化와 組織優位策
教育	○ Ⅱ世敎育 貧弱(「비죤」의 喪失과 日本化) ○ 幹部敎育機関 없음	○ 僑胞專用 短大設立 日本에 國內大学分校 日本에 國內高校分校 ○ 本國 및 日本內 幹部敎育 强化 (巡回敎育班 派遣)
弘報, 宣伝	○ 宣伝活動 無誠意 ○ 機關紙內容 貧困	○ 綜合文化「센타」開設 ○「韓國新聞」 充實化 ○ 統一日報 積極活用 ○ 韓國紹介필름 巡廻上映
베트콩 瓦解	○ 韓國籍 僑胞이면서 反國家的 活動 ○ 北傀의 對南赤化戰略 ※ 國內 反政府勢力과 連繫	○ 旧韓靑, 韓学同勢力 靑年會 吸收 ○ 本國 및 民団內 親知活用 包攝 轉向(羅鍾卿, 金一明) ○ 不純性 暴露로 無力化 ○ 核心勢力의 瓦解離間工作實施
派閥	○ 選擧頻發, 人物中心 選擧, 仲裁 調整力의 微弱으로 派閥簇生 ○ 他派選任時 非協調 ○ 幹部職의 論功行賞式按配	○ 派閥蕩平 위한 超派閥의 仲裁団 (元老)構成, 自律의 団合 促求 ○ 指導勢力의 団結覺醒敎育 ○ 派閥主義者 組織核心에서 疎外
本國政 府에 대한 意識	○ 政府와 公館이 有力經濟 重視 反 面, 숨은 組織有功者 輕視 風潮 있다고 誤認 ○ 公館員이 不親切, 不誠實타는 一般與論	○ 숨은 組織功勞者 本國招請 歡待 ○ 渡日公務員의 僑民接觸時 品位 堅持 ○ 海外有功僑胞 敍勳制 ○ 公館員의 敎育 및 監督 徹底

나. 朝總聯의 問題点과 對策

区分	問題点	對策
組織	○ 强力한 組織指導体制 確立 - 中央集權 單一指導 - 各級幹部 有給制 - 北傀 直接指導 ○ 分會組織 確固 - 2,010個 組織 ○ 訓練된 組織幹部 豊富(10,860名)	○ 北傀実情(慘狀, 独裁性) 暴露 ○ 指導層 瓦解分裂工作 展開 - 韓德銖 非行暴露 - 金炳植 殘党不平助長 - 北傀直接指導에 대한 反撥 造成 ○ 民団의 大衆組織 强化하는 一方 - "北送僑胞 日本人 妻의 故鄕訪 問運動" (勝共聯合會 展開中)

			- "故鄉찾기運動"(鄉愁心 利用)으로 分會 瓦解 吸收
財政	○ 基本財政의 確保 ○ 商工人 寄賦 尨大 ○ 朝銀 完全掌握 - 韓銀의 政策的 活用		○ 組織幹部와 経済人 離間 造成 (経済人 反撥利用) ○ 経済人 転向으로 資金源 封鎖 ○ 朝銀去來者 商銀으로 誘致(朝銀內募暴露) ○ 本國緣故者 活用 経済人 転向 機會 賦與, 本國往來保障 ※ 朝銀沈滯原因 逆利用
弘報.宣伝	○ 弘報, 宣伝 狂奔 ○ 對韓歪曲宣伝		○ 青年會組織 活用 ○ 勝共聯合會 講師 通한 思想鬪爭 ※ 綜合文化「센터」活用 ○ 韓國紹介「필림」(巡廻上映)
二世教育	○ 學教数増加(161) 反面 學生減少, 現象打開 勢力(1966年 5万名→28,000名)		○ 學生激減原因 最大活用, 不就 學活動 助長 ○ 學生들의 共産教育 厭惡減 PR ○ 學歷 不認定 宣伝
統一事業部活動	○ 總聯의 對南工作激化 予想 ○ 韓日離間工作 増加 予想 ○ 訪韓・訪日者의 包攝工作 活潑 ○ 國內 反政府勢力과 連繫 勢力 ○ 美國, 獨逸 等에 第2朝總聯組織 劃策		○ 日本機關과 紐帶, 動態把握 徹底 ○ 民団下部組織 強化 ○ 統一日報活用, 內部 5大矛盾 暴露하여 總聯力量을 內部問題로 誘引 ○ 韓・日間 往來者의 保安措置 및 教育強化 ※ 敵 接近時 申告体系 確立 ○ 日本 및 本國內에 敵企図 暴露, 統一事業活動 無力化 ○ 國內 反政府勢力 連繫 遮斷 ○ 美・獨 僑胞 指導強化와 僑胞 團結 転機로 活用

4. 公館의 保安上問題点과 対策

區分	問題点	對策
現地採用員 (10個 公官에 約100名)	○ 僑胞 및 日本人들로 保安性 稀薄 ※ 具未謨 間諜事件 ○ 報酬低廉 不滿 및 劣等意識	○ 本國 事務職員(非外交官)으로 代替 또는 現地人 有能者 公務員 任用

○ 報酬補助 爲해 民團부터 後援 받음. (大阪, 神戶, 仙台등 公館) ※ 報酬: 本國令達 3萬円+後援3萬円 ○ 本國派遣公務員과의 摩擦과 無責任한 業務遂行	○ 報酬現實化로 對民團 民弊 止揚

朝總聯對南工作機構

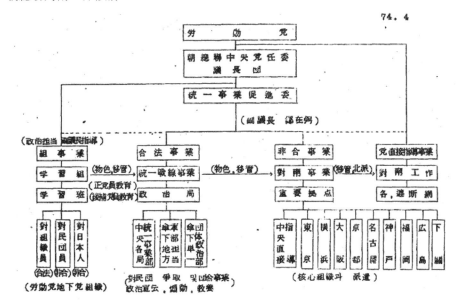

4. 주일대사관공문–제2회 민단 강화 대책 회의 개최

주일대사관
번호 일영725-4035
일시 1974.6.20.
발신 주일대사
수신 외무부 장관
참조 영사국장
제목 제2회 민단 강화 대책 회의 개최

민단 중앙본부로부터 민단 강화 대책회의를 본국에서 개최하여 줄것을 별첨과 같이 요청하여 왔으므로 동 사본을 송부하오니 업무에 참조 하시기 바랍니다.

첨부: 민단 공문 사본 1부 끝

주일대사

첨부 - 민단 공문(민단강화대책회의 개최 요청)

在日本大韓民國居留民團中央本部
번호 韓居中組発第36-23号
일시 1974年 6月 18日
발신 團長 尹達用
수신 駐日本大韓民国大使
題目 第2回 民団強化対策會議 開催要請의 件

1971年度에 第1回會議를 가져 本団強化에 大端히 큰 成果를 거두었읍니다. 그 后 本団의 混乱으로 會議를 每年継続 못하고 今日에 이르렀으나 本団의 実情도 安定이 되었으며 本団이 해야할 事業이 山積하였으므로 第2回會議를 갖고 政府와 本団 사이에 完全한 意見의 合致를 보는 것이 政府에 도움이 될뿐더러 民団強化에 큰 效果를 가져올 수 있겠으므로 下記 計劃과 內容으로 會議를 開催하여 주실것을 要請합니다.

　　　　記
1. 時日. 1974年 7月 10日 前后.
2. 場所. 政府가 指定하는 곳.
3. 參加範囲
　　가. 政府側. 民団과 關係되는 모든 部處의 定策立案者
　　나. 民団側. 中央執行部 및 執行委員 他二機關. 7地協事務局長
4. 會議々題

가. 本団의 基本姿勢와 政府와의 關係

나. 事業

1) 在日同胞의 賞勳關係

2) 未入団者 入団運動

3) 새마을 運動

4) 幹部研修問題

5) 在日同胞 短期大學 創設 建議와 並行하여 自費母國 留學制度 再考

6) 大使館教育官室과 本団文教局과의 事務推進에 対한 關係改善

7) 在日二世青年育成指導問題

8) 経済交流問題

9) 人的交流問題

10) 海洋博問題

11) 法的地位 및 待遇問題

12) 公報 宣伝 活動問題

13) 中央会館建設問題

다. 北傀와 朝總連에 対한 情勢分析 및 이에 対備策

라. 이에 継続하여 幹部研修로 들어가고 싶음. 以上

団長 尹達鏞

5. (민단 작성)제2회민단강화대책회의

第2回民團強化対策会議

1974.6.29.
在日韓國民団中央本部

第2回民団強化対策会議、進行案

(一) 基調報告

(二) 組織宣伝關係

(三) 法的地位, 民生關係

(四) 経済問題

(五) 教育問題.

第二回民団強化対策会議

(一) 基調報告

　　　ㄱ. 政府와 民団

　　　　　ⓐ 外務部에 対한 要望

　　　　　　　1. 窓口一元化 問題

　　　　　ⓑ 內務部　　　〃

　　　　　　　1. 沖繩海洋博家族親知招請

　　　　　　　2.

　　　　　ⓒ 文教部　　　〃

　　　　　　　1. 在日二世教育施策

　　　　　ⓓ 法務部

　　　　　　　1. 出入國問題

　　　　　　　2. 法地位 〃

　　　　　ⓔ 経済企劃院 및 財務部 商工部

　　　　　　　1. 韓信協問題

　　　　　　　2. 経済交流

　　　　　ⓕ 勞動廳

　　　　　　　1. 勞務者 問題

　　　　　ⓖ 保社部

　　　　　　　1. 医師問題

　　　　　ⓗ 總務処　　　〃

　　　　　　　1. 賞勳問題

　　　　　ⓘ 文公部　　　〃

　　　　　　　1. 公報宣伝強化問題

(ㅈ) 中央情報部

  (1) 官民一體의 実現化

  (2) 保安 問題

(ㄴ) 僑民廳 設置要望

以上을 모-도 綜合하여 一貫性있고 綜合的인 政第을 実施하라면 僑
民廳이 設置되어야만 하겠음.

第2回民団強化対策会議

(一) 基調報告(總論)

  1. 組織, 宣伝關係

  2. 法的地位, 民生關係

  3. 経済問題

  4. 教育問題

(二) 各論(上記4部門으로 나노아 協議)

  1. 未入国者入團勸誘運動

  2. 새마을 運動에 關하여

  3. 幹部國內硏修会에 關하여

  4. 在日同胞賞勳關係

  5. 政府補助金關係

  6. 民團基本財政問題

  7. 在日同胞短期大學創設建議와 自費母國留學制度 再考

  8. 民団文教事業推進에 關한 事務改善에 対하여.

  9. 横浜綜合文化센터 一建設問題

  10. 法的地位 및 待遇問題

  11. 沖縄海洋博에 關하여

  12. 民団과 韓信協과의 関係

  13. 朝銀去來民団員転換을 爲한 債務代替基金에 關하여

  14. 在日同胞의 母國投資企業支援을 爲한 保護第

  15. 在日同胞의 対母国 経済行為의 民団經由 措置

  16. 靑年學校 設立問題

17. 靑年会組織後援要望
18. 地方本部靑年本國硏修一元化
19. 在日韓國人医師問題
20. 換地贊助金(差金)에 關하여
(三) 朝總連의 攻勢에 对한 檢討와 対備策

6. 외무부공문(발신전보)—강화회의 개최에 대한 주일대사관 의견 제시 지시

외무부
번호 WSA-0777
일시 061400
발신 장관
수신 주일대사

대: 일영725-4035
1. 대호 회의개최에 관하여 귀관과 민단간에 충분히 검토한 후에 하기사항을
   포함한 건의를 제출하기 바람.
   가. 개최 필요성
   나. 효과
   다. 안건별 문제점
   라. 참석범위
   마. 개최 시기 및 기간
   바. 장소
   사. 회의 형태
2. 당지에 체재중인 오경복 민단사무총장은 당부를 방문하고 대호 회의를 서울
   에서 7월 하순 또는 8월초에 개최해 달라고 요청하였으나, 상기 1항에 대한
   귀관의 건의에 따라 추후 검토될 것이라고 설명했음을 참고 바람.(영민)

7. 협조문—재일거류민단 강화 대책 회의

협조문
분류기호 및 문서번호 영민725-250
발신일자 74.7.16.
발신 영사국장
수신 아주국장
제목 재일거류민단 강화 대책 회의

1. 주일대사는 별첨과 같이 재일거류민단 강화대책회의를 당부 주관으로 7월 하순에 서울에서 개최해 줄 것을 건의하였습니다.
2. 현금의 한-일 관계에 비추어 상기 회의 개최 시기 및 장소에 관한 귀견을 제시하여 주시기 바랍니다.
   유첨: 회의 배경 및 주일대사 건의(요약). 끝.

유첨—주일대사의 민단 강화 대책 회의 개최 건의(요약)

주일대사의 민단강화대책 회의 개최 건의
1. 개최의 필요성
    가) 최근 격화되고 있는 "조총련"의 민단 교란 공세 분쇄를 위한 정부의 민단 육성, 지원 방침 과시.
    나) 민단조직 강화 방안 협의 및 민단원의 사기 앙양.
2. 개최 시기: 74.7월 하순(3일간)
3. 장소: 서울
4. 참석 범위: 정부 관계부처 담당관, 민단 중앙간부 및 지협사무국장(36명)
5. 주요 안건
    가) "조총련" 공세 분쇄 대책
    나) 민단조직 재정비, 강화
    다) 민단 현 간부 교육 및 후계 간부 양성의 항구 대책

라) 재일교포 법적 지위 향상 대책

마) 모국 투자 유치 방안

바) 2세 교육을 위한 모국내 단기 대학 설치

사) 새마을 운동 참여 강화

8. 주일대사관 공문―민단강화대책 회의

주일대사관

번호 일영725-4889

일시 1974.7.8.

발신 주일대사관

수신 장관

참조 영사국장

제목 민단 강화 대책 회의

 대: WJA-0777

 대호 공한으로 지시하신 재일 거류 민단의 강화 대책 회의 개최에 관하여는 민단 중앙 본부와 긴밀한 협의를 거쳐 별첨 내용과 같이 보고 합니다.

 첨부: 상기 보고 사항. 끝.

주일대사

첨부―민단강화대책회의 관련 대사관 보고사항

1. 개최 필요성:

 가) 1969년 제 1차 민단 강화 대책 회의에서 거류민단의 강화 대책을 정부와 매년 개최키로 결성하였는바, 그후 민단의 혼란으로 중단되었음. 년

1회의 정기적 회합을 갖는 것이 거류민단의 육성강화를 위해 절실히 요청됨.

나) 특히 74년에는 조총련이 공세가 적극화되어가고 있으며 이러한 적극 공세를 분쇄하기 위해 민단은 더욱 정부와의 긴밀한 협의하에 대책을 수립해야 한다는 점.

다) 금번 회의는 대정부 협의도 중요하지만 안정궤도에 선 신 민단체제의 강화 및 전진을 위해 정부의 민단 간부진에 대한 철저한 교육과 추진 방향의 지도에 역점을 두어 동 회의를 통해 민단의 사기를 쇄신함이 필요하다는 점.

2. 효과:

가) 매년 1회의 계속적인 회의를 개최하는 것만으로도 거류 민단은 대외적으로 정부와의 긴밀한 유대를 통해서 운영되고 있다는 신뢰감과 지지도를 앙양할 수 있음.

나) 동 회의는 거류민단 자체의 간부 상호간의 단결과 사기를 앙양 시키는 계기가 됨.

다) 또한 민단 간부진의 본국 정부 시책에 대한 빠른 인식과 이를 통한 교민지도의 능률화를 기할 수 있음.

3. 안건별 문제점

가) 민단 간부 교육 및 후계 간부 양성의 항구 대책

나) 조총련의 공세 분쇄를 위한 대책과 정부 지원

다) 재일 국민 2세 교육을 위한 모국내 단기대학 설치 문제

라) 재일국민의 법적 지위 향상을 위한 대일본 정부와의 교섭 사항.

마) 정부의 재일 국민 지도육성을 위한 제업무 수행에 있어서의 거류민단 중앙본부를 통한 창구 일원화. (재일국민에 대한 제반 사무를 거류민단 중앙본부를 통해 수행케 함으로서 재일 교민단체 및 교민이 중앙본부를 중심으로 합치 단결되고 일체화 되게 하여야 함)

바) 재일 국민의 모국 투자 유치를 위한 특별 조치(교민 1세는 고령으로 사망시, 2세에 재산을 상속함과 동시에 70%의 상속세를 일 정부에 납부함. 많은 교민은 자기 사망전에, 일반투자의 형식등 복잡한 절차를 거치지 않고, 자기 책임하의 사후 관리의 필요성도 없는 어떠한 형태의 안전한 재산이익을 원하고 있음)

사) 새마을 운동 현황과 교민의 적극 참여를 위한 방안. (새마을 당국의 민단 간부진에 대한 새마을 사업과 그 참여에 대한 강의 위주)

4. 참석 범위

가) 3항의 안전 협의를 위한 정부 관계 부처 담당관.

나) 거류민단 중앙본부(단장1, 부단장3, 총장1, 차장1, 국장7.)
의결기관3, 감찰기관3, 집행위원 10명, 민단지협 사무국장7. 계 36명

5. 개최시기 및 기간
1974.7. 하순. (3일간)

6. 장소: 서울(외무부에서 선정 요망)

7. 회의형태:

가) 본회의(인사 및 의제설명, 의제별 분과위원 구성)

나) 분과 위원회별 회의

다) 본회의 개최(분과 위원회 건의사항 채택 결의)
(최종 본회의 개최시, 민단 지방 단장이 방청토록 조치해 주실 것)

라) 동회의 종료 후 전국 3기관장 연수회를 개최(동 연수회에서는 특히 본회의 결의사항 실천 방안을 주지시킬 것임) 끝.

9. 협조문—재일거류민단강화대책회의

협조문
문서기호 및 문서번호 북일700-135
발신일자 74.7.19.
발신 아주국장
수신 영사국장
제목 재일 거류민단 강화 대책 회의

대: 영민725-250

1. 현금 한.일간의 미묘한 정세에 비추어 보아 재일 거류민단 조직 및 활동의 강화와 재일교포 일반의 지도강화가 절실히 요청됩니다.

2. 따라서 대호 재일 거류민단 강화 대책 회의는 시의 적절한 것으로 사료되며, 7월 하순 서울에서 개최하는 것은 무방할 것으로 생각합니다. 끝.

10. 재일거류민단 강화 대책 회의 개최 건의(주일대사관)

재일거류민단 강화 대책 회의 개최 건의(주일대사관)

주일대사는 별첨과 같이 1974.7.8일자의 공한으로 거류민단 강화 대책회의를 서울에서 7월 하순(3일간)에 개최해 줄 것을 요청하고 있으나, 현금의 한-일 관계와 본국의 사정으로 보아 개최시기 및 장소를 면밀히 검토할 필요가 있다고 생각합니다.

在日居留民團强化對策會議開催建議
(駐日大使)
1. 背景
　　가. 民團强化対策會議는 1969年度에 1次로 서울(워커힐)에서 3日間 開催된 以來, 外務部의 基本運營計劃에 每年 包含되었으나, 그 後 開催된 일이 없음.
　　나. 1969年度의 1次會議는 外務部의 主管으로(會議議長: 外務部 次官補) 關係部處를 包含한 政府關係官 28名과 民團員 74名이 參席함.
　　　　(當部는 會議進行 및 民團員의 滯韓宿食費를 負担함)
　　다. 民團은 1972年度에 民團中央團長이 任期滿了 前에 辞退하는 等 組織의 混乱을 거듭하다가, 1974年 3月의 選擧를 通하여 新執行部가 構成되었으나, 組織이 整備되지 못함으로써, 対朝總聯 鬪爭의 脆弱點을 內包하고, 內部團結이 解弛된 狀態下에서 対共鬪爭의 戰列을 再整備하고, 組織의 强化를 期함에 있어서 政府의 積極的인 後援을 期待하고 있음.
2. 駐日大使의 建議內容要旨
　　가. 開催必要性
　　　　○ 政府의 信賴와 支持의 対外部誇示
　　　　○ 朝總聯의 功勢紛粹를 爲한 政府와의 緊密한 協議

○ 民團幹部陣의 教育 및 民團員의 士氣刷新을 通한 民團組織의 安定, 强化

　나. 開催時期: 今年 7月下旬(3日間)

　다. 場所: 서울

　라. 參席範圍: 政府關係部處 民團中央幹部 및 地方協議會 事務局長(36名)

　마. 主要案件

　　(1) 朝總聯 功勢粉碎 対策

　　(2) 民團組織再整備強化

　　(3) 現幹部教育 및 後継者養成対策

　　(4) 僑胞法的地位向上対策

　　(5) 母國投資誘致方案

　　(6) 2世教育을 爲한 母國內短期大学設置

　　(7) 새마을運動 參與强化

3. 會議開催檢討

　가. 會議運營

　　(1) 1969年度의 第1次會議時에는 韓日間의 法的地位에 關한 協定에 따른 永住権申請을 主要議題로 取扱하였기 때문에 外務部가 會議를 主管하였으나, 今次會議의 性格 및 議題로 보아 外務部가 主管하는 것은 不適當하므로, 民團自身이 會議를 召集하고 主管하되 會議経費를 包含한 積極的인 支援을 外務部가 賦與한다.

　　(2) 外務部는 同會議에 關係部處가 參與하도록 周旋한다.

　　(3) 會議는 対政府建議形式으로 進行한 後, 決議案을 採擇한다.

　나. 開催時期 및 場所

　　(1) 現今의 韓日關係와 國內事情을 檢討하여 時期를 決定한다.

　　(2) 開催時期의 決定에 따라 서울 開催可能性을 檢討한다.

　다. 豫算

　　(1) 所要豫算總額: ₩4,120,000-

　　　民團員宿食費(40名 3泊4日): ₩1,520,000-

　　　長官主催리셉숀(300名): ₩1,500,000-

　　　會議場 및 車輛賃借: ₩400,000-

　　　資料印刷: ₩300,000-

會議運營: ₩400,000-

(2) 1974年度 策定豫算: ₩1,893,000-

(3) 超過豫算: ₩2,227,000-

　　(安保協力 外交費에서 支援)

11. 외무부공문(발신전보)–개최 시기에 대한 주일대사관 의견 제출 지시

외무부

번호 WJA-07340

일시 311845

발신 장관

수신 주일대사

　　대: 일영725-4889

　　당부는 월말(가능하다면 8.28 또는 8.29 부터 2일간정도) 예정으로 대호 민단회의를 서울에서 개최하는 것을 검토하고 있는 바 민단측의 사정을 고려하여 개최시기에 관한 귀견을 지급 보고 바람. (영민)

12. 외무부공문(착신전보)–개최시간 관련 회답

외무부

번호 JAW-08011

일시 011630

수신시간 74.8.11. 16:52

발신 주일대사

수신 장관

대: WJA-07340

대호 민단회의 개최시기에 관하여 당관 및 민단은 이의없음을 보고함. (일영-
영민)

13. 기안- 민단확대간부회의 개최 지원 계획

분류기호 문서번호 영민725-
시행일자 74.8.6.
협조 정무차관보, 기획관리실장, 아주국장, 총무과장
경유수신참조 건의
제목 민단확대간부회의 개최 지원 계획

　　　민단의 대조총련 투쟁력 증강과 민단 조직의 재정비 강화를 목적으로 아래
와 같이 재일거류민단확대간부회의 개최를 지원할 것을 건의합니다.
1. 회의 명칭: 민단확대간부회의
2. 회의 기간 및 장소: 1974.8.29-30
　　　　　　　　　　세종 호텔
　　　　　　　　　　(회의 종료 후 중앙정보부 주관으로 새마을 교육 및 산
　　　　　　　　　　업시찰 실시)
3. 참석 범위: 민단중앙본부 간부 및 지방본부 단장(86명)
　　　　　　　정부 관계부처 관계자
4. 회의 의제
　　가. 대조총련 투쟁력 증강
　　나. 민단 조직 재정비 강화
　　다. 재정 자립 모색
　　라. 교포정책 일반에 대한 검토
5. 예산 지원
　　가. 소요예산: ₩7,670,000
　　나. 74년도 예산혹보액: ₩2,308,000

다. 부족 재원 염출 방법:

　부족액 ₩5,362,000중 2,000,000($5,000)은 재외국민 보조금에서 충당
하고 ₩3,362,000은 안보 외교협력비에서 충당함.

유첨: 회의 개최 지원 계획(안). 끝.

14. 회의개최계획안

주일대사관:

1. 민단 중총 3기관장 후보 옹립 문제

　가. 7.25. 지협 사무국장 회의에서 결정한 3기관장 단일 후보 옹립건은
중앙본부와의 사후 결과 협의에서 의견 일치를 보지못함.

　나. 중총 단장 입후보 희망자 이유천 및 이수성은 후퇴

　다. 윤달용 및 장총명은 일단 후보에서 사퇴하여 김정주 후보의 지원 입
장을 취함(윤달용의 사퇴에 대한 현 집행부의 반발이 큼)

　라. 최학부의 출마 태도 고수

　마. 유석준의 출마 태도 표시(배경: 유지 간담회의 세력)

　바. 지협 회의에서 결정한 3기관장 후보에 대해 현재까지 22-23개 지방
본부의 지지 확실

　사. 현 중앙 집행부는 8.1. 14:00 우에노 "다이에미" 호텔에서 전국 지방
3기관장 및 사무국장 회의 소집 결정

　　(목적: 8.3. 중총 대회에 대비한 확대 협의 및 남북 공동 성명에 관한
설명)

2. 7.28. 오후 김정주 후보의 "데이고꾸" 호텔에서의 기자 회견 내용

　가. 온건 중도 정책 채택(민단의 전면 개방과 징계 처분의 철저)

　나. 조직 혼란의 확대 방지

　다. 전임자들의 조치 사항 존중

　라. 처분 조치의 범위 축소 및 수습

주 오오사카 총영사관:
1. 표면상 찬·반 의사 표시는 없으나, 대체로 호의적임.
2. 경도 민단도 확실한 의사 표시 없음.
3. 동경 정재준 일파에서 유석준에게 재출마를 종용하고 있으나, 본인은 출마 의사 없다는 정보가 있음.

주 후쿠오가 총영사관:
1. 김정주 후보는 조직 쇄신, 7.4 성명 후 조총련과의 이론 대결 및 대일 정부의 민간 외교 단장으로 적합하며,
2. 동 회의의 추천이 정치적 색채가 전무하고 지방 단장의 중의에 의해 자발적으로 추천된 자로 적격자라 함.
3. 관내에 여타 옹립자 및 선거 운동자 없음.

주 요꼬하마 영사관:
1. 김정주 후보에 대해 가나가와현 및 시즈오까 현내 민단원은 대체로 찬성
2. 기타 입후보자 움직임 없음.

주 시모노세끼 영사관:
1. 상기 후보에 대한 반응은 양호함.
2. 기타 입후보 희망자의 선거 운동 없음.

주일대사관:
1. 재일 한국 청년 동맹은 조선 청년 동맹과 공동으로 8.7. 동경 체육관에서 남북 공동 성명 지지 중앙 대회를 개최할 것이라 함.(한청 및 조청 간부가 공동 기자 회견으로 발표)
2. 동 대회 목적은 8.8. 임시 중앙 대회를 방해하기 위한 것으로 판단되며, 약 1만명의 청년 학생이 참석할 것으로 보도됨.
3. 중앙위원회 결의에 따라 7.15.부로 3년간 정권 처분된 한청, 중앙 간부 4명이 주동됨.
4. 8.1. 전국 3기관장 회의에서 상기 대회에 대한 논의 성명 발표가 있을 것이라 함.

주오오사카 총영사관:

1. 8.1. 18:00 경도 산업회관에서 경도 한청, 한학동, 민주 자주 수호위원회 등이 7.4 공동 성명 지지 대회를 개최한다 함.

2. 대회 성격:

상투적인 공관 및 민단 비난과 한청, 한학동 단체 해체에 대한 불법성 지적 및 민단 중앙을 규탄하는 성토대회로 전망됨. 특히, 8.8. 민단 중앙 대회에 대비한 결속 다짐 대회로 봄.

3. 대책:

경도 민단으로 하여금 대회 저지책 강구 지시 및 경도 민단은 각 지부를 통해 저지 노력중이라 함.

15. 민단확대강부회의지원계획(수정)

외무부

민단 확대 간부 회의 지원 계획(수정)

1. 민단 확대 간부 회의 민단 측 참석범위를 지방본부 의결 및 감찰기관장을 제외한 86명으로 수정할 것을 건의합니다.

   가. 중앙 3기관장(10)

   나. 중앙집행위원(10)

   다. 중앙상임고문(3)

   라. 중앙사무국 요원(9)

   마. 지방본부 단장(49)

   바. 기타 단체 대표(5)

2. 상기 참석 범위의 수정에 따라 소요 경비를 ₩7,670,000으로 책정하고 부족 액 ₩5,362,000 중 ₩2,000,000($5,000)은 교민보조금에서, ₩3,362,000은 안보 외교 협력비에서 각각 충당할 것을 건의합니다.(경비 명세 별첨)

재외국민과

16. 회의 개최 지원 계획(안)

(最終案)
민단 확대 간부회의
1974.8.29 - 8.30, 서울

회의 개최 지원 계획(안)
1. 회의 개최 목적 및 기대 효과
2. 회의 명칭 및 회의 형태
3. 회의 기간 및 장소
4. 참석 범위
5. 회의 조직 및 회의 진행
6. 회의 의제
7. 예산 지원 규모
8. 회의 일정
9. 준비 점검 일정표

민단 확대 간부 회의 지원, 계획(안)
1. 회의 개최 목적 및 기대 효과
    가. 목적
        ○ 정부 시책의 기본 방향 인식
        ○ 대조총련 투쟁력 함양
        ○ 민단 조직 재정비 강화
        ○ 민단 간부진의 교육
    나. 효과
        ○ 민단 단결력의 대외적 과시
        ○ 민단 중앙 본부의 지도 체제 공고화
        ○ 민단원의 사명감 고취 및 사기앙양
2. 회의 명칭 및 회의 형태
    가. 명칭: "민단 확대 간부 회의"
        ○ 1969년에 개최된 회의는 정부가 민단의 문제점을 논의하고 강화대

책을 강구한다는 목표하에 민단 간부를 소집하고 회의를 주관하였으므로 그 명칭을 "민단 강화 대책 회의"라고 하였음.

○ 그러나 정부가 민단 간부를 소집하고 회의를 주관하는 것은 민단이 교포 단체이고 자치 단체라는 점에 비추어 적당하지 않으므로 아래의 회의 형태를 고려하여 그 명칭을 "민단 확대 간부 회의"라고 칭함.

나. 형태

○ 1969년의 회의는 정부가 회의를 소집하고 주관하였으므로 회의 조직상의 부서를 외무부 및 관계부처 간부가 직접 맡아 회의를 운영하였으나, 금차 회의는 민단이 자체적으로 회의를 소집하고 진행하되 외무부 및 관계부처 관계관이 토의에 적극적으로 참여하고 건의와 질문에 답변하는 형태로 운영함.

3. 회의 기간 및 장소

가. 기간: 1974.8.29 - 8.30

(회의 종료 후 중정 주관으로 새마을 사업 참관 및 산업 시찰)

나. 장소: 서울 세종호텔

4. 참석 범위

가. 민단측(86명)

3기관장단(10)

중앙집행위원(10)

중앙상임고문(3)

사무국(9)

지방 본부단장(49)

기타 단체 대표(5) - (부인회, 체육회, 군인회, 상공회, 한신협)

나. 관계부처 관계관(국장급)

외무부, 경제기획원, 내무부, 재무부, 법무부, 문교부, 문공부, 중앙정보부.

5. 회의 조직 및 회의 진행

가. 조직

(1) 전체회의

○ 의장: 민단 중앙단장

○ 간사: 민단 사무총장(지원단 협조)

○ 참석자: 민단측 참가자 전원 및 정부 관계관

(2) 분과위원회(회의 개최전에 사전 구성)

○ 위원회의 종류 및 임무

- 대공특별위원회: 대조총련 투쟁력 증강 대책

- 조직위원회: 단의 지도체제 확립 방안

- 재정위원회: 단의 재징자립책 모색

- 일반위원회: 교포 정책 일반 토의

○ 구성 및 운영

- 위원장: 민단 간부

- 간사 : 민단 사무국 국장급(지원단 협조)

- 구성: 위원회별 각 12명 내외

(3) 사무국 및 지원단

(회의 사무국장은 민단 사무총장이 되고, 회의 준비 및 운영에 있어서 외무부 영사국의 지원을 받음)

○ 의사 담당: 운영 총괄, 회의 진행, 기록 관리, 문서 작성, 보도.

○ 행정 담당: 예산 관리, 시설 물품, 등록, 기타 행정지원

○ 의전 담당 숙박, 접대, 수송 안내 연락, 보안.

나. 회의 진행

(전체회의)

(1) 전체회의는 민단 중앙단장의 사회로 민단측 참가자 전원 참석하에 2회 개최함. (개회식 및 폐회식)

(2) 중앙단장의 개회사에 이어 관계 장관이 치사함.

(3) 일단 정회한 후에 서무총장이 제출하는 회의 의제 및 회의 조직에 관한 보고를 전체회의가 채택하고 분과 위원회를 구성함.

(4) 북괴 영화 "전체 인민이 무장한 나라"를 관람함.

(5) 각 분과위원회장은 제 2차 전체회의에 보고서를 제출하고 전체회의는 이를 채택함.

(6) 전체회의는 결의문 및 대정부 건의문을 채택하고 중앙단장의 폐회로 폐막함.

(분과위원회)

(7) 분과위원회는 원칙적으로 2회 개최함. (개회일 오후 및 폐회일 오전)

(8) 분과위원회는 회의의 결의문(안)과 대정부 건의문(안)을 기초함.

(9) 정부 관계부처 관계관은 각 분과위원회의 토의에 참가함.

6. 회의 의제

　가. 대조총련 투쟁력 증강

(1) 특별 대책 기구 설치("민족 총화 촉진 특별위원회")

(2) 기동성 있는 대응조치 강구(홍보조직의 체제확립)

(3) 조련계 교포에 대한 회유 전향 운동 적극 전개

　나. 민단 조직 재정비 강화

(4) 지도체제의 확립(단의 단합 및 파벌 융화)

(5) 지방 협의 회의 기능 강화

(6) 사무국 재정비

(7) 계승 세력 양성

(8) 규약 재정비

　다. 재정 자립 모색

(9) 자체사업 운영 방안

(10) 현금 및 단비의 제도화

　라. 교포 정책 일반 검토

(11) 2세의 민족 교육

(12) 교포의 법적 지위 문제

(13) 모국 투자 유치 방안.

7. 예산 지원 규모

　가. 소요예산 총괄표.

　　단위: 원

항목	소요액	FY74예산	부족액	비고
104 수당	330,000	25,000	305,000	
221 수용비	700,000	420,000	280,000	
232 특별판공비	5,060,000	1,450,000	3,610,000	
233				

정보비 252	1,000,000	0	1,000,000	
임차료	580,000	413,000	167,000	
합계	7,670,000	2,308,000	5,362,000 (3,362,000)	교민 보조금에서 $5,000(₩2,000,000)을 특별 배정

나. 항목별 내역

(1) 수당(안내원 등 인건비)

가) 속기사: ₩10,000×4명×2일=₩80,000

나) 타자수: ₩3,000×4명×4일=₩48,000

다) 안내원: ₩3,000×10명×3일=₩90,000

라) 도안사: ₩5,000×2명×4일=₩40,000

마) 잡부노임: ₩3,000×8명×3일=₩72,000

소계: ₩330,000

(2) 수용비

가) 자료 인쇄비(9종 15회): ₩400,000

나) 회의 용품 구입비: ₩300,000

소계: ₩700,000

(3) 특별판공비

가) 숙박: ₩7,500×50개×3일=₩1,125,000

나) 식비: ₩2,500×100인×8회=₩2,000,000

다) 외무부 장관 주최 리셉션: ₩5,000×250인×1회=₩1,250,000

라) 외무부장관 주최 3기관장단 만찬: ₩12,000×20명×1회=₩240,000

마) 사무국 및 지원단 식대: ₩1,000×20인×12회=₩240,000

바) 기자단 식대: ₩1,000×20인×2회=₩40,000

사) 운전수 식대: ₩500×10명×8회=₩40,000

아) 다과대: ₩500×50명×5회=₩125,000

소계: ₩5,060,000

(4) 정보비

가) 오찬 및 리셉션 부대 비용: ₩5,000×15명×2회=₩150,000

나) 활동비(3기관장, 사무총장, 지원단): ₩10,000×15명×3일=₩450,000

다) 공보 선전비: ₩300,000

라) 잡비: ₩100,000

소계: ₩1,000,000

(5) 임차료

가) 연락용 차량: ₩15,000×4일=₩60,000

나) 뻐스: ₩20,000×2대×3일=₩120,000

다) 회의장 사용료: ₩200,000×2일=₩400,000

소계: ₩580,000

합계: ₩7,670,000

8. 회의 일정(안)

일시	행사	참석자	비고
8.29(목) 1000-1015	개회사 (민단 중앙 단장)	민단측 참석자 전원, 정부 관계관	공개회의 (전체회의)
1015-1035	관계장관치사 내빈 축사		
1035-1050	정회		
1050-1100	사무총장 보고 (잠정 의제, 분과위 원회 조직 및 운영)		
1100-1110	분과위원회 구성		
1110-1155	영화관람		"전체 인민이 무장한 나라"
1200-1330	오찬		
1400-1700	분과위원회	분과위원, 정부 관계관	비공개회의 (분과위원회)
1730-1800	예방(대통령 각하 또 는 국무총리)		
1830-2030	리셉션(외무부장관)		
8.30(금) 1000-1200	분과위원회	분과위원 정부 관계관	결의문안 및 대정부 건의 문안 기초(비공개회의)
1200-1400	오찬 (민단중앙단장 주최)		

1400-1440	분과위원회	공개회의
	보고서 제출	(전체회의)
1440-1450	결의문 및 대정부	
	건의문 채택	
1450-1500	폐회식	
	(민단중앙단장 폐회사)	
1500-1600	국립묘지 참배	
1900-2030	만찬	
	(중앙정보부장 주최)	

9. 준비 점검 일정표

8.6 - 11(회의 지원 계획 확정)

(1) 회의 개최 계획 보고(대책 회의, 청와대, 국무총리)

(2) 관계부처 회의 소집(부처별 협조사항 협의)

(3) 소요 경비 재원 염출

(4) 회의 지원 계획 통보(주일대사관)

(5) 회의장 및 숙소 예약

8.12 - 20(주일대사관을 통한 준비사항)

(6) 회의 소집 통보(민단 중앙단장 명의)

(7) 참가자 명단 작성

(8) 잠정의제 및 토의 방향 결정

(9) 분과위원회 구성

(10) 민단중앙단장 개회사 및 폐회사 성안

(11) 분과위원회 보고서(안) 작성

(12) 대정부 건의 사항 종합(외무 본부 및 관계부처 준비사항)

(13) 외무장관 치사 작성

(14) 내빈 축사 의뢰

(15) 회의 결의문(안) 기초

(16) 참가자에 대한 신원 조회 의뢰

(17) 대정부 건의사항에 대한 답변자료 작성(관계부처 협의)

(18) 회의장 표식, 명패, 사무용품, 소요물품 확보

(19) 지원단 요원 조직

(20) 사교 행사, 초청장 등 준비

8.21 - 28(최종 준비 단계)

(21) 사무총장 보고서 작성

(22) 결의문(안) 확정

(23) 대정부 건의문(안) 확정

(24) 분과위원회 보고서(안) 확정

(25) 각종 자료(회의 일정, 참가자 명단, 연설문 등) 인쇄

(26) 지원단에 의한 사무국 요원 오리엔테에션

(27) 참가자 등록

(28) 회의 운영 방안 협의(중앙 3기관장단, 지협사무국장, 중앙사무총장, 지원단)

(29) 보도자료 작성

(30) 준비 상황 최종 점검

17. 외무부공문(착신전보)－

외무부

번호 JAW-08150

일시 071610

수신시간 74.8.7. 17:39

발신 주일대사

수신 장관

대: WJA-0880

1. 대호 민단 회의 참석 범위를 민단 중앙 간부 지방본부 3기관장으로 확대하는데 이의 없음.

2. 민단은 동회의에 하기 중앙 민단 산하 기관장이 참석할 수 있도록 조치하여 줄 것을 요청하고 있음.

가. 부인회 회장(김신삼)

나. 상공회 중앙 연합 회장(허필식)

다. 체육회장(정건영)

라. 신용조합 연합회장(이희건)

마. 대한 군인회 회장(이인기)

　　　(영민)

18. 메모

외무부

74년 8월 9일

　　民團会議의 參席範囲에 關하여 74.8.9. 1100-1200 中情 8局長을 訪問하고 外務
部의 計劃을 說明하였으나 中情側은 완강히 自□立場을 固守함.

　　會議開催計劃 提示

　　방자과: 経□局長、□外□□課長

　　재외국민과

19. 민단강화대책회의조종계획

　　*74.8.10 中央情報部8局 3課로부터 接受

　　民団強化対策會議操縦計劃

　　1. 目的

　　　가. 民団幹部의 士氣振作과 民団 懸案問題 解決策 摸索.

　　　　※ 懸案問題: 規約改正, 財政確立, 幹部教育, 對朝總聯 베트콩問題 等.

나. 民団의 自立, 自助的 組織運動의 転機助長.

다. 中央執行部의 安定과 民団上下部 組織의 団結強化

2. 方針

　가. 北傀 및 總聯의 対南, 対民団 工作様相을 熟知시켜 自發的 対策講究 誘導

　나. 研修와 産業視察을 通한 指導力 培養과 一体感 鼓吹

3. 會議日時 및 場所

　가. 1974.8.29~30(2日間) 　　　:世宗호텔

　나. 1974.8.31 　　　　　　　　:研修教育(아카데미·하우스)

　다. 1974.9.1~2(2日間) 　　　　:産業施設 見学(浦項, 蔚山, 慶州)

4. 參席者: ○ 民団側: 74名(中央三機關長, 全國団長, 傘下団体長 等)

　　　　　 ○ 政府側: 外務, 文教, 內務, 法務, 文公, 商公, 財務, 經企院 当部.
　　　　　　10個部文 担当局長

5. 討議案件

　가. 団勢擴張運動　　　　나. 組織幹部 精銳化

　다. 対共專担機構 設置　　라. 새마을 運動 參与 等

　마. 規約改正, 財政確保 等 諸般問題

6. 會議日程

時間	日程	操縱事項	備考
74.8.28(水) 15:40	入國	○ 記者會見 ○ 會談進行 協議	世宗호텔
8.29(木) 10:00~10:40	開會式	※ 關係部處 長官 參席	〃
10:40~11:10	基調演說	○ 自立, 自助, 協同精神 ○ 北傀의 對韓, 對民団共産化를 爲한 執拗한 活動狀況 ○ 民団懸案分析 ○ 總聯活動 粉碎 專担機構設置 等 提示	団長
11:10~11:30	緊急動議提起 採択	○ 不平, 不滿 在野幹部의 反省 및 団合促求 ○ 民団 懸案問題点의 果敢한 除去 要求	說得力있고 德望있는 者로 選定(朴鐘 山口団長)

11:40~12:30	映畵上映	○ 北傀戰爭準備 狂奔相 보이고 対 共覺醒促求	「全体人民이 武装한 나라」
14:00~17:00	分科委別討議	○組織 ○文敎 ○経済 ○法的地位	
8.30(金) 10:00~12:00	分科委別討議	〃	
13:00~13:40	映畵上映	○ 北傀獨裁性과 圧政 暴露	「北傀의 어제와 오늘」
13:40~16:00	全体會議	○ 事前提出한 対政府建議案에 対한 政府側 答弁	
16:00~16:40	決議文採択	○ 全組織活動方向 總集結	監察委員長
17:00~	會議終了		※ 外務部長官 主催晩餐
8.31(土) 9.1~3.	研修敎育 産業施設見學	○ 維新 및 새마을精神 涵養 ○ 浦項, 蔚山, 慶州(団結과 一体感 鼓吹)	各部處關係官 會議 및 會議 結果報告 作成

7. 會議準備: ○ 8.5. 関係部署 會議開催

　　　　　　 ○ 8.26. 民団代表와 會議進行 最終協議

8. 予算: 가. 外務部: 會議関係費用

　　　　 나. 当部: 敎育 및 産業施設 見学費

※期間中 各係部處와 協調 要人禮訪 実施

20. 민단확대간부회의개최계획

民團擴大幹部會議開催計劃

(1974.8.29-30 서울)

1. 民団의 現況, 朝總聯의 攻勢 및 會議의 背景

2. 會議 開催 目的 및 期待效果

3. 政府의 支援, 開催時期, 場所 및 參加範圍

4. 會議議題

5. 參考事項

民団擴大幹部會議開催計劃

(1974.8.29 – 30. 서울)

1. 民団의 現況, 朝總聯의 攻勢 및 會議의 背景

(民団의 現況) 在日居留民団은 1972年度에 民団中央団長이 任期滿了前에 中途辞退하고 所謂 "베트콩"派의 騒亂속에서 組織의 混亂을 거듭하다가, 1974年 3月의 選擧를 通하여 新執行部가 構成되었으나, 組織이 整備되지 못하고, 內部団結이 解弛된 狀態下에서 対朝總聯鬪爭의 脆弱点을 內包하고 있음.

(朝總聯의 攻勢) 한편, 朝總聯은 北傀의 指令에 따라 1974年度를 「統一實現의 劃期的 轉換의 해」로 設定하고, 中央 및 地方의 機構를 擴大하면서 「統一事業部」를 各部署組織에 新設하였으며, 今年 6月부터 9月까지 120日間을 이른바 「祖國의 自主的 統一을 促進하는 愛國運動期間」으로 指定하는 等, 対南赤化統一에의 與件을 造成함에 있어서, 民団과 在日韓國人社會를 攪乱시키기 爲한 攻勢와 陰謀를 激化시키고 있음.

(會議의 背景) 駐日大使는 今年 7月 8日字의 報告에서 朝總聯의 攻勢를 粉碎함에 있어서 民団의 組織을 再整備하고, 民団幹部의 士氣를 昂揚할 目的으로 民団會議를 서울에서 開催할 必要가 있다고 建議하였음.

2. 會議開催目的 및 期待效果

○ 民団幹部들에게 祖國의 現実을 올바르게 認識시킴으로써, 政府政策에 対한 理解와 支持를 促求함.

○ 北傀의 術策을 暴露하고, 民団員의 使命感을 鼓吹함으로써 対朝總聯 鬪爭力을 涵養함.

○ 政府의 民団에 対한 支持를 対外的으로 誇示함으로써, 民団中央本部의 指導體制安定과 大同団結을 期하고, 民団組織을 再整備, 強化함.

○ 새마을 敎育 및 産業視察을 通하여 民団幹部陣을 敎育시키고, 団의 運營을 一新함.

3. 政府의 支援, 開催時期, 場所 및 參加範囲.

(支援) 1969年度에 召集된 「民団強化対策會議」는 政府가 會議를 主管하였으나, 今次會議는 自治機関인 民団이 自体的으로 會議를 召集하고 進行하되, 外務部 및 関係部處 関係官이 會議에 參席하고, 會議準備와 運營을 積極的으로 支援함.

開會式에는 民団側 參加者 全員, 政府関係官 및 來賓參席裡에, 関係長官의 致辞 等으로 會議를 支援하고, 高位人士禮訪 및 社交行事 等으로 組織人의 士氣를 昂揚함.

(時期, 場所) 1974年 8月 29日 및 30日 兩日間, 서울 世宗 호텔에서 開催함.

(參加範囲) 民団의 中央3機関長団을 包含한 中央幹部와 地方本部団長 86名을 民団 中央 団長 이름으로 招請함.

86名

(中央3機関長団 10名

中央執行委員 10名

中央常任顧問 3名

事務局 9名

地方本部団長 49名

其他団體代表 5名)

4. 會議議題

(対朝總聯鬪爭力 增强)

1. 特別 対策 機構 設立 檢討

2. 機動性 있는 対應措置講究方案

3. 朝總聯 僑胞의 懷柔, 轉向運動 展開

(民団組織의 再整備, 强化)

4. 指導體制의 確立(団의 団合 및 派閥融和)

5. 地方協議會의 機能强化

6. 規約 再整備

(財政自立摸索)

7. 自体事業運營方案(中央會館建立)

8. 獻金 및 団費의 制度化(僑胞政策一般에 対한 檢討)

9. 2世의 民族敎育

10. 僑胞의 法的地位問題

11. 母國投資誘致方案

5. 參考事項

(所要豫算) 総所要經費 767万원의 財源은 今年度豫算에 計上된 可用額 230万 8千원, 僑民補助金에서 200万원($5,000-) 및 安保外交協力費 336万 2千

원으로 各各 充當함.

(새마을 敎育 및 産業視察) 會議直後 中央情報部가 主管하고, 中情豫算으로 施行함.

(防衛誠金) 會議參加者들은 本國訪問記念으로 擧族的으로 推進되고 있는 防衛誠金을 據出할 豫定임.

21. 민단 확대 간부 회의

민단 확대 간부 회의

참석 범위

　　3기관장단 10명

　　중앙집행위원 13명

　　중앙사무국 10명

　　중앙상임고문 5명

　　지방본부 3기관장 147명

　　기타단체대표 5명

　　　　계: 190명

*中情직원(이진규)으로부터 接受(74.8.12.)

1. 명칭: 민단 강화 대책 회의.(민단측 제외)
2. 형태
　가. 민단 자체 회의.
　나. 본국 관계 부서의 토의 적극 참여, 대정부 건의 및 질문에 답변.
　다. 회의 운영에 관한 준비, 행정적 지원(외무부, C.I.A)
　라. 호의는 사전 준비된 연설문 낭독(기조 연설) 긴급 동의 제기, 분과위 및 토의 대정부 건의에 대한 답변, 사전 작성된 결의문 건의안 채택 순서로 진행
3. 참석 범위:

가. 민단(93명)
- ㄱ. 중앙 3기관장(3)
- ㄴ. 전국 지방단장(49명)
- ㄷ. 집행위원(19명) 중복
- ㄹ. 상임위원(17명)
- ㅁ. 산하 단체장(5명) 상임고문단(양해사항)

나. 정부 관계부처(국장급)
- ㄱ. 외무부
- ㄴ. 경제 기획원
- ㄷ. 내무부
- ㄹ. 재무부
- ㅁ. 법무부
- ㅂ. 문교부
- ㅅ. 문공부
- ㅇ. 중앙 정보부

4. 회의 조직

가. 전체회의
- ㄱ. 의장: 중앙단장
- ㄴ. 간사: 중앙 사무총장(지원단 협조)
- ㄷ. 참석자: 민단측 전원, 정부 관계관

나. 분과 위원회
- ㄱ. 위원회 및 임무

대공 특별 위원회: 대조총련 투쟁력 증강 대책(대공 전담 기구 설치 문제)

조직 선전 위원회: 단의 지도 체제 및 선전 대책 확립 방안.(規約改正)

문교 위원회

재정 위원회 - 財政確保

일반 위원회 - 교포 정책일반(호적처리(법적지위))
- ㄴ. 구성 및 운영

위원장: 민단 간부.

간사: 민단 사무국 국장급(지원단 협조)

구성: 위원회 및 각 15명 내외.

ㄷ. 사무국 및 지원단

(회의 사무국장은 민단 사무총장이 되고, 회의 준비 및 운영에 있어서 외무부 영사국의 지원을 받음)

ㄱ. 의사 담당: 운영 총괄, 회의 진행, 기록 관리, 문서 작성, 보도.

ㄴ. 행정 담당: 예산 관리, 시설 물품, 등록, 기타행정지원

ㄷ. 의전 담당: 숙박, 접대, 수송, 안내 연락, 보안.

5. 회의 진행

가. 전체회의(추가 사항)

1) 전체회의는 민단 중앙단장의 사회로 민단측 참가자 전원 참석 하에 2회 개최함. (개회식 및 폐회식)

2) 중앙 단장의 개회사에 이어(외무부장관) 치사, 관계 장관의 격려를 청취함. 의장 및 감찰 위원장 환영사

3) 중앙 단장의 기조 연설: 현안 문제 분석 및 반성, 대안 및 제시.

4) 긴급 동의안 제기 채택(기조 연설에서 제시된 vision에 총 집결 태세 촉구)

5) 일단 정회한 후에 사무 총장이 제출하는 회의 의제 및 회의 조직에 관한 보고를 전체회의가 채택하고 분과위원회(사전구성)를 구성함 (발표)

6) 북괴 영화 "전체 인민이 무장한 나라"를 관람함.

7) 각 분과 위원 회장은 제2차 전체회의에 보고서를 제출하고 전체회의는 이를 채택함.

8) 전체회의는 결의문 및 대정부 건의문을 채택하고 중앙단장의 폐회로 폐막함.

(분과 위원회)

9) 분과위원회는 원칙적으로 2회 개최함.(개회일 오후 및 폐회일 오전)

10) 분과 위원회는 회의의 결의문(안)과 대정부 건의문(안)을 기초함.

11) 정부 관계부처 관계관은 분과 위원회의 토의에 참가함.

6. 토의 안건

가) 대조총련 투쟁력 증강(외무, 중정, 문공)

1) 특별 대책 기구 설치("민족 총화 촉진 특별위원회")

2) 기동성 있는 대응조치 강구(홍보 조직의 체제확립)

3) 조련계 교포에 대한 회유 전향운동 적극 전개(내무, 외무, 중정)

나) 민족 조직 선전 체제 재정비 강화

4) 지도 체제의 확립(단위 단합 및 파벌 융화) 외무, 문공 ,니□ 선전부 요원 양성 문제

5) 사무국 재징비.

6) 계승 세력 양성.

7) 규약 재정비.

다) 재정 자립 모색

8) 자체사업 운영 방안

9) 현금 및 단비의 제도화.

라) 교포 정책 일반 검토

10) 2세의 민족 교육(문교

11) 교포의 법적 지위문제(호적 처리문제를 중심으로) 법무

12) 모국 투자 유치 방안.(기획, 재무)

마) 새마을 운동 참여 문제(내무부, 새마을 담당관→민단 참여 실적 분석)

13) 실적 및 성과.

14) 앞으로의 참여 방안

22. 외무부공문(발신전보)- 회의 명칭 변경 및 회의 개최에 따른 지원비 항목 통보(1/2)

외무부

번호 WJA-08136

일시 121520

발신 장관

수신 주일대사

대: 일영725-4889(74.7.6)

1. 당부는 민단의 주관하에 대호 회의를 8.29-30 양일간 서울에서 개최할 경우 다음과 같이 회의를 지원할 것이니 이를 민단측에 통보 바람.

　　가. 회의 기간 중 하기 참가자 86명을 위한 숙식비(3박 4일)부담

　　　　중앙 3기관장단 10

　　　　중앙 집행 위원 10

　　　　중앙 상임 위원 3

　　　　중앙 사무국 요원 9

　　　　지방 본부 단장 49

　　　　기타 단체 대표 5(JAW-08150 제2항)

　　나. 회의장 운영 및 회의 진행에 소요되는 경비 부담

　　다. 관계부처 관계관의 회의 참가

　　라. 기타 회의 준비에 필요한 협조

2. 금차 회의는, 69년에 정부가 소집한 민단 강화 대책 회의와는 달리, 민단이 회의를 소집, 진행하는 것이므로 회의의 명칭은 "민단 확대 간부 회의"로 사용하고 회의 기간이 2일이라는 점을 유념하여, 특히 다음사항을 귀지에서 사전에 준비하도록 조치하고 결과 보고 바람.

　　가. 회의 참가자에 대한 민단 중앙 단장 명의의 초청장 발송

　　나. 회의 의제 및 토의 내용

　　다. 회의의 의장 및 분과위원회를 포함한 회의의 조직 및 의사진행 절차

　　라. 정부에 대한 항목별 건의사항

3. 참가자의 숙소 및 회의 장소는 세종호텔을 예약하였으며 회의 직후 연수교육(1일)과 산업시찰(2일)이 있을 것임을 양지 바람.

(영민)

23. 통화기록

외무부

74년 8월 16일

通話記錄

日時: 1974.8.16. 1000

受話者: 中情 8 局 鄭光河 課長

8月 29-30日 開催予定인 民団幹部會議를 延期하는 問題를 檢討하도록 要請함.

24. 메모

외무부

74년 8월 21일

WJA-08279(74.8. 21)로 주일대사에게 민단 회의 개최 연기를 通報

25. 외무부공문(착신전보)-민단의 회의 연기 요구

외무부

번호 JAW-08542

일시 231444

수신시간 74.8.23. 15:59

발신 주일대사

수신 장관

대: WJA-08279

거류 민단 중앙 본부 단장으로부터 8.29일부터 본국에서 개최 예정이었던 민단
확대 간부 회의를 당분간 연기 조치하여 줄 것을 요청하여 그리 조치하여 주기
바람.

(영-영민)

26. 외무부공문(착신전보)-민단강화대책회의 개최 요청

외무부
번호 JAW-10568
일시 241055
수신시간 74.10.25. 9:27
발신 주일대사
수신 장관

대: WJA-08279
연: JAW-08542
민단 중앙 본부로부터 그간 연기하여온 제 2회 민단 강화 대책 회의 겸 연수회
를 다음과 같이 본국에서 개최토록 조치하여 줄 것을 건의하여 왔는 바 이에
관하여 조속히 회시하여 주시기바람.
1. 개최시기: 11월 중순 약 1주일
2. 참석자 범위: 민단 중앙 3기관장 및 지방본부 3기관장, 중앙집행 위원
(영민)

27. 외무부공문(발신전보)-민단의 강화회의 희망 날짜에 대한 불가능 통보

외무부
번호 WJA-10332
일시 261210
발신 장관
수신 주일대사

대: JAW-10568
대호의 민단 간부 회의 개최에 관하여 아래와 같이 회보하니, 이를 민단중
앙본부에 통보하시기 바람.

1. 회의 장소: 민단 본부가 건의한 바와 같이 본국에서 개최키로 함.
2. 개최 시기: 관계부처와 협의한 바, 준비 관계상 11월 20일 이전에 개최함은 불가능함. 가능한한 조속히 동 회의 개최일자를 확정하여 귀관에 통보 위계임. (교일)

28. 외무부공문(발신전보)–민단강회화의 개최 시기에 대한 민단 의견 요구

외무부
번호 WJA-11121
일시 091210
발신 장관
수신 주일대사

연: WJA-10332
1. 당부의 사정상(포드 대통령 방한, 유엔대책 등) 연호 민단 회의를 12.12일부터 약 5일간(회의 2일, 연수 3일) 개최하고자 하니, 민단측에 알리고, 귀견과 함께 결과 보고 바람.
2. 민단의 사정상 상기 일자 개최가 곤난할 경우에는 동 회의를 내년초로 연기할 수밖에 없으니 양지 바람. (교일)

29. 주일대사관 공문–민단 확대 간부 회의 개최 시기

주일대사관
번호 일본(영)725-7943
일시 1974.11.12.
발신 주일대사관
수신 장관

제목 민단 확대 간부 회의 개최 시기

　　대: WJA-11121

　　연: JAW-11247

　　민단 중앙본부로부터 충분한 시간을 가지고 사전 준비를 할 수 있도록 연호 민단 확대 회의 개최 시기를 조속히 확정, 통보하여 줄 것을 희망하고 있으므로 본부의 사정으로 인하여 금년 11월중에 동 회의를 개최할 수 없는 경우에는 내년 1월 하순 중에 개최할 수 있도록 미리 회의 개최 일자를 결정, 통지하여 주시기 바랍니다. 끝.

30. 외무부공문(착신전보)—정부 지정 민단강회화의 개최 시기에 대한 민단의 답변 전달

외무부
번호 JAW-11247
일시 111728
수신시간: 74.11.11. 7:42
발신 주일대사
수신 장관

　　대: WJA-11121

　　연: JAW-10568

　　대호 민단 확대 간부 회의 개최 시기에 관하여 민단중앙본부(윤단장)에 통보한 바, 12월 중에는 민단의 연말 업무 처리와 참석자의 연말사업정리 등으로 회의 참석이 어려운 형편이므로 11월 하순에 개최하거나 불연이면 내년 1월 하순에 개최하기를 희망하고 있음을 보고함. (일본(영) – 교일)

31. 외무부공문(발신전보)–민단회의 1975년 연기에 대한 전달 지시

외무부
번호 WJA-11151
일시 121700
발신 장관
수신 주일대사

　　　대: JAW-11247
　　　연: WJA-11121
　　　대호에 따라 당부의 사정을 고려하고 관계부처와 협의한 결과 민단회의를 75년으로 연기하도록 하였으니 양지 바람.
　　　본국의 사정상 75.3월초까지는 회의 개최가 곤난함을 민단측에 통보 바람.
（교일）

역대 외무부 장관과 주일대사 명단, 대사관 정보

해방이후 재일한인 외교문서 해제집

┃제5권┃ (1970~1974)

1. 역대 외교부장관 명단

정부	대수	이름	임기
이승만 정부	초대	장택상(張澤相)	1948년 8월 15일 ~ 1948년 12월 24일
	2대	임병직(林炳稷)	1948년 12월 25일 ~ 1951년 4월 15일
	3대	변영태(卞榮泰)	1951년 4월 16일 ~ 1955년 7월 28일
	4대	조정환(曹正煥)	1956년 12월 31일 ~ 1959년 12월 21일
허정 과도내각	5대	허정(許政)	1960년 4월 25일 ~ 1960년 8월 19일
장면 내각	6대	정일형(鄭一亨)	1960년 8월 23일 ~ 1961년 5월 20일
국가재건최고회의	7대	김홍일(金弘壹)	1961년 5월 21일 ~ 1961년 7월 21일
	8대	송요찬(宋堯讚)	1961년 7월 22일 ~ 1961년 10월 10일
	9대	최덕신(崔德新)	1961년 10월 11일 ~ 1963년 3월 15일
	10대	김용식(金溶植)	1963년 3월 16일 ~ 1963년 12월 16일
제3공화국	11대	정일권(丁一權)	1963년 12월 17일 ~ 1964년 7월 24일
	12대	이동원(李東元)	1964년 7월 25일 ~ 1966년 12월 26일
	13대	정일권(丁一權)	1966년 12월 27일 ~ 1967년 6월 29일
	14대	최규하(崔圭夏)	1967년 6월 30일 ~ 1971년 6월 3일
제4공화국	15대	김용식(金溶植)	1971년 6월 4일 ~ 1973년 12월 3일
	16대	김동조(金東祚)	1973년 12월 4일 ~ 1975년 12월 18일
	17대	박동진(朴東鎭)	1975년 12월 19일 ~ 1980년 9월 1일
전두환 정부	18대	노신영(盧信永)	1980년 9월 2일 ~ 1982년 6월 1일
	19대	이범석(李範錫)	1982년 6월 2일 ~ 1983년 10월 9일
	20대	이원경(李源京)	1983년 10월 15일 ~ 1986년 8월 26일
노태우 정부	21대	최광수(崔侊洙)	1986년 8월 27일 ~ 1988년 12월 5일
	22대	최호중(崔浩中)	1988년 12월 5일 ~ 1990년 12월 27일
	23대	이상옥(李相玉)	1990년 12월 27일 ~ 1993년 2월 26일
김영삼 정부	24대	한승주(韓昇洲)	1993년 2월 26일 ~ 1994년 12월 24일
	25대	공로명(孔魯明)	1994년 12월 24일 ~ 1996년 11월 7일
	26대	유종하(柳宗夏)	1996년 11월 7일 ~ 1998년 3월 3일

	27대	박정수(朴定洙)	1998년 3월 3일 ~ 1998년 8월 4일
김대중 정부	28대	홍순영(洪淳瑛)	1998년 8월 4일 ~ 2000년 1월 14일
	29대	이정빈(李廷彬)	2000년 1월 14일 ~ 2001년 3월 26일
	30대	한승수(韓昇洙)	2001년 3월 26일 ~ 2002년 2월 4일
	31대	최성홍(崔成泓)	2002년 2월 4일 ~ 2003년 2월 27일
노무현 정부	32대	윤영관(尹永寬)	2003년 2월 27일 ~ 2004년 1월 16일
	33대	반기문(潘基文)	2004년 1월 17일 ~ 2006년 11월 9일
	34대	송민순(宋旻淳)	2006년 12월 1일 ~ 2008년 2월 29일
이명박 정부	35대	유명환(柳明桓)	2008년 2월 29일 ~ 2010년 9월 7일
	36대	김성환(金星煥)	2010년 10월 8일 ~ 2013년 2월 24일
박근혜 정부	37대	윤병세(尹炳世)	2013년 3월 13일 ~ 2017년 6월 18일
문재인 정부	38대	강경화(康京和)	2017년 6월 18일 ~ 2021년 2월 8일
	39대	정의용(鄭義溶)	2021년 2월 9일 ~ 2022년 5월 11일
윤석열 정부	40대	박진(朴振)	2022년 5월 12일 ~ 현재

2. 역대 주일대사 명단

정부	대수	이름	임기
제3공화국	초대	김동조(金東祚)	1966년 01월 07일 ~ 1967년 10월
	2대	엄민영(嚴敏永)	1967년 10월 30일 ~ 1969년 12월 10일
	3대	이후락(李厚洛)	1970년 02월 10일 ~ 1970년 12월
	4대	이호(李澔)	1971년 01월 21일 ~ 1973년 12월
제4공화국	5대	김영선(金永善)	1974년 02월 09일 ~ 1978년 12월
	6대	김정렴(金正濂)	1979년 02월 01일 ~ 1980년 08월
	7대	최경록(崔慶祿)	1980년 09월 26일 ~ 1985년 10월
제5공화국	8대	이규호(李奎浩)	1985년 11월 14일 ~ 1988년 04월
노태우 정부	9대	이원경(李源京)	1988년 04월 27일 ~ 1991년 02월
	10대	오재희(吳在熙)	1991년 02월 19일 ~ 1993년 04월
김영삼 정부	11대	공로명(孔魯明)	1993년 05월 25일 ~ 1994년 12월
	12대	김태지(金太智)	1995년 01월 20일 ~ 1998년 04월
김대중 정부	13대	김석규(金奭圭)	1998년 04월 28일 ~ 2000년 03월
	14대	최상용(崔相龍)	2000년 04월 17일 ~ 2002년 02월
	15대	조세형(趙世衡)	2002년 02월 06일 ~ 2004년 03월
노무현 정부	16대	라종일(羅鍾一)	2004년 03월 05일 ~ 2007년 03월 17일
	17대	유명환(柳明桓)	2007년 03월 23일 ~ 2008년 03월 15일
이명박 정부	18대	권철현(權哲賢)	2008년 04월 17일 ~ 2011년 06월 06일
	19대	신각수(申珏秀)	2011년 06월 10일 ~ 2013년 05월 31일
박근혜 정부	20대	이병기(李丙琪)	2013년 06월 04일 ~ 2014년 07월 16일
	21대	유흥수(柳興洙)	2014년 08월 23일 ~ 2016년 07월 01일
	22대	이준규(李俊揆)	2016년 07월 08일 ~ 2017년 10월 27일
문재인 정부	23대	이수훈(李洙勳)	2017년 10월 31일 ~ 2019년 05월 03일
	24대	남관표(南官杓)	2019년 05월 09일 ~ 2021년 01월 17일
	25대	강창일(姜昌一)	2021년 01월 22일 ~ 2022년 06월 23일
윤석열 정부	26대	윤덕민(尹德敏)	2022년 07월 16일 ~ 현재

3. 주일 대사관 및 총영사관 창설 시기

주일본 대한민국 대사관	1965년 도쿄에 창설
주고베 총영사관	1966년 5월 창설, 1974년 5월 7일 총영사관 승격
주나고야 총영사관	1966년 5월 창설, 1974년 5월 총영사관 승격
주니가타 총영사관	1978년 4월 창설
주삿포로 총영사관	1966년 6월 총영사관 창설
주센다이 총영사관	1966년 9월 창설, 1980년 5월 총영사관 승격
주오사카 총영사관	1949년 사무소 창설, 1966년 총영사관 승격/현재 임시 청사
주요코하마 총영사관	1966년 5월 25일 창설
주히로시마 총영사관	1966년 5월 시모노세키 총영사관 창설 및 폐관(1996년 12월), 1977년 1월 히로시마 총영사관 개관
주후쿠오카 총영사관	1946년 9월 사무소 개설, 1966년 1월 총영사관 승격

4. 주일 대사관 및 총영사관 소재지

주일본 대한민국 대사관	東京都 港区 南麻布 1-7-32　(우106-0047)
주고베 총영사관	兵庫県 神戸市 中央区 中山手通 2-21-5　(우650-0004)
주나고야 총영사관	愛知県 名古屋市 中村区 名駅南 1-19-12 (우450-0003)
주니가타 총영사관	新潟市 中央区 万代島 5-1 万代島ビル 8階 (우950-0078)
주삿포로 총영사관	北海道 札幌市 中央区 北2条 西12丁目 1-4 (우060-0002)
주센다이 총영사관	宮城県 仙台市 青葉区 上杉 1丁目 4-3 (우980-0011)
주오사카 총영사관	大阪市 中央区 久太郎町 2-5-13 五味ビル (우541-0056)
주요코하마 총영사관	神奈川県 横浜市 中区 山手町 118番地 (우231-0862)
주히로시마 총영사관	広島市南区翠5丁目9-17 (우 734-0005)
주후쿠오카 총영사관	福岡市 中央区 地行浜 1-1-3 (우810-0065)

저 자 약 력

이경규　동의대학교 일본학과 교수, 동아시아연구소 소장

임상민　동의대학교 일본학과 조교수

이수경　도쿄가쿠게이대학 교육학부 교수

소명선　제주대학교 일어일문학과 교수

박희영　한밭대학교 일본어과 조교수

엄기권　한남대학교 일어일문학과 강사

이행화　동의대학교 동아시아연구소 연구교수

이재훈　동의대학교 동아시아연구소 연구교수

한정균　동의대학교 동아시아연구소 연구교수

이 저서는 2020년도 정부(교육부)의 재원으로 한국연구재단의 지원을 받아 수행된 연구임. (NRF-2020S1A5C2A02093140)

해방이후 재일한인 외교문서 해제집
┃제5권┃ (1970~1974)

초판인쇄　2023년 06월 20일
초판발행　2023년 06월 25일

편　　자　동의대학교 동아시아연구소
저　　자　이경규 임상민 이수경 소명선 박희영
　　　　　　엄기권 이행화 이재훈 한정균
발 행 인　윤석현
발 행 처　박문사
등록번호　제2009-11호
책임편집　최인노

우편주소　서울시 도봉구 우이천로 353 성주빌딩
대표전화　(02) 992-3253(대)
전　　송　(02) 991-1285
전자우편　bakmunsa@hanmail.net

ⓒ 동의대학교 동아시아연구소 2023 Printed in KOREA

ISBN 979-11-92365-37-4　94340　　　　　　　　　**정가** 55,000원
　　　979-11-92365-14-5　(Set)